大衛·布魯克斯 著 陳筱宛 譯

社會性動物

The Social Animal

【專文推薦】

道德情操小論

熊秉元

經濟學探討商品勞務和市場買賣，似乎市儈而俗不可耐；其實，經濟學者花了相當多的心思，琢磨這些現象的基礎——人。原因很簡單，人是社會現象的基本單位，而經濟活動只是社會現象的一部分。

關於「人」，經濟學者歸納出兩種特質：理性和自利。理性，是表示人能思索，而且會思索；自利，是指人會設法自求多福。對於理性和自利，一般人直覺的反應是：人當然不是理性的，人是理性和感性兼具的動物；而且，更多的時候，人是受情感的支配。針對這種質疑，通常可以用三個問題來回應：首先，第一次約會和第十次約會，表情動作、遣詞用字、肢體與言等，是否不同？是不一樣，因爲，第一次約會犯了錯，很可能就不會有第二、三、四次。犯錯的成本高，自然少犯點錯。

其次，開車時，路面情況不同，會換檔；情感上，有沒有類似的現象？有。和同事相處，較正式；和朋友相處，輕鬆自在一些；和家人相處，最不保留修飾。因此，對於情感的駕馭，會有意識或無意識的受到理性的節制。最後，回想一下，自己上一次發脾氣的對象是誰？是第一類：男女朋友、配偶、家人、同事；還是第二類：上司、論文指導教授、面試委員？通常是第一類，萬物之靈不會亂發脾氣，因爲有理性的支配！哲學家休姆（David Hume）嘗言：理智是感情的奴隸（Reason is the slave of passions）。然而，經濟學者法蘭克的論著，卻是《理智駕馭下的情懷》（*Passions within Reason*）。

由理性自利出發，可以解釋諸多社會現象。譬如，對於「貼標籤」，大多數人都期期以爲不可。可是，對人事物形成初步判斷，是人之常情，合於理性自利，每個人都這麼做——看政論節目，希望先認定來賓的立場（顏色）；到任何環境，心裡先形成初步印象，如此等等。事實上，不只是對於外在的人事物貼標籤，人還會對自己貼標籤。在自己的心裡，自己到底是高矮胖瘦、美醜善惡、智愚賢拙？自我形象未必精確，但都有助於處理生活的大小事項——吃什麼、穿什麼、如何應對進退，大小靡遺。

無論是對人事物或對自己，貼標籤的驅動力其實是一致的。因爲人是理性自利的，這麼做可以大幅降低行爲成本。經濟學家阿卡洛夫（George Akerlof）的近作《形象經濟學》（*Economics of Identify*），就是利用這個簡單自明（？）的概念，描述和解讀許多似乎令人困惑的現象。

如果人是理性自利的，那麼如何解釋道德呢？畢竟，道德的特徵之一，就是自我約束，顧慮到其他人的利益。對於道德這個主題，千百年以來有無數的哲人雅士，反覆斟酌和琢磨。絕大多數的論述，都認爲道德是一種人與人之間的規範，是社會互動的產物。

然而，在魯賓遜的一人世界，由經年累月的生活經驗裡，會漸漸形成一套行爲準則。譬如，追獵物時要躡手躡腳，才比較容易得手。如果不小心弄出聲響，獵物驚動逃走，自己懊惱後悔、自怨自艾。後悔懊惱的情懷，對魯賓遜就是一種懲罰；抽象來看，有規則（不弄出聲響）又有獎懲（獵物得失和情緒起伏），而且是由魯賓遜自己來操作，這正是不折不扣的道德情操。因此，在一個人的世界裡，也有道德。道德，不是來自於聖人教化，也不一定是來自於人際互動；道德，是理性自利的人，自然而然發展出的（內在）制度。

對於道德的解釋，可以不由哲學宗教，而是訴諸人的特質。經濟學者蒲士納（**Richard Posner**）的鉅作《道德和法學理論困境的剖析》（*The Problematics of Moral and Legal Theory*），以洋洋數百頁的篇幅，論證許多道德哲學的缺失。以事實爲基礎的分析，當然比訴諸規範價值更有說服力。

由理性自利的角度，或許可以闡釋道德的性質和由來；不過，即使如此，由魯賓遜的一人世界過渡到人類社會，可是一道寬闊無比的鴻溝。經濟學者的理論，能提出令人信服的一得之愚嗎？

放眼環宇，有些國家繁榮興盛，有些社會原地踏步，有些地區似乎不進反退。爲什麼呢？經濟學者諾斯（Douglass North）的集大成之作《制度、制度變遷和經濟成就》（*Institutions, Institutional Change and Economic Performance*），開宗明義的概論之後，第二章就提出大哉問：「合作：理論的關鍵」（Cooperation: The Theoretical Problem）。人和人之間，如果能經由互動，發展出一套好的遊戲規則，那麼，由小而大，就可以使社會走上繁榮之路。也就是，理性自利的人們，如果能克服障礙，確實可以發展出互惠的典章制度。關鍵所在，就是由個別的理性自利，過渡到彼此互蒙其利的結果。

在某種意義上，前面幾段夾敘夾議，甚至有點掉書袋的文字，就是大衛．布魯克斯（David Brooks）《社會性動物》（*The Social Animal*）這本書稍稍扭曲的縮影。這本書的鋪陳，有兩條主軸：一是男女主角的人生歷程，一是各個環節上相關的學理探討。

第一條軸線，是男女主角走過人生，免不了有生老病死，愛恨情仇。可是，除了情節起伏之外，整個人生的軌跡，會觸發許多感懷沉吟。對於已經有一些生活歷練的讀者，總能從故事中聯想到自己。另一條軸線，則是在故事裡，穿插許許多多學理上的探討。作者引述的論著，無論是實證研究或理論分析，都極其豐饒可觀。有興趣的讀者，如果能按圖索驥，進一步的深度閱讀一二，將能和學術研究接軌。關於人生軌跡和相關議題兩者，作者巧妙的連結穿插，反映了深厚的學養，也反映了遠大的企圖。無論在內容和敘述方式上，這都是一本很特別的書。作者的用心，讀者會有清晰而深刻的感觸！

對於人的理性自利、道德情操、人際互動、社會現象，書中都有豐富的材料；在知性和感性上，都將是讀者的一場盛宴。

本爲作者爲中國科技大學管理學院講座教授、浙江大學光華法學院講座教授

【專文推薦】

這是一本「理解全人」的小百科全書

蔡詩萍

我應該是，很典型的啓蒙信仰者了。也就是哲學家康德所說的那種，人必須從蒙昧臻至成熟的那種啓蒙。而毫無疑問，理性，是這信仰最大的憑靠。人，要靠理性的昂揚，取代很多傳統的權威蒙蔽，以打敗一切經不起理性檢驗的價值與事物。

年輕時，我相信啓蒙，無論對個人，或對一個國家社會，這都是毫無疑問的成長必經過程。經過啓蒙，我們必將成長，必將懂事，必將能與每個理性之人，每個理性之國，聯合起來，在人間建立起「俗世的天堂」，雖不完美，但應該可以漸進至完美吧。

年歲漸長，閱歷稍深，人事略懂之後，我卻不免疑惑起來：人固然會朝「理性化」自我期許，然而很多理性之人，則經常做出非理性，乃至反理性的決定，這是爲什麼？天縱英明、神武威猛的領袖，何以常引領一個國家或社會步向毀滅，如納粹希特勒，如文革的毛澤東？而那社會裡，眾多有識者，又何以會那麼死心塌地深信他們的領袖不致於犯錯（只因他不僅理性，更有超乎常人的理性）？

同樣道理，回到我們的生活世界，何以不少知識分子、專業人士，在某種程度上，確實相當完美呈現他們的專業理性，但換個場景，換個議題時，他們卻往往表現得一無是處呢？男人如此，女性亦如此，不過，在更需要感性、需要情緒調理的面向上，女性又會比男性更能克服環境的挑戰，爲什麼呢？

經過素樸的啓蒙主義思潮洗禮後，人們會注意到，這世界並不會因爲理性昂揚而必然更爲理性化；反而，弔詭的，有可能掉入陰暗、混亂的界域，而人人卻都高喊我理性，別人不理性。國家事務如此，家庭事務如此，婚姻問題亦往往如此。

我們顯然需要在理性的基礎上，另尋答案，不是揚棄理性，而是思索何以單靠理性不足以成事，不足以讓我們處事更順遂，人際更和樂，事業更暢旺呢？

在思想史上，對理性啓蒙運動最大的衝擊，首推佛洛伊德提出潛意識理論。是潛意識，悄悄吞噬了，或至少抵消了人在意識層次上不斷揭櫫理性的效果。潛意識的存在事實，提醒了人類，信仰理性時，不得不小心翼翼的風險。當然，人類對潛意識的認識，仍要感謝理性啓蒙運動的遺產，亦即現代學術各種分殊化、專業化的研究成果，使得人類得以回頭去了解，在理性之底層，在潛意識領域裡，到底人類是依循哪種非理性原則，做出各種決定與判斷。

我們會發現，理性的規則只有一種：「你必須走理性之路！」相對的，非理性的路徑，卻令人驚訝：「你不知不覺走了很多條路！」

讀過大衛・布魯克斯前一本中譯著作《BOBO族：新社會精英的崛起》的讀者，一定更喜歡這本新作《社會性動物》。理由很簡單，這回作者講的男女主角，就是讀這書的你跟我，我們，不分男女，不分貧富，不分異性戀或同性戀。他要講的道理再淺顯不過了：我們都是social animal，我們都有與生俱來的理性，多數情況下，也都能受到不錯的基本教育或高等教育，這些教育更強化了我們對理性的依賴。但，爲什麼，我們總是在需要理性判斷時，會做出很情緒化、很非理性的選擇呢？比方說，明明知道夫妻一場，是前世修來的緣分，是今世相親相愛的抉擇，爲何很多夫妻卻通過不了日常生活的考驗？是我們理性不夠？還是理性駕馭不了非理性的衝動？

布魯克斯這回採用了盧梭《愛彌兒》的寫作方式，類小說的人物與場景爲經，點綴了作者宏觀博學的閱讀材料爲緯，編織出極爲精彩的敘述。布魯克斯的博學論述，讓我聯想到法國啓蒙思想家之一，百科全書式學者狄德羅，就這傳承而言，布魯克斯本質上還是啓蒙信仰者；只是，他的世代充分享受了佛洛伊德的遺產，遂有了這本更能深入意識底層，探索人類「社會性遺緒」的著作，使我們得以更全面的窺視「人的本能」，原來比我們所能理性認識的還更複雜。

値得一提的，布魯克斯選擇跟盧梭一樣的寫作模式，應該不是巧合，盧梭更接近詩人，篤信自然天性的特質，或許正是作者想傳遞的訊息吧。

我們確實是人類，懂得理性，運用理性，但我們也該知道理性之不足，或理性易被掩蓋的死角，如此或能對存在的意義，存在的體悟，有更了然的理解吧。畢竟，你我常會在事後「痛恨」自己很不理性的當下，不是嗎？

本文作者爲作家、節目主持人

目錄

【前言】

眾人看不見潛意識的愛憎之情如何塑造你我的日常生活……

這會是你讀過最快樂的故事，內容是關於兩個人過著精彩充實的人生。他們擁有令人稱羨的職業生涯，贏得朋友的敬重，對鄰里、國家和世界做出重要貢獻。

奇怪的是，這兩個人都不是什麼天才。他們在學術性向測驗、智商測驗及其他同類型的測驗中，表現還算不錯，可是並沒有特殊的體能或智能天分。他們長得順眼，但稱不上出色。他們打網球，也喜歡健行，不過即便在高中時代，也不是什麼明星運動員，在那個青澀的年紀，沒人覺得他們有任何出眾之處，或者預言他們注定要大放異采。然而，他們今日成就不凡，任誰都感受得到他們過得幸福又美滿。

他們是怎麼做到的？他們擁有經濟學家所謂的「非認知技能」（noncognitive skill），這是指那些無法輕易計算或測量的隱藏特質，在真實人生中，這些特質能帶來快樂與滿足。

首先，他們具有良好的性格。他們活躍、誠實、值得信賴。遭遇挫折時，他們愈挫愈勇、再接再厲，且勇於承認錯誤。他們有足夠的信心敢於冒險，也有足夠的誠信願意兌現承諾。他們設法了解自己的弱點，彌補所犯的過錯，控制最壞的衝動。

同樣重要的是，他們擁有街頭智慧。他們知道如何識人、如何判斷情勢、如何讀出別人的想法。無論處於人群中，或是埋首於一堆報告，他們都能夠對眼前景物產生一種直覺——哪些可以互相搭配、哪些永遠不對盤，什麼方式最有效、什麼方式行不通。他們像厲害的水手一樣，能在茫茫世界中領航前進。

幾個世紀以來，有不計其數的書籍在探討如何成功，但那些敘事往往流於表面。它們描述成功者進哪些大學、取得哪些專業能力、做了哪些有意識的決定、運用哪些技巧建立人脈、領先群雄。這些書關注的是外部定義的成功，與智商、財富、名望及世俗成就有關。

本書則更深入一層，這個成功故事強調的是主角的內心——情緒、直覺、偏見、渴望、遺傳傾向、性格特徵與社會規範等潛意識領域。這個範疇正是形成人格與孕育街頭智慧的地方。

我們活在意識革命中。過去幾年來，遺傳學家、神經學家、心理學家、社會學家、經濟學家、人類學家及各種專家，對於人類族群興旺的要素有更深刻的了解。其中一項重要發現是：多數時候人類行爲並非理性思考的產物，而是發生在意識層次下的思考產物。

人類的潛意識並不是原始退化的部分，需要加以控制才能做出明智的決定。它們不是埋藏慾望的漆黑山洞。相反的，潛意識占了心智的絕大部分，大多數的決策與許多驚人的思想都在這裡發生。這些隱而未現的過程，正是人類成就的溫床。

維吉尼亞大學的提摩西．威爾森（Timothy D. Wilson）在其著作《佛洛伊德的近視眼》

（*Strangers to Ourselves*）中提到，人類心智在任何時刻都能夠接收一千一百萬則訊息，然而根據最寬鬆的估計，我們只能有意識地察覺到其中的四十則。[1] 威爾森寫道：「某些研究者甚至主張，潛意識心智幾乎做了所有的工作，說不定意識心智只是一種錯覺。」[2] 意識心智只不過是虛構故事，想要合理化潛意識心智所進行的活動。

威爾森和本書將提及的多數研究者，他們的主張沒有那麼強烈，但是他們的確相信，意識無法觸及的那些心智歷程，能夠組織我們的思考，塑造我們的判斷，形成我們的人格，提供我們出人頭地的能力。耶魯大學的約翰．巴夫（John Bargh）主張，正如伽利略「推翻了地球是宇宙中心」這樣的說法[3]，這場智識革命亦將推翻意識心智主宰人類行爲的傳統認知。本書還會把意識心智推離日常生活的舞台中心。這個故事將指出一種更深層的興旺方式，以及一種不同定義的成功。

情緒帝國

人類的心智雖然飽經科學研究，但它並不是一個枯燥乏味、如機械般運作的地方；它是個容易動情、令人陶醉的所在。如果說意識心智的研究突顯出理性與分析的重要，那麼潛意識心智的研究則突顯了熱情與感覺的重要。假如心智的外取面向強調的是個人力量，那麼它的內在要強調的則是人際關係的力量，以及人與人之間看不見的連結。若說心智的外取面向渴望的是地位、金錢與他人的肯定，那麼心智的內在追求的則是和諧與連接——當自我意識逐漸消融，專注於一項挑戰、一個目標，沉醉在愛河或沐浴在上帝慈愛下的那些時刻。

如果意識心智像是站在高台上的將領，從遠處觀看這個世界，透過線性和語言學的方式分析事物，那麼潛意識心智就像是一群多得數不清的小兵。這群偵察敵情的哨兵快速翻越山嶺，不斷傳回訊號，並產生立即的回應。他們與周遭環境毫無隔閡，他們沉浸其中。他們四處奔走，滲透他人的心思、情況與想法。

這些偵察兵賦予事物情緒的意義。他們偶然遇見一位老朋友，就會送回一陣情感的波濤。他們爬下一個黑暗的洞穴，就會送回一陣恐懼的波濤。探觸到美麗的風景，就會產生一種無比崇敬的感受。接觸到很棒的見解會產生愉悅，接觸到不公不義的事會產生氣憤。每一種感覺各有自己的味道、質地、影響力，以及環繞在心智周圍，由一連串感覺、刺激、判斷與欲望構成的反應過程。

這些訊號不會控制我們的生活，卻能夠形塑我們對這個世界的詮釋，像衛星定位系統一樣，在我們擬定行進路線時，爲我們指引方向。如果說那位將領用數據思考，以散文說話；那些小小尖兵則使情感具體成形，他們的工作最適合用故事、詩歌、音樂、影像、祈禱文與神話來表達。

我不是一個情緒化的人，我太太則是。有個作者不明的精彩故事提到一項實驗：一群中年男子頭戴腦部掃描裝置觀賞一部恐怖電影。然後實驗人員要他們再度戴上掃描裝置，只不過這次是要他們描述自己對老婆的感覺。沒想到兩種情況的腦部掃描結果竟然一模一樣，兩種活動期間的情緒都是恐懼。我知道那是什麼樣的感覺。儘管如此，如果你忽略愛與恐懼、忠誠與嫌惡等時時刻刻流經我們體內的情緒波動，等於是忽略了最必要且不可或缺的領域，也就是決定我們想要什麼、我們如何感受這世界、是什麼推著我們前行、又是什麼阻礙了我們的那些歷程。

因此，我打算從這個迷人的內在角度，告訴你這兩個幸福人兒的故事。

我的目的

我想要告訴你，當這個潛意識系統蓬勃活躍時是什麼模樣；當每日左右我們的情感經過適當的培養，情緒經過妥善的教育，這個潛意識系統會是什麼模樣。透過具體例證，我將描述意識心智與潛意識心智如何互相影響，讓你了解聰明的意識將領會如何訓練這群潛意識偵察兵，聽取他們的報告。在此我要重述社會學家丹尼爾・派翠克・莫尼漢（Daniel Patrick Moynihan）的話：重要的演化事實是，潛意識的部分至關緊要；重要的人性事實是，意識心智能夠影響潛意識心智。

我撰寫這個故事的首要原因是，儘管已有各式領域的研究人員拿著手電筒，照向潛意識這個洞穴的不同部位，也照亮了不同角落與通道，但是他們的作品多半以學術語言寫成。我會把他們的主張消化整理成淺白易懂的敘述。

其次，我想探討這類研究如何影響我們對人類天性的認識。有關大腦的研究鮮少創造出新的論點，卻能爲舊觀點辯護。今日的研究提醒我們，情緒的重要性高於理性，社會關係重於個人選擇，個性重於智商，突發、有機的體系重於線性、機械的體系，人類具有多重自我的主張重於單一自我的主張。用簡單的話來表達這樣的哲學意含，我們可以說：強調理性的法國啓蒙思想出局，著重情感的英國啓蒙思想獲勝。

第三，我想要找出這些主張的社會、政治與道德意含。當年佛洛伊德提出對潛意識的看法後，對文學批評、社會思考，甚至是政治分析，產生了全面的影響。如今我們對潛意識有更加精確的了解，但這些主張和概念尚未對社會思潮帶來廣泛衝擊。

最後，我希望能矯正一項文化偏見。意識心智負責爲人作傳，但它不知道我們內心深處到底發生了什麼事。它把執行各種事務的功勞全歸於自己，不管是否有能力掌控。它創造出來的世界觀，只強調它能夠理解的成分，卻忽略了其他部分。

因此，我們習慣用某種狹隘的方式來描述自己的生命。柏拉圖認爲，理性是大腦文明的部分，只要理性能征服原始的熱情，我們就會感到快樂。服膺理性主義的思想家認爲，邏輯是智慧的最高點，唯有當理性戰勝習性與迷信，人類才能得到解放。十九世紀，意識心智的代表是具有科學素養的傑寇博士，而潛意識心智的代表則是野蠻的海德先生。❖

這些學說有許多已經凋零，但眾人仍舊看不見潛意識的愛憎之情如何塑造你我的日常生活。在現實生活中，還是有入學委員會用智商，而不是以實際能力，作爲錄取與否的依據。還是有學術領域經常把人類視爲理性、追求效用最大化的個人。現代社會創造了一個巨大的機制，培養各種硬能力，卻忘了要發展精神能力與情感能力。孩童接受訓練，培養如何通過重重學校關卡的能力，但顯然未來他們要做的重要決定，是跟誰結婚、跟誰做朋友、喜愛什麼、鄙視什麼，以及如何控制衝動。可惜面對這些事情，他們全得靠自己摸索。我們擅長探討物質誘因，卻拙於討論情緒與直覺。我們善於講授科學技術，但遇上最重要的事情，比如性格，卻幾乎無話可說。

其他目的

新的研究讓我們對自己是誰有了更完整的認識。但我得承認，我之所以投入這個主題，是希望回答更限定且更實際的問題。平時，我以寫作政策及政治相關的文章維生。過去幾個世代，我們見到許多重大政策產生令人失望的結果。打從一九八三年起，我們就一再改革教育制度，儘管所有的理性誘因全都告訴學生不要輟學，仍有超過四分之一的高中生未能完成學業。我們努力拉近白人與黑人的學業成就，卻不見成效。我們花了一個世代的時間，讓更多年輕人進入大學，卻不了解為什麼有那麼多人無法畢業。

這樣的清單還可以繼續列下去：我們設法降低日益擴張的不平等。我們嘗試增加經濟流動性。我們試著阻止孩童在單親家庭中成長的趨勢。我們努力降低政治對立的局勢。我們苦思改善

❖譯按：典出羅勃・路易・史帝文生（Robert Louis Stevenson）的作品《變身怪醫》（*Dr. Jekyll and Mr. Hyde*）。這是一部描寫雙重人格的小說。

經濟盛衰循環的現象。近幾十年來，這個世界嘗試要將資本主義出口到俄羅斯，將民主移植到中東，以及促進非洲的發展，可惜這些努力的結果多半令人失望。

這些失敗全都具有一個特徵：對人性抱持過於簡化的觀點。這些政策有許多是奠基於淺薄的社會科學模式。這些政策有許多是由那種看見特點與相關性可以被測量與量化才安心的專家所提出的。這些政策是由立法委員會通過，可是這些委員們對人類行為的認識，就跟他們對遠古阿拉姆語（Aramaic）的認識一樣淺陋。負責執行這些政策的官員，對人的本質僅有最膚淺的領會。因此，這些政策注定要失敗，而且還會繼續失敗下去，除非有關人類本性的新知能夠與公共政策更完整地結合，除非這個迷人的故事能和那些乏味的故事一起被述說。

計畫

爲了解釋潛意識力量的眞實運作，以及在適當的環境下，這些力量如何興旺人類族群，我打算在敘事的文體上跟隨盧梭的腳步。盧梭在一七六〇年完成了《愛彌兒》（*Emile*），探討人類可以如何被教育。盧梭捨棄抽象描述人性的手法，創造出一個名爲愛彌兒的虛構人物，並給他安排了一位導師，透過他們之間的關係，展現幸福的具體樣貌。這樣的創新手法讓盧梭可以盡情揮灑。他的書寫閱讀起來很有趣。他描述了一個人的興趣喜好，內容具體生動。

我無意與盧梭的才華較量，只是想借用他的敘事方法。爲了將近來的科學主張落實在眞實生活中，我創造了兩位主角——哈洛與艾莉卡。我運用這兩個角色，呈現出人生究竟如何開展。故事的時間設定在當下，二十一世紀初期，因爲我想要描述現代生活方式的各種特徵，我將勾勒出這兩位主角從誕生到學習、友誼到愛情、工作到智慧累積，終至年老的種種軌跡。透過他們，我將描述基因如何塑造生命，大腦中的化學物質在特定情境下是如何運作的，以及家庭結構與文化模式如何影響個人的發展。總之，我會運用這兩個角色，連結研究者所主張的普遍模式和眞實生活經驗之間的那道缺口。

夥伴關係

隨著年紀增長，哈洛和艾莉卡逐漸成熟，內涵豐富。那是這則故事之所以令人快樂的原因之一。這是關於人類進步的故事，它爲進步發聲。它是有關向父母及祖父母學習，以及經歷考驗與磨難後，最後彼此承諾且託付終身的故事。

最後，這是一則關於夥伴關係的故事。當你朝潛意識的深處望去，人與人之間的分別變得模糊不清。構成你我心智的漩渦是共有的漩渦，我們變成今日的我們，是連同他人變成今日的他們一起發生的。

我們認定自己是智人（Homo sapiens），是會思考的個體，有別於其他動物。我們擁有優秀的邏輯思考能力。羅丹的沉思者雕像所描繪的，正是這樣的形象：握拳托著下巴，獨自深思。事實上，人類有別於其他動物，是因爲我們具有驚人的社會技能，我們能教、能學、能同情體諒、能表現感情，並且擁有能夠建立文化、制度和文明的複雜心智鷹架。我們是誰？我們像是心智的中央車站，我們是交叉點，每一秒鐘都有數百萬的感覺、情感與信號在此交流。我們是通訊中心，透過某些歷程，雖然我們並沒有更加理解那些訊息，卻有能力控制這樣的交流——將注意力由這件事轉移到另一件事，做出選擇並表態。唯有透過人際網絡的相互影響，我們才能充分地發展自我。我們最想要追求的，就是建立更深刻、更完整的連結。

在開始說哈洛和艾莉卡的故事之前，我想先介紹你認識另一對夫婦，一對眞人夫婦，道格拉斯．侯世達和卡蘿．侯世達（Douglas and Carol Hofstadter）。道格拉斯是美國印地安那大學的教授，他和卡蘿鶼鰈情深。每回他們在家宴客後，總會一起收拾清理，回味先前的對話。

後來卡蘿死於腦瘤，當時他們的孩子分別才五歲和兩歲。幾個星期後，道格拉斯偶然看見一張卡蘿的照片。他在《我是個奇怪的迴圈》（*I Am a Strange Loop*）一書中寫道：

> 我看著她的臉，看得如此用力，感覺自己像是躲在她的雙眼後面。突然間，我發現自己一邊流淚，一邊喃喃說著：「那是我！那是我！」那些簡單的字眼把曾經有過的許多念頭帶回我腦中，像是我們的靈魂與一個更高層次的實體融合，像是在我倆的靈魂深處，對我們的孩子存有相同的希望與夢想，像是那些希望並不是個別或不同的希望，而是能定義我倆，將我倆結合爲一的一個希望，一件清楚的事。早在結婚生子前，我就曾隱約

想像過那樣的結合。我領悟到，雖然卡蘿已經過世，但她的核心部分根本沒死，依然無比堅定地活在我的腦中。[4]

希臘人總是說，我們蒙受智慧之苦。妻子過世後，身爲科學家的道格拉斯深受一個看法所折磨。那個看法是，在我們的知覺底下，有各種觀點和情感能夠指引我們悠遊人生。這些觀點與情感可以在朋友與朋友間、在愛侶與愛侶間跳躍。潛意識不只是被恐懼與痛苦盤踞的一處黑暗且原始的區域；它也是靈性狀態形成，從一個靈魂舞過另一個靈魂的地方。它收集古往今來的智慧。它含納人類的靈魂。本書無意探究上帝在這一切中所扮演的角色，但假若眞有神造的力量，它肯定會活躍在這片內在的靈魂領域，大腦會在這裡製造情感，愛會在這裡給神經元發送電報。

潛意識是衝動的、易受情感左右的、敏感的、出乎意料的。它有其短處。它需要監督管理。但它可以表現得很出色。它能夠處理大量的數據，做出大膽的創意。最重要的是，它竟然驚人地合群。你的潛意識，內在的外向者，希望你往外伸展，與人產生連結。它希望你能在工作、朋友、家庭、國家和理想間發展出融洽的關係。你的潛意識希望讓你捲入重重的人際網絡中，因爲那是人類繁榮興旺的要素。它渴望愛也追求愛，它渴望並追求道格拉斯和卡蘿享有的那種融合。在生命帶來的所有恩典中，它是最棒的禮物。

【第一章】

如何決策

理性與感性並不是互相對抗的。理性舒適地依偎在情感上……

歷經景氣大起大落、短期投機狂熱與華爾街金融風暴後，從容階級（Composure Class）再次崛起。這群人並非透過避險基金魔法或某些重大金融斬獲，累積自己的財富，而是藉由攀爬精英集團的成功之梯。他們在校成績出眾，建立結實的人脈，加入優質企業、醫療院所與專業事務所。財富就像輕柔的雪花，逐漸落在他們身上。

你會在科羅拉多州的亞斯本或懷俄明州的傑克遜荷爾，看見從容階級的模範生坐在某間小酒館的戶外座位享用午餐。他才剛從中國回來，正要去參加一場五百英里的自行車越野賽，聲援對抗乳糖不耐症的活動。他在途中稍做停留，以便參與一場董事會議。他的長相男女通吃，體脂肪比米開朗基羅的大衛像還要少一些，頭髮豐厚且有美麗的弧度，如果你在洛杉磯看見他，你會問：「喬治克隆尼身旁的那個帥哥是誰？」你會注意到他那雙腿又直又長。或者應該說他根本沒有大腿。每一隻腿都是由兩截優雅的小腿相連而成。

他的嗓音就像有人穿著襪子走在波斯地毯上，如此鎮靜、如此沉著，他讓發言素來溫和的歐巴馬總統聽來像是言詞辛辣的藍尼．布魯斯（Lenny Bruce）❖。他在柯林頓全球行動計畫機構認識了他的妻子。他們碰巧都戴著支持「無國界醫師組織」的手環，而且很快就發現兩人的瑜伽教練是同一人，還有他們獲得傅爾布萊特獎學金（Fulbright Scholarships）的年份只差了兩年。他們是天造地設的一對，兩人之間唯一的不合，是關於健身習慣。不知爲何，如今具有高聲望的男性會大量跑步、騎自行車，只鍛鍊下半身的肌肉。相反的，具有高社經地位的女性則特別關注自己的上身、二頭肌與前臂，這樣她們才能整個夏天都穿著無袖洋裝，或者能徒手將石塊捏碎。

於是，隨興優雅先生娶了雕塑美麗小姐，主婚人是比爾．蓋茲夫婦。婚後他們生了三個孩子，分別是聰明絕頂、悲天憫人，以及藝術資優。如同大多數上流階級與上層中產階級的小孩一樣，這三個孩子對不是那麼好懂的運動非常擅長。幾個世紀以前，知識份子發現自己在足球、棒球與籃球運動中沒有任何勝算，便從印地安人那裡偷來了長曲棍球這種遊戲，讓自己也有能夠稱霸的運動。

這三個孩子接受同質教育，在以奉行進步主義爲傲的私立中學名列前茅，還申請進入德國科學實驗室進行暑期實習。上十一年級的時候，他們的父母會鄭重地告訴他們，如今他們的年紀夠大了，可以開始閱讀《經濟學人》（*The Economist*）雜誌。他們進入擁有傑出運動校隊的精選大學，比如杜克大學和史丹佛大學，他們之後從事的工作能夠充分彰顯雙親的名聲，例如在知名的傑佛瑞芭蕾舞團（Joffrey Ballet）開心地待了幾年後，搖身一變成爲世界銀行的首席經濟學家。

從容階級的人常常是走進某個房間裡，就會讓裡頭所有人都自愧弗如。而他們眞誠、謙遜、有教養的事實，只是更加放大這樣的結果。他們最大的樂趣是邀請你一同前往他們的別墅度週末。這意味著你得在週五下午與他們在某處私人機場碰頭。他們抵達時，隨身行李都裝在一只開口的大包中，因爲當你擁有私人飛機，根本不需要能夠合攏、蓋上的行李箱。

如果你決定參加這類的小旅行，最好隨身攜帶幾條格蘭諾拉營養棒，因爲這個新仕紳階級的禁奢規範，代表他們會讓你在整個週末處於半飢餓狀態。這個規範還包括了願意在經久耐用的物品上花大錢，卻吝於購買消耗性物品。他們會邀你搭乘造價動輒數百萬美元的灣流五號噴射客機，機上供應的餐點卻是從超市買來的隔夜麵包夾火雞肉片。他們擁有一幢有九間臥房的度假別墅，卻自誇裡頭的家具全都來自宜家家居（IKEA）。星期六他們會招待你享用絕食午餐（四片萵苣加三公克的鮪魚沙拉），因爲他們以爲每個人都吃得和他們一樣健康。

在這個圈子裡，飼養身形約達天花板三分之一高度的狗兒，逐漸成爲一種流行，這些從容階級的人還會用珍·奧斯汀筆下的人物，爲這些乍看像熊的巨型犬命名。這些狗多半是聖伯納犬與迅猛龍雜交的後代，牠們會將自己巨大的口鼻溫柔地擱在桌面或休旅車車頂，反正就是隨便哪個比較高的地方。而週末則是由數回合的賣力活動組成，間或穿插簡短的環顧全球經濟情勢，以及和密友的小趣事，這些密友包括像是媒體大亨梅鐸、股神巴菲特、美國前國務卿鮑威爾、Google共同創辦人瑟吉·布林、U2主唱波諾與達賴喇嘛。傍晚時分，他們會散步到附近的度假勝地去

❖譯按：美國喜劇演員、社會評論家、諷刺作家，以犀利的黑色幽默言詞抨擊僞善行爲著稱。

買冰淇淋。他們舔著手中的義式冰淇淋走過大街，招搖地炫耀著完美的自己，不時還可以在人行道上聽到旁人不由自主的讚嘆聲。眾人選擇到這些地方度假，實際上只是爲了沐浴在這樣十全十美的氛圍中。

會面

某個夏日，男子與女子首次相遇。這兩個快要三十歲的年輕人，將會是本書主角哈洛的雙親。他們都是心地善良但有點膚淺的人，儘管他們的兒子將會有顆充滿抱負又有點深奧難懂的腦袋。他們被從容階級的功成名就吸引到這個度假勝地，因爲他們希望自己有天也能成爲其中的一份子。他們和其他積極熱忱的年輕專業人士一同住在團體家屋（group home）❖，他倆的共同朋友安排了這一場盲目的午餐約會。

他們的名字叫羅柏和茱莉亞，兩人第一次見面的地點，是在一間連鎖書店前。當他們走向彼此時，臉上都掛著開心的笑容，接著，一種深層、原始的過程開始作用。他們分別看見不同的事。身爲男人，羅柏透過雙眼接收他想知道的大部分訊息。然而，早在他更新世男性祖先那時候，他們便遇上了一件令人困惑的事，那就是人類女性不像許多其他動物，她們在排卵時身體不會展現任何徵兆。所以早期的獵豔者只好勉強尋找最接近繁殖力的標記。

羅柏搜尋的特徵，就和所有異性戀男子在女性身上尋找的特點一樣。心理學教授大衛．巴斯

（David Buss）在三十七個不同社會中，針對一萬多人進行調查，結果發現世界各地對於美女的標準非常接近。男性都愛光滑的皮膚、豐滿的雙脣、亮澤的長髮、均勻對稱的五官，嘴巴到下巴的距離、還有鼻子到下巴的距離都不可過長，腰臀圍比率約爲○．七。一項調查數千年來各式畫作的研究發現，畫中女子絕大多數均符合這個比率。儘管《花花公子》雜誌女郎的體態豐腴程度會隨潮流而變化，多半仍不脫這個比率。[1]就連以身形削瘦聞名的超級名模崔姬（Twiggy），也擁有恰好○．七三的腰臀圍比率。[2]

羅柏很享受他所看到的景象。茱莉亞優雅的舉止帶給他一種朦朧、迷人的感受，而沒有什麼比自信更能夠提升美感。他喜歡她笑容滿面，還不自覺地注意到她的眉尾微微下沉。眼輪匝肌（orbicularis oculi muscle）負責控制眉毛的部位，這條肌肉不受意識支配，因此眉尾下彎代表這個微笑發自眞心，而非假笑。[3]

羅柏對茱莉亞的整體魅力留下深刻印象，並且下意識知道富有魅力的人通常收入明顯偏高。他一眼就看到她上衣底下的曲線，覺得賞心悅目，這股感受直探他內心。在他大腦後方的某處，他知道乳房不過是一種器官，由大量的皮膚與脂肪組成。儘管如此，他還是忍不住想入非非。日常生活中，他總是不斷注意到它們。光是畫在紙上的乳房線條就足以讓他多看一眼。只要提到「奶」（boob）這個字，就會給他帶來下意識的干擾，因爲那個不莊重的字眼不配被用在

❖譯按：一群具有共同特性但互無關係的人同住在一起，複製並重現家庭生活的環境，以便彼此照應。

如此神聖的事物上，但他也察覺到這個字眼大多出自女性之口，爲的是嘲弄他對乳房的執著。

當然，乳房存在的形式正是爲了引發這樣的反應。除此之外，沒道理人類的乳房要比其他靈長類的乳房大上許多。猿類是平胸動物。以人類來說，大乳房並不會比小乳房產生更多乳汁。乳房的大小和哺乳無關，而是一種信號手段，爲的是在男性大腦中施放原始的燈光秀。相較於天使臉孔、身材普普的女性，男性始終偏好臉蛋普普、身材火辣的女性。[4] 大自然不來「爲藝術而藝術」這一套，可是它確實能創造藝術。

茱莉亞瞧見她的人生伴侶時，反應則相當平緩。並不是她對眼前這個性感男子毫無興趣。女性會被瞳孔較大的男子所吸引。[5] 世界各地的女性都偏好五官勻稱、比自己年紀略長、身材略高、體型略爲強壯的男性。從這些標準看來，羅柏順利過關。

至於她的謹慎與不輕信，只不過是天性與家教使然。她跟百分之八十九的大眾一樣，不相信一見鍾情。此外，雖然她也在乎伴侶的外貌，卻不像她未來的丈夫那麼看重這一點。一般而言，女性不如男性那樣容易透過視覺激發情慾，這個特點讓情色作品的市場幾乎是男性天下。

當更新世男人只瞧線索一眼，就能判別繁殖力強弱，並以此作爲挑選伴侶的基準時，更新世女人面對的，卻是一道非常傷腦筋的問題。人類嬰孩需要好幾年的時間才能夠獨立自足，而在史前環境下，一個女子無法取得足夠的食物供應整個家庭。因此，她擇偶時不能只從授精播種的角度來思考，還得考量伴侶關係和持續不斷的支持。時至今日，當女子觀察某個潛在對象時，她考慮的時間範圍與男性也不相同。

那正是爲什麼男人跳上床的速度遠快過女人。幾個不同研究團隊進行了一項簡單的調查。他們付錢請一位迷人的女子接近男大學生，邀對方共度春宵。在一次又一次的調查中，百分之七十五的男大生答應了這項求歡。接著，他們請一位迷人的男子接近女大學生，提出同樣的邀約。結果沒有半個女生點頭答應。[6]

女性有充分的理由審愼行事。雖然大多數男人都具有生殖力，可是談到穩定性，這些毛茸茸的男人之間可是天差地別。男人染上毒癮或酒癮的機率高於女人。他們比女人更有可能被謀殺，也比女人更有可能拋棄自己的骨肉。男性族群中的劣質品比率高於女性族群。同時女性也發現，拿良好第一印象的幾個要件，交換一段時間以後的可靠度與社會智能，是值得的。

當羅柏盯著乳溝瞧的時候，茱莉亞正在搜尋可靠的跡象。她無須有意識地這麼做，數千年來的遺傳與文化，已經磨利了她的信任感應器。

約克大學（York University）的瑪莉詠·伊爾斯（Marion Eals）與爾文·席爾佛曼（Irwin Silverman）進行的調查指出，在回憶某個場景的細節與屋內物品的擺放位置時，平均而言，女性的能力比男性高出百分之六十至七十。[7]過去幾年來，茱莉亞運用她的觀察力排除了各式各樣的男人。在篩選伴侶的過程中，她的選擇有部分反映出個人特有的偏好。她捨棄那些一身Burberry的男子，因爲她受不了終其一生得看著討人厭的格紋圍巾和雨衣。此外，不知道爲什麼，只要看一眼，她就能分辨出誰的拼字能力很差，而那些人讓她很無力。她看待那些愛用香水的男士，一如邱吉爾對德國人的看法，覺得他們不是趾高氣揚，就是卑躬屈膝。她也不想和那些配戴運動飾品的男人牽扯在一塊，因爲她的男友不該愛洋基隊球員勝於愛她。儘管近來有股風潮鼓勵男人下廚，但她可不願意和刀工比她強，或者在大吵一架後，會沾沾自喜地帶著格魯耶爾起司火烤三明治當求和禮物，想讓她驚喜的男人認眞交往。因爲那實在太做作了。

當羅柏愈走愈近，茱莉亞正偷偷觀察他。普林斯頓大學的金妮．威立斯（Janine Willis）與亞歷山大．陶德洛夫（Alexander Todorov）研究發現，人類可以在〇．一秒的瞬間，判斷某人的可靠度、能力、進取心及好感度。運用這些第一印象預測數個月後對彼此的感覺，結果是驚人的準確。眾人鮮少修正自己的第一印象，只會更加確定自己是對的。[8]在另一項研究中，陶德洛夫讓受試者在百萬分之一秒內瞥見捉對競選的政治人物臉孔。這些受試者在預測兩位候選人誰能勝選時，有百分之七十的準確率。[9]

運用這種瞬間評估的能力，茱莉亞覺得羅柏長得挺順眼的，但並非帥到就算個性無趣也無妨的程度。當羅柏正在心裡替她輕解羅衫時，茱莉亞正在心裡爲他穿衣打扮。此刻，他穿著棕色絨布長褲，還有一件介於紫色和紫紅色之間的深色套頭衫，整體看來，他就像是一條上等的茄子。他的臉頰結實有肉，代表他會老得很優雅，將來有一天，他會變成養老院中最帥的男人。

他身材高大。由於某項調查估計，在當代美國，每一英寸的身高相當於年收入六千美元，所以這一點很重要。[10]他流露出一種發自內心的平靜，與他爭辯不啻自討苦吃。從她迅速決斷的眼光看來，他屬於受命運之神眷顧的那種人，他的心靈沒有深沉的硬皮老繭，也沒有需要遮掩或提防的傷口。

不過，當正面的評價愈積愈多時，茱莉亞的心情卻突然翻轉。茱莉亞很清楚自己最不吸引人的特點就是，她的內心住著一個吹毛求疵、自以爲是的傢伙。她可能原本很享受某個男子的陪伴，冷不防卻開始審視起對方。她就像是桃樂絲·派克（Dorothy Parker）❖，那個男的被她嫌得一文不値，然後一切就結束了。

茱莉亞內心的自以爲是認爲，羅柏是相信沒有人會眞正在乎你的鞋子有沒有擦亮的那種人。他的手指甲剪得參差不齊，此外，他還是個單身漢。茱莉亞總覺得單身漢都有點輕佻，不過既然她絕不和已婚男子約會，這代表她看得上的男人少之又少。

《紐約時報》的約翰·提爾尼（John Tierney）提到，許多單身男女飽受「自動吹毛求疵」（Flaw-O-Matic）的折磨。這種內在機制會立即找出潛在伴侶的缺點。提爾尼說，某個男子也許長相帥氣又才華洋溢，卻只因爲他衣袖髒兮兮的，就被判出局。某個女子可能是一家大型法律事務所的合夥人，卻只因爲她把「歌德」這個詞給唸錯了，成爲長期伴侶的可能性就被否決掉。[11]

茱莉亞確實有理由對男人抱持著科學家口中的「男人是豬」的成見。女人面對社交情境時，多半會不自覺地假定男人只對一夜情感興趣。她們像是極端敏感的煙霧感測器，寧可虛發警報白忙一場，因爲錯拉警報比輕易相信來得安全許多。另一方面，男人則抱持著完全相反的錯誤想法。他們在對方明明沒有性趣時，總以爲對方有意。[12]

❖譯按：美國女詩人、短篇小說家、評論家及諷刺作家。

在短短幾次眨眼的瞬間，茱莉亞的內心經歷了好幾回合的期待與懷疑。可惜的是，看來她對他的評價是愈來愈負面。眼看她內心的臭屁傢伙就要暴衝了，幸好此時羅柏走上前來，開口打招呼。

用餐

羅柏和茱莉亞是天生一對。儘管很多人認為，「個性相反的人會互相吸引」，但人們往往會愛上和自己類似的人。如同海倫．費雪（Helen Fisher）在《愛情心理學》（*The New Psychology of Love*）一書中寫道：「大多數男女會愛上相同族群、社會、宗教、教育與經濟背景的人，那些和自己容貌相當、才智相稱，擁有相仿的態度、期望、價值觀、興趣，具有類似的社交與溝通技能的人。」[13] 甚至，證據顯示，我們多半會選擇鼻子和自己差不多寬，雙眼距離與自己大約同寬的人作為另一半。[14]

伴隨這種模式而來的是，我們常會在不知不覺間選擇了和自己經歷相近的人，至少是部分經歷相近。一九五〇年代進行的一項研究發現，在俄亥俄州哥倫比亞市登記結婚的新人當中，有百分之五十四的夫妻剛開始約會時，雙方住處的距離不超過十六個街區，另外有百分之三十七的夫妻住得更近，不超過五個街區。在大學裡，我們最有可能會跟寢室位在同一條走廊或面對同一個天井的人約會。[15] 熟悉能培養出信任感。

羅柏和茱莉亞很快就發現彼此有許多共通處。他們的房間牆上都貼著愛德華・霍普（Edward Hopper）的同一幅畫作海報。他們在同一時間到同一處滑雪勝地度假，兩人的政治立場也很接近。他們都熱愛《羅馬假期》（*Roman Holiday*）這部電影，對《早餐俱樂部》（*The Breakfast Club*）的多位主角有相同的看法，兩人都誤以爲談論自己有多愛伊姆斯的設計和蒙德里安❖的作品，代表著教養與深度。

除此之外，他們都假裝自己對再平凡不過的東西，像是漢堡與冰茶，具有行家的鑑別力。回憶中學生活時，兩人都誇大了自己受歡迎的程度。他們在同樣的小酒館出沒，參加過同樣的旅遊行程，觀賞過同樣的搖滾樂團表演。這種情形就像是把互相吻合的許多拼圖片攤在桌上。人們通常會高估自己生命的獨特性，所以對他們來說，這些共通性簡直像是一連串的奇蹟。這些巧合讓他倆的關係帶有一種「命定」的感受。

甚至，他們在不知不覺間打量起彼此思想的契合度。如同吉佛瑞・米勒（Geoffrey Miller）在《求偶心計》（*The Mating Mind*）一書中指出，我們通常會選擇和自己智力相當的人作爲伴侶，而估量別人智力最簡便的方法，就是觀察他們使用的語彙。智商八十的人知道如 **fabric**（布料）、**enormous**（巨大的）與 **conceal**（隱瞞）這些字，卻不認得像是 **sentence**（句子）、**consume**（消耗）或 **commerce**（貿易）。智商九十的人認識上述這些字，但也許不認得

❖譯按：查爾斯・伊姆斯（Charles Eames, 1907-1978），美國建築師暨設計師，作品以家具最爲知名；皮特・蒙德里安（Piet Mondrian, 1872-1944），生於荷蘭，二戰期間移居美國，對後代的建築與設計有深遠的影響。

designate（指定的）、ponder（仔細考慮）和 reluctant（不情願的）。因此，初相識的人會不自覺地在心中衡量彼此使用的語彙能否合拍，同時會迎合對方的程度，調整自己的用語。[16]

侍者走過來問他們要點些什麼，他們點了飲料，還有午餐。人生的重要事實是，我們有機會選擇想點些什麼，但未必有機會選擇我們喜歡的東西。你得先有所察覺，才談得上喜好的形成。羅柏喜歡卡本內，不愛梅洛紅酒，偏偏茱莉亞點了一杯卡本內紅酒，於是爲了表現出不同，羅柏只好選擇梅洛。午餐的食物很糟，可是這頓飯很美妙。羅柏其實沒來過這家餐廳，只是聽從那位共同朋友的建議選了這裡。那位朋友對自己挑餐廳的眼光很有信心，結果這是一家會提供奇怪沙拉的餐廳。茱莉亞早就考慮到這種可能性，所以她點了一道可以輕易叉起的開胃菜，還有不需要高超用刀技巧的主菜。可是羅柏點了一盤沙拉，菜單上對這道沙拉的描述聽起來很不錯，但送上來的綠色菜葉張得大開，想要把它們塞進嘴裡，免不了會在臉頰留下三英寸長的沙拉醬。他的主菜帶著幾分懷舊復古，像是一九九〇年代的豐盛美食，一份三層牛排加馬鈴薯佐洋蔥醬，看起來像是電影《第三類接觸》（*Close Encounters of the Third Kind*）中的惡魔塔。咬下一口，就像是在啃食一片地層。

不過這些全都不要緊，因爲羅柏和茱莉亞一拍即合。在享用主菜的期間，茱莉亞娓娓道出個人經歷，包括她的成長過程、大學時期對傳播產生興趣、目前的公關工作和不如意之處，以及未來有一天她想開一家自己的公關公司，運用病毒式行銷進行宣傳操作。

描述自己的人生計畫時，茱莉亞傾身靠近羅柏。她像隻花栗鼠般急切地啜飲開水，飛快地咀嚼食物，這樣她才能不停地說話。她的幹勁充滿了感染力。「這肯定會轟轟烈烈！」她熱情地說道：「這肯定能改變一切！」

百分之九十的情緒溝通無須使用語言。[17]我們不僅會運用手勢與動作這種潛意識語言來表達自己的感受，也會藉此建構自己的感覺。透過動作示意，有助於催生我們的內心狀態。羅柏和茱莉亞抿嘴舔唇，坐在椅子上身體往前傾，斜睨彼此，展現人類調情時不自覺耍出的各種花招。冷不防的，茱莉亞微微偏過頭，露出粉頸，這是女性動情的暗示。如果她能在這一刻，透過鏡子看見那個所謂冷酷無情的自己，肯定會大驚失色，因爲鏡中的她像是立志成爲瑪麗蓮夢露第二的女子，頻頻撥弄秀髮，還刻意挺胸。

茱莉亞尚未意會到自己有多喜歡和羅柏聊天。女侍倒是很高興看到他們臉上的興奮之情，因爲初次約會的男人給小費最大方。等到幾天過後，這頓飯的重要性才會逐漸顯現。而多年後，茱莉亞不只記得當時羅柏吃光了麵包籃中所有麵包，還對這頓午餐的每項微小細節如數家珍。

這頓午餐充滿對話。

話語能增加求偶的成功率。動物會透過一連串逐步升級的舞蹈來贏得求偶對象的青睞，人類靠的則是對話。吉佛瑞．米勒提到，多數成年人認識的詞彙量約爲六萬字。要認得這些字，孩童必須從十八個月到十八歲，每天學習十到二十個字。不過，在所有談話中，最常用到的一百個字占百分之六十，而最常用的四千字占百分之九十八。既然如此，爲什麼人類還願意花心思去認識那額外的五萬六千字呢？

米勒認爲，人類學習這些字彙，爲的是讓潛在伴侶對自己留下深刻印象，以及挑選合適的婚配對象。他推測，如果一對情侶每天交談兩小時，平均每秒說出三個字，發生三個月的性行爲後才成功受孕（這可能是生活在史前大草原上人類的常規），那麼這對情侶在懷孕前會交換大約一百萬個字。[18]那可是很龐大的數量。在那段期間，他們有很多機會得罪對方，讓對方覺得厭煩或生氣，也有很多機會吵架鬥嘴、言歸於好、探索彼此與改過自新。假如這對情侶經過這一切言詞交鋒後仍舊在一起，他們就有很大的可能會一起撫養孩子長大。

假以時日，哈洛父母的對話會有千千萬萬字，但目前他們還在交換頭幾千個字，不過事情進展得很順利。倘若你聽信文化刻板印象，你會認爲女人是兩性中比較羅曼蒂克的一方。事實上，大量證據顯示，男人比較快墜入情網，而且比較贊同眞愛恆久遠的信念。[19]因此，無論是兩人認識的第一晚或接下來的數個月，大多數的對話內容都是爲了讓茱莉亞卸下心防。

如果羅柏的哥兒們看見他現在這副模樣，肯定認不出他來。他正在剖析自己的人際關係。他彷彿完全沒有察覺到自己優美的身體曲線，然而在其他情況下，他對此可是相當自豪，每次都用讚賞的眼神凝視自己的前臂，久久不願移開視線。所有的冷嘲熱諷全都消失了。儘管男人的談話中，通常有三分之二的時間是在談論自己，但在這回的對話中，他說的都是關於茱莉亞遇上的問題。[20]根據大衛．巴斯的調查指出，無論男女，親切是讓人想與對方發生性關係的重要特質。[21]求偶主要就是關於同情心的展現，在那個過程中，雙方會試著要證明自己有多麼慈悲，凡是看過約會中的男女如何對待孩童與狗兒的人，都能證實這件事。

當然，你我選擇另一半時，還會牽涉到其他不那麼高尚的算計。如同老練的股票交易員，面對社交市場的估價時，人們的反應就算是無意識的，但也是可以預料的。我們會本能地尋找自己在市場上最大的獲利可能。

於是愈有錢的男人很可能會娶個愈年輕的妻子，而愈漂亮的女子很可能會嫁給愈富有的丈夫。女人的魅力是預測丈夫年收入的絕佳指標。[22]

如果男人在某個狀態類別中有所不足，但在另一個狀態類別的表現很好，兩者是可以互補的。有好幾項針對網路約會的調查顯示，如果矮個子男人賺得比高個子男人多，他在約會市場上還是同樣熱門。根據君特．希屈（Guenter Hitsch）、阿里．何塔克蘇（Ali Hortacsu）和丹．艾瑞利（Dan Ariely）的計算，身高一六八公分的男子只要每年多賺十七萬五千美元，就能和身高一八三的男子一樣受女性歡迎。假如美國黑人男子能比具有同樣特質的白人男子多賺十五萬四千美元，就能得到白人女性同等的青睞。（女性遠比男性更抗拒與自己族群以外的人約會。[23]）

基於這一切，羅柏和茱莉亞不自覺地在腦中進行盤算：考慮收入和長相比，計算社會資本的績效。種種跡象都顯示，他們找到了理想的婚配對象。

散步

我們的文化有大半是在節制人類的自然欲望。當本能正要貿然行事時，爲了放慢節奏，於是讓求偶會產生緊張和壓力。在這個時點上，羅柏和茱莉亞都感受到強大的衝動，但兩人都害怕說出太強烈和太莽撞的話。能夠充分掌握兩人互動的旋律與節奏，求偶才會成功。透過讀取彼此心意、控制自己行爲的這個共通歷程，兩人的關係有可能會建立起同步性。透過這個過程，他們會建立起一套潛規則，規範兩人從今以後對待彼此的方式。

法國作家司湯達爾（Stendhal）曾說：「愛能提供的最大幸福，是你第一次牽起愛人的手。」[24]到了這個節骨眼，羅柏和茱莉亞的言語互動已經不太像是對話，比較像是「梳理」（grooming）的行爲。當他們起身準備離開時，羅柏本來想把手搭在茱莉亞纖細的背上，引導她走向餐廳大門口，卻又擔心這個有暗示性的親暱行爲會惹她不高興。茱莉亞則是默默地後悔自己帶了個大包包來。這個包包的尺寸像是一台小卡車，大到足以容納書、手機、呼叫器，也許還能裝得下一台電動腳踏車。早上出門前，她擔心帶一只小包會顯得太過滿懷期待，太像是去約會，沒想到這頓飯會是她人生中最重要的飯局，偏偏她帶了一個不適合的包包！

走出餐廳大門後，羅柏終於碰了她的手臂，她抬起頭看他，臉上掛著信賴的笑容。他們走下人行道，穿過一間間高檔的文具店，渾然不覺兩人已經像情侶般並肩而行，彼此的身體靠得很近，對眼前的景物綻開笑容。和羅柏在一起真的讓茱莉亞覺得很自在。用餐期間，他一直熱切地凝視她，不是像詹姆斯·史都華（James Stewart）在電影《迷魂記》（*Vertigo*）中盯著金露華（Kim Novak）瞧的那種過分關心、怪異的眼神，而是一種能吸引她的堅定目光。

至於羅柏這邊，當他護送茱莉亞回到她車上時，實際上他緊張得渾身發抖。他的心撲通跳個不停，呼吸也變得急促。受到她閃耀眼神的鼓勵，他認爲自己在午餐時表現得非常機智風趣。一陣莫名的興奮感襲來，他不明白那是什麼。他厚著臉皮追問明天能不能再跟她碰面，她說當然好。他不想只是握手告別，但吻別又太唐突，只好輕輕握了握她的手臂，再行個貼頰禮。

當茱莉亞和羅柏半擁抱時，他們默默地吸入了彼此的費洛蒙。他們體內的皮質醇（cortisol）濃度降低了。在這類情況下，嗅覺是一種強而有力的感官。失去嗅覺的人會比失去視覺的人經歷更嚴重的情感退化。[25]因爲嗅覺是判讀情緒的重要方法。在莫乃爾研究中心（Monell Center）進行的一項實驗中，研究人員要求一些男女將紗布墊在腋下，觀賞一部恐怖片或一齣喜劇。然後他們請受試者嗅聞這些紗布墊。這些受試者想必得到了可觀的報酬補償。不知怎的，他們就是有辦法分辨出哪塊紗布墊帶有笑聲的味道，哪塊又帶有恐懼的氣息，正確判讀的機率高於僥倖猜中，而且女性的表現遠優於男性。[26]

稍後在戀愛關係中，羅柏和茱莉亞會嚐到彼此的唾液，並因此收集到遺傳訊息。根據瑞士洛桑大學（University of Lausanne）克勞斯．韋德金得（Claus Wedekind）的知名研究指出，女性會受到那些ＤＮＡ中帶有的人類白血球抗原（human leukocyte antigen）❖與自己最不相同的男性

❖譯按：人類白血球抗原（簡稱HLA）是一種組織細胞分子。人類免疫系統就是透過這種分子，區分「自我」與「非我」。ＨＬＡ是由一組特殊的ＤＮＡ所決定，且屬於共顯性遺傳，也就是說，決定ＨＬＡ的基因變異很大，要找到與自己具有相同ＨＬＡ基因組的人機率不高。利用這種特質，可以進行器官移植配對、親子鑑定，甚至協助診斷某些疾病。

所吸引。互補的ＨＬＡ編碼被認爲可以在子代身上產生更強的免疫系統。[27]

在化學作用的協助和來電感覺的吸引下，羅柏與茱莉亞雙雙體會到，這是他們生命中最重要的會面。事實上，這兩個鐘頭的時間會是他們最重要的時刻。畢竟對終身幸福而言，還有什麼決定能比決心嫁娶某人更爲重要呢？在那個下午，他們開始做出決定。

這頓午飯吃得很愉快。不過他們同時也經歷了一場嚴酷的智力考驗，相形之下學力測驗反而像是幼稚園程度的事。他們兩人在過去這一百二十分鐘內，都賣力執行微妙的社交任務。他們展現出機智風趣、彬彬有禮、同情心、圓滑，以及對時機的掌控。他們遵守文化對初次約會的社會腳本。他們做出一千個敏銳的判斷。他們權衡自己的各種情緒反應，而這些反應的區別微細到沒有任何儀器能將之量化。他們解譯無聲的姿勢——一抹微笑、一個眼神、一則彼此心領神會的笑話、一個意味深長的停頓。他們把對方放在一連串的篩子與過濾器上，不斷評估對方與自己的表現。每隔幾分鐘，他們就准許對方朝自己內心走近一步。

這些心智工作並不難，因爲我們整個生命都在爲這一刻做準備。羅柏和茱莉亞在決定這類的社交連結時，並不需要像解代數問題時那樣的思考路徑。此時的心智運作大半是在不知不覺下完成的，如此自然，彷彿不費吹灰之力。

截至目前爲止，他們還無法說出自己的結論，因爲他們的心情尚未與任何知覺訊息凝聚在一起。但是想要墜入愛河的這個選項，正在他們心中發酵。感覺不像是他們做了一個選擇，而是某個選擇找上了他們。渴慕對方的念頭已經形成。片刻之後，他們兩個才領會到自己已經許下驚人的承諾。法國哲學家布萊茲·巴斯卡（Blaise Pascal）曾說：「心自有其道理，卻不是理智能理解的。」

這就是決策的運作方式。這就是如何知道我們想要些什麼的歷程，不只發生在擇偶時，也出現在人生其他重要部分。在各式各樣的決定中，決定要愛誰並不是什麼格格不入的怪事，這是平凡人生中一段羅曼蒂克的插曲。比起人生中大多數的決策，從要點什麼來吃到該從事哪種行業，決定要愛誰反而是更爲要緊的事。決策本來就是一種容易受感情左右的事。

愛的角色

人類對於自我產生突破性的了解，始於一個古怪的案例。一個名叫艾略特的男子，幫助我們了解情感與決策之間的相互作用。他的故事在大腦研究圈中非常知名。艾略特因爲腦部長了腫瘤，使得大腦額葉功能受損。他原本是個聰明、見多識廣、圓融得體的人，而且看待事物的方式幽默風趣。然而在腫瘤切除手術後，艾略特開始遇上麻煩。每當他在做某件事，總會忽略任務中最重要的部分，並因瑣事而分心離題。比方他原本要著手將某些報告歸檔，卻會突然一屁股坐下，開始閱讀那些報告。他會花上一整天的時間決定要如何歸檔。他也會花好幾個小時決定該去哪兒吃午餐，但最後還是無法做出決定。他做出愚蠢的投資決策，花光了畢生的積蓄。他和老婆離婚，另娶一個全家人都反對的女子，結果很快又離了婚。總而言之，他無法做出合乎情理的選擇。

艾略特去見一位名叫安東尼奧．達馬吉歐（Antonio Damasio）的科學家，接受一連串的測驗評估。結果顯示，艾略特擁有優異的智商，對數字與幾何圖案具有出色的記憶能力，精通如何根據不完整的資訊做出判斷。不過，在與艾略特談話的時候，達馬吉歐注意到這個男子從來沒有表現出任何情緒。他可以不帶一絲悲傷地講述降臨在他妻子身上的災難。

達馬吉歐讓艾略特觀看一些令人毛骨悚然，跟地震、火災、意外事故和水災有關的悲慘影像。艾略特很清楚自己應該對這些影像有什麼樣的情緒反應，但他真的感受不到任何情緒。於是，達馬吉歐開始研究艾略特被損壞的情感，是否和他的決策失敗有關。

進一步測試顯示，艾略特能夠想像不同的選擇。他理解兩種道德規範間的衝突。簡言之，他對自己得在各種複雜的可能性當中做出選擇是有心理準備的。

艾略特無法處理的部分，是做出選擇。他沒有能力賦予不同選項適當的價值。如同達馬吉歐寫道：「他的決策地形是無可救藥的平坦。」[28]

達馬吉歐的另一個研究對象，更能說明這樣的現象。這位中年男子也是因為腦傷而失去正常的情感功能。[29]有一天，他在達馬吉歐的辦公室剛做完面談，接著達馬吉歐建議了兩個下次面談的時間，讓他從中擇一。這個男子拿出記事簿，開始列出每個選項的優缺點。大約有十五分鐘的時間，他不停地寫啊寫，列出可能的衝突、可能的天氣狀況、其他約會等等。達馬吉歐寫道：「要耐心聆聽這一切而不用力拍桌叫他住嘴，眞的需要很深的修養。」不過，他和他的研究夥伴只是站在那兒觀察這一切。最後達馬吉歐打斷了這個男子的沉思，直接指定一個日期，要求他到時候過來。對方想也不想就說「好啊」，然後離開了。

「這種行爲是純粹理性有其極限的最佳範例，」達馬吉歐在《笛卡兒的錯誤：情感、理智與人類大腦》（*Descartes' Error: Emotion, Reason, and the Human Brain*）一書中寫道。[30]這個例子告訴我們，缺乏情感會帶來自我毀滅，導致危險的行爲。缺乏情感的人並不會像冷靜理性的史巴克❖一樣，過著規畫妥當、合乎邏輯的生活，而是活在荒謬可笑中。在非常極端的案例中，他們會變成社會病態者（或稱人格違常，**sociopath**），對粗野暴虐不以爲意，無法感受他人的痛苦。

根據各種經驗，達馬吉歐發展出一套他稱之爲「軀體標記假說」（**somatic marker hypothesis**）的理論，探討情感在人類認知中扮演的角色。這套理論有部分富有爭議，因爲科學家對大腦與身體如何交互影響的看法不一。不過達馬吉歐的重要主張是：情感會估量事物的價值，因而能在我們探索人生時，不知不覺地引導我們，遠離那些可能會帶來痛苦的事，接近那些會帶來成就感的事物。「情感不會代我們思考。它們會透過突顯某些選項（可能是危險的或有利的）協助我們思考，然後把這些選項從隨後的考慮中快速刪除。你可以把它想成一套自動認證的預報系統，無論你想不想要，都會主動評估那些極度多變化的未來劇本。你可以把它想成一套帶有偏見的裝置。」[31]

❖譯按：史巴克（Mr. Spock）是科幻影集《星艦奇航記》（*Star Trek*）中的主角，他是半人類半瓦肯人，壓抑情感，凡事講求嚴謹的邏輯思考，予人冷血的觀感。

我們每天都會接收到數以百萬計的刺激轟炸，包括無比雜亂的聲音、景象、氣味、動作。然而，在這一切叫人眼花瞭亂的混亂中，大腦的不同部位與身體交互作用，形成一套情感定位系統（Emotional Positioning System）。就像車子的衛星導航系統一樣，這套情感定位系統能感知你目前的狀況，拿它和記憶體中儲存的大量數據資料對比。它會判斷此刻你所在的路徑會產生好或壞的結果，接著它會讓每個人、每個地方、每個情況裹上一種情緒（恐懼或興奮，羨慕或反感）與一種帶有暗示意味的反應（微笑或別笑，接近或遠離），幫助我們順利度過每一天。

比如在某家餐館裡，有人越過桌子觸摸你的手。你的理智會立即在記憶資料庫中搜尋類似事件。也許它會找到電影《北非諜影》（*Casablanca*）中，亨佛萊．鮑嘉（Humphrey Bogart）輕觸英格麗．褒曼（Ingrid Bergman）小手的那一幕，或是很久以前在高中時代的某次約會，或是在孩提時代媽媽曾帶你去麥當勞，她伸手越過桌子握住你的手。

心智會整理分類、編號識別。身體會產生反應。心跳會加速。腎上腺素分泌增多。一朵笑容綻開。信號從身體與大腦湧出，經過複雜精細的迴圈，又回流到身體與大腦。大腦和身體並不是分離的——那是笛卡兒的謬見。身體與心智透過反應與逆反應構成的複雜網絡連結在一起，從它們的反饋中浮現出情感價值。手觸摸的這個動作已經被賦予意義，那是一件帶有幾分美好、幾分愉快的事。

片刻之後，一組不同的迴圈展現。這組比較高階的回饋路徑存在大腦演化上較古老的部位與較新部位（如前額葉皮質）之間。這組資訊流比較緩慢，但比較精細準確。它能採納第一套系統已經做成的反應，在那些反應之間做出更細緻的區別。（「這隻越過桌面觸碰我的手，跟我媽媽的手不怎麼像。它比較像是某個性感女性的手。」）它也能閃現警告勸誡，帶來理性的克制。（「此刻我好開心，我想要牽起這隻手，開始吻她，不過我記得以前這樣做的時候，曾經把對方嚇壞了。」）

這片領域中的另一位知名研究者約瑟夫・李竇（Joseph LeDoux）主張，即便在這個階段，大部分的事還是在潛意識發生的。手的觸碰被感知與再次感覺，整理與再次整理。身體產生了反應，計畫已擬定妥當，反應已準備就緒，所有這一切錯綜複雜的活動，全都在一瞬間就發生了。而且這個歷程不只發生在約會中小手相觸的情況下。當你掃視超市裡一整架子的食品包裝時，或是在就業博覽會仔細審視不同的職業選擇時，這個歷程也會發生。情感定位系統會將情感價值賦予每一種可能性。

最後，在這些複雜回饋的末尾，一股欲望突然闖入意識中——想要選擇那盒早餐、物色那份工作、輕捏那隻手、觸碰這個人、和這個人永遠在一起的欲望。這份情感從內心深處湧現。它也許不是什麼高明的念頭。情感有時會使我們誤入歧途，有時則會讓我們做出聰明的決策。而且它不懂得節制。它有可能會被忽視，但它能激勵並引導人心。如同李竇寫道：「大腦的狀態與身體的反應是情感的根本事實，而有意識的感覺是裝飾，能爲這塊情感蛋糕增添美麗的糖衣。」

弦外之音

對於決策的這份理解引導出某些重要事實。理性與感性並不是各自獨立、互相對抗的。理性舒適地依偎在情感上，同時也倚賴情感。情感賦予事物價值，而理性只能以那些評價爲準，做出選擇。人類的理智能夠這麼務實，是因爲實際上它多情浪漫。

此外，理性和感性並不是單一的東西。理性是關於一連串驚人複雜的平行歷程。並沒有任何艦長坐陣在指揮艙進行決策，也沒有所謂的「笛卡兒劇場」（Cartesian theater，意指所有不同的歷程與可能性全都聚集在這個場所，等待評級分等，並且在此規畫行動）。實情反而如諾貝爾獎得主傑拉德·埃德爾曼（Gerald Edelman）所主張，大腦看起來像是一個生態系統，一套複雜得令人難以置信的網絡，包括了發射、樣式、反應、感覺，這一切全都得和大腦的不同部位溝通與反應，它們全都努力爭取對這個生物的些許控制。[33]

最後，我們根本是漫遊者，而不是決策者。過去一個世紀以來，人們多半認爲決策是水到渠成的事。累積事實、情勢和證據，接著就能做出決定。事實上，說人類是社會環境中踽踽獨行的朝聖者還比較正確。我們徘徊在人群與各種可能性構成的環境中。當我們四處閒晃，理性會做出無限多的價值判斷，逐漸累積後，會形成目標、抱負、夢想、渴望，以及做事的方法。活出快意人生的關鍵，在於訓練情感送出正確的信號，同時對於它們微弱的召喚保持一定的敏感度。

羅柏和茱莉亞並不是最有教養的人，也不是最有深度的人，但是他們懂得如何去愛。他們坐在餐廳裡，注意力愈來愈集中在彼此身上，他們的情感正快速傳送一連串導引的信號，形成一整套的決策，從而逐步改寫他們的人生。「所有的資訊處理都涉及情感，」肯尼斯・道奇（Kenneth Dodge）寫道：「在那個過程中，情感是驅動、組織、增強與減弱認知活動的能量，反過來說，情感也是這種活動的經驗與表達。」[34]

羅柏和茱莉亞給彼此打分數。一股強烈的愉悅感襲來，載著他們朝向某個夢想之地前進。這並不是茱莉亞初次見到羅柏時，她內心的自以爲是所運用的那套剖析法。這套強大且全面的評價，遵循的是完全不同的規則。茱莉亞會先墜入愛河，隨後才編造出理由來解釋自己著迷的原因。那一天，她和羅柏漫步前行，而那將會是他們一生中最值得的一件事。

【第二章】

融合的人生

毫無障礙的溝通所帶來的幸福，才是他真正渴望的目標……

婚後的頭幾個月，羅柏和茱莉亞過得快樂無比，就像所有新婚夫妻一樣，他們忙著融合兩人的人生地圖。他們各自帶著一張描繪日常生活該如何運作的潛意識心智地圖走入婚姻。如今他們的生命將永久結合在一起，這才發現彼此的地圖並非完全一致。這些不同並非什麼重大差異，而是一些他們甚至從來沒有想過的生活小習慣。

茱莉亞認爲，碗盤髒了就應該立刻清洗；羅柏則認爲髒碗盤應該先放在水槽裡，等晚上再一起清理就行了。茱莉亞認爲，廁所的捲筒衛生紙應該順時針方向捲動，這麼一來鬆開的衛生紙會垂掛在紙捲前端；可是在羅柏的老家，衛生紙向來是逆時針方向捲動，所以待撕取的衛生紙會垂掛在紙捲後端。

對羅柏來說，早上看報紙是個人活動，應該在靜默中進行，夫妻兩人只是湊巧坐在一塊罷了；偏偏對茱莉亞而言，晨間讀報是個社交活動，是閒聊與觀察世界局勢的大好時機。羅柏上超市會購買現成的即食產品，像是義大利餃子、冷凍披薩或鹹派；茱莉亞則會買雞蛋、糖、麵粉之類的食材。羅柏總是很驚訝茱莉亞怎麼能花了兩百美元採買，回到家的時候晚餐還是沒有著落。

這些差異並沒有真正造成困擾，因為他們正處於蜜月期，這時候的他們還有時間一起去跑步，跑完以後再到床上大戰一場。

一開始，萬事皆新奇，他們被對方帶進生活的有趣習慣給逗得很樂。舉例來說，羅柏對於茱莉亞時時刻刻非穿襪子不可的堅持覺得很著迷。茱莉亞願意冒險進行他幻想得到的任何裸體性愛，只要她能夠在活動進行時穿著襪子。她可以達到滿身是汗、氣喘吁吁的熱度，可惜血液循環顯然無法延伸到她的下肢。如果你真的想要脫去那些白短襪，情況就像是從全國步槍協會會長的手中使勁奪下一把來福槍。

茱莉亞則從來沒看過有誰那麼愛買牙膏的，羅柏每回上超市都會買條牙膏。他每週買一條新牙膏，彷彿火星人即將為了牙膏侵略地球。她也對他的注意力模式感到莞爾。羅柏對於發生在千里之外的大小事極感興趣，如果這些訊息是由《世界體育中心》節目報導的，尤其能引發他的關注。然而，直接觸及他內心情感的事，則會被他打入冷宮。

他們逐步邁入地圖融合的第二階段：前置規畫期。有道是家和萬事興。羅柏與茱莉亞兩人下意識領會到，在婚姻初期看似迷人又可愛的怪癖，例如茱莉亞喜歡在清晨六點在床上使用筆記電腦，或者羅柏面對任何家事都會假裝自己跟小男孩一樣無助，等到婚姻無上幸福的第一抹紅暈消褪後，這些事會讓彼此產生想要殺人的衝動。

因此，他們開始在心裡列出「必須有所改變的事」清單。不過他們夠機靈，沒有用毛澤東主義的態度來處理這件事。他們多少明白，文化大革命會導致強烈的憤怒反抗，或長期的消極抵抗。因此，想要改造他人的習慣，最好採取漸進的手法。

起初幾個月，茱莉亞以珍古德觀察黑猩猩的方式，仔細檢視羅柏的一舉一動。她對於他所展現的行爲模式不斷感到驚訝。這個男人對職人手作起司或任何微妙風味絲毫不感興趣，然而在購物中心裡，只要他走近距離布魯克史東商店（Brookstone）一百五十碼的範圍內，突然間就會對附自動迴球功能的室內推桿練習果嶺痴迷不已。他認爲自己是個整潔的男人，不過整潔對他來說，就是把櫃子上散亂的東西全塞進距離最近、有空間可收納的抽屜裡。準備組裝物件前，他從來不會先把需要用到的零組件一一擺好，而是直接動手，然後花好幾個小時的時間在找出每一樣東西到底放在哪兒。他的聰明才智顯然遠勝每個足球教練，只可惜他缺乏先見之明，看不出任由鞋子擺在床鋪通往浴室的走道上，可能會在夜半引發什麼樣的危險。

接著是發生了電影票事件。一天晚上，羅柏下班的路上經過某家電影院，他發現有一部他很想看的電影還有座位，於是他即興地買了幾張電影票，就像他以前單身時經常做的那樣，然後打電話給茱莉亞，說他找了幾個好朋友一塊兒看電影，所以會晚點回家。他開心地撥了電話，當他感覺話筒另一端的溫度驟降百度時，著實吃了一驚。他可以聽見茱莉亞在調節呼吸，那種吐納的方式顯示某人正努力抑制衝動，免得自己掄起斧頭砍下另一個人的頭。事實很清楚明白了，那天晚上他不能去看什麼電影了。顯然，這類心血來潮的縱情歡樂不再是他生活的特色，婚姻也不只是年少輕狂的延長賽，而是柴米油鹽醬醋茶和規律的性生活。

透過茱莉亞那種像是對某個特別笨的小朋友說話時會使用的刻意淺白口吻，中間還夾雜著冷淡的漫長停頓，羅柏這才體會到，從這一刻起，他的人生需要一種不同層次的擔當與共同規畫，他得放棄過去那種輕鬆愉快、只想到自己的作法。

這種潛意識的典範轉移在羅柏的腦中發生後，這段婚姻關係從此進展得比較順利。雙方發表了各自的家庭門羅宣言，兩人都認爲自己犧牲了部分的生活便利，而來自家庭外部的干擾將會被視爲是一種戰爭行爲。雙方都很得意自己爲了對方，精心做出某些妥協。每一回羅柏記得把馬桶坐墊放下時，他都很佩服自己無私的高貴情操。茱莉亞則是在每次假裝自己愛看動作片的時候，就會暗地裡自詡爲德蕾莎修女。

於是，婚姻中的分工就此展開。雙方都受到自己感興趣的領域所吸引。比方說，羅柏掌管所有的假期規畫，他認爲自己是旅遊界的李將軍❖，是能夠處理航班被取消、機場大亂或飯店出差錯等棘手問題的傑出戰略家。這代表茱莉亞必須忍受他那巴丹死亡行軍✠式的行程安排，好比說吃午餐之前得走訪六座葡萄園。不過對她來說，比起和旅行社人員坐下來逐一確認旅館預約狀況，這樣的安排省事多了。同時間，茱莉亞接管所有物質環境的事。如果羅柏在兩人去逛家具行時，不想參與犀利的評頭論足，他就很難指望自己能影響採購決策。

婚姻滿意度通常呈現U型曲線。在婚後的頭幾年，新婚夫妻總是快樂得不得了。不過他們自陳滿意度逐漸下降，在孩子進入青春期時達到最低點，之後邁入退休階段時，滿意度會再次攀升。[1]羅柏與茱莉亞這對新婚夫妻確實非常幸福，而且相當適合彼此。何況在大多數日子裡，他們都很性福。

生養下一代

婚後半年，某一天茱莉亞和羅柏起得比較晚，兩人就近在一間鄉村風的小店吃早午餐。接著他們去購物，順手抓了幾個三明治，帶到公園長椅上享用。茱莉亞手裡捏著麵包，羅柏手一甩把小石頭丟入池塘，他們感受到各式各樣的感官知覺。茱莉亞心不在焉地看著羅柏拿著一支小塑膠刀把芥末塗抹在三明治上。她想著她正在說的事，卻沒有意識到自己的情慾正逐漸激起。羅柏聽著她說的事，卻想也沒想就盯著她脖子上一處柔軟的小皺摺瞧。

他內心深處已經準備好，如果找得到一處大小合適的灌木叢，他就會在此時此地和茱莉亞親熱一番。一般總認爲，無論男女，對性的渴望是一樣多的，不過這個看法並不正確。[2]男性的性慾相當平穩，只有在不自覺感測到伴侶的月經週期來臨時才會下降。針對脫衣舞俱樂部的研究發現，舞者月經週期來臨時，她們收到的小費會銳減百分之四十五，而目前還難以解釋這種變化的

❖譯按：此指Robert E. Lee（1807-1870），美國南北戰爭期間南軍的總司令。他作戰靈活機動，巧妙地以寡擊眾、以少勝多。

✠譯按：在二次世界大戰期間，日軍占領菲律賓巴丹半島後，把近八萬名的美菲聯軍戰俘以徒步行軍方式，押解到近百公里外的俘虜營，造成上萬人死亡。

原因何在。[3]

那天在公園裡，羅柏全心全意、渾身上下都想得到茱莉亞。這並非只是一種達爾文反射（Darwinian reflex）❖。羅柏內心有各式各樣的障礙，使他很難表達自己的情感。他的感受明明存在，卻躲在某個他無法輕易掌握或理解的地方。甚至在他確實知道自己有什麼感受的時候，常常也找不到話語來表達自己的心緒。但是在性交過程中，他內心的溝通障礙消融了。在激情中，他進入一種模糊狀態，既不能察覺自己所處的環境，也無從得知別人會怎麼看待他。他對茱莉亞的感情用盡全力浮現上來。他可以直接感受到自己的情緒，無拘無束地表達它們。茱莉亞有時候會答應他來一回快愛，但那些快速完事的性愛沒辦法帶給他這樣的體驗。唯有當兩人同時感受到激情時，羅柏才能體驗到毫無障礙的溝通所帶來的幸福，而那才是他眞正渴望的目標。「女人需要感覺被愛才能做愛，男人需要做愛才能感覺被愛」，這個老玩笑確實有幾分道理。

茱莉亞的性慾更加複雜。它像是一條有許多分支的河流。跟大多數女人一樣，茱莉亞的性致受到她的身體在某個特定時刻製造出多少睪固酮，還有如何處理血清促進素的影響。當天她忙碌的程度、整體的心情，還有午餐時和朋友的對話，都會影響她的性致。甚至是她沒有察覺到的影像和感覺，比如看見一件藝術品、一段旋律、一片花海，也會造成影響。茱莉亞喜歡觀看男體、女體，或任何介於兩者之間的肉體。儘管想到自己因爲看動物交配而性慾勃發的念頭令人反感，但如同大多數女性的反應，觀賞動物交配的自然科學節目，會讓茱莉亞的身體自動分泌潤滑液。[4]

比起羅柏，茱莉亞的性偏好更加受到文化的影響。[5]無論教育程度高低，男人想要做的性行爲都是相同的，但是女人的性偏好會因教育、文化與社會地位高低而有所不同。高學歷女性比低學歷女性更有可能從事口交、同性間的性行爲，以及嘗試各式各樣的性活動。虔誠的女性修道者不像沒有宗教信仰的女性那樣勇於嘗試性冒險，然而男性修道者的性慾和那些俗人並沒有太大的不同。

有人說，對女人而言，發生在性交前二十四小時內的任何事都是前戲。那天傍晚他們看了一部電影，喝了杯飲料，不久之後，兩人先是嬉鬧地挑逗，接著激情地做愛，朝著高潮推進。

性高潮並不是一種本能的反應，而是一種感覺，一種心理事件。[6]它始於一連串劇烈的生理與心理反饋迴路。愛撫與興奮會釋放多巴胺和催產素，這些化學物質又會轉而產生更多的感覺輸入訊息，最後以腦中複雜且具爆發力的燈光秀告終。[7]有些女人光是想著某種念頭，就能夠達到高潮。某些脊髓損傷的女子透過刺激耳朵也能達到高潮。還有一些曾發生意外而癱瘓、原本被認爲無法感受性交快感的女子，也能透過刺激性器官而達到高潮。有位台灣女子光是刷牙，就能體會到顳葉發作與令她精疲力竭的性高潮。[8]美國加州大學聖地牙哥分校的拉瑪錢德朗（V. S. Ramachandran）研究的一名男子，竟然在做愛時感覺足部幻肢也出現了性高潮。[9]他的腿早已被截肢，與被截肢的腳對應的大腦區域沒事可做。由於人類大腦具有可塑性和適應性，從陰莖傳來的性興奮擴散到空著沒利用的大腦區域，因而使這名男子從不存在的那條腿上也感受到性高潮。

❖譯按：指新生兒的手碰觸到東西時，會立刻反射性地彎曲手掌，緊握手中的物體不放。其抓握力道之大，甚至足以承受嬰兒自身的重量。這種反射行爲在嬰兒出生後立即顯現，滿月後開始減退，數個月後會消失。

在做愛的過程中，羅柏和茱莉亞透過身體與心靈送出有節奏的震動。茱莉亞體驗到和性高潮快感有關的幾項心理特質，包括拋開心智控制、感覺被催眠、無力控制思緒。[10]短短幾分鐘後，兩人的前額葉皮質區有部分停止運作，同時間，他們的觸覺變得非常敏銳。他們失去了所有自覺意識，也失去了時間感，再也分不清兩人糾纏的肢體。眼前的景象變成一堆抽象的色塊。最終兩人都達到令人滿意的性高潮，透過鳥兒與蜜蜂❖的神奇力量，孕育出一個兒子。

❖譯按：the birds and the bees，指求愛與性交。通常用以向年紀較輕的小孩說明性與懷孕的知識，希望透過能輕易觀察到的自然現象說明性交的實際運作與結果。

【第三章】

爲他人設想

人類可以感受到他人經歷的一切，彷彿那是發生在自己身上……

令人遺憾的是，就算即將邁入三十大關，茱莉亞還是有著人來瘋的個性，而且朋友隨傳隨到。白天工作的時候，她勇於任事，充滿雄心壯志，到了週末夜晚，她會釋放內心那個《柯夢波丹》女孩，任由她嬉鬧。在這樣的心態下，她覺得隨性不拘是很酷的事。她依然認爲大聲說話、派對狂歡、搽上閃亮唇蜜、拉彈丁字褲帶、成爲女神卡卡的信徒，是一種社交勇氣的展現。她相信就算大露乳溝，她還是能控制自己的慾望。她認爲自己大腿上的鐵絲圖案刺青，是身體自信的展現。在派對上，她是出色的玩咖，總是在拚酒和帶著雙性戀意味的女女親吻中一馬當先。隱身在深夜酒醉的人群中，她遊走在讓人覺得她像個蕩婦的邊緣，卻不致於眞正越界。

在懷孕之前，她心中從未閃過絲毫爲人母的念頭。這個時候，哈洛才正要在她的子宮裡成形。如果哈洛想把茱莉亞變成他理應擁有的那種母親，那麼他得加把勁了。

他很早就開始努力。身爲胚胎，哈洛每分鐘能長出二十五萬個腦細胞，[1]等到出生時，他已經擁有超過二百億個腦細胞。[2]他的味蕾很快就開始運作，每當包圍他的羊水變甜或變得帶有大蒜味（這取決於他媽媽吃了些什麼），他都能分辨得出來。如果在羊水中添加甜味劑，胎兒就會吞下較多的羊水。[3]到了十七週大，他能感覺到自己在子宮裡的方位。他開始碰觸自己的臍帶，還會握拳。[4]這時他對更遠之外的世界也發展出更強的感受力。五個月大的時候，胎兒會對痛產生退縮的反應。如果有人拿著強力手電筒直接照射茱莉亞的肚皮，哈洛會感受到那道光，並移到別的地方去。

三個月大的時候，哈洛會作夢，或至少表現出成人做夢時的那種眼球運動。[5]到了這個時點，爲人母這件事才算是眞正開始。哈洛仍舊是個胚胎，幾乎還不具備所謂「意識」的任何特徵，不過他已經會聆聽，記住媽媽的音調。根據實驗記載，出生後，寶寶爲了聽見自己媽媽的聲音，會更用力地吸奶嘴，因爲如果吸得比較慢，聽見的則是其他女人的聲音。[6]

他不只聽音調，也會注意韻律與形式，這些都是未來他理解與溝通所需的要素。法國寶寶的哭聲和德國寶寶不同，因爲他們在媽媽子宮裡聽見的是法語輕快活潑的語調。[7]北卡羅萊納大學格林史寶拉分校（University of North Carolina at Greensboro）的安東尼·笛卡斯柏（Anthony J. DeCasper）與其同事，請一群母親接連幾個星期朗讀《戴帽子的貓》（*The Cat in the Hat*）給自己的胎兒聽。這些胎兒記得這個故事的句調。等到他們出生後，相較於聆聽不同句調的故事，他們聽這則故事時會更平靜、更有節奏地吸奶。[8]

哈洛在子宮裡待了九個月，逐漸成長發育，接著在一個美好的日子，他誕生到這個世上。儘管他可以看得比較清楚了，但是就他的認知發展來說，這並不是一件特別重要的事。

現在，他可以認眞改造他媽媽，消滅派對女孩茱莉亞，創造出超人媽咪茱莉亞。首先，他得在兩人之間建立起一套親密關係。哈洛誕生幾分鐘後，全身裹著毛毯，躺在媽媽的懷裡，這時的他已經是一台小小的親密關係機器，具備十八般武藝，讓他和那些他所愛的人產生連結。

一九八一年，當安德魯．梅哲夫（Andrew Meltzoff）對著一個四十二分鐘大的嬰兒吐舌頭時，從此開創了嬰幼兒心理學的新紀元。[9]這個嬰兒也對他吐舌頭。這個舉動彷彿代表著，這個畢生從未見過舌頭的嬰兒憑直覺知道，她眼前這個奇形怪狀的東西是一張臉，在那張臉中間的那個小東西是舌頭，在那張臉的背後是個生物，那根舌頭雖然不是她的，但是她自己也擁有這樣一條小小懸垂物，而她也能讓它動來動去。

後來，這項實驗被拿來在不同年紀的嬰兒身上測試。從那時起，研究人員開始探索嬰兒的其他能力，皇天不負苦心人，他們果眞找到了。過去大家總認爲剛出生的嬰兒是塊白板。然而，研究者愈是深究，愈是相信嬰兒誕生時就知道很多事，還有他們能在出生後幾個月，就學會許多新事物。

實情是，早在誕生前，我們就繼承了來自許多時代與不同來源的大量知識和諸多典範。來自演化深處的資訊，我們稱爲「遺傳學」。在數千年前便已被揭露的資訊，我們稱爲「宗教」。數百年前流傳下來的資訊，我們稱爲「文化」。數十年前流傳下來的資訊，我們稱爲「家庭」。而數年、數月、數天或數小時前提供的資訊，我們稱爲「教育與忠告」。

那些全都是資訊，全都由逝者傳承給我們，再流向未來的子子孫孫。人類的大腦能適應這條知識巨流及許多湍流與支流，並且活躍其中。人類思想深受這條悠久的歷史洪流所塑造，沒有人能夠脫離它獨自存在，單靠自己奮鬥成功。因此，就連新生兒也擁有這豐富的遺澤，而且被打造成要多加吸收理解，並貢獻一己之力到這條歷史長河中。

入侵

儘管還不知道自己是個獨立的個體，但小哈洛已具備全副本領，能讓茱莉亞愛上他。首先是他的長相。哈洛擁有能自然誘發母愛的一切身體特徵：大眼睛、寬闊的額頭、小巧的嘴與下巴。無論這些特徵出現在嬰兒、米老鼠，或者E. T.身上，都能喚起人類的深層反應。

他也擁有凝視的能力。哈洛會躺在茱莉亞的身旁，凝視她的臉龐。經過幾個月後，他對於時機的掌握發展出一種巧妙能力，他知道何時該盯著茱莉亞瞧，引起她的注意，何時該把頭別開，何時又該回頭望向茱莉亞，再次吸引她的注意。他會目不轉睛地看著她，而她也會回望他。在他年紀還很小的時候，就能從眾多臉龐中找到媽媽的臉（而且凝視那張臉的時間也比較長）。[10]他能夠分辨開心的臉和難過的臉。[11]他變得善於解讀臉部表情，以及留意雙眼和嘴巴周邊微小的肌肉姿態差異。例如，六個月大的嬰兒能認出不同猴子的不同臉部特徵，儘管對成人來說，這些猴子都長得一模一樣。[12]

接下來是觸摸。哈洛感受到一股原始的渴望，想要盡可能和媽媽有更多、更頻繁的接觸。如同哈利．哈洛（Harry Harlow）著名的恆河猴實驗顯示，幼猴會放棄食物以交換肌膚接觸，甚或是一條觸感柔軟的布巾。牠們這麼做的原因是，對神經系統的成長與存續來說，肢體接觸的重要性並不亞於營養。這類接觸也給茱莉亞帶來難忘的快樂。人類的皮膚有兩種感覺受器。一種會傳送資訊到大腦的體感覺皮質，以識別與操縱物體；另一種則會啓動大腦的社交部位。這種身體對身體的溝通形式，能觸發荷爾蒙與化學物質的湧出，降低血壓，傳達出一種超然的幸福感。[13] 哈洛會躺在茱莉亞懷中，吸吮她的乳頭，打造出一套親密連結，刺激他的大腦細胞成長。茱莉亞感到很滿足，這是她過去從來沒有想像過的。有一次她竟然納悶著：「我需要性愛做什麼？這比性愛更讓人滿足。」這個念頭可是來自在大學時期被眾人公認爲「最有可能出現在《正妹好浪》（*Girls Gone Wild*）❖錄影帶中」的那個女子。

再來是氣味，這也許是最有效的。哈洛聞起來眞是妙不可言。從他發熱的小腦袋瓜散發出來的微妙香氣，深深穿透了茱莉亞的靈魂，創造出一種意想不到的連結。

最後是律動。哈洛開始模仿茱莉亞。哈洛幾個月大的時候，每當茱莉亞張開嘴巴，他就會跟著張開自己的嘴巴。她搖頭，他也會搖頭。沒多久，他就能模仿各種手勢了。[14]

透過凝視茱莉亞的眼睛、碰觸她的肌膚、模仿她的姿勢，哈洛展開一種原始對話，表達出一連串不自覺的感情、心情與反應。茱莉亞則會跟著玩，注視他的眼睛，設法讓他張開嘴巴和搖

❖譯按：美國色情系列影片。製作團隊會在夜店、狂歡派對、度假勝地等四處拍攝自願在鏡頭前裸露自己身體，甚至做出猥褻動作的正妹，報酬則是《正妹好浪》品牌的T恤、短褲、棒球帽或飾品。

頭。

不久前，有一群修心理學課程的學生利用人類對這類原始對話的理解，跟他們的教授開了個玩笑。這些學生事先說好，當教授站在教室的左側授課時，他們會專注地看著他，但如果他走到教室的右側，他們就把眼光別開，露出心不在焉的模樣。隨著課程的進行，這位教授不自覺地愈來愈往教室的左側站。到了下課鐘響時，他幾乎已經站到教室外頭去了。他不知道學生在玩什麼把戲，只覺得站在教室左側的感覺比較舒服。他的行爲被這看不見的社交引力拉著走。

當然，茱莉亞和哈洛之間的原始對話比這來得深刻許多。哈洛步步爲營、不屈不撓地進行「靚女變身超級媽咪大作戰」，日復一日、月復一月，破除茱莉亞心中的障礙，重塑她的人格，巧妙潛入她的思維與感受中，逐漸改變她眞正的個性。

茱莉亞原有的人格展開反擊。這一切全都是她創造出來的。她可不會毫無反抗就屈服於那個新生物。

哈洛出生後的頭一年間，茱莉亞大多數時候都是坐在哈洛房間的椅子上餵母奶。在寶寶派對上，茱莉亞的姊妹淘送了各種她們認爲成功養育寶寶不可或缺的道具，然而她們之間只有少數幾個人已經生兒育女。於是茱莉亞擁有嬰兒監聽器與監視器、空氣清淨機、「小小愛因斯坦」牌的音樂吊鈴、除濕機、數位相框、提供視覺刺激的遊戲地墊、增進手部動作靈巧度的搖鈴，還有會播放聽起來讓人心情平靜的海潮聲的機器。她坐在這堆小玩意兒的中間餵母乳，看起來就像是寇克艦長坐在企業號的指揮椅上忙著擠奶。

大約在哈洛七個月大的某天晚上，茱莉亞坐在那張椅子裡，哈洛則趴在她的胸脯上。夜燈發出柔和的光線，萬籟俱寂。表面上，這幅畫面看起來像是個母性洋溢、田園詩般的鏡頭——母親正在給孩子哺乳，充滿了疼愛與溫慈。不過，如果你能夠看穿茱莉亞此刻的心思，就會發現她心裡正狂喊著：「去你的！該死！混帳！救我！幫幫我！拜託，誰來救救我？」

在這一刻，疲憊、壓抑、受傷等情緒湧上心頭。她恨透了這個小毛崽子。他使出甜蜜誘惑的花招鑽進她的心中，登堂入室後，還穿著寶寶版的長統馬靴無情地蹂躪一切。

他半是愛神邱比特，半是納粹突擊隊員。這貪婪的渾球什麼都想要。哈洛控制了她的睡眠時間、她的注意力，以及她洗澡、休息或上廁所的時間。他控制了她的思考、她的穿著打扮、她哭或不哭。茱莉亞很痛苦，而且不知所措。

通常寶寶每隔二十秒就會要求大人給予這樣或那樣的關注。[15]新手媽媽在照顧寶寶的第一年，平均會損失七百個小時的睡眠，[16]婚姻滿意度會驟降百分之七十，而母親罹患憂鬱症的風險則增加不只一倍。[17]只要有一點不舒服，哈洛就會放聲尖叫，這舉動每每讓茱莉亞歇斯底里地哭個不停，而羅柏則是又氣又難過。

茱莉亞精疲力竭，她坐在那張椅子裡，一邊餵兒子喝奶，一邊想著自己已經變成一只肥胖的容器。她的思緒匆匆奔進暗黑森林。她心裡明白，自己穿窄裙的模樣永遠不會好看了。她再也無法一時興起去做任何事。她會被捲入中產階級媽咪那種枯燥乏味的生活中。她已經接觸過虔誠的母乳哺育聖戰士（母乳至上者），還有那些會指正她的教養技巧、自以為是的兒童遊戲聚會女王

（聖潔媽咪❖），以及悶悶不樂的假聖人媽咪，她們不斷抱怨自己的生活有多悲慘，還有她們的丈夫與雙親有多不體貼。她會捲入那些令人麻木的沉悶對話，而且如同吉兒・樂波爾（Jill Lepore）指出的，那些對話全都一模一樣。[18]爲人母者全都希望得到寬恕，做父親的則都希望聽見讚許。

她得告別過去爲她帶來莫大樂趣的跑趴生活。茱莉亞看見攤在她面前的陰暗未來——學校營養午餐、反覆說教、鍊球菌檢查、耳部感染，還得花上無數小時哄哈洛午睡。其中最教人爲之氣結的是，生男孩的婦女平均壽命較短，因爲男寶寶的睪固酮會損害母親的免疫系統。[19]

渴望關注

接著，也許就在這股憤怒與沮喪閃過她心頭的一秒鐘後，茱莉亞會靠在椅背上，扶起哈洛的頭，抵在自己的鼻頭。哈洛會躺在她的胸脯上，用小手抓住她的小指頭，開始吸吮起來。幾滴高興與感激的淚珠盈滿她的眼眶。

肯尼斯・凱伊（Kenneth Kaye）指出，人類嬰兒是哺乳動物幼兒中，唯一會在喝奶時吃吃停停的動物。他們經常吸個幾秒就暫停，但還是繼續含住奶頭，過一會兒又重新展開另一回合。凱伊表示，這種暫停是爲了讓母親輕輕搖搖自己的寶寶。寶寶兩天大的時候，媽媽會搖個大約三秒鐘。等到寶寶幾週大的時候，每次搖動的時間下降到兩秒鐘。[20]

茱莉亞與哈洛跳起一支自有其韻律的雙人舞。哈洛停頓，茱莉亞輕搖。這是一種對話。隨著哈洛慢慢長大，這個韻律還會持續下去。他會看著她，而她也會望向他。這對母子的世界建構在這樣的對話上。

那種母子間的韻律發展幾乎是音樂性的。茱莉亞並不是天生的歌唱好手，但她會在不同的時刻唱歌給哈洛聽，而且不知道爲什麼，她唱的大多是《西城故事》（*West Side Story*）裡的曲子。每天早晨，她會唸《華爾街日報》給他聽，還會用媽媽語（motherese）這種全世界母親對自家寶寶說話時都會使用的緩慢、誇張、唱歌般的語調，朗讀每一篇和聯邦準備理事會有關的新聞報導，藉此逗自己開心。

幾個月後，有時她會訓練哈洛模仿名人。她會擠眉弄眼，做出某種表情，讓哈洛跟著模仿。皺眉、沉下臉，看起來像墨索里尼。尖聲咆哮，看起來像邱吉爾。張大嘴巴、滿臉驚恐，看起來則像喜劇演員傑瑞·路易斯（Jerry Lewis）。偶爾哈洛會露出一抹心照不宣、狡猾的微笑，就像是兄弟會裡的某個討厭鬼，偷偷把隱藏式攝影機裝在女孩淋浴間，實在教人坐立難安。

哈洛是如此渴望和茱莉亞黏在一塊兒，如果他們對話的節奏被打斷，他的整個世界將四分五裂。科學家進行了一項他們稱爲「表情靜止」（still-face）的實驗。他們要求母親中斷與自己孩子的互動，轉而擺出一副放空、漠不關心的表情。這種情形會讓寶寶非常不安。他們神經緊繃、

❖譯按：指過度干涉子女生活細節的母親。從子女吃的食物到參與的各種活動，她們什麼都管。這類母親通常很鄙夷那些對子女教養採取較自由態度的母親。

大哭大鬧。寶寶會費盡力氣，想要奪回媽媽的注意力。如果這時媽媽還是沒有回應，寶寶會變得消極與退縮。那是因爲寶寶會解讀別人的表情，並以此形成自己的內在狀態。[21]

除非茱莉亞無力回應，否則他們的對話進行得像是一首交響樂曲。哈洛的精力受到她的精力調節，他的大腦依著她的大腦而建構。

到了九個月大，哈洛還是不知道什麼叫做「自我意識」（self-awareness）。他在許多方面的見識還很有限。不過爲了生存與茁壯，他已經做了他需要做的事。他納入別人的想法，與自己的想法交織在一塊。透過這層關係，他的官能得以發長。

大家常忍不住把人類的成長比擬成植物：提供種子養分，它就會長出一株植物。但是人的成長並非如此。唯有當哺乳動物能與其他同類互動時，牠們的大腦才能夠適當地發展。得到母鼠舔拭與理毛的大鼠幼仔，會擁有更多的突觸（synapse）連接。[22]相較於未曾與母鼠分離的幼仔，那些與自己母親分離長達二十四小時的大鼠幼仔，會損失兩倍的大腦皮質層與小腦皮質層細胞。豢養在有趣環境的大鼠擁有的突觸數量，比那些活在普通牢籠的同類多出百分之二十五。[23]不過，某些不可思議的情感流露也會帶來生理上的變化。

一九三〇年代，史基爾斯（H. M. Skeels）曾研究一群過去住在孤兒院，後來被人領養的心智障礙孤兒。四年後，比起那些沒有被領養的孤兒，被領養者的智商測驗高了驚人的五十分。而且，最值得注意的是，這些被領養的孩子並不是因爲接受指導而變得更好，因爲領養這些孤兒的母親本身也有心智障礙，而且就住在另一間收容所中。造成這種智商測驗出現拔尖狀況的原因，其實是母愛與母親的關注。[24]

每當茱莉亞走進房間，哈洛就會顯得很開心。這一點很重要，因爲茱莉亞已經快要崩潰了。幾個月來，她沒有好好睡上一覺。以前她總認爲自己還滿愛乾淨的，可是現在她的房子看起來像是飽受野蠻民族蹂躪後的羅馬一隅。距離上一回她提出機智見解，時間已經長到足以讓小羅斯福總統啓動新政了。不過，每天早晨哈洛都會露出燦爛的笑容迎接她。

有天早上，茱莉亞突然領悟到，她比世上任何人都了解哈洛。她知道哈洛在哪些方面需要她。她知道他從某個環境轉換到另一個環境時會有什麼困難。可惜她也感覺到，他渴望從她身上得到的某種連結，是她永遠無法提供的。

然而，他們從未眞正交換過一言半語。哈洛還不會說話。他們大多透過觸摸、眼淚、眼神、氣味，還有笑聲來了解彼此。茱莉亞過去一直認爲意義和觀念得靠語言來傳達，不過現在她知道，就算沒有言語，還是有可能發展出複雜的人際關係。

鏡像神經元

長久以來，哲學家不斷爭論人類是如何了解彼此的。有些哲學家相信人類是謹愼的理論家：先提出別人會怎麼表現的假設，接著拿觀察的證據檢測那些假設。依據這套理論，人類看起來像是理性的科學家，不斷權衡證據，檢測各種解釋。有明顯的證據顯示，這類的假設與檢測，確實是我們理解彼此的一種方式。不過，如今大多數研究指向另一套理論，那就是我們會不自覺地模仿他人，並且透過在自己身上體驗對方正在經歷些什麼，去了解他人的感受。根據這個觀點，人類並非冷冰冰的理論家，只會評斷他人。我們是不自覺地奉行「方法演技」（method acting）❖的演員，透過分享或至少是模擬周遭眾人之反應，來理解他人。人類之所以能在社會中各司其職，正是因爲我們在某種程度上能穿透並理解彼此的內心；有些人深一點，有些人淺一些。人類會去同理他人，而且會透過重新扮演從別人身上學到的內在歷程，來塑造自己。

一九九二年，義大利帕馬大學（University of Parma）的研究團隊在研究獼猴大腦時，發現一個奇特的現象。當獼猴看見研究員抓了顆花生米放進嘴裡，牠的大腦會活化起來，就跟牠自己伸手去抓花生米放進嘴裡一樣。這隻猴子是不自覺地模擬從別的生物身上觀察到的心智歷程。

鏡像神經元（mirror neurons）理論因而誕生。這個概念是指我們的腦袋瓜裡有種神經元，會自動再現旁人的心智模式。鏡像神經元長得和其他的神經元並沒有什麼不同，只不過前者的連結方式似乎能讓它們執行深層模仿（deep imitatiob）這項卓越任務。

過去幾年來，鏡像神經元已經成爲神經科學界最熱門、也最具爭議的議題。某些科學家相信鏡像神經元跟ＤＮＡ類似，將會徹底顛覆我們對「人類的內心如何處理外在經驗」及「人類如何向他人學習、如何與他人溝通」的理解。其他科學家則認爲這整個概念被過分誇大了。他們指出鏡像神經元這個詞擺明了讓人誤解，因爲它暗示具有這種模仿能力的是神經元，而不是大腦的神經網絡。不過，普遍認爲，猴子和人類的大腦都具有執行深層模仿的能力，而且會以這種方式跨越與他人之間的無形距離，參與對方的心智歷程。如同馬可・亞科波尼（Marco Iacoboni）所說的，人類可以感受到他人經歷的一切，彷彿那是發生在自己身上。[25]

帕馬大學的這群猴子不只會模仿牠們觀察到的行爲，牠們似乎還會不自覺地評估這些行爲背後的動機。在暗示要喝水或者要洗杯子的情境下拿起水杯，獼猴的神經元都會被活化，只不過兩者的活化方式並不相同。如果研究人員只是用手勢示意要拿起一顆葡萄乾，獼猴的大腦並不會被活化，但如果科學家拿起一顆眞正的葡萄乾，牠們的大腦就會被活化。[26]看見科學家撕毀一張紙的時候，牠們的神經元會以某種特有的模式被活化，不過光是聽見撕紙的聲音，也能夠讓牠們的神經元以相同的模式被活化。[27]換句話說，這些現象並不只是有樣學樣地模仿肢體動作。大腦對某個動作的反應方式與那個行爲背後的目的有著難分難解的關聯。我們有時會假定，察覺某個行爲的心智歷程是有別於評價某個行爲的心智歷程。可是在這些例子當中，察覺與評價的心智歷程全都混在一起了。它們共享相同的表象系統（representational system），相同的大腦網絡模式。[28]

打從義大利的那些原創性實驗之後，包括亞科波尼在內的許多科學家相信，他們已經在人體內找到鏡像神經元。人類的鏡像神經元跟獼猴的鏡像神經元不一樣，就算察覺不出目的，照樣能模擬某個行爲，它有助於我們解釋行爲的意圖。[29]一個女子觀看某人用兩根手指端起一只葡萄酒杯時，她的大腦會產生特定模式的反應，但如果她看某人用同樣手法拿起牙刷，她的大腦就會用

❖譯按：由俄國戲劇大師史坦尼斯拉夫斯基（C. S. Stanislavski, 1863-1938）獨創的表演術，主張演員要融入角色，設想角色的思想感受，再演繹表現出符合角色的眞實生活樣貌。

不同的方式反應。觀看某人說話和觀賞某隻猴子吱吱叫，會使她的大腦產生不同的反應。

觀看電影的追逐場景時，一般人的反應就像是自己眞的被人追逐，只不過強度沒有那麼激烈。觀看色情片也是如此，觀眾的大腦反應就像是他們眞槍實彈地進行了性愛，只不過強度較低。當哈洛看著茱莉亞愛憐地低頭凝視他，他想必重演了她腦中的活動，進而學到這就是愛，還有愛在心中是如何運作。

哈洛會慢慢變成一個漫無目的的模仿者，而這麼做在各方面都對他有所幫助。杜克大學心理學教授卡洛·艾克曼（Carol Eckerman）曾進行相關研究，她指出，模仿遊戲玩得愈多，孩童愈有可能早早開始說話。[30]譚雅·恰特蘭（Tanya Chartrand）和約翰·巴夫（John Bargh）發現，兩個人愈是模仿彼此的舉動，就愈是喜歡對方；當他們愈喜歡彼此，就愈會模仿對方。[31]許多科學家相信，能在不知不覺間分擔別人痛苦的這種能力，是同理心的基石，透過那樣的情感，才能發展出道德。

無論鏡像神經元的科學最後留下些什麼，這個理論提供一套工具，讓我們解釋每天看見的某個現象，以及親子間的互動。心智具有強烈的可穿透性。大腦之間存在著迴圈。不同的心智能產生相同的思維與感受，看不見的網絡塡補了心智間的距離。

逗孩子笑

幾個月後，有一天茱莉亞、羅柏和哈洛圍坐在餐桌旁吃晚餐。羅柏隨手把一顆網球扔在桌上，哈洛頓時迸出一串銀鈴般的笑聲。羅柏再扔一次。哈洛的嘴巴張得老大，雙眼瞇了起來，身體不斷晃動。他的眉頭微微隆起，著魔似的笑聲充滿整個房間。羅柏高高舉起那顆球，他們全都坐在那裡，屏息期待著。接著他讓球彈跳了幾次，哈洛爆出比之前更響亮的快樂笑聲。他穿著睡衣坐在那兒，小手以古怪的姿勢停在半空，隨著笑聲擺動不已。羅柏和茱莉亞笑出眼淚，三人一起瘋狂大笑。於是羅柏一而再、再而三地重複這套把戲。哈洛滿懷期待地盯著那顆球，只要看見它彈跳起來，他就會開心地放聲尖叫。他的頭上下擺動，吐吐舌頭，雙眼滿足地來回看著父母。羅柏和茱莉亞以尖叫聲與他應和，他們的聲音與他的聲音交融在一塊。

躲貓貓的小遊戲、地板上的摔角與呵癢，這些都是他們生活中最美好的時刻。偶爾茱莉亞會用嘴巴咬著一條小毛巾經過尿布台，哈洛會一把搶下它，然後手忙腳亂地設法把毛巾塞回媽媽嘴裡。讓哈洛興奮的關鍵在於不斷重複的意料中驚喜。這些遊戲帶給他一種支配的感受，他開始了解這個世界的運作模式。那種興奮對嬰兒來說，像是純然的喜悅，感覺和媽咪與爹地達到完美的同步。

笑聲的存在是有理由的，早在人類發展出語言之前，笑聲可能就已經存在了。馬里蘭大學的羅勃．普羅萬（Robert Provine）研究發現，和別人在一起的時候，我們笑的機率是獨處時的三十倍。與親密的人相處時，往往笑聲不斷。驚人的是，在對話中，說話的一方發笑的機率比聆聽的一方高出百分之四十六，而且他們未必是因爲那些令人捧腹的笑點而笑。[32]無論從哪個角度來看，引發笑聲的那些句子當中只有百分之十五是滑稽有趣的。反倒是大家覺得自己也會對同樣情境做出相似的反應時，笑聲就會在對話中不由自主地冒出來。[33]

某些笑話，比方雙關語，是不替別人著想的，還經常拿自閉症患者開玩笑。不過絕大部分的笑話，是非常社交取向的，當眾人發現有個方法能消除尷尬場面時，便會爆出笑聲。世人運用笑聲這種語言來締結關係、掩飾社交窘境，或者強化早已存在的親暱關係。這可以是好事，譬如群眾一同歡笑；這也可以是壞事，比如眾人一齊嘲笑某個受害者。不過笑聲與團結是相連並進的。如同史蒂文．強森（Steven Johnson）曾寫道：「不同於疼痛會帶來畏懼，或寒冷會帶來顫抖，笑並不是對幽默的本能物理反應。幽默致力開發的，是社會連結的本能。」[34]

日復一日，哈洛和他的父母試著融入彼此的節奏中。有時失敗，羅柏和茱莉亞無法進入哈洛的心，搞不清楚他需要些什麼。有時成功，這時笑聲就是獎勵。

假如你想回推，問哈洛來自何方，你可以提出生物學的回答，解釋受孕與懷孕。不過，如果你眞的想要探尋哈洛的本質打從哪裡來，首先，哈洛與他的雙親之間存在一種親密關係，而且那種關係具有某些特質。接著，等到哈洛慢慢長大，發展出自我意識，那些特質會變得帶有個人特色，從此存在他的身上，即便哪天他離開了父母也一樣。也就是說，人類並不是先長大成人，然後才創造出人際關係，而是一出生就活在和父母及先祖們的關係中，是那些關係造就了你我。換個方法來說，大腦是裝在頭骨裡的物質，心智則只存在人際網絡間，它是大腦之間彼此互動的產物。重要的是，千萬別把大腦與心智混為一談。

如同山繆・泰勒・柯立芝（Samuel Taylor Coleridge）曾經評論道：「愛始於意識我的存在之前；最初的愛是另一個人給予的愛。嬰孩用母親賦予他的形式去認識自我，多年後，他才能用自己的定義去認識自我。」

柯立芝描述他兒子三歲那年，有天晚上在夜半醒來，大聲呼喚母親。「摸摸我，只要用手摸摸我就好，」這個小男孩懇求道。孩子的母親非常驚訝。

「為什麼？」她問。

「因為我不在這裡，」男孩大聲喊道：「媽咪，妳摸摸我，這樣我才會在這裡。」

【第四章】

發展心智

孩童會發展出一種敘事調性，而這將影響他們一生的故事……

哈洛從凝望母親開始，展開了他的生命，可是要不了多久，邪惡的物質主義世界就會走進這幅圖像中。這個階段並不是始於渴望保時捷跑車或勞力士鑽表。起先，他是個熱愛條紋的人，包括所有條紋和棋盤方格。隨後，他轉而熱中於邊緣，諸如盒子的邊緣、架子的邊緣。他瞪著邊緣的神情，活脫是殺人魔查爾斯·曼森盯著警察瞧的那副模樣。

接下來，隨著時間流逝，他的目標在幾個月內從盒子換成輪子、發出聲響的物品，然後是鴨嘴杯。他變成偉大的平等主義者，專注於將所有物品盡可能地往低處擺放。盤子離開餐桌，來到地板上。書本離開架子，來到地板上。用了一半的盒裝義大利麵條從儲藏室監獄被解放出來，回歸廚房地板這個自然棲息地。

在這個階段，哈洛既修心理學，也修物理學。他的兩大天職是：向母親學習，以及弄清楚東西是怎麼掉落的。他會頻頻看著她，確保自己在她的保護之下，接著搜尋可以將之推倒的物品。他具備了艾利森·高普尼克（Alison Gopnik）、安德魯·梅哲夫（Andrew Meltzoff）及派翠西亞·庫爾（Patricia Kuhl）所謂的「解釋的本能」（explanatory drive）。[1]哈洛可以坐上很長的時間，嘗試將不同尺寸的盒子放進彼此當中，等到它們終於全都收納在一起了，某種原始的山迪·科法斯（Sandy Koufax）❖衝動會支配他，然後那些盒子會全部飛到樓梯底下。

他不停探索、不斷學習，可是在人生的這個時點，哈洛的思考歷程和你我截然不同。幼童的內心少了個具有自我意識的內在觀察者。[2]由於大腦皮質前部的執行功能區域成熟得比較晚，所以哈洛這時候還不太有能力進行受控制的、自主的思考。

那代表他欠缺「內在敘事者」（inner narrator）這個角色。他無法有意識地記得過去，或者將過去的行爲與現在的行爲有意識地連結成一條前後連貫的時間軸。他無法記得稍早之前的想法，也想不起來他是怎麼學會任何事。[3]直到十八個月大爲止，他都無法通過鏡子測驗。如果你把一張貼紙貼在一頭成年黑猩猩或一隻海豚的額頭上，那隻動物會明白那張貼紙在自己頭上。可是哈洛缺乏那份自覺。對他來說，那張貼紙在鏡中某個生物的額頭上。這時的他非常善於識別他人，不過他無法認出自己。[4]

就算到了三歲，孩童還是缺乏有意識的注意力。他們想當然地認爲，如果沒有外在事物爭取大腦的注意，大腦就會放空。假如你問學齡前幼童，他們眼前的這個大人有沒有集中注意力在某件事情上，他們會表示聽不懂你在說什麼。如果你問他們能不能保持好長一段時間都不想任何事，他們會說可以。[5]如同艾利森·高普尼克在《寶寶也是哲學家》（*The Philosophical Baby*）一書中寫道：「他們不明白思緒可以只是依循你的內在經驗邏輯而生，未必得要從外部引發觸動。」[6]

高普尼克提到成人擁有聚光燈意識（spotlight consciousness）。我們會讓注意力指向特定的地點。而哈洛就像所有的幼童一樣，擁有高普尼克口中的「燈籠意識」（lantern consciousness）。它朝外照向四面八方，對周遭一切產生一種生動的全景式認識，[7]彷彿沉浸在三百六十度的電影當中。在隨機轟炸下，數百萬件事物都可能引起他的注意。這裡有個有趣的形狀！那裡還有一個！這裡有道光！那裡有個人！

這樣的敘述甚且無法完全呈現哈洛的意識在這個階段的極度不可思議。燈籠的隱喻也表示哈洛眼界大開，正觀察著這個世界，而那個觀察者與哈洛看見的人是不同的。可是哈洛其實並沒有觀察這世界，而是沉浸其中。他活力十足地投入所有出現在他腦中的念頭。

孩子的任務

在人生的這個階段，哈洛得用最快的速度學會最多的事。他的任務是弄清楚自己活在什麼樣的環境，並且打造能幫助他在這世上暢行無阻的心智地圖。有意識的、經過指導與監督的學習，無法幫助他快速執行這項任務，唯有依靠無意識的沉浸其中。

❖譯按：美國職棒大聯盟史上最強左投，有「上帝的左臂」封號。

大部分童年，也可說大部分的人生，是將我們遇見的雜亂無章、數不勝數的刺激，消化整理成複雜的模型，用以預測、詮釋與度過人生。如同英國心理學家約翰．鮑比（John Bowlby）寫道：「我們會藉由自己對身旁世界、對自我所抱持的代表性模式，解釋人生中遇見的各種境遇。透過感官傳達到我們身上的資訊，是根據那些模式來選擇和詮釋的，這些資訊對我們和我們在乎的人有多重要，也是根據那些模式來評估的，而且我們還會根據那些模式來構想與實施行動計畫。」[8] 那些內在地圖決定我們如何觀看事物、賦予事物什麼樣的情感價值、我們想要什麼、我們如何反應，以及我們有多擅長預測接下來會發生什麼事。

哈洛正處於最熱中繪製心智地圖的時期。伊莉莎白．史貝克（Elizabeth Spelke）教授認爲，寶寶生來就具備了一套關於這世界的核心知識，讓他們在這項任務上取得有利的起跑點。寶寶知道一顆滾動的球會不斷滾動，一旦它滾到某個東西的背後，應該會從另一側跑出來。寶寶六個月大的時候，可以分辨一張紙上有八個點跟一張紙上有六個點是不同的。他們具有數學的比率概念，儘管這時他們顯然還不知道如何數數。[9]

不久之後，他們會展現令人驚嘆的解碼行爲。梅哲夫和庫爾讓五個月大的寶寶觀看無聲錄影帶，畫面中有張臉說出「啊」或「咦」這個字，接著再讓寶寶聆聽其中一個字的錄音帶。結果，這些寶寶全都能夠把他們聽見的聲音和正確的臉配對在一塊。[10]

如果你唸像是「拉——塔——塔」或「咪——哪——哪」這樣的片語給八個月大的寶寶聽，寶寶在兩分鐘內就能掌握潛在的押韻格式。幼童也會運用異常複雜的統計技巧來理解語言。成人說話時，不同字詞全都連成一氣。不過幼童有辦法察覺到「ty」這個音有很高的機率會尾隨「pre」這個音出現，所以「pretty」會是一個字。還有「by」這個音有很高的機率會尾隨「ba」這個音出現，所以「baby」會是一個字。[11]雖然孩子們的意識能力幾乎還沒有上線，但他們確實可以做這類的複雜運算。

一切都是透過連結

哈洛的大腦擁有超過一千億個神經元細胞。當哈洛開始理解這個世界，這些神經元就會發送出枝狀分叉，與其他神經元連結。來自不同神經元的分叉相會之處，稱作突觸（synapse）。哈洛正以猛烈的速度製造這些連結。有些科學家推測，從懷孕第二個月到寶寶兩歲生日爲止，人類每秒鐘能創造出一千八百萬個突觸。[12]大腦讓突觸儲存資訊。我們知道的每一件事，全都收錄在神經連結的網絡中。

到了兩、三歲大，哈洛的每個神經元平均可以締造出大約一萬五千個連結，不過未利用的連結隨後會被刪除。最後，哈洛可以建構出大約一百兆或五百兆，甚至是一千兆個突觸。[13]如果你想對大腦神經元細胞間的可能連結數量有點概念，想想這個情形：只要六十個神經元細胞，就能夠建立起10^{81}個可能的連結。（那是「一」後面跟著八十一個「〇」。）[14]在已知的宇宙中，粒子的總數約爲這個數字的十分之一。傑夫・霍金斯（Jeff Hawkins）提出一種思考大腦的不同方法。你可以想像一座足球場堆滿了煮熟的義大利麵，然後再想像它縮小到頭顱的尺寸，同時結構更爲錯綜複雜。[15]

在《搖籃裡的科學家》（*The Scientist in the Crib*）一書中，高普尼克、梅哲夫與庫爾這三位作者針對神經元連結彼此的過程，有一段很妙的敘述：「那就像是當你經常用細胞電話與鄰居通話時，兩家之間自然而然會長出一條電纜來。起先，細胞會盡力與最多的同伴產生連結。就像電話推銷員，他們打電話給每一個人，希望有人接起電話，然後達成交易。如果另一個細胞有所回應，而且回應的次數夠多，就會形成一條比較固定的連接線。」[16]

突觸發生（synaptogenesis）的這個歷程，是「哈洛是誰」的核心。千百年來，哲學家不斷探尋人的定義。除了日復一日、年復一年發生的變化，究竟是什麼讓一個人成爲不折不扣的自己呢？究竟是什麼將通過每一個人生命的所有想法、行動和情感統一了呢？眞實的自我到底存在何處呢？

答案的一部分，就在突觸連結的模式裡。看見一顆蘋果的時候，我們對那顆蘋果的感官知覺（它的顏色、形狀、質地、氣味等等）會讓由神經元構成的整合網絡被活化。這些活化反應，或稱爲電化學脈衝，並非集中發生在大腦的一個區域。大腦裡頭沒有蘋果區域。這顆蘋果的資訊被分散在極端複雜的網絡中。在一項實驗裡，貓咪被訓練要去找放在門後的食物，有食物的那扇門上標有特定的幾何圖案。那一個幾何圖形觸發了遍布這隻貓咪整個大腦、超過五百萬個細胞，產生和學習相關的反應。[17]在另一項實驗中，區別「P」和「B」這兩個音的能力，位在散布於人類大腦二十二處的神經元上。[18]

當哈洛看見一條狗，整個網狀系統的神經元都會被活化。他愈常看見狗兒，適當的神經元間就會長出愈密集且愈有效率的連結。你愈常看見狗兒，你的狗兒網絡就會變得愈快愈複雜，你會愈善於透過五官察覺狗狗的特性，以及個別狗兒之間的差異。透過努力、練習與經驗，可以改善你的網絡細微之處。好比說演奏小提琴時需要大量運用左手，所以在小提琴手的大腦中，跟左手相關的區域具有稠密的神經元連結。[19]

你擁有獨特的簽名、獨特的笑容，還有淋浴後把自己擦乾的一套獨特方法，因爲你經常做這些事，對應的神經元網絡也因此在你的大腦中稠密地連結著。你也許可以從A到Z背誦所有英文字母，因爲透過不斷反覆，你會在腦中建立起形態序列。不過，當你想要從Z到A背誦所有英文字母時，可能會遇上困難，因爲那種序列並沒有透過經驗得到強化。

如此一來，我們每個人都擁有獨一無二的神經網絡，它是由人生中高低起伏的境遇塑造、強化，同時經常更新。線路一旦形成後，相同線路在未來被活化的可能性就會增加。這些神經網絡包含了我們的經驗，它們也會反過來指引未來的行動。其中包含了我們每個人獨特的行事風格，還有我們走路、講話與做出反應的方式。這些神經網絡是我們的行爲習慣。一顆大腦記錄了一個人生。神經連結網絡是你的習性、人格與偏好的具體表現。你這個靈魂是從你腦袋瓜裡的有形連結中浮現的。

想像力

在哈洛的日常生活中，不管是看見母親的笑容，或是聽見一輛可怕的卡車發出聲響，都會引發某些模式的突觸活化。當他東倒西歪地四處行走、探索他的世界時，他的心智也逐漸增強。大約五歲的某一天，他在屋子裡奔跑，接著他做了一件驚人的事。他大喊：「我是老虎！」然後撲倒在茱莉亞的腿上。

這看似件簡單的事，每個孩子都會這麼做。畢竟，相較於確實很困難的思考本領，比方要心算出五〇四一的平方根是多少（答案是七十一），說出「我是老虎」好像易如反掌。

不過這是一種錯誤的觀念。任何一台便宜的計算機都能算出平方根，但是沒有任何機器能夠完成「我是老虎」這個句子中，極富想像力的構思。沒有哪台機器可以混合兩個複雜的概念，比如「我」（一個小男孩）和「老虎」（一種猛獸），使其變成條理清楚的單一實體。可是人類的大腦就有此能耐，可以輕鬆完成這項無比複雜的任務，而且到目前爲止，在自然的情況下，我們根本沒有感覺到它有多困難。

哈洛能這麼做，是因爲他具備歸納的能力，以及他有能力將不同的結果聯想在一塊兒——將某個主旨（gist）覆蓋在另一個主旨上。如果你要求一台精密的電腦找出某個房間的門，它必須計算房間的所有角落，接著按照儲存在它記憶體中門的形狀與比例資料，尋找特定的物件。由於有各種不同的門，電腦很難掌握「門」的確切意義。但是對哈洛或任何人來說，這是再簡單不過的事了。我們腦中對房間可能的樣子有約略的概念，加上我們大致知道門可能會放在房間的哪些位置，因此我們通常連想都不用想，就能找出門在哪裡。[20]人類很聰明，因爲我們具有模糊思考（fuzzy thinking）的能力。

我們觀看不同的東西，會形成不同的主旨。一旦創造出主旨，也就是一種神經元活化的模式，就能利用它做很多事。我們可以拿出「狗」的主旨，接著叫出我們儲存在大腦中，關於邱吉爾的主旨，這樣我們就能想像狗嘴裡吐出邱吉爾的聲音。（如果這條狗是鬥牛犬會更有幫助，因爲這兩種神經元模式原本就有部分重疊，所以我們可以說：「他們有幾分相像。」）❖

這種混合神經元模式的活動，被稱爲「想像力」（imagination）。它看似容易，卻是很複雜的現象。它的構成包括了兩件或更多不同時存在的事，這些事在腦中混合交融後，創造出原本完全不存在、新生的第三件事。如同吉樂思・馮康尼爾（Gilles Fauconnier）和馬克・涂納（Mark Turner）在《人類思維方式》（*The Way We Think*）一書中寫道：「打造一個整合網絡牽涉到建立心理空間，讓不同空間的運作規則互相匹配，選擇性投射到一個混合物上，找出共有的架構，再投射回到輸入上，將新架構增添到輸入或混合物上，最後，在混合物上運行各式各樣的活動。」[21]而那不過是開始而已。假如你擁有非常難以理解的品味，以及有時讓人費解的思考邏輯，建議你不妨閱讀這兩位科學家的作品。他們設法將人類進入想像狀態所發生的事，按照事件

❖編按：有一說，英國首相邱吉爾（Winston Churchill）長得像鬥牛犬，甚至有些帶諷刺意味的漫畫會把他畫成鬥牛犬。

發生的確切次序拼湊在一起；有時他們會用自己創造出來的迷人說法「雙重領域整合」（double-cope integration），來指稱這種想像狀態。

無論如何，哈洛是個想像高手。在五分鐘內，他可以是老虎、火車、汽車、他的媽咪、暴風雨、建築物、螞蟻。快要四歲的時候，有整整七個月的時間，他堅信自己是誕生在太陽上的生物。爸媽試圖讓他承認自己其實是誕生在醫院裡的地球生物，可是他會神情嚴肅地拒絕。茱莉亞和羅伯不免開始懷疑自己是不是生了一個有妄想症的孩子。

事實上，哈洛只是迷失在自己一手創造的想像與現實交融的世界當中。當他年紀再大一點，他創造出H世界，那是爲了頌揚哈洛而建立的一個完備宇宙。研究者稱之爲「異想世界」（paracosm）。在H世界，每個人的名字都叫哈洛，而他們全都崇敬H世界的國王，也就是哈洛本人。在H世界，大家吃特定的食物，多半是棉花糖與巧克力；從事特定的職業，通常是各種職業運動選手。H世界甚至還有自己的歷史，來自過去幻想的重大事件，就像眞實世界的歷史一樣，這些全都被記錄在記憶庫裡。

終其一生，哈洛都很擅長融合虛實、歸納和說故事。假如你評估哈洛處理原始資訊的能力，你會發現他的能力只略高於平均值，並沒有特殊之處。不過他理解事物本質與操弄神經元模式的能力，確實高人一等。意思是說，他確實善於創造各種事實模式，以及可能的替代模式。

有時候我們會認爲想像在認知上是很容易的，因爲孩童比成人更善於運用想像力。事實上，想像是困難費力且講究實際的事。擁有想像力天賦的人可能會說：「換作是我，我會做這個……」他們也可能會這麼想：「現在我用這種方式處理，但如果改用另外那種方式，事情有可能進展得更快。」這些雙重領域與反事實（counterfactual）的能力，在真實生活中非常有用。

說故事

四到十歲間，哈洛坐在餐桌旁，偶爾會冒出幾句電視節目對白或廣告歌曲片段，而那些內容總是能夠切合當時的對話。他可以恰當地運用困難的字眼，儘管隨後你問他那個字是什麼意思，他未必能有意識地定義它。他會不假思索地脫口說出保羅．麥卡尼與羽翼樂團（Paul McCartney & Wings）❖某首歌的古老歌詞，還完美地貼合當下的社交情境。大家總是滿臉驚訝地看著他，問道：「你的腦袋瓜裡住著一個小老頭嗎？」

實際上，哈洛的大腦裡當然沒有躲著一個成人，裡頭有的不過是一台小型的模式合成器。羅柏和茱莉亞把他的生活打點得有條有理。日復一日，他們處理著相同的日常事務，懷著相同的期盼。這些習慣在哈洛心中建造了一定的基礎。哈洛亟欲遠離這種秩序、規律與紀律，他的心智啓程踏上不受拘束的冒險，在這個過程中，他用魔法般的方式結合不太可能的事物。

羅柏和茱莉亞原本對兒子豐富的想像力感到高興，不過有時候在真實生活中會遇上麻煩。當

❖譯按：一支由前披頭四成員保羅．麥卡尼領軍的搖滾團體，成軍於一九七一年，一九八一年解散。其作品屢屢登上英美兩國暢銷金榜。

他們到超市購物時，其他小朋友都乖乖地用手抓牢購物推車，但哈洛不肯這麼做，他總是又拉又扯，讓他們不得不喝止他或約束他。上幼稚園時，其他孩子都遵循老師的指示，但是哈洛沒辦法專注在指定的任務上，他老是草草完成，趕著去做自己的事。羅柏和茱莉亞被他的衝動和脾氣弄得精疲力竭，設法要把一些規範強加在他身上。在飛機上，他是個問題人物；在餐廳裡，他令人發窘難堪；在家長會上，老師說管教哈洛花了他們太多時間。他似乎聽不進老師的話，不願意遵循老師的命令。茱莉亞時常到書店偷偷翻閱育兒指南，沉重地心想自己是否養了個注意力不足過動症（ADHD）的小孩。

哈洛讀幼稚園的時候，一天晚上羅柏經過他的房間，看見他四肢張得開開地趴在地上，四周環繞著小小的塑膠人偶。在他左側略遠的地方有一群綠色大兵，旁邊是一堆樂高海盜，正前方則是由眾多玩具小汽車排成的車陣。哈洛的眼神來回穿梭，移動黑武士，讓他深入敵營後，摧毀一個毫無防備的美國大兵。一班大兵正面迎戰一票風火輪小汽車，結果是倉皇撤退。哈洛的聲音隨著戰役的漲落而高低起伏。他先以平穩的播報方式，講述事件的開展，偶爾彷彿是在回應某種耳語，他會大聲吼道：「大家都瘋了！」

羅柏在走廊上站了大約十分鐘，看著哈洛搬演他的戲。哈洛抬頭瞥了父親一眼，又回到那場戰事中。他對著其中一個猴子娃娃發表了一場激昂的精神訓話。他向一塊兩英寸高的塑膠片鼓吹勇氣的價值。他安慰受了委屈的一台玩具小汽車，並且斥責一隻玩具烏龜。

在他的故事中，有將軍和士兵、媽咪和爹地、牙醫和消防隊員。雖然哈洛年紀還很小，但他似乎很清楚這些不同的社會角色具有什麼樣的行爲模式。在某一場遊戲中，他會扮演戰士；在另一場遊戲中，他是醫生；又一場遊戲中，則是廚師。他想像這些角色如何思考，揣摩他們的想法後加以演出。

哈洛的許多故事是關於他未來的人生，還有他如何贏得榮譽與聲望。羅柏、茱莉亞與他們的成人朋友有時會嚮往金錢與安逸，不過哈洛和他的玩伴追求的是榮耀。

某個週六下午，哈洛的幾個好友來家裡參與遊戲聚會。他們在他的房間裡玩玩具。哈洛宣布他們是消防隊員，很快大夥兒就忙著想像屋子裡發生了火災，於是他們聚集水管、卡車、斧頭等各種工具來滅火。每個孩子都會指定自己在故事中擔任什麼角色。羅柏躡手躡腳地上樓，站在走廊上觀看孩子們的互動。出乎羅柏的意料，沒想到哈洛是個小小拿破崙，他指揮誰該駕駛卡車，誰又該負責拿水管。他們煞費苦心地商量在這個假想世界，在這個他們建構的共享心靈空間，什麼是合理可做的事。就算在不受傳統形式束縛的想像世界中，他們還是會花很多時間討論運作規則。羅柏感覺這些孩子看重規則甚於故事本身。

羅柏注意到，每個男孩都會設法維護自我，而且這些遊戲有一定的起承轉合，從平靜無波到危機重重，再回歸風平浪靜。首先，他們演出一幕快樂的場景。接著會發生一件糟糕的事，讓所有的孩子全都動了起來，齊心合力應付這個危機。順利化解威脅後，他們又會恢復早先情緒平穩的狀態。每個故事都以勝利收場，營造出一種「現在一切都沒事了」的氛圍，讓參與其中的每個人都能得到名聲與榮耀。

花了二十分鐘扮演史波克醫師❖觀察這些小鬼頭之後，羅柏有股衝動想要參與遊戲。他和男孩們一起坐在地上，手中抓了幾個人偶，加入哈洛這一隊。

這麼做眞是大錯特錯。這有點像是一個普通人抓了顆籃球，不請自來地和洛杉磯湖人隊球員來場鬥牛賽。

成年後，羅柏不斷訓練自己的大腦，讓它擅長特定類型的思考，也就是心理學家傑羅姆·布魯納（Jerome Bruner）所謂的「典範式思考」（paradigmatic thinking）。這種思考方法是建構在邏輯與分析上。它是辯護狀、商業備忘錄或學術論文使用的語言。它是指跳出某個情境，去組織事實、演繹通則，以及提出問題。

可是哈洛和他的好友玩耍時，使用的卻是另一套不同的思考方式，也就是布魯納口中的「敘述模式」（narrative mode）。[22]哈洛和這群孩子現在成了一座大牧場的農夫。他們正在騎馬、用套索捉小牛、蓋穀倉，還有玩樂。隨著故事逐漸發展，什麼行得通、什麼行不通，變得愈來愈明白。

牛仔們一起工作，也開始發生口角。牛群走失了。圍籬建起來了。當颶風來襲，牛仔會團結起來，同心協力，等到危險過去了，他們又會四分五裂。

接著，侵略者來了。敘述模式是一種虛構的模式。它包含了通常不被典範式思考所容納的另一種向度——正與邪、聖與俗的向度。這種虛構模式不只能夠幫助我們講述故事，還能讓由故事引發的情感與道德感產生意義。

男孩們帶著驚慌與擔憂抵抗侵略者。他們在地毯上到處爬行，編組他們的塑膠馬匹，提防侵略者的攻擊。他們對著彼此大聲嚷著：「敵人實在太多了！」一切似乎都失控了。接著，哈洛拿出一匹巨大的白馬，比起他們正在玩的那些玩具要大上十倍。「這是誰？」他朗聲高喊，隨即回答他自己提出的問題：「它是白馬！」他衝向侵略者。兩個男孩陣前倒戈，開始用力將侵略者丟向白馬。一場毀天滅地的戰役就此展開。白馬擊潰了侵略者，而侵略者也血刃白馬。不多久，侵略者紛紛陣亡，可是白馬也死了。他們在白馬身上罩了一塊布，爲它舉行了一場哀戚的葬禮，於是白馬的靈魂上了天堂。

羅柏像是闖進歡樂羚群中的一頭疣豬。他們的想像力翩翩起舞，而他的想像力蝸步前行。他們看見善惡對立，他眼中只見塑膠與金屬。才不過五分鐘，他們的情感強度就讓他的後腦杓隱隱作痛。光是跟上他們的腳步，就已經讓他精疲力竭。

羅柏想必也曾擁有執行這些心智體操的能力。不過，後來他成熟了。他的專注力更強了，可是他不再像過去那樣，能夠將古怪的狀態並列。他的心再也不能從這個聯想跳到那個聯想了。後來，當他告訴茱莉亞他沒辦法像哈洛那樣隨機跳躍思考時，她只是淡淡地回答說：「也許他長大就不會這樣了。」

羅柏想要同意這樣的看法。他心想，至少哈洛的故事總是以喜劇收場。丹・麥亞當斯（Dan

❖譯按：指美國小兒科醫師班哲明・史波克（Benjamin Spock, 1903-1998），他從心理分析著手，嘗試理解嬰幼兒的需求及家庭動力學。他提倡的育兒概念深深影響好幾個世代的美國父母。

P. McAdams）主張，孩童會發展出一種敘事調性，而這將影響他們一生的故事。[23]孩子會逐漸採納一個永久的假設，那就是凡事最後都會很美好或很糟糕（端看他們的童年經驗是好是壞）。他們爲故事打下根基，在故事中，目的會被達成，傷痛會被療癒，和平可以被恢復，這世界則是可以被理解的。

就寢時間到了，哈洛走上樓，回到自己的房間，和自己創造出來的人物對話。他的父母待在樓下，氣力用盡，無法聽清楚兒子正在說些什麼。不過，他們可以聽見他的聲音隨著故事在空中飛舞。一會兒低沉，一會兒又突然語帶驚慌，號召他的想像朋友。這時的他處於羅柏和茱莉亞稱之爲「兩人模式」的狀態中，迷失在他自己的古怪世界裡。他們忍不住要想，哈洛什麼時候才會加入人類陣營，假如真有這麼一天的話。而在樓上，哈洛一邊指導著他的猴子娃娃，一邊墜入夢鄉。

【第五章】

依附關係

父母只要夠好就行了。他們提供孩子穩定且可預期的節奏……

哈洛讀小學二年級的時候，有一天，茱莉亞把他從遊戲間叫到廚房餐桌旁。她打起精神，告訴他現在該做功課了。哈洛把他那套逃避做作業的標準行動流程演練了一遍。首先，他告訴她今天沒有家庭作業。等到這個小謊被拆穿，他又改口說自己已經在學校把功課做完了。接下來是一連串更不可信的主張，包括：他在校車上把功課寫完了。他把作業留在學校，忘了帶回來。作業太難了，所以老師跟全班同學說可以不必做。這份作業沒辦法做，因爲老師根本還沒有教到那裡。一個星期後才要交這份作業，而他明天會做。

等他說完這一套每晚的例行布道後，茱莉亞要他去客廳拿書包過來。他像是被定罪的殺手走向刑房，心不甘情不願地照辦。

哈洛的書包像是一部男孩玩樂百科大全，裡頭的紊亂程度顯示，哈洛很有潛力在遊民圈中大放異彩。如果有人穿透層層的結構往下挖探，就會發現哈洛的書包裡有過期的椒鹽脆餅、空的果汁盒、玩具車、神奇寶貝戰鬥卡、PSP遊戲機、散亂的畫作、以前的作業、一年級的活頁練習題、蘋果、碎石、報紙、剪刀，還有銅製的管子。這個書包的重量只比一台福斯汽車輕一點。

茱莉亞從這堆殘骸中拉出哈洛的作業夾。據說歷史會不斷循環，就家庭作業夾來看，這個說法確實正確。在某些時候，三孔夾蔚爲風尚。在其他時候，對開紙夾當道。這世界的偉大教育家爭辯著不同系統的優點，他們的偏好似乎根據某些星象循環而變化。

茱莉亞找到了哈洛的作業聯絡本，心情一沉，意識到接下來得花六十五分鐘才能完成這份十分鐘就該寫好的作業。這項作業需要準備的物品眞的非常少——一個鞋盒、六支彩色麥克筆、圖畫紙、一塊三英尺長的展示板、亞麻籽油、黑檀、三趾樹懶的腳趾頭，以及一些金蔥膠。

茱莉亞懷疑，小學生家庭作業的數量多寡跟他們在紙筆測驗或其他成就評量的表現好壞，根本沒有什麼關連性。杜克大學哈里斯·庫博（Harris Cooper）的研究證實了這項猜測。[1] 茱莉亞也懷疑，這種每天晚上的作業磨難其實另有目的，就是說服父母相信他們的孩子正在接受適當的嚴苛教育；同時向孩子們介紹他們未來讓人無力又不知所措的生活；或者比較正面一點，向孩子們介紹他們往後人生中會需要的學習習慣。

茱莉亞陷入壓力過大的親職生活。和她同個社會階級的人都揶揄這種現象，卻只有極少數的人膽敢拋棄這樣的生活。她也已經爲隨後即將發生的行賄與哄騙做好準備。在接下來的短短幾分鐘內，茱莉亞會向哈洛提出一連串獎勵，金星貼紙、糖果、賓士小汽車，全都是爲了引誘他做功課。當這些獎勵失效，它們也遲早會失效，她就得祭出懲罰手段：威脅要剝奪他看電視的權利，拿走所有的遊戲光碟和錄影帶，把他從她的遺囑上除名，把他關在紙箱中，只給他水和麵包果腹。

哈洛能夠抗拒所有的威脅利誘，也許是因爲他還沒有能力去計算長期痛苦和一時不便的差別，也可能是因爲他明白媽媽無意眞的不准他看電視，畢竟那樣一來，她整個星期都必須設法應付他。

不管怎樣，茱莉亞要哈洛坐下來，在廚房餐桌上寫功課。她轉身幫自己倒了一杯水，接著在七秒之後，哈洛交給她一張紙，宣稱自己的功課寫完了。茱莉亞低頭看著那張作業，上頭寫了三、四個難以辨讀的符號，像是用古代梵文寫成的。

當茱莉亞向哈洛解釋他必須放慢速度，仔細地用英文寫作業時，這個舉動標示了每晚都要重新寫作業的階段開始。哈洛照例把他的標準抗議全數說了一遍，跌入痛苦與心情混亂的另一輪循環，此時茱莉亞知道大概要耗上十五分鐘，面對這場騷動與紊亂，哈洛才會有心情寫功課。彷彿她與哈洛必須忍受心情起伏和對抗的階段，哈洛才願意屈從，鎮靜下來寫作業。

有一種現代的觀點認爲，這種處境代表了文明的不合理約束壓垮了哈洛的自由。過勞社會的一致性，侵犯並束縛了童年的純眞與創造力。人雖生而自由，卻無處不在枷鎖之中。

茱莉亞看著自己的兒子，卻無法感受到那個不受指導、不做功課、不聽管束的哈洛是眞正自由的。某些哲學家會頌揚哈洛是純眞與歡喜的縮影，但茱莉亞認爲他其實是自己一時衝動的俘虜。缺乏結構的自由爲其自己的奴隸。

哈洛想要做作業。他想要當個好學生，讓爸媽和老師高興。偏偏他就是做不到。不曉得爲什麼，他的書包就是雜亂無章，他的生活也亂成一團。坐在餐桌旁，他無法控制自己的注意力。水槽邊總會發生一些事，他得看看才行。某些漂蕩的思緒會驅使他往冰箱走，或是走向碰巧放在咖啡機附近的那個信封。

哈洛跟自由離得還很遠呢！此刻，他是自己的燈籠意識的受害者，任何風吹草動都會讓他分心，他無法管控自己的反應。他夠聰明，能感受到自己已經失控了。他無法從內心徹底改變這場混亂，他因而覺得沮喪，認爲自己很壞。

坦白說，茱莉亞在某些夜晚會失去耐心，讓這些時刻變得更糟。在疲累厭煩、挫敗灰心的時刻，她只是告訴哈洛認眞點，把功課做完就是了。爲什麼他就不能完成這些簡單的作業呢？他明明知道該怎麼寫，它們對他來說應該毫不費力才對呀？

可惜事情總未如人願。

不過茱莉亞還有其他對策。小時候，茱莉亞跟家人經常四處搬遷。她時常轉學，有時不免遇上交不到新朋友的困擾。在那些時候，她會拚命地討好媽媽，依賴媽媽的陪伴。她們會一起散很長的步，一起外出喝茶。她媽媽處在新的街坊也很寂寞，沒有談話的對象，所以會毫無保留地向茱莉亞說出心中的想法。她會告訴小茱莉亞，面對這個新環境時，自己擔心害怕些什麼、喜歡什麼、不喜歡什麼、想念些什麼、期待些什麼。當媽媽這樣推心置腹地跟她說話時，茱莉亞覺得自己享有殊榮。那時她不過是個小女孩，卻能夠接觸到成人的觀點。她覺得自己獲准進入一處特別的領域。

如今茱莉亞的生活和她母親當年的生活大不相同。從許多方面來看，她的日子好過多了。她花了很多時間在膚淺的事情上，像是選購正確的客房擦手巾、追逐名人的八卦。不過，她的腦子裡依舊留有那些內在的感情模式。茱莉亞有時會不假思索地跟哈洛分享自己的特別經驗，她甚至沒有察覺到自己正在複製母親的行爲。她其實沒有認眞想過這件事，不過，往往在他們兩個都煩躁不安又很難熬的時候，她會講起小時候的某些冒險經歷。她會准許他走進自己的人生。

在這個特別的夜晚，茱莉亞看得出來哈洛格外孤獨，奮力與外在刺激和內心的衝動搏鬥著。她本能地把他拉近自己，領著他往自己的人生風景靠近一些。

她告訴他一個故事。她告訴他自己大學畢業後，和一群朋友開車橫越美國的事。她描述那趟旅程的節奏，他們每天晚上在哪裡過夜，阿帕拉契山脈的景貌過後是平原地形，接著又進入洛磯山脈。她描述早晨醒來看見山在遠方，開了好幾個小時的車，卻依然沒有抵達那些山。她描述自己看見一列凱迪拉克沿著高速公路直挺挺地朝天開去。

當她在敘說時，哈洛全神貫注地盯著她。她尊重他，讓他走進那最神祕的地帶，早在他誕生之前便已存在、屬於媽媽人生的那塊隱密區域。他的時間軸巧妙地拓寬了。他從媽媽的少女時期、她的成長、他的誕生、他的成長、此時此刻，以及有朝一日他將擁有的冒險，得到了不可思議的啓發。

茱莉亞一邊說著故事，一邊收拾廚房。她正在清理流理台，把白天積累的盒子與散亂的郵件歸位。哈洛的身體朝她的方向傾過去，彷彿歷經長途跋涉，走得口乾舌燥後，得到及時的一杯水。幾年下來，哈洛已經學會怎樣利用媽媽來組織自己的思緒，就在他們隨意交談的過程中，他開始整理自己的思緒。

哈洛叼著鉛筆。他並沒有眞的用力咬住鉛筆，只是任由它垂掛在兩排牙齒間，每當他思考的時候，總會不自覺地這麼做。忽然間，他看起來開心了點，整個人也鎮定多了。茱莉亞的故事觸動了他對沉著和掌控力的內隱記憶。她和他談一些他還沒有能力獨自進行的事。而這個方法就像是個奇蹟，讓哈洛很快把功課完成了。

當然，那根本不是什麼奇蹟。如果說發展心理學家多年來學到了什麼，那就是成功的父母未必得要是優秀的心理學家。他們也不必是有天賦的教師。父母爲了訓練孩子成爲完美的成就機器而讓他們做的閃視卡訓練和特殊練習，絕大多數根本沒有任何效果。父母只要夠好就行了。他們必須提供孩子穩定且可預期的節奏。他們的管教要能夠符合小孩的需求，溫暖與紀律兼具。他們應該建立起安心穩當的情感連結，讓孩子面對壓力時有可以求助的對象。他們必須在孩子身邊以身作則，示範如何克服人世間的問題，這麼一來，他們的孩子才能在腦中發展出不自覺的模式。

提供堅定依附

社會科學家使盡了吃奶的力氣，才對人類發展有了少許的理解。英國心理學家約翰・鮑比在一九四四年，針對一群少年犯進行一項名爲「四十四個少年竊犯」的研究。在這群男孩當中，大部分人在幼年時就被父母拋棄，還因爲憤怒、羞愧與自覺毫無價值而吃盡苦頭。「因爲我不好，所以她拋棄我，」他們會這麼說。[2]

這些男孩壓抑自己的情感，發展出其他策略來克服折磨自己的那種被遺棄的感受。鮑比認爲，孩子最需要的是安全感和探索。他們需要感覺自己被那些照顧他們的人所愛，他們也需要踏出去，走入這個世界，學著照顧自己。鮑比認爲這兩個需求雖然有時互相衝突，卻也互有關聯。某人愈是覺得在家很有安全感，就愈有可能願意冒險外出探索。或者用鮑比的話來說：「從出生到死亡，人類最快樂的時光就是從我們依附對象提供的那個安全基地出發，向外進行一系列或長或短的探索。」[3]

鮑比的研究有助於改變我們對童年，以及對人性的看法。直到他的研究廣受肯定前，心理學家多半研究個人的行爲，而不會從人際關係著眼。鮑比的研究強調，小孩與母親或主要照顧者之間的關係，會強烈影響孩子看待自己與世界的角度。

早在鮑比的時代之前，甚至在他的年代之後，許多人關注的是人類所做的有意識選擇。他們的假設是，人們觀察這個世界（這很簡單），然後做出決定（這就很複雜、很困難）。然而，鮑比關心的是我們腦袋瓜裡的潛意識模式，也就是我們最初組織各種感知的依據。

舉例來說，嬰兒出生時會帶著某些天生的特質，比如易怒急躁。不過他很幸運，有個能夠讀懂他心思的母親。在他想要有人抱的時候，擁他入懷；在他希望被放下來的時候，讓他靜靜躺著；當他需要興奮活躍時，她逗弄刺激他；當他需要安靜時，她馬上住手。這個嬰兒認識到自己是個生物，活在與他人的交流對話當中。他會把這個世界看成是大量的連貫對話。他也知道如果自己送出訊號，那些訊號有可能會被接收。他會學到如何在遇見麻煩時向人求助。他會發展出一系列有關世界如何運作的假設，同時他會在冒險向前與結識他人時，倚賴這些看法做出判斷（這些見解有可能得到證實，也可能會被推翻）。

生長在和諧關係網絡中的孩子，知道如何加入陌生人的對話、如何解讀社交訊號。他們眼中的世界是個友善的地方。生長在險惡網絡中的孩子，可能會表現出膽小、退縮或躁進。他們時常感受到威脅，即使根本沒有那回事。他們可能無法解讀社交訊號，甚至從來不覺得自己的話值得一聽。這種潛意識的現實建構行爲，有力地決定了我們看見什麼、我們注意些什麼，以及我們最後會選擇做些什麼。

有許多方式可以定義親子關係，不過鮑比的門徒瑪莉·安思沃斯（Mary Ainsworth）認爲，關鍵是在孩子與他的依附對象分開後，被迫（就算只有短短幾分鐘）獨自探索這世界的時刻。安思沃斯設計出「陌生情境測驗」（Strange Situation Test），檢視安全與探索之間的那些轉折。這項測驗的典型安排，是讓一個寶寶（通常約九到十八個月大）和她的母親處在一個充滿玩具，吸引她去探索的房間裡。接著有個陌生人走進房間，然後寶寶的母親會離開房間，留下寶寶和陌生人共處一室。過一會兒，母親會回到房間裡。接著母親和陌生人都離開房間，讓寶寶獨處。之後陌生人會再回到房間裡。安思沃斯與同僚密切觀察寶寶在每一回情境轉折時的表現：母親離開時，她會做出多強烈的抗議？母親回到房間時，她會怎麼反應？她對陌生人的反應是什麼？

隨後的幾十年間，世界各地成千上萬的寶寶接受了陌生情境測驗。[4] 大約有三分之二的寶寶會在母親離開時哭鬧一下，一等她回到房間，便飛也似地奔向她。這些寶寶被歸類爲「安全依附型」（secure attachment）。大約有五分之一的寶寶在母親離開時不會做出任何明顯的反應，等她回到房間時，他們也不會急忙趕到她身邊。這些寶寶被歸類爲「逃避依附型」（avoidant attachment）。最後有群寶寶的反應不太協調。當母親回到房間時，他們可能會衝到她身邊，但是等她靠近後，他們會憤怒地用拳頭搥打她。這些寶寶被稱作「矛盾或紊亂依附型」（ambivalent or disorganized attachment）。

就像要把人分門別類的所有嘗試一樣，這些分類有其缺陷。有大量關於依附理論（attachment theory）的研究，探討不同的教養風格和不同的依附類型之間有什麼關係，以及童年的依附對個人一生的人際關係與成就有多大的影響力。結果發現，就算是一歲大的孩子，依附與在學校的表現、人生際遇，以及往後人生的人際發展，都有合理的關聯性。嬰幼兒時期的一項測驗結果不會決定整個人生方向。沒有任何人的命運會在童年就被決定好。不過，這些研究讓我們對於透過親子關係創造出來的內在感情運作模式，有更深的了解，而這些模式將會被運用於探索外面的世界。

安全依附型的孩子擁有能符合他們的渴望且能反映他們心情的父母。他們驚慌擔憂時，母親會安撫他們；他們開心歡喜時，母親會與他們同樂。這些孩子擁有的並不是完美的父母或完美的親子關係。小孩並不脆弱。他們的父母可能會犯錯、大發脾氣，有時還會忽略孩子的需求，可是只要整體的照料形式是可靠的，孩子依舊能有安全感。另外一項教訓是，沒有哪種教養風格才是正確的。父母可以施予嚴厲的懲罰，只要孩子認爲親子間的溝通是前後一致且可預料的，那麼這段依附關係有可能還是安心牢靠的。

當父母與孩子達到這種和諧狀態，便會有一股催產素湧進他們的大腦。某些科學家稱催產素爲「人際關係的神經胜肽」（affiliative neuropeptide）。當眾人享受緊密的社交連結時，當母親生下寶寶或給寶寶哺乳時，當兩個相愛的人在性高潮後望進彼此的眼眸時，當親朋好友互相擁抱時，大腦的催產素濃度都會激增。催產素會給人帶來一種強大的滿足感。換句話說，催產素是大自然將世人拉攏在一起的手法。

安全依附型的孩子多半能妥善應付緊張的情境。明尼蘇達大學的梅根．岡納（Megan Gunnar）曾做過一項調查，發現給十五個月大的安全依附型寶寶打針時，他會因爲痛而哭鬧，但是他體內的皮質醇濃度不會升高。非安全依附型的寶寶會哭得一樣大聲，然而他們可能不會伸手向照顧自己的人討救兵，同時他們體內的皮質醇濃度會迅速升高，因爲他們已經習慣感受到生存壓力。[5]安全依附型的孩子往往在學校和夏令營能結交到較多的朋友。在校園裡，他們知道如何透過老師和其他成人來達到目的。他們並不覺得自己非得倚靠老師或隨時待在老師身旁，但是他們也不會疏遠老師。[6]他們變化不定，他們會建立起關係，也會切斷往來。他們通常也比較坦率，覺得沒必要爲了吹噓自己而撒謊。[7]

逃避依附型的孩子多半擁有性情孤僻且漠不關心的父母。他們無法好好與自己的孩子溝通，建立和諧的親子關係。有時候他們會說出對的話，偏偏就少了能夠表達情感的肢體動作。他們的孩子會發展出一種內在感情運作模式作爲回應，這些孩子認爲他們必須照顧自己。他們學會不倚靠他人，以及先行退縮。在陌生情境測驗中，這些孩子在母親離開房間時不哭也不鬧（至少從外表看來是如此），但其實他們的心搏率升高，而且內在情緒很激動。被單獨留在房間裡的時候，他們多半不會哭鬧，只是繼續獨自玩耍與探索。[8]

等到他們長大些，看見這些孩子的第一眼，你會以爲他們非常獨立、非常成熟。上學後的第一個星期，老師會給他們很高的評價。不過，實情會慢慢顯露出來，那就是他們不會和朋友或大人發展出緊密的關係。他們深受慣性焦慮所苦，面對社交情境會感到很不自在。在艾倫．索洛夫（L. Alan Sroufe）、拜倫．伊傑蘭（Byron Egeland）、伊莉莎白．卡森（Elizabeth A. Carlson）與安德魯．柯林斯（W. Andrew Collins）合著的《人的發展》（*The Development of the Person*）一書中，有個段落描述某個逃避依附型孩子走進教室的情景：「他走路時一直變換角度，就像帆船逆風行駛而不停打轉。他不斷接近，焦躁不安地挨到老師身旁，接著又轉過身背對老師，等待她來觸碰自己。」[9]

逃避依附型的成人多半不太記得自己的童年經驗。[10]他們可以概略地描述自己的童年，卻鮮少有什麼經驗的情緒夠強烈，足以停駐在回憶中。他們在發展親密關係上往往會遇到麻煩。他們也許擅長邏輯討論，但只要對話轉向情感，或者被要求表明自己的感受，就會心神不寧。在日常生活中，他們會將自己的情感限定在狹窄的範圍內，獨處是他們最安心自在的時候。根據日內瓦大學帕思卡・韋蒂卡（Pascal Vrticka）的研究，在社交互動中，逃避依附型成人的大腦正向回饋區（reward area）表現出較少的活化作用。[11]在七十歲時，他們獨居的可能性高出三倍。[12]

矛盾或紊亂依附型的孩子多半擁有反覆無常的父母。[13]他們前一分鐘還在，下一分鐘就不見了。這一刻他們可能過度干涉，下一刻卻冷漠又疏遠。因此，這些孩子無法發展出始終如一的感情運作模式。他們感受到一種想跑向爸媽，卻又想遠離他們的衝動。[14]當他們被放在一處可怕陡坡的邊緣，即使只有十二個月大，他們也不會像安全依附型寶寶那樣用眼神跟母親求助，而是別開眼望向別處。[15]

長大以後，這類型的孩子比較容易擔驚受怕。[16]他們常會感受到威脅，也不善於控制自己的衝動。這些壓力可能會形成長期的影響。研究發現，即使控制了其他因素，在失怙家庭中成長的女孩，初經多半會提早來報到。一般來說，處於青春期的他們，對性行爲的態度也比較隨便。[17]紊亂依附型的孩子在十七歲時往往有較高比率的精神障礙問題。[18]來自紊亂依附型家庭的孩子，大腦體積較小，神經元連結密度也較爲稀疏，因爲童年的創傷妨礙了突觸的發展。[19]

必須再次強調的是，上述這一切並不是說早期的依附能決定人的一生。成年後的狀態未必會嚴格遵循依附模式。有部分是因爲某些人的性情極有韌性，使他們能克服早年的不利條件。（甚至連童年曾遭受性侵的人，其中約三分之一的受害者，在成年後幾乎看不出任何嚴重的後遺症。）[20]此外，有部分原因是人生很複雜。和母親發展出不良依附模式的孩子，有可能會遇見一個願意教他怎麼和別人相處的良師益友。即使父母沒有善盡職責，某些孩子懂得「利用」他人，吸引依附對象。不過，這些早期的親子依附關係確實開啓了一條路徑，它們在不知不覺間孕育出一套感情運作模式，指引我們這世界是如何運作的。

許多研究追溯早年的依附模式如何影響人的一生。他們發現，舉例而言，德國的逃避依附型寶寶比美國多，而日本則有較多的焦慮依附型（anxious attachment）寶寶。[21]在索洛夫等人合著的《人的發展》一書中，提到在明尼蘇達州進行的一項研究，讓人留下深刻的印象。

索洛夫和他的團隊追蹤一百八十名孩童與其家庭，時間長達三十年。首次測驗在寶寶出生前三個月左右進行（以評估父母的個性），從那時開始，他們透過各種方法、從生活的各種面向、由多位嚴格的獨立觀察員，去觀察、評量與測驗這些父母。

這項研究的結果並沒有推翻一般常識，反而加以強化。第一個引人注目的發現是，絕大多數的因果方向是由父母流向子女。對於易怒急躁或特別愛哭鬧且很難安撫的寶寶，你得多費點力氣才能喜愛他；相對的，沉著鎮定且性情開朗的寶寶比較討人喜愛。這絕對是眞的。不過，關鍵落在父母的情感細膩度（parental sensitivity）上。本身個性就愛社交、善互動的父母，多半能養育出安全依附型的孩子。爲人父母者若與自己的父母關係良好，也多半能養育出安全依附型的孩子。情感細膩的父母能與難相處的孩子建起立牢靠的關係，也能克服遺傳的不利條件。

另一項驚人的發現是，人類的成長是前後連貫的。在一歲時被評定爲安全依附型的孩子，長大之後多半還是會得到相同的評斷，除非中途發生了什麼可怕的事件，像是雙親之一亡故，或者遭遇家暴。這幾位作者寫道：「整體看來，我們的研究強烈證實了童年經驗的預測力。」[22] 兒童時期獲得父母細膩的情感照料，往後的能力發展也會比較完整。

第三，依附模式與學校成績有相當的關聯性。某些研究者認爲，只要測量孩子的智商，就能預測他的學業表現。但索洛夫的研究指出，社會與情感因素也具有非常強大的預測力。依附的安全與否，以及照顧者的情感細膩度，與孩子在校期間的閱讀與數學成績相關。[23] 非安全依附或逃避依附型的孩子，很有可能會在學校裡產生行爲問題。那些曾在六個月大的時候被個性很強、愛干預人又不可預料的照顧者養育長大的孩子，到了學齡階段很有可能表現出漫不經心與過動的狀態。[24]

透過觀察寶寶在四十二個月大時得到的照料品質，索洛夫的研究團隊可以預測出哪些人會在高中被退學，準確率高達百分之七十七。[25] 納入智商與成就測驗的數據，無法提高預測的準確率。那些還留在學校的孩子，通常知道怎麼和老師與同學建立關係。在十九歲的時候，他們會說自己遇見至少一位「特別的」老師，願意「站在自己這邊」。那些遭到退學的孩子，不知道該怎麼和成人建立關係。他們大多表示自己並沒有遇見特別的老師，而且「他們當中有許多人看著訪談者的神情，彷彿對方提出了一個他們無法理解的問題」。[26]

早期童年的依附模式也有助於預測未來人生中其他關係的品質（而非數量），尤其是戀愛關係。它們能成功地預測某個孩子會不會在學校成爲領導者。它們能預測青少年的自信程度、社會參與度及社交能力。

等到這些孩子長大並生兒育女以後，往往會複製自己父母的行爲。小時候遭遇過家暴的父母，有百分之四十的人也會對自己的孩子施暴；而小時候備受呵護的母親當中，除了一個例外，所有人都會給予自己的孩子適當的照顧。[27]

索洛夫和他的團隊觀察孩子與父母一起玩遊戲，共同解決某些謎題。二十年後，他們觀察如今已爲人父母的研究對象和自己的孩子玩同樣的遊戲。有時候，結果驚人地相似，比如其中一個案例是這樣的：

當艾力斯苦思某個問題卻不得要領，轉而向母親討救兵時，母親轉動眼珠望向天花板，一邊訕笑著。等到他終於設法解決了那道問題，母親卻說：「你看你眞是倔強。」二十年後，當艾力斯看著自己的兒子卡爾遇上同樣的問題，他身體往後斜靠，離男孩遠遠的，邊笑邊搖頭。後來他假裝從盒子裡拿出一顆糖果，等到他兒子衝過來想拿糖果時，他又把它丟回盒子裡，藉此嘲弄兒子。最後，他還是出手幫卡爾解決了問題，然後說：「問題不是你解決的，是我。你不像我這麼聰明。」[28]

生命是複雜的

如果你有機會問問成年後的哈洛，他父母為他建立的是哪種依附關係，他大概會告訴你，他屬於安全依附型。他記得自己和爸媽共度的那些快樂假期，還有彼此之間的親密關係。這是實話，大多數時候他父母都會迎合他的需求，而哈洛也培養出安全的情感運作模式。哈洛長成一個心胸開放、信任他人的男孩。過去被人疼愛的經驗，讓他認為自己未來也會被人所愛。他強烈渴望社交互動。當事情出了差錯，當他落入自我憎惡的情緒中，他不會退縮（得太厲害）或衝動大罵（得太過頭）。他想要討好他人，期望對方會歡迎他，並且幫助他解決問題。他和別人交談，尋求協助。每當他踏進新環境，都有自信他可以在那裡交到朋友。

不過，真實人生永遠無法被化約為某個類型。哈洛也飽受一些恐懼折磨，感覺有些需求是雙親永遠無法理解的。對於他經歷的某些事，他們完全沒有經驗。就像是他身上有一層隱密的精神層面是他們缺乏的，有些恐懼是他們無法理解的，有些抱負是他們無法分享的。

哈洛七歲的時候，最害怕星期六的到來。他會在一大早醒來，想著當天傍晚父母將一如往常外出。隨著時間接近，他告訴自己當他們出門時千萬別哭。下午的時候，他向上帝禱告，「上帝，拜託您，別讓我哭。求您別讓我哭。」

他會走到後院去看螞蟻，或是回自己房間玩玩具，可是大難臨頭的感覺揮之不去。他心裡明白，父母本來就可以在晚上外出，而小孩則應該勇敢地接受這個安排，不能哭鬧。可是他就是無法做到，不管他多努力嘗試，還是行不通。一週又一週，每當他們關上門離開，他總是忍不住哭了起來，手忙腳亂地朝他們追過去。多年來，所有的保母都得費盡全力，又抓又扯地阻止他。

爸媽告訴他，他已經長大了，要勇敢一點。他心裡明白，也接受這個他理應要遵循的規範。他很清楚自己有多丟臉。他覺得這世界有兩種人，一種是雙親出門時不會哭的男孩，另外一種就是他——只有他一個人做不到該做的事。

爲了避免這樣的情緒崩潰，羅柏和茱莉亞試過各種方法。他們提醒哈洛，平常他每天都出門去上學，既不恐懼也不焦慮。可是這都無法減輕哈洛深信自己一定會哭鬧和犯錯的念頭，雖然他一心希望自己不要犯錯。

有天下午，羅柏撞見哈洛偷偷摸摸地潛入每個房間，打開每一盞燈，關上每一座櫥櫃的門。羅柏問他：「我們不在家的時候，你都很害怕嗎？」哈洛當然極力否認，不過答案再明顯不過。於是羅柏決定帶著兒子檢視整個屋子，讓他親眼看看根本沒有什麼好害怕的。他們走進每個房間，確認裡面確實都沒有人。在羅柏眼中，這些無人的窄小房間是無可辯駁的證據，證明一切都很安全。然而，在哈洛看來，這些無人的巨大房間是無可辯駁的證據，證明沒有固定形態的某些惡靈正埋伏在那裡。羅柏說：「你看到了嗎？根本沒有什麼好怕的。」哈洛了解，這種話是成人看見非常恐怖的東西時會說的話。他悶悶不樂地點點頭。

茱莉亞要哈洛坐下來談一談，她告訴他，她希望他能夠勇敢一點。她說，他在週末夜晚的吵鬧已經愈來愈失控。沒想到這句話導致了一個滑稽的誤解，這類誤解是童年很常見的狀況。哈洛以前從來沒有聽過「失控」（out of hand）這個詞，不知爲什麼，他以爲因爲自己哭鬧，所以爸媽決定要剁掉他的雙手作爲處罰。他想像有個又瘦又高的男人穿著一件長大衣，披頭散髮，一雙長腿邁著大步走進來，手上還握著一把巨大的剪刀。幾個星期前他才以爲，爸媽不在時他就哭鬧，是因爲他吃東西吃得太快了（又一次的，這是只有小孩才明白的理由）。可是現在他就要失去自己的雙手了。他想著鮮血從手腕噴出來的場景。他思考著用兩截殘肢吃晚飯的狀況，不知道自己到時候還會不會吃得太快。當茱莉亞耐著性子對他說話時，這些怪誕想法像跑馬燈一樣在哈洛的腦子裡穿梭不停。他向媽媽保證，自己絕對不會再哭鬧了。如同政府官員，哈洛知道自己必須公開複述某個官方立場，只是他心知肚明，他肯定還是會哭的。

到了傍晚，他聽見母親使用吹風機的聲音，這是結局快要來臨的前兆。一鍋水在爐子上滾著，爲了烹煮他待會兒要一個人吃的通心粉。今晚負責照顧他的保母也已經來了。

羅柏和茱莉亞穿上外套，朝大門口走去。哈洛站在走廊上，先是胸和胃微微顫抖，接著他感覺自己的身體不斷起伏，他趕忙設法讓它保持平靜。他覺得眼淚就快要流出來了。接著是鼻子癢，下巴也不停抖動，但他只能假裝沒事。就在此時，他的五臟六腑突然炸開來。他因爲啜泣而渾身打顫，淚眼婆娑，他不想再隱藏或抹去它們。這一次，他沒有移動腳步，也沒有追上去。他只是站在走廊上，渾身不住發抖，而他的父母站在大門邊，那名保母則站在他的後面。

他心想：「我眞壞。壞透了。」羞愧從心底湧出，傳遍全身。他是那個愛哭的男孩。而且在這場騷亂中，他弄錯了因果關係。他認爲是因爲他哭個不停，所以爸媽才要離開家。

父母出門後沒幾分鐘，哈洛從床上拿來自己平常蓋的那條毛毯，把自己和填充玩具們包圍起來，打造出一座堡壘。孩童認爲自己心愛的塡充動物具有靈魂，他們會用成人和宗教聖像溝通的方式，和這些玩具溝通。多年後，他會記得自己擁有快樂的童年，但其實這段童年混雜著痛苦的分離、混亂、誤解、創傷與難解的謎。這就是爲什麼所有的自傳總是有所不足，因爲它們永遠無法捕捉到內心的波動。這是爲什麼自知之明是有限的，只有極少數傑出的人能夠感受到早年經驗對大腦運作模式的影響。年紀漸長之後，我們會捏造謊言和揣測，以掩飾我們內心深處究竟發生了什麼事的這個謎。不過在童年時期，這世界的費解難測仍然新鮮生動，有時還會以驚人的力道重重襲來。

【第六章】學習

不假思索的自動反應，是透過重複學習來達成的……

受人歡迎、長相俊美、運動神經發達的孩子是飽受無情凌虐的對象。在他們年紀還小、容易受人影響時，就被迫接受跟自己無關的醜小鴨故事。他們不得不忍受無止盡的迪士尼電影反覆灌輸「眞正的美是發自內心」這種想法。高中時期，最有趣的老師偏愛那些腦筋好的學生，不過這些學生被討厭他們的人認爲是充滿野心的，週六晚上只能閒坐在家，培養出對傳奇爵士樂手邁爾士·戴維斯（Miles Davis）或搖滾樂手路·瑞德（Lou Reed）這種符合大人胃口的興趣。高中畢業之後，那些受人歡迎且長相好看的孩子，除了地方氣象預報員和益智遊戲節目主持人外，幾乎找不到其他學習的榜樣，而那些書呆子卻能仿傚許多當代大人物，從創立微軟帝國的比爾·蓋茲到催生 Google 的賽吉·布林（Sergey Brin），任君挑選。因爲正如聖經所說的，在後的，將要在前。怪胎將會繼承這個世界。

然而，充滿朝氣的哈洛面對自己青春期的長相與受人歡迎的特點，倒是能以輕鬆的態度擔起這份負荷。他的快速生長期來得早，在國中時期就已經是學校運動場上的風雲人物。雖然其他孩子後來追上他的體型，超越了他的能力，不過他還是保持自信地參與比賽，使他贏得同儕的尊重與敬意。他常和那些細腰寬肩的朋友一起混，他們以製造噪音的能力著稱。聲音從他們身上的毛細孔輻射出去。他們在學校走廊上，以粗暴喧鬧的方式問候彼此。假如他們手邊有水瓶，就會在學校自助餐廳上演活力四射的傳水瓶比賽，在場的其他人則得小心閃躲飛掠而過的瓶子。他們會和漂亮女孩交換色情笑話，這舉動讓一些男老師在旁看得心癢癢的，也讓那些高二生又羨慕又想偷聽。雖然沒有人說出口，但他們知道大夥兒都認爲他們是這所學校的王者。對此，他們感到無比自豪。

哈洛和朋友之間常常有肢體接觸，但只有極少的眼神交會。他們老是扭打、推撞，要不然就是忙著比誰的本領高。他們的友誼看似建立在「屌」這個字的各種滑稽用法上，也會和那些女性哥兒們說些下流話。哈洛的約會對象全都是漂亮俏妞，來自埃及、伊朗、義大利和某個古老的新教上流社會家族。有時候，他看起來像是拿威爾．杜蘭（Will Durant）與艾芮兒．杜蘭（Ariel Durant）合著的《世界文明史》（*The Story of Civilization*）當作約會手冊。

大人也很喜歡他。和朋友在一起的時候，他滿嘴「他媽的」，但是在父母和有教養的成人面前，他的言行彷彿並未經歷叛逆的青春期。哈洛跟許多青少年不同，他可以表現得纖細敏感、運用艱澀字詞，偶爾也會表現出看似由衷被關心全球暖化誓師大會給感動的模樣，這樣的舉動讓老師們覺得很窩心。

哈洛就讀的這所高中，結構像是一顆大腦。它的行政管理部門，也就是校長和其他行政人員，誤以爲管理這所學校的是他們。但事實上，這個有機組織的眞正運作，諸如紙條、唾液、迷戀、拒絕、友誼、宿怨、流言蜚語等等的交流，全都發生在置物間與走廊上。全校約有一千名學生，因此大約有一千乘以一千種人際關係，這才是高中生活的眞正樣貌。

那些待在行政辦公室的人以爲，學校的存在是爲了實現資訊傳遞的社會性生產歷程，通常包括了張貼在海報看板上的科展實驗。不過現實裡，高中其實是一台社會分類的機器。設立高中的目的，是讓年輕人明白自己適合這個社會結構中的哪個位置。

穆薩佛・薛立夫（Muzafer Sherif）在一九五四年進行了一項著名的社會科學實驗。[1] 他募集了一群同質的學童，帶領這二十二個來自奧克拉荷馬州的男孩前往強盜洞州立公園（Robbers Cave State Park）的童軍營地。他把男孩分成兩隊，每隊十一人。這些孩子爲自己的隊伍分別取名爲「響尾蛇」和「老鷹」。分開一個星期後，研究團隊安排了一系列的競賽讓兩隊互相較勁。紛爭立刻產生。響尾蛇隊把隊旗掛在「他們的」棒球場擋球網上，沒想到老鷹隊不但把旗子扯下來，還把它燒毀。

經過一場激戰，響尾蛇隊洗劫老鷹隊的小木屋，搗毀他們的財產，偷走部分衣物。老鷹隊則手持棍棒，侵襲對方的住處。等到他們各自回到自己的營地後，便爲接下來不可避免的報復做準備。他們把石頭放進襪子裡，打算用它來重擊敵人的臉。

這兩個團體發展出互相對立的文化。響尾蛇隊的隊員滿嘴髒話，所以老鷹隊禁止隊員口出穢言。響尾蛇隊假裝自己是惡棍，所以老鷹隊安排了禱告集會。這項實驗的發現，獲得後來許多實驗的證實：人類有形成小團體的傾向，即便區分人我的基礎是很武斷、憑空想像的特性，而當群體彼此靠近時，就會產生磨擦。

在哈洛的高中，沒有人把石頭裝在襪子裡。在學校生活裡，最重要的莫過於贏得眾人的讚賞與羨慕。學生們照例分成幾個派系，每個派系都有一套看不見的行爲模式。八卦耳語是用來散播有關派系中每個人該有什麼樣的行爲舉止，以及對那些違反規矩的人施予社交藐視的懲罰。流言蜚語是群體建立社交規範的手段。[2] 散播這些閒話的人透過展現自己對群體規範的優越認知，從而得到地位與權力。聽閒話的人則得到有用的資訊，知道什麼是不該做的。

起先，哈洛的主要目的是在自己的小圈圈中當個好成員。社交生活耗去他最多精力。擔心被排擠是他主要的焦慮來源。掌握自己所屬團體的規則轉變，則是他最嚴格的認知挑戰。

假如學生們被迫要將在校的所有時間，全花在應付餐廳與教室走廊的激烈社交活動，他們肯定會精疲力竭。幸運的是，教育當局安排了休眠的時間，稱爲「上課」。在那些時間裡，學生可以放鬆心情，拋開社會分類的壓力好喘口氣。儘管成人似乎沒弄懂，但學生們全都正確理解到，社會化是他們在高中校園裡最需要動腦筋且最重要的事。

萬人迷

某天午餐時刻，哈洛停下腳步，環顧學校餐廳。對他來說，高中生活就快要結束了，他想好好咀嚼眼前的這個場景。他看到高中生活的基本結構。學生來了又走，但是學校餐廳永遠在那裡。打從遠古以來，學校皇族，也就是他現在隸屬的這個圈子，一直坐在餐廳正中央的那張桌子上。那些優等生坐在窗戶旁邊，戲劇社的女孩們坐在餐廳大門旁，而滿臉粉刺的年輕搖滾樂手們則滿懷希望地在她們附近徘徊。那群假嬉皮通常會在獎盃展示櫃旁流連。一般學生會沿著布告欄旁的桌子就座，他們的左手邊恰好是各色邊緣團體：大兵和太平洋惡棍，也就是那些假裝不寫作業的亞裔美籍小孩。

哈洛把每個小團體的兩、三位成員都加入自己的臉書好友。由於他交遊廣闊，使他像是個遊走在各式社交小團體間的大使。他的午餐時間多半用於四處打招呼。當年剛進高中時，他多半和與自己相似的人來往。在高二和高三那兩年，他跟自己所屬的派系成員黏得很緊，可是到了最後一年，他發現自己擺脫了那個習慣，一方面是厭倦那些千篇一律的老友，另一方面是他對自己的身分認同有十足的把握，覺得自己可以遊走四方，欣賞各式各樣的人。

當他走在學校餐廳裡，從這個認知街坊跨入另一個認知街坊，輕鬆掌握每個社交小圈圈的黑話與社交儀式時，你可以清楚看見他的姿態變化。和那些優等生在一起的時候，他會表現出那種匆忙焦慮的心情，因爲那些傢伙是課外活動蕩婦❖，總是得趕往其他地方。他用手臂環抱黑人學生領袖的腰，大開那種帶有種族歧視意味的玩笑，讓在場所有成人全繃緊神經，不過那些黑人學

❖譯按：指那些爲了讓自己的大學申請資料看起來很漂亮，所以參加許多課外活動的學生。他們對這些活動根本不感興趣，只不過想盡可能參與更多項目。

生看起來並不在乎這件事。那些一年級的運動狂坐在置物櫃附近的地板上吃午餐，他們在他面前全都變得很溫順，所以他也以禮相待。那些畫著粗黑眼線的女孩在自己周圍築起一道防衛高牆，但哈洛走近時，她們偶爾會流露出愉快的神情。

英國作家卻斯特頓（G. K. Chesterton）曾經寫道：「眞正偉大的人是讓每個人都覺得自己偉大的人。」不管走到哪兒，哈洛總能散播一丁點的振奮之情。有一群青少年圍坐成一個圈圈，每個人都低著頭，沉默地傳送簡訊給坐在桌子對面的同伴，突然間，哈洛從他們的頭上出聲招呼，他們全都眉開眼笑地抬起頭，其中某人打趣回應道：「你好啊，萬人迷！」要知道，哈洛這種午餐時段的固樁行爲可是廣受好評呢。

社交判斷力

哈洛有一種能力，他能在掃視某個房間後，自動掌握上百個微小的社交動態。我們全都有觀察茫茫人海的一套方法。舉例來說，多數人的眼光會停在人群中的紅髮人士身上，因爲我們天生會受不尋常事物所吸引。很多人會假定，擁有圓滾滾大眼和豐腴雙頰的人比較柔弱和順從。（也許出於補償心態，在二戰與韓戰中，娃娃臉士兵贏得勇士勳章的機率遠高於體格粗壯的士兵。）[3]

哈洛憑直覺知道哪個團體允許吸毒，哪個團體不行。他可以分辨哪個團體能容忍自己的成員聽鄉村音樂，哪個團體會認爲這種行爲是該被掃地出門。他能夠判斷出在每個團體中，一個女孩每年可以和多少男生交往而不會被視爲賤貨。在某些團體，這個數字是三；在某些團體，這個數字是七。

多數人不自覺地假設，自己不隸屬的那些團體，其同質性高於自己所屬的團體。[4]哈洛則能夠從團體成員的角度來看待這些團體。比方說，當哈洛和那些模擬聯合國的孩子坐在一起時，他不僅認爲自己是個聰明人，還能夠猜出誰想要從怪胎象限移入優等生和運動明星象限。他可以感覺出誰是某個團體的領袖、誰是弄臣，以及誰在扮演調停人、魯莽勇夫、組織幹部、低調的觀眾等角色。

他可以在任何女子三人組中，辨認出誰扮演什麼角色。如同小說家法蘭克·波特曼（Frank Portman）曾指出，三人組是高中女生友誼的自然單位。[5]一號女孩是最漂亮的那個，二號女孩是她的老搭檔，三號女孩是最沒有吸引力的一個，她是另外兩個女孩施惠的對象。一號女孩與二號女孩會暫時幫忙三號女孩打理妝容，同時設法將她和她們男友長得不好看的朋友送作堆。不過，一號與二號女孩最終還是會讓大家了解到，她們可是比三號女孩漂亮多了，而且她們對她的敵意會愈來愈明顯，直到終於趕走她，找來新的三號女孩取而代之。這些三號女孩永遠缺乏足夠的階級意識，無法團結起來，聯合彼此力量擺脫箝制她們的枷鎖。

哈洛具有令人印象深刻的社交觸覺（social awareness）。但當他穿過走廊，進入教室後，感受變得有些不同。在走廊上，哈洛覺得一切盡在自己的掌握中。可是走進課堂，他卻無法對那些教材展現同樣的掌握。他的社交天賦似乎沒有爲他帶來學業天分。事實上，用來處理社會認知的大腦部位，不同於用來思考具體事物、抽象概念及其他事實的大腦部位。[6]患有威廉氏症候群（Williams Syndrome）❖的人具有不凡的社交技能，可是在處理其他事物時有嚴重的能力缺損。大衛．范魯伊（David Van Rooy）的研究指出，一個人的情緒覺察力只有不到百分之五可以用智商分數這種整體的認知智能來解釋。[7]

坐在教室裡上課，哈洛失去他在走廊上享有的那種掌控感。他看了看教室前排的那些腦袋瓜，認定自己和他們不是一國的。他可以拿到B^+的成績，也可以在課堂中說出具有建設性的意見，不過他的看法鮮少會讓老師們覺得驚豔。在求學過程的某個時點上，哈洛已經斷定自己雖然能在課業上表現不錯，但並非是個絕頂聰明的人。但假如你問哈洛，什麼樣的人才算是絕頂聰明，他也沒有辦法給出精確的答案。

明星教師

哈洛在英文課的教室坐定。說實話，他有點愛上了英文老師泰勒小姐，這實在令人尷尬，因爲她根本不是他的菜。

泰勒小姐以前在高中時期很看不慣那些運動狂。她的青澀歲月屬於敏感的藝術家那一類。她成年後的個性，完全符合湯姆．伍爾夫（Tom Wolfe）校園小說中的高校規則。這套規則認爲，在高中時期，我們全都會落入不同的社交圈，同時能敏銳察覺出哪些人格類型是我們的社交盟友，哪些又是我們的敵手。而成年後的性格，包括政治觀點，永遠和一個人在高中的社交敵手相反。

因此，泰勒小姐注定要被歸入敏銳的藝術家陣營，與自信的運動員陣營對立。她屬於冷漠的旁觀者，而非四肢發達頭腦簡單的那種人。她是「感情比你豐沛」，而不是「比你更受人歡迎」。這代表她永遠敏銳地調整自己優越的情感，不幸的是，這也代表著假如哪天缺少吸引人的感情戲，她就會設法捏造一個。

青少年時期，她崇拜過歌手艾拉妮絲·莫莉塞特（Alanis Morissette）、珠兒（Jewel）、莎拉·克勞克蘭（Sarah McLachlan）。她參與示威遊行，力行回收再利用，加入各種道德高尚的聯合抵制行動。面對畢業舞會、婚禮、畢業生週等重大事件，她顯得陰晴不定，和那些狂歡作樂的年輕人很不一樣。她在別人的畢業紀念冊上留下尷尬的多情字句，還在赫曼·赫塞（Hermann Hesse）與卡羅斯·卡斯塔尼達（Carlos Castaneda）的作品中找到共鳴，儘管同齡者沒人聽過這些名字。她顯得過度早熟。

不過她長大了。她在大學裡學會抽菸，那讓她比較冷靜，也有點憤世嫉俗。她還參與了「爲美國而教」（Teach for America）✠計畫。在那段期間，她見識到事情真的搞砸是什麼模樣，這

❖譯按：基因缺陷造成的先天性疾病。這類小孩非常外向友善，喜歡與成人互動。他們愛說話，但對語言的理解能力遠不及他們的口語表達能力。通常有視覺空間障礙，因此運動的協調能力往往較差。

✠譯按：美國一個非營利組織，以消弭教育不均等爲使命，召募優秀的大學畢業生到全美低收入及偏遠地區的公立中小學去教書，爲期二至三年。

個經驗讓她不致過度沉湎於自己的危機中。

哈洛遇見她的時候，她已經快三十歲了，在學校裡教英文。她平常聽妃絲特（Feist）、雅喃（Yael Naïm）和拱廊之火樂團（Arcade Fire）的歌，讀戴夫．艾格斯（Dave Eggers）和強納森．法蘭岑（Jonathan Franzen）的作品。她對乾洗手與健怡可樂非常著迷，甚至可說是上癮。她留著一頭過長、過於蓬鬆的髮型，以彰顯自己並未打算參加求職面試，或追求法律事務所的職業生涯。她喜愛圍巾和手寫信。她會用帶有教化意味的箴言裝飾牆面，連家中書桌上方的牆壁也不放過。這些箴言多半和以下這句理察．李文斯頓（Richard Livingstone）的評論很類似：「眾人往往認定道德淪喪肇因於性格弱點，其實更常見的禍首是不適當的理想。」

假如沒有受到高中英語課程的影響，她可能會是個普通人。在人生中那短短幾年，閱讀《另一個和平》（*A Separate Peace*）、《麥田捕手》（*The Catcher in the Rye*）、《人鼠之間》（*Of Mice and Men*）、《激情年代》（*The Crucible*）、《紫色姐妹花》（*The Color Purple*）、《紅字》（*The Scarlet Letter*）和《梅崗城的故事》（*To Kill a Mockingbird*）這些書，是一回事。然而，要一堂又一堂、日復一日、年復一年地講授這些書，又是另外一回事。沒有人能全身而退。

這些書以花言巧語哄騙她，進駐她的內心。不久之後，她成了媒婆。她認定自己此生的任務，就是深入學生的靈魂，診斷他們內心深處的渴望，然後將那個人與能改變他人生的某部文學作品配對。她會在走廊上攔下自己的學生，把某本書塞進對方手中，用顫抖的聲音告訴他：「你並不孤單！」

這些孩子當中有許多人從來不覺得自己是孤單的。泰勒小姐也許過分概括了人生經驗，她假定每個啦啦隊員、每個樂團成員、每個獎學金得主的背後，都有一段絕望的人生。

因此，她提供書籍作爲解救手段。她把書看成一種跳脫孤立，和那些有感覺的人互相交流的方法。她會在下課後，壓低聲音告訴學生：「這本書拯救了我的人生。」她會邀請他們走進屬於所有透過高中閱讀書單得到救贖者的那座教堂。她會提醒他們，當世道昏亂，痛苦令人難以忍受，還有霍爾頓．考爾菲德（Holden Caulfield）❖陪你走過這條路。

接著，她會很自豪，雙眼盈淚，心受到感動。有時候，只消看一眼處於這種甜蜜狀態的她，就足以讓一個普通人得到糖尿病。不過，關於泰勒小姐的另一項事實卻是無可否認的——她是個好老師。她的情感需求全都指向「打動青少年」這項任務，就這個工作來說，冷漠、有所保留是行不通的。那些讓她難以被成人圈接納的豐沛感情，反而使她成了學校裡的明星。

她的教學法

泰勒小姐了解，「學校是構築在對人類抱持著錯誤的看法上」。這個錯誤的預設立場認爲，學生是空無一物的容器，有待灌輸各種資訊。

❖譯按：《麥田捕手》一書的主人翁。

她知道人們比我們所知的更加不可思議、更爲複雜。她教的是青少年，這些學生的大腦會經歷一段混亂波動的時期，幾乎像是二度嬰兒期。隨著青春期的開始，人類進入一段無情的突觸修剪期。這種騷動使得青少年的心智能力無法持續提升。某些研究發現，十四歲的孩子比九歲的孩子更不善於分辨他人的情緒。在他們能趕上過去的自己之前，得花上好幾年的時間追求成長與穩定。[8]

此外，當然不能忘了還有荷爾蒙風暴。少女的腦下腺突然劇烈翻攪了起來。[9]幾乎和童年早期一樣，雌性素充斥她們的大腦。那洶湧的洪水使得她們的批判思考技巧和情感敏銳度突然躍升。有些青少年忽然對光線的明暗特別敏感。她們的心情與認知隨著荷爾蒙浪濤瞬息萬變。

舉例來說，在月經週期的頭兩個星期，激增的雌性素濃度會使她們的大腦亢奮又警覺。接著在最後幾週，黃體激素的浪潮會讓大腦活動變得慢吞吞的。露安・布哲婷（Louann Brizendine）寫道，如果你告訴一個少女她的牛仔褲腰太低了，也許她會當作耳邊風。「不過，要是剛好選錯了日子，在她聽來，你是在罵她行爲不檢點，或是笑她太肥，不適合穿那種牛仔褲。儘管你根本沒這樣說，心裡也不是這麼想的，但她的大腦就是會這樣解讀你的意見。」[10]

由於荷爾蒙激增，男孩與女孩開始對壓力產生不同的反應。[11]女孩對人際壓力的反應比較強烈；男孩全身則有十倍的睪固酮到處間歇噴發，因此對於撼動自己地位的事反應特別猛烈。他們都有在古怪時刻抓狂的傾向。至於其他時候，他們的表現可能笨拙得令人驚訝。泰勒小姐覺得很納悶，爲什麼她的學生普遍無法在鏡頭前自然地微笑？由於難爲情，他們會露出那種不自在的似笑非笑，讓自己看起來好像很想上廁所。

泰勒小姐的假設是，在她教英文時，班上的每個男孩暗地裡都想著手淫，而女孩們則是偷偷覺得寂寞和被孤立。

泰勒小姐會仔細看著班上這些面孔。她得要提醒自己，那些平靜與乏味的表情不過是障眼法，底下是波濤洶湧。當她把一段訊息呈現在學生面前，他們的大腦並不是以某種容易理解的方式吸收它。如同約翰・麥迪納（John Medina）寫道，這個過程更「像是一台沒蓋蓋子且運轉中的食物調理機。資訊進入大腦時被切成片段，接著在我們的腦袋瓜裡飛濺得到處都是」。[12] 泰勒小姐告誡自己：「別誇大了他們思緒的條理。」她期望能做到的是，將她打算要教的新模式融入學生們原本的模式中。身爲一個新手教師，她偶然看見一本叫做《魚就是魚》（*Fish Is Fish*）的繪本。這本書說的是一條魚和一隻青蛙變成朋友的故事。魚兒要求青蛙描述陸地上有哪些生物。青蛙照辦了，但是魚兒並不眞的理解他在說些什麼。說到人類，這條魚兒想像的是用尾鰭走路的魚。談到鳥類，這條魚兒想像的是有翅膀的魚。至於母牛，則是有乳房的魚。[13] 泰勒小姐的學生就像那樣。針對她說的每一件事，他們都會用原有的模型創造出自己的詮釋，而且這個歷程會受到他們的經驗所限制。

你也別認爲青少年的思考方法會保持一致。研究人員過去時常相信，眾人擁有不同的學習風格：有些人是右腦型，有些人是左腦型；有些人是聽覺型，有些人是視覺型。其實，幾乎找不到可信的證據支持這種看法。相反的，我們全都會視情境變化，在不同的方法間來回翻轉。

當然，泰勒小姐想要傳授知識，也就是那種能在測驗上表現出來的東西。可是不出幾個星期，學生們就會把在課堂上學到的九成知識忘個精光。爲人師表最重要的職責不在傳授知識，而在塑造學生認識這個世界的方法，幫助學生領會某個學科的規則。能夠那麼做的老師，將會被學生記在心裡。

泰勒小姐並不是把他們當成學徒來看待。[14]大多數的潛意識學習是透過模仿來達成的。她向學生展示如何動腦思考，解決某道問題，接著期待他們願意參與，和她一塊兒解決問題。

她強迫他們犯錯。犯錯的痛苦和克服錯誤所需的力氣，創造出一種情感經驗，有助於將整件事烙印在腦海裡。

她設法讓學生去思考他們未說出口的意見。她相信，下定決心並不像是築起一道牆，而比較接近發現「早在不知不覺間便已存在的想法」。她希望孩子們能試試不同的智力戲服，以便決定哪一件比較合身。

她還會強迫他們去勞動。她不認爲學生只要跟隨自己天生的好奇心就夠了。她會指派家庭作業。她經常小考，她直覺明白，爲了應付測驗而去回想知識的這個舉動，能強化大腦中的相關網絡。她督促學生。她很樂意被學生憎恨。

泰勒小姐的目的，是讓學生們成爲自學者。她希望讓自己的學生體會發現帶來的情感滿足與官能愉悅——當你拚命努力，吃盡苦頭，最後獲得成功的那種滿足感。她希望學生能夠對這種過程上癮。多虧了她，他們往後都會成爲自己的老師。那是泰勒小姐對自己技能的偉大想像。

頭幾個星期，哈洛覺得泰勒小姐實在很可笑，後來卻覺得她令人難忘。他們師生關係最重要的時刻，發生在某天下午，那時哈洛剛上完體育課，正打算去吃午飯。泰勒小姐埋伏在走廊上，靠著一身大地色調的保護色，藏身在置物櫃間。她發現她的獵物以正常速度靠近。有幾秒鐘時間，她保持專業的冷靜與耐性偷偷尾隨他，一等到走廊上的人群散開，哈洛毫無防備又落單時，她突然撲過去，把一本薄薄的書塞進他手中。她裝腔作勢地說：「這會讓你變得偉大！」說完她就閃人。哈洛低頭一瞧，是一本二手書，書名叫《希臘精神》（*The Greek Way*），作者是個名叫艾迪絲．赫米爾頓（Edith Hamilton）的女子。

哈洛永遠記得那一刻。後來他才知道《希臘精神》在古典學者眼中名聲並不好，但是它把一個嶄新的世界介紹給高中時期的他。那是個既陌生又熟悉的世界。在古希臘，哈洛看到一個充滿戰鬥、競爭、團隊與榮耀的世界。不同於他自己所處的世界，他找到一個推崇勇氣爲美德的世界，在那裡，某個戰士的憤怒就能推動歷史，眾人活在一個生氣勃勃的世界裡。哈洛的成長背景對於他形成自己的男子氣概幾乎幫不上忙，可是古希臘提供他一種語言和一套可遵循的規則。

赫米爾頓的書也讓他體會到一種過去從未有過的感受：和某種古老的東西產生深刻的連結。赫米爾頓引用了古希臘悲劇之父艾斯克勒斯（Aeschylus）的一段文章，內容寫道：「根據神的法則，凡是能夠學習的人必得受苦。那種苦，是睡夢中也無法或忘。它涓滴入心，直到我們蔑視自己，違逆自己的意願，智慧方才經由神的恩典翩然降臨。」[15]哈洛並不完全了解這段文字的意義，可是他能感受到它承載著一種令人欽佩的重量。

他循著赫米爾頓的書展開探索，獨自閱讀，尋找那種跨越時空，與某種神祕事物產生連結的感受。過去他總是按照一般的方式學習，以便進入他能在派對上驕傲提起的那種大學。不過，他開始用一種不同的方法來閱讀希臘。他懷著浪漫的期待，盼望能發現某些眞實且重要的事。他之所以閱讀這些素材，是出於需要。接著，他閱讀通俗歷史。他觀賞探討古希臘生活的電影（多數拍得很爛），像是《300 壯士：斯巴達的逆襲》和《特洛伊：木馬屠城》。至於荷馬（Homer）、索福克勒斯（Sophocles）和希羅多德（Herodotus）的作品，他則是粗略涉獵。

泰勒小姐喜悅地看著這一切。有一天他們在沒有課的空檔碰面，詳細規畫出一張閱讀計畫表。

開始的時候是在一間普通教室，就著慘白的螢光燈進行討論，當時她和哈洛坐在一張對他們的身型來說有點太小的課桌旁。哈洛已經決定，或者說是被誘騙，要以某個至今尚未確定的古希臘生活層面，作爲他的畢業論文主題，而泰勒小姐將會擔任他的論文指導老師。哈洛坐在那裡靜靜聆聽泰勒小姐興高采烈地談論這項計畫。她的熱情極具感染力。和她一對一交談非常有趣。有關語言習得的研究發現，面對面的指導讓人學得最快，看錄影帶或聽錄音帶學得最慢。此外，一個聰明動人的年長女子討論自己極感興趣的神祕事物，這件事本身就夠吸引人了。

泰勒小姐覺得哈洛是個受人歡迎、體魄強健的大男孩，同時帶有理想主義的色彩。透過課堂討論，她發現哈洛具有一股追求崇高的欲望，一種不甘於平凡，渴望追求更高境界的念頭。泰勒小姐把赫米爾頓的書拿給哈洛，是希望古希臘能讓他看見偉大的某種面貌，並啓發他。當他們碰面時，她建議哈洛在畢業論文中將古希臘生活與高中生活的某些面向做個連結。泰勒小姐相信，創造力來自兩個不同領域的思維在一顆心靈中衝撞，就像兩個銀河系融合爲一個空間那樣。她也深信，每個人都應該擁有兩份職業，兩套看待世事的觀點，彼此交映。就她自己來說，她白天教書，晚上則是個創作歌手，雖然後者並不那麼成功，對她的重要性卻不亞於教職。

第一步

關於哈洛的這項研究計畫，第一階段是取得知識。泰勒小姐要求他繼續閱讀跟希臘生活有關的書，然後向她報告五本他讀過的內容。她並未開出一份有系統的課程；她希望他如同成人那樣，對某個主題產生興趣時，透過亞馬遜網路書店或其他實體書店，或透過口耳相傳及因緣巧合，去找出那些書。她希望他能從各式書籍與各種作者那兒得到資訊，這麼一來，他的潛意識就能主動運作，將它們全都編織在一塊。

在這第一階段，哈洛的研究即便有點一知半解也無妨。班哲明．布魯姆（Benjamin Bloom）提到，教學未必要一步到位：「學習的第一個階段主要是讓學習者參與、著迷、上癮，讓學習者需要且想要更多資訊、更多專門知識與技術。」[16]只要哈洛保持好奇心，對自己的探索樂在其中，他就能對希臘生活產生感覺，也能對雅典人與斯巴達人如何過活、戰鬥與思考，培養出一定程度的知識。這類具體的知識可以作爲教學的手段。

人類的知識跟儲存在電腦記憶體裡的數據不一樣。電腦裡的數據資料累積得愈來愈多時，它可不會把資料記得更牢且更好。而人類知識是永不饜足且活生生的。凡是對某個主題具有知識的人，就能更快、更完整地學會更多相關知識，且更快、更完整地記住自己所學的一切。

在某項實驗中，研究人員要求國小三年級學生和大學生熟背一連串的卡通角色。對此，小三學生的記憶力表現遠勝過大學生，因爲前者對這個主題比較熟悉。在另一項實驗中，一群被歸類爲「學習遲緩兒」的八到十二歲學生和一群擁有正常智商的成人，分別被要求記憶一串明星的資訊。再一次，比較年輕的學習遲緩兒表現出色得多。他們的核心知識提高了表現成果。[17]

泰勒小姐正設法協助哈洛打造某些核心知識。只要一有機會，哈洛就會拚命閱讀跟希臘有關的書，不管是在家、坐校車、晚飯後。這麼做帶來了不同效果。很多人相信，應該留出一個特別的空間來讀書看報，不過有大量研究顯示，在不同場合間輪替閱讀，能使人在記憶資訊上表現得更好。不同的背景能刺激大腦，從而創造出更密集的記憶網絡。

幾個星期後，他帶著自己讀過的五本書單回來：兩本有關馬拉松平原（Marathon）與溫泉關（Thermopylae）戰役的通俗歷史書，一部伯里克利斯（Pericles）的傳記，一冊《奧迪賽》（*Odyssey*）的現代譯本，還有一本比較雅典與斯巴達的書。不管願不願意，這些書填滿了他對古希臘生活、價值觀與世界的想像。

第二步

在他們第二次單獨碰面時，泰勒小姐稱讚哈洛的努力。卡蘿・德威克（Carol Dweck）的研究發現，稱讚學生的努力可以強化他認同自己是個勤勉的人。抱持這種心態的學生會樂於接受挑戰，把犯錯視爲過程的一部分。另一方面，稱讚學生很聰明則傳達了成就是天生特質的印象。抱持這種心態的學生會想要繼續表現得很聰明。他們比較不願意挑戰新事物，因爲他們不想犯錯，不想讓自己看起來很笨。[18]

泰勒小姐要哈洛回去從赫米爾頓的書開始，把他目前讀過有關希臘生活的書，全部再仔細重讀一遍。泰勒小姐希望哈洛能把那些知識內化成他的一部分。人類大腦會吸收有意識的知識，再把它轉化成無意識的知識。第一次開車的時候，你必須思考每個動作。等到幾個月或幾年後，開車幾乎成了不自覺的反應。所謂學習，就是持續理解並吸收怪異、不自然的事，比方閱讀和代數，直到它們變成無意識的習慣爲止。意識心智因此得到解放，可以去處理新事物。阿弗烈・諾思・懷海德（Alfred North Whitehead）把這種學習過程看成是一種進步原理：「我們不假思索就能做的事愈多，表示文明愈進步。」[19]

不假思索的自動反應，是透過重複學習來達成的。哈洛第一次閱讀那些希臘書籍後，會對自己的研究主題多幾分認識，等到他第二、第三，乃至於第四次閱讀那些書，就會開始往下深入挖掘。泰勒小姐跟學生說過上百次，與其在考試前一晚花很長時間死記硬背、臨時抱佛腳，效果遠不如連續五個晚上，每晚撥一點時間重複溫習那些內容。（可惜不管她怎麼重申這一點，學生永遠學不會這個道理。）

泰勒小姐希望哈洛能在不知不覺間回到最佳的學習節奏。遊戲室的小孩憑直覺知道如何探索周遭世界。她會以母親爲起點，接著冒險走向前，尋找新玩具。她回到母親身邊尋求安全感，然後又重複向外探險。接下來又回到母親身邊，然後再次外出探索。

同樣的原則也適用於高中及往後的學習。《智慧世界》（*Smart World*）一書的作者理察・歐枸（Richard Ogle）稱這個歷程爲「向外伸展與新舊交融」。[20]以某個領域的核心知識爲起點，向外冒險，學會某件新事物，接著回到根據地，將這少量新事物融入原本已知的事物當中。然後再次外出冒險，回到根據地。來來回回，一遍又一遍。如同歐枸所主張，太過偏重新舊交融，到頭來會讓你落入陳規陋習；過於側重向外伸展則會使你的努力漫無目的，毫無成效。泰勒小姐希望能讓哈洛在不知不覺間重拾這種擴張與整合的節奏。

聽見老師交代自己重讀每一本書時，哈洛忍不住呻吟抱怨。他認爲回頭重讀已經看過的書，肯定會讓腦子覺得乏味。沒想到他驚訝地發現，第二回閱讀時，它們全都成了不同的書。他看到完全不同的重點與論據。之前他劃的重點文句，如今看來完全不得要領，反倒是先前被他忽略的詞句非常重要。他原本寫給自己看的眉批，如今看來天眞得令人尷尬。不知是他或那些書起了變化。

當然，關鍵在於一旦他讀得愈多，他的大腦就會在不知不覺間重組那些資訊。多虧了一連串的內在連結，使得這個主題的新觀點看起來很重要，同時讓曾經看來很迷人的舊觀點如今變得再普通不過。他開始用不同的方式安排這些知識，並且以全新的方法看待它們。他正逐漸養成專門知識。

當然，哈洛算不上是眞正的古希臘歷史專家，也還沒準備好參加牛津大學的入學考試。不過，他已經跨過專門知識的門檻了。他已經體會到學習不是一直線的。當你用不同觀點思考和看待那個領域，就會出現突破性的進展。

要理解這一點，最簡單的方法是仔細觀察西洋棋大師們的技巧。在某一次練習中，幾個棋藝高超的棋手和幾個不會下棋的人一同觀看一系列的棋局圖，每張圖的顯示時間大約五到十秒。在每一盤棋局上都有二十到二十五枚棋子，如同一場眞正的棋賽那樣。隨後，參與者被要求記住棋盤上的棋子位置。那些西洋棋高手可以記住每盤棋局中每顆棋子的棋位，而普通玩家只記得大約四或五顆棋子的棋位。[21]

會有這樣的差別，並不是因爲西洋棋大師就是比其他人聰明。在西洋棋賽中，智商出乎意外地並不是個預測表現的好指標。[22]這樣的差別也不是因爲大師擁有過人的記憶力。假如重複同樣的練習，但完全不按對奕規則，而是隨便擺放棋子，結果大師的記憶能力並不比任何人出色。[23]

事實上，那些西洋棋大師之所以能把棋局記得如此清楚，眞正的原因是，經過多年來的鑽研，他們能從不同角度看待這些棋局。普通玩家看這些棋局時，眼中看見的是一群個別的棋子；大師看這些棋局時，眼中看見的是陣式。他們看見的，不是一頁紙上有一堆字母，而是字詞、段落，還有故事。記憶一篇故事比記住一堆獨立的字母要容易得多。所謂專門知識，就是形成內在的連結，如此一來，片段的零碎資訊就能轉化成互有關係的完整資訊。學習並不只是累積客觀的事實，還得將不同資訊間的關係吸收內化成自己的一部分。

每個領域對於重要概念、組織原則和一再發生的模式，都有自己的結構與框架，也就是自己的典範（paradigm）。專家不但理解這個結構，同時還擁有知道如何悠遊其中的內隱知識（tacit knowledge）。經濟學家會像經濟學家那樣思考。律師則按律師的方式思維。起先是專家決定要踏進某個領域，但很快就變成那個領域鑽進他的體內。頭骨的線條，這個橫亙在他與他的分析對象之間的想像障礙，從此被瓦解了。

結果是專家不會對某件事多想，他會想得更少。他不需要計算各種可能的結果，因爲他擁有那個領域的專門知識，可以預測事情會如何組合在一起。

第三步

泰勒小姐的第三步是幫助哈洛把他對希臘生活的內隱知識顯露出來。經過幾個星期的閱讀，還有更長時間的再次閱讀後，她要求他寫日誌。他可以把自己對希臘生活和高中生活的各種想法描述出來，寫在日誌中。她叮嚀他，要讓自己的心盡情馳騁，讓各種念頭從潛意識中冒出來，暫時不要去想自己寫了些什麼，或是自己寫得好不好。

她的基本準則是，一個學生至少要準備好百分之七十五的內容，才有資格坐下來寫。在開始寫作前，會有很長的構思期，他要透過不同角度、不同心境去看那些素材。他要給自己的心智時間，讓它把各種事物用不同方式連貫起來。他應該想想其他事情，讓見解突然就出現在自己的腦袋中。大腦其實並不需要太多有意識的推進就會這麼做。大腦是喜愛預測事物的一台機器，它永遠會主動嘗試從數據中建立起模式。舉例來說，電話只能傳送語音中一成的音調，然而，每個小孩都能輕易從中辨識出電話那頭說話的人是誰。[24]這是大腦輕而易舉就能辦到的事，也是它擅長的事。

泰勒小姐希望哈洛寫日誌，是因爲她希望哈洛盡可能把埋在心中的知識擷取出來。她希望他能作作白日夢，同時把心中萌生的直覺轉化成語言。約拿・雷勒（Jonah Lehrer）曾說過：「你知道的比你以爲的還多。」泰勒小姐是這句格言的信徒。[25]她希望能給哈洛一道練習題，讓他用隨興不拘的方式，在問題的周圍流連，因爲人類心智在最輕鬆愉快的時候，往往最有生產力。

哈洛這一生都會保留那本日誌，儘管他總是想放火燒了它，因爲他不想要自己的後代子孫看見他過度興奮的幼稚沉思。起先，他在某一頁的正中央寫下一個字，接著在它旁邊草草記下突然在他腦中冒出來的成串點子或想法。有時候，一個次要的念頭反而會變成中心主角。

他寫下很多內容討論希臘英雄的熱情。他比較不同情境下，阿基里斯（Achilles）的憤怒與自己的憤怒。在他的筆下，他自己的表現比阿基里斯更有英雄氣概。他花了很多篇幅探討勇氣，還抄錄了赫米爾頓描述艾斯克勒斯的一段文字：「生命對他來說是場探險，固然危機四伏，可是人本來就生於憂患。」[26]

他也寫到傲慢，並且抄錄了艾斯克勒斯的這段話：「傲慢自負者必然以流淚收場，因爲神會嚴懲人的過度驕傲。」[27]他往往會讓自己成爲筆下故事的英雄，他總是比自己的同學感受得更多、看得更透澈。這些希臘文章確實鼓舞了他，讓他與久遠前的那個時代、與早就亡故的古人，產生深刻的連結。一位斯巴達教師曾經吹噓說：「我讓小孩喜歡親近光榮的事。」而這種與偉大接觸的經驗啟發了哈洛。有天深夜，他正在閱讀並書寫伯里克利斯在陣亡將士國葬典禮上的演說時，突然覺得出神忘我。他開始領會希臘人對尊嚴與生命意義的感受，也開始在日誌中寫下自己的評判與連結，這樣的轉變在隨後的寫作中尤其明顯。他寫了一段文字，論述好戰尚武的阿基里斯與細心敏銳的奧德修斯（Odysseus）兩人間的不同。他開始注意到自己和那些希臘人的差別。在某些令人不安的文章中，古希臘人看起來缺乏同情與憐憫之心。他們對於競爭的確很拿手，比方追求榮譽，但只要涉及慈悲，像是對受苦或窮困之人伸出援手，他們的表現就沒那麼棒了。他們對於恩典、對於神，甚至愛那些不配被愛的人，欠缺體認。

幾個星期後，泰勒小姐要求看看哈洛的日誌。他並不願意與人分享這本日誌，因爲裡頭包含了太多私密的想法。如果對方是男老師，他絕對不會允許自己露出如此脆弱的一面。可是他信任她，於是在某個週末，他讓她把那本日誌帶回家。

她深受那幾近精神分裂的內容特質所吸引。有時候哈洛會寫出令人驚訝的吉朋式❖見解；有時候他的文字卻又像個孩子一樣。他時而嘲諷挖苦，時而文學，時而嚴格精準。羅勃·歐恩斯坦

（Robert Ornstein）曾經寫道：「心思會流轉，從這個情境到那個情境，從緊急到靜止，從快樂到掛念。由於它會在不同狀態間流動，它會選擇能在那狀態下運作的心智成分。」[28]

在這本日誌中，似乎不只有一個哈洛，而是好多的哈洛，泰勒小姐不知道自己翻到下一頁時，會發現哪一個哈洛。教育訓練並沒有讓她準備好面對心智深處的多重性，即便只是一個學生的心智。泰勒小姐不禁納悶：「面對時時刻刻在你面前上演失敗又重來戲碼的一班演員，該如何教導他們呢？」儘管如此，她還是很興奮，因爲這種事幾年才發生一次——有學生把她的建議聽進去了，並且突飛猛進。

第四步

幾個星期後，泰勒小姐認爲哈洛已經準備好前進到練習的第四步，也是最後一個階段。最優秀的學習者在開始撰寫論文前，也得花時間將資訊編碼。到目前爲止，哈洛已經花了好幾個月時間將資訊編碼與再編碼。該是提出立論，將一切做個整理的時候了。

哈洛在一篇日誌中畫了一幅題爲「伯里克利斯在畢業舞會上」的畫作。一個穿著白色寬袍的男子站在一群身穿晚禮服的男孩與女孩當中。泰勒小姐建議他以此作爲論文題目。她看到有關希

❖譯按：指經典名著《羅馬帝國衰亡史》（*The History of the Decline and Fall of the Roman Empire*）的作者愛德華・吉朋（Edward Gibbon）的寫作風格，文字華麗典雅，結構複雜精巧。

臘研究的段落和記述高中生活的段落，在哈洛的日誌中交替出現。創造力往往會在兩種不協調的知識網絡混合交融時產生。她希望他能夠整合他對希臘及對自己的看法。

哈洛坐在家中，他的書和日誌攤開在他面前的地板上和床鋪上。該怎麼把這一切變成一份十二頁長的論文呢？他帶著些許尷尬，閱讀自己之前寫的內容。他打開書本，讀了幾頁，找不到線索。他傳簡訊給朋友。他玩了幾局單人紙牌。他上臉書晃了晃。他回頭翻開那些老舊的圖書，又讀了幾頁。他持續打斷自己正在做的事，又從頭來過。正在進行某件事的人一旦被打斷，就需要花上比原來多一半的時間去完成那件事，而且犯錯的機率也會多出五成。[29]人類的大腦並不善於多工。它需要處於一種前後一致的流動，從一個活化的網絡通往連貫的下一個網絡。

問題在於哈洛無法掌控他的資料，反倒是那些資料掌控了他。他從這項事實跳躍到另一項事實，卻找不到一個整體的架構能將它們理出個頭緒來。他的狀況暫時有點像是生於一八八六年的俄國記者所羅門．薛瑞雪夫斯基（Solomon Shereshevskii），此人能記得一切大小事的所有細節。在某項實驗中，研究人員讓薛瑞雪夫斯基看一張紙，上頭有一道由三十個字母與數字組合而成的複雜方程式。[30]接著他們把這張紙收進一個盒子裡，密封長達十五年之久。當他們再度取出那張紙的時候，薛瑞雪夫斯基仍舊能精準無誤地回想起整道方程式。

雖然薛瑞雪夫斯基能夠記得大小事，可惜他無法提煉其中的精華。他活在一個充滿大量隨機資訊的世界，卻無法將它們整理成反覆循環的模式。他甚至無法理解隱喻、明喻、詩歌，或者複雜的文句。

從小處來看，哈洛正處在那樣的僵局中。他會運用某種典範來思考高中生活。而思考古希臘人的種種時，他用的是另一種典範。兩種典範無法互相配合。他找不出核心立論。身爲一個正常的十七歲小孩，這一晚他決定認輸。

第二天晚上，他關掉手機，切斷網路。他決定要集中注意力，讓自己走出網路生活的資訊煙霧，設法完成一些事。

他並沒有馬上開始寫論文，而是回頭重讀收錄在《伯羅奔尼撒戰爭史》（*The Peloponnesian War*）一書中，伯里克利斯在陣亡將士國葬典禮上發表的演說。閱讀一流作者所寫的文章，好處在於它們很容易讓你的心隨之馳騁。在哈洛閱讀的所有素材中，這篇演說最能夠激發他的想像力。例如其中一段，伯里克利斯讚頌雅典文化：「我們追求優雅，卻不鋪張奢華，我們崇尚知識，卻不因此柔弱；財富於我們而言，是實用的物資，而非誇耀的本錢，承認貧窮並沒有什麼不光彩，眞正可恥的是沒有起身與之對抗。」[31]

哈洛深受感動與鼓舞。觸動他的倒不是文章本身，而是那激昂的抑揚頓挫與充滿英雄氣概的語氣。這篇演說的精神灌入他的心神，使他的心境大爲改變。他想到大無畏的精神，想起那些秉持勇氣、成就不朽榮耀的男男女女，將自己的生命奉獻給國家。伯里克利斯頌揚優秀卓越，提供後世效法的楷模。

哈洛回想各種不同類型的希臘英雄：阿基里斯是狂暴的戰士；奧德修斯是聰明的領袖，一心想回到妻子與家人身邊；利奧尼達斯（Leonidas）在溫泉關捐軀；塞密斯托克利茲（Themistocles）透過謊言與手段拯救自己的國家；蘇格拉底用自己的生命獻祭眞理；伯里克利斯是有教養的政治家。

接下來幾個小時，哈洛細細思索那些韻味不同的偉大。他憑直覺知道，自己這篇論文的關鍵會落在比較這些英雄的風格，或找出其中的共通脈絡。總之，他的潛意識心智告訴他，他正走在對的路上。他有種答案就在舌尖上的感覺。

打從進入寫作的階段，他頭一次集中所有注意力。他再次瀏覽那些書和日誌，找出不同類型的英雄典範。他著迷於史蒂文．強森（Steven Johnson）所謂的「緩慢的預感」（slow hunch）。他心中有種模模糊糊、難以言喻的感覺，他知道自己正朝著對的方向走，可是還是要經歷無數空轉瞎忙，解答才會出現在他腦中。

我們總是被各種不同資訊包圍，分散了注意力。但在這種激動發奮的狀態下，哈洛把所有跟希臘英雄主義沒有關係的訊息全屏除在外。音樂突然變得靜默。聲音和色彩全都消失了。科學家稱此爲「預備期」（preparatory phase）。當大腦將大量注意力投注在某件事情上，此時諸如視覺皮質或其他感官區域會變暗。

接下來的一、兩個小時，哈洛不斷鞭策自己。他想以古希臘與當代生活的英雄主義爲題，寫一篇論文。他的焦點縮小了，但還是遍尋不著立論點。於是他再一次回到參考書和日誌上，看看是否有什麼靈感會突然蹦出來。

這是件困難且令人挫折的工作，就像是用力推著一整排門，期待其中某扇門能夠被你給推開。然而，出現在他腦中的模式，沒有一個能將他的想法組織成形。他把想到的東西寫在便條上。他想出一個點子，低頭瞥了旁邊一張紙條，才發現自己在幾個小時前已經想過同樣的點子。爲了彌補有限的短期記憶力，他將自己寫下的便條與日誌篇章分門別類。他希望透過洗牌這個歷程，能找出某些連貫性。他把論勇氣的便條放在一堆，論智慧的放在另一堆，可是隨著分類進行的時間愈長，這些紙堆就顯得愈沒有規則可言。他任憑想像馳騁。有時答案似乎就在伸手可及之處。他會依隨預感，一種從意識深處發出的微弱信號。然而，他還是找不到一個整體的概念。哈洛已經向外伸展，卻無法進行新舊交融。他十分疲累，感覺自己走進了死胡同。

又一次，他決定不寫了，他要上床睡覺去。結果，這竟然是最聰明的選擇。科學家對睡夢中能做些什麼仍有爭議，但是許多研究人員相信，人類睡覺時大腦會鞏固記憶，組織白天所學的事物，並且強化前一天的活動帶給大腦的變化。德國科學家楊．柏恩（Jan Born）給一群人好幾道數學題，要求他們找出能解開這些題目的規則。在工作之餘睡滿八小時的那些人，成功解開問題的機率是那些熬夜解題者的兩倍。[32] 羅勃．史提葛（Robert Stickgold）和同僚的研究指出，睡眠至少能提升百分之十五的記憶力。[33]

經過一夜好眠，醒來後哈洛躺在床上，看著陽光在窗外樹梢閃爍著。他的心思四處游蕩，想到白天發生的事、他的論文、他的朋友，還有許多其他雜七雜八的事。在一大清早的狀態下，人的右腦會異常活躍。[34] 那代表他的心思會飄到遠方，他的精神散漫隨興。接著，有些什麼事發生了。

如果科學家在這一刻監看他的大腦，一定會注意到有個 α 波的跳躍從右腦發射出來。英國倫敦大學的喬伊・巴塔查里亞（Joy Bhattacharya）發現，在某人靈光乍現前八秒鐘左右，會出現這些 α 波的跳躍。根據馬克・榮畢曼（Mark Jung-Beeman）和約翰・庫尼歐斯（John Kounios）的研究，靈光乍現前的一秒鐘，處理視覺資訊的區域會變暗，將分散注意力的事物隔絕在外。[35] 在靈光乍現的三百毫秒前，會出現 γ 波的脈衝高峰；γ 波是大腦中振動頻率最高的腦波。在右顳葉，也就是大約在右耳正上方的位置，會出現大量的腦波活動，匯聚了來自大腦各個不同區域的資訊。

哈洛感受到一陣疾如電光的悸動。原來如此！某件重要的事剛剛從他體內暴發出來。他的雙眼張得老大。他感受到一陣密集且突發的狂喜。沒錯，就是那個！他的心思躍過某些未知的空間，用嶄新的方式整合思緒。在他眞正開口說出對策是什麼之前，他在一瞬間明白自己的問題已經解決了，他找到論文的主題了。原本一直無法契合的模式，如今變得可行。這種靈光乍現的感覺，與其說是一個念頭，不如說是一種感動，一種近乎宗教接觸的體會。[36] 如同羅伯特・伯頓（Robert Burton）在《人類思維中最致命的錯誤》（*On Being Certain*）一書中寫道：「感覺**自己知道**、**正確無誤**、**深信不疑**和**必定如何**，這些並不是深思熟慮後的結論，也不是有意識的選擇。它們是**發生**在我們身上的心理感受。」[37]

他的主要見解和動機有關。爲什麼阿基里斯願意拿自己的生命做賭注？爲什麼參與溫泉關戰役的那些人願意捨棄一己性命？伯里克利斯追求的是什麼？他想爲雅典謀求的又是什麼？哈洛想在學校尋找什麼？爲什麼他希望自己的球隊能贏得州冠軍？

這些問題的答案，全都指向他在閱讀中學到的那個希臘字：*thumos*（血性）。每個人都擁有一套社會認可的動機：賺錢、拿高分、進名校。可是這些動機沒有一個能解釋爲什麼哈洛會做那些他做過的事，或是那些希臘英雄爲什麼會做出那樣的選擇。

古希臘人有一套不同的動機結構。*Thumos* 是渴望得到認可，渴望眾人承認你的存在，不只是現在，而是永遠。*Thumos* 包括了渴望萬古流芳，也就是令人欽佩，值得眾人仰慕，這遠比只是成名更爲深刻。在哈洛的文化中，並沒有任何字詞能形容那樣的渴望，可是這個希臘字幫助哈洛解釋了心中的想望。

回顧過去，他總是在幻想。他曾想像自己贏得美國職棒大賽，做出完美的傳球，還能拯救他最愛的老師們免於致命危險。在每一回幻想中，他的偉大勝利全都被欣喜若狂的親朋好友與眾人所目擊。這種渴望認可與團結的幻想雖然幼稚傻氣，卻是 *thumos* 的產物，支撐他追求財富與成功等其他的本能欲望。

相較於環繞在哈洛四周的那個資產家與野心家的世界，血性世界是個比較英勇的世界。在他生活的那個現代世界，最常見的假定是所有人類都歸屬於某個最早且最低的層級。所有人類都可以追溯回相同的祖先，所有人類都同享某些原始特點。但是希臘人的想法完全相反，他們認定人類會在最高層級團結在一塊，其中有若干理想的基本要素，比較接近擁有永恆的卓越，比較接近成就共通的人性。*Thumos* 是提升到那些高度的推動力。它是圓滿成功的夢，一個人最好的德性與這宇宙永恆不朽的一切混合交融，臻至完美的同步。

哈洛的見解包括了希臘人描述動機的三個字彙——*thumos*（血性）、*arete*（卓越）、*eros*（情欲）。他把這些應用在自己的生活經驗上。哈洛確實結合了兩個思想空間，讓古希臘世界變得更容易理解，同時也讓自己的世界更具有英雄氣概。

他開始全速書寫論文，描述血性這種追求認可的本能欲望如何驅策個人，並以此說明各式各樣的高中校園行爲。他做出過去未曾做過的連結，用新手法混合舊資訊。偶爾他會覺得是紙筆自己在書寫。那些字句從他體內源源不絕地湧出。他深陷其中，覺得自己根本不存在。唯一存在的是這件工作，它不過是發生在他身上，並不是因他而起。

編輯和潤飾論文不是件容易的事，但終於還是完成了。泰勒小姐看到成果很開心。有幾個地方的文字看了讓人熱血沸騰，還有些部分眞實得令人痛苦。不過哈洛的狂喜出現在每段文字中。撰寫這篇論文的經歷教會他如何思考。他的頓悟帶給他理解自己與世界的一種全新方法。

希臘人的禮物

泰勒小姐引導哈洛學會在潛意識間遨遊出入，讓意識與潛意識的過程能一起作用。首先是充分掌握核心知識，接著讓那些知識在他心中醞釀發酵，然後嘗試加入規則，接下來讓心智統整並融合那些資料，不斷重複這個過程，直到某種神奇的靈光乍現突然出現在他的意識中，最後乘著那種頓悟與理解做出完美的成品。這個過程並不容易，但每一分的努力、每一刻的挫折與掙扎，都將這項內在建構計畫往前推進一小步。在論文即將完成之際，哈洛看待世界的眼光已全然不同。如同數學家亨利．龐加萊（Henri Poincaré）曾說道：「我們早就知道，在事實與事實之間……有一種意想不到的近似性，只不過我們誤以爲它們截然不同。」[38]哈洛不需要再努力將 *thumos* 的特質應用在他的世界，它們已經變成他心中習慣的範疇，他感知新情境的方式。

當年哈洛讀幼稚園和小學一年級時，閱讀對他來說很辛苦，可是後來這件事對他就像呼吸一樣自然。突然間，閱讀不再是將每個字拼湊在一起，他可以專心對付文字的意義。身爲高年級生，之前他努力將某些希臘思維內化成自己的一部分，而如今他能夠不自覺地將它應用在時時刻刻的生活中。

他將會進大學，準時去上課，但是他了解那些講課只是他學習的第一步。他得花上好幾個晚上，在日誌裡寫下各式各樣的想法。他會理出個頭緒來。他可能會焦急不安、奮力掙扎，但也許在他一生中會有那麼幾次，在他淋浴或逛雜貨店時，突然靈光乍現，扭轉一切。這會是他逃脫制式學習的方法。這會是他爲自己打造心智的方法，那顆心不會只是因循舊章，而會從這個制高點跳到那個制高點，採用不同模式因應新情境，看看什麼行得通、什麼行不通，什麼相配、什麼不配，什麼可能會從混亂的現實中冒出頭、什麼不可能實現。這會是他的智慧與成功之路。

【第七章】

規　範

關於貧窮，事情並不只是缺乏財富與機會那麼簡單……

儘管艾莉卡後來的人生大半與哈洛緊密糾纏在一起，但她的起點和他天差地別。十歲那一年，她差點就被逮捕了。

當時她和母親搬進朋友的公寓裡。他們的新家附近有間名叫「新希望」的特許學校（charter school）❖，裡頭的建築物是新的，籃球框和球網是新的，還有新的藝術工作室。該校的學生穿著優雅的褐紅配灰色制服。艾莉卡好想要去那所學校上學。

母親帶她到社福單位，母女倆在走廊上等了一個多小時。好不容易輪到她們的時候，個案管理師告訴她們，艾莉卡甚至連參與抽籤的資格都不符合，因爲她的戶籍並不在當地。

這些社工人員終日面對不可能的任務。爲了讓自己的生活不致於失控，他們發展出一套魯莽無禮且不容置喙的談話

❖譯按：在美國，私人可按州教育法提出辦校申請，獲准後取得執照興辦一種特別的公立學校，即特許學校。由於登記入學人數通常超過可招收名額，特許學校的入學往往採取抽籤制度，而且得符合一定的資格才能參與抽籤。美國各州對特許學校的態度並不一致，特許學校的品質也良莠不齊。

方式。他們的眼神始終低垂在公文卷宗上，以便快速處理那些川流不息的懇求者。他們說著公家行話，不容質疑。他們的本能反應總是說「不」。

來到這兒的母親們，面對一群穿著正式套裝的公務員，對自己毫無信心。有大半的時間，她們聽不懂眼前這位個案管理師說些什麼，她們非常害怕被人揭穿自己對遊戲規則有多麼不了解。她們戴上漠不關心與陰沉的面具，藉以掩飾心中的膽怯。大多數時候，她們只能默默接受個案管理師的發落，轉身回家。隨後她們會編出一些故事，向親友解釋她們的屈辱。

艾莉卡的母親也有同樣的反應。雖然她們在三個月前搬進這個地區，但擺在眼前的事實是，她們的戶籍並不在這裡。那是朋友的公寓，艾莉卡的母親不想爲了學校的事引起騷動，冒著被人趕出家園的風險。個案管理師再三重複艾莉卡「無權」在該學區就讀，於是艾莉卡的母親站起來準備離開。

可是艾莉卡拒絕讓步。她想像得到媽媽在回家的公車上會有什麼反應：她會咒罵那個管理師，宣洩出她該在這間辦公室裡就傾吐的所有怨氣。更別提那個管理師是個大爛人，口香糖嚼個不停，瞧不起她們。她壓根兒沒有從那堆公文上抬起頭，正眼瞧她們一下。她甚至連笑都沒笑。

當她媽媽站起來朝門口走去，艾莉卡緊抓著椅子不放。她倔強地說：「我想去新希望上學。」

「妳的戶籍不在這個學區，」那位個案管理師再次重申，「妳沒有權這麼做。」

「我想去新希望上學。」艾莉卡不知道還能說些什麼，她心中充滿憤怒，她很氣媽媽就這樣認輸，接受這種胡說八道。此刻，她母親驚惶失措，懇求她站起來，離開這兒。艾莉卡不想走。她把椅子抓得更牢。她的母親使勁地拉，但艾莉卡就是不放手。她母親帶著沉默的怒氣對她發出噓聲，暗自盼望事情不要鬧大。艾莉卡不肯讓步。她母親猛地一拉，結果椅子倒了，艾莉卡還牢牢地坐在上頭。

「妳要我叫警察嗎？」個案管理員啐道：「妳想進對街那裡待著嗎？」少年觀護所就在對街，與這個官僚之地隔街相望。

艾莉卡不爲所動，很快就有三、四個人跑過來拉起她，還包括一名警衛。「我想去新希望上學！」她號啕大哭，臉上滿是淚水與憤慨。最後他們終於讓她鬆手，警衛對她大聲咆哮。她的母親帶著這個氣瘋了的小女孩回家。

媽媽沒有責備她，甚至連一個字也沒多說。她們靜靜地搭車回家。那天晚上，媽媽在廚房水槽幫她洗頭，她們親暱地聊著其他的事。

艾莉卡的母親艾咪，是家族成員中生活狀況最不好的。她的父母從中國移民過來，她的其他親戚全都過得很好。可是艾咪深受一再復發的躁症與憂鬱症所苦。當她精神昂揚時，她會湧現驚人的能量，開始做那些模範少數族裔的事。當年才二十出頭時，她曾在好幾所不同大學、培訓學院和研習中心分別待了幾個月。她接受訓練成爲醫事檢驗員。她學習電腦軟體，希望有天能成爲一名資訊工程師。她同時兼兩份工作，堅持不懈地埋頭苦幹。她說自己繼承了中國農民祖先的血統。

在順遂的日子裡，她會爲艾莉卡添購新衣新鞋，帶艾莉卡到餐廳享用吃到飽大餐。她也會管理艾莉卡的生活。她會告訴艾莉卡該穿些什麼，以及不許再和哪些朋友見面（大多是因爲對方身上帶有病菌）。她會指定艾莉卡閱讀某些課外讀物，好讓她「超前」其他孩子。艾咪甚至用自己收藏在衣櫃裡的毛筆教女兒寫書法。艾咪的筆觸輕盈且充滿韻律，讓艾莉卡窺見母親從未顯露過的一面。「寫書法時，得用不同的方式思考，」她母親會這麼告訴她。有好幾年的時間，艾莉卡甚至還去上了溜冰課。

然而，接下來就是低潮的日子了。艾咪會在短短幾天內，從嚴苛的工頭變成無用的廢物，讓艾莉卡得自己扮演母親的角色。在她們住的公寓裡，隨處都能找到空酒瓶、香菸，還有殘留著古柯鹼的鏡子。這時的艾咪不洗澡，也不用體香劑。所有的家務全都被擱在一旁。艾莉卡還是個小寶寶的時候，每當艾咪的憂鬱症來襲，爲了讓艾莉卡停止哭鬧，艾咪會把百事可樂放進奶瓶中餵她喝。等她長大一些，媽媽會餵她圈圈餅當作晚餐。她們會一連好幾天，餐餐都吃從街角雜貨店買來的波隆那燻腸。艾莉卡九歲那年學會了怎麼打電話叫計程車，這樣她才能在母親心悸時，把她送到急診室。她學會如何在黑暗中生活，因爲她母親會用膠布把窗戶整個封死。

在這些時候，父親都是缺席的。她父親是墨西哥裔美國人。（遺傳組合造就了艾莉卡引人注目的外貌。）他讓人又愛又恨。他迷人又聰明，偏偏不是個可靠的丈夫。從負面的角度來說，他似乎無法面對現實。假如他酒後開車撞上消防栓，他會捏造說他的車子被一台失控的公車追撞。他會告訴陌生人一套他虛構的人生故事。他的謊言是如此明顯，連年幼的艾莉卡都能一眼看穿。

此外，他動不動就抬出「自尊」兩個字。他的自尊讓他無法去做任何服務他人的差事。每當艾咪變得盛氣凌人，他的自尊就讓他速速遠離。他會消失幾個星期，甚至幾個月，然後某一天突然提著好幾包尿布回家，就算艾莉卡已經五、六歲了，他還是這樣做。他總是來來去去，卻抱怨艾咪和艾莉卡把他的錢花光光。

其實，艾莉卡的雙親很寵她。她剛出生的時候，他們計畫著結婚，建立一個傳統的家庭。根據「脆弱家庭與兒童福利研究計畫」（Fragile Families and Child Wellbeing Study）的調查，有九成的同居伴侶在孩子出生後會計畫結婚。然而，一如往常，艾莉卡的父母從來沒有真正實現這個計畫。「脆弱家庭與兒童福利研究計畫」指出，計畫要結婚的未婚伴侶中，只有一成五的人會在孩子滿週歲前眞正完成結婚手續。[1]

許多理由讓他們沒有結婚。對於結婚這件事，他們沒有感受到什麼社會壓力。他們並不完全信任彼此。他們根本無力負擔夢想中的婚禮。他們害怕離婚，以及離婚可能帶來的痛苦。最重要的是，文化傳承的紐帶早已斷裂。在美國，至少幾個世代以來，眾人一廂情願地認定有了孩子的伴侶必定會結婚，這是進入成年期的一部分。可是不知什麼原因，那些生命腳本並沒有往下傳遞，至少在某些次文化中是如此，因此一個原本應該不假思索、水到渠成的決定，如今卻需要有意識的意願才行得通。婚姻不再是預設選項，它需要具體的計畫。對艾莉卡的父母來說，這件事永遠不會發生。

艾莉卡家的社經地位落在何處呢？這得看你發問的月份。當她母親極富生產力，而且她父親沒有離家時，她過的是中產階級的生活。可是在其他時候，他們會滑到貧窮這一端，落入一個完全不同的社經背景。這種向下滑落把他們丟回混亂的街坊。某個月，他們可能住在某個犯罪率低的地方，附近鄰居都是完整家庭。但是過沒多久，他們付不起房租，只得倉促搬到一個完全不同的環境，那兒有很多荒廢的空地、犯罪率高，而且每間公寓裡都幹著不同的勾當。

艾莉卡一輩子都會記得那些場景：用塑膠袋打包所有家當，告別中產階級的舒適安逸，設法塞進某個親友家的空房間，接著是造訪某個半廢棄街道上某間東倒西歪的破舊公寓，令人沮喪的是，那暫時會是他們的新家。

在這些不熟悉的街坊，工作機會稀少，薪水也少。這附近的男人不太多，因爲大部分都在牢裡蹲。這裡的犯罪事件比較多。差別不只是物質條件，連思考方式與行爲習慣也截然不同。

住在貧窮街坊的人，心中想要的東西和大家一樣：可靠的婚姻、好工作、有條不紊的生活。可是他們活在一個充滿有形壓力與精神壓力的循環裡。缺錢會改變文化，而有自毀傾向的文化會導致缺錢。這些精神與物質的回饋圈會導致獨特的心理狀態。住在這些街坊的人擁有很小的志向，甚或沒有任何抱負。有些人早已不相信自己能夠控制命運。有些人會做出難以理解的決定，即便他們很清楚那會帶來嚴重的後果，但是他們還是照做不誤。

在這些街坊中，工作和壓力讓許多人總是精疲力竭。很多人缺乏自信，卻還煞有介事地假裝信心滿滿。許多人活在緊張不安中，得克服一個接一個的危機。還有更多可怕的故事。艾莉卡認識的一個女孩，因一時衝動，竟然在她十五歲那年刺死同班同學，毀了自己的一生。艾莉卡很確定，身在這樣的環境中，千萬不可示弱，絕不可以打退堂鼓或妥協讓步，永遠不要接受別人製造的鳥事。

爲了對付這樣的不平靜，母親們建立起互助網絡，幫忙彼此照料孩子、提供食物、應付其他的需求。他們照顧圈子裡的每個人，卻疏遠圈子外的每件事，像是政府和中產階級的世界。他們流露出猜疑的神情，假定每個人都是來占自己便宜的，每個商店主人都會欺騙他們，每個社工人員都要從他們身邊拿走某些東西。

簡言之，每個街坊都有一套不同的行爲準則，一套不同的潛意識規範，約束一個人該怎麼走路、打招呼、應付陌生人，以及看待未來。艾莉卡輕易地遊走在兩套不同文化間，至少表面上看來是如此，彷彿是從這個國家跳到那個國家。在中產階級王國，每個人活在相對穩定的安排中，但在貧窮王國就不是這樣。在中產階級王國，孩童被期待要上大學，但貧窮王國可不是這麼想。

賓州大學的安妮特．拉魯（Annette Lareau）是研究美國社會不同階層及不同文化規範的重要學者。她和她的助理花了超過二十年的時間，坐在客廳地板上或窩在汽車後座裡，觀察許許多多家庭的運作。拉魯發現，知識階級家庭和低下階層家庭的教養風格，並不是分處一個整體的左右兩端。他們對於如何養育子代抱持完全不同的理論，也表現出不同的行爲模式。

像哈洛這樣的知識份子家庭的孩子，是在拉魯稱爲「協同培養」（concerted cultivation）的氛圍中成長。這代表著送孩子去參與大量由成人督導的活動，開車接送他們從這兒趕到那兒。這類父母對孩子生活的所有層面都深度參與。他們齊心一致，努力提供孩子穩定的學習經驗。

然而，那種步調很累人。家庭作業的拉鋸戰是生活常態。不過，用這種方法教養出來的孩子，知道該如何在有架構的世界中行走。他們知道怎麼樣自在地和成人交談、如何在群眾面前表演、如何用眼神與人交會、如何給人留下好印象。有時候，他們甚至知道行動與後果之間的連結是如何運作的。

當拉魯向低下階層父母展示一份知識階級家庭平日遵行的日程表，低下階層父母對於它的步調與壓力大感恐懼。他們認為知識份子的小孩肯定非常可憐。低下階層教養小孩的方式完全不同。在這些家庭裡，成人世界與小孩世界的界限通常涇渭分明。這些父母往往認為成年的煩惱很快就會降臨，所以應該讓孩子不受干擾地安排自己的玩樂時間。拉魯看過一個女孩要求母親幫忙用紙盒搭建一間娃娃屋，但母親拒絕了，「若無其事，不帶一絲罪惡感」，因為遊戲時間被看作是不重要的，屬於小孩的範圍，而不是大人的領域。

拉魯發現，低下階層的孩子似乎比較悠閒、生氣蓬勃。他們和家族成員有較多的接觸。由於父母無法開車接送他們從這個活動趕到另一個活動，他們的閒暇時間較少有系統性的安排。他們可能會跑出去，跟聚集在附近的孩子打成一片。他們比較有可能會跟各種年紀的孩子相處。他們比較少抱怨自己好無聊。他們在開冰箱拿食物之前，甚至會先徵詢母親的許可。拉魯寫道：「在中產階級家庭裡，發牢騷是很普遍的現象，然而在勞工階級與貧窮的家庭裡，這種情形卻很罕見。」[2]

哈洛的童年符合拉魯分類中的第一種。艾莉卡的童年混亂，可以算是彈跳在兩種風格之間，有時她母親對她寵愛有加；有時她根本沒有母親，只有必須費心照料的病人。

低下階層的教養模式有許多優點，只不過它無法讓孩童對現代的經濟結構有所準備。首先，它無法培養高級的言詞表達能力。如同阿爾瓦・諾亞（Alva Noë）寫道，語言「是一種共享的文化實踐，只有身處某種特殊文化生態體系的人才能學會」[3]。艾莉卡的家就像大多數勞工階級的家，只是更為沉默。拉魯表示：「這些勞工階級家庭的談話數量有多有少，但整體來說，比中產階級家庭的談話量少得多。」[4]

只要哈洛在家，他的父母就會不停說話。而在艾莉卡家，電視幾乎是整天開著的。艾莉卡的母親身心疲憊不堪，根本沒有力氣和孩子對話。科學家曾費心計算中產階級家庭與低下階級家庭的字詞流量。由堪薩斯大學的貝蒂・哈特（Betty Hart）與陶德・芮司禮（Todd Risley）進行的一項研究發現，在四歲之前，貧窮家庭的孩子聽過的字詞數量比專業人士家庭的孩子少了三百二十萬個。[5]以每小時來計算，專業人士家庭的孩子會聽見四百八十七個字詞；在接受社會救濟的家庭中成長的孩子，每小時則會聽見大約一百七十八個字詞。[6]

重點不只是數量，也在於充滿情感的聲調。哈洛聽見的盡是鼓勵與肯定。任何一丁點兒的成就，都會換來對他出色能力的讚賞。艾莉卡聽見令人氣餒或令人鼓舞的說法，機率各是一半一半。哈洛的父母時常出題目考他。他們會玩些益智小遊戲，進行腦力激盪。他們會不時向他說明，為什麼他們會做出某些決定，以及實施某些約束，而哈洛知道自己可以和他們爭辯，提出理由說服他們。哈洛的父母也會糾正他的文法，因此在參加測驗時，他並不需要刻意學習什麼語言規則，只要挑出聽起來最正確的答案就行了。許多研究顯示，這些言語環境的差異和智商分數與學業成就確實有關。

總之，哈洛的父母並不只是給他錢，他們還把習慣、知識與認知特質也都傳給了他。哈洛屬於世襲精英領導階級的一份子，這個階級會透過基因與一代又一代的費力教養強化它自己。

艾莉卡並沒有這些看不見的優勢，她生活的世界動盪不安。賓州大學的瑪莎．費拉（Martha Farah）指出，窮困家庭小孩的壓力荷爾蒙濃度遠高於中產階級小孩。這會影響多種認知系統，包括記憶、模式察覺能力、認知控制（抗拒錯誤答案的能力），以及語言運用能力。[7]窮困家庭的小孩，跟親生父母同住的機率也比較低。針對小型哺乳動物進行的研究顯示，成長中缺乏父親在場的幼崽，牠們的神經連結發展得比父親在場的幼崽來得慢，因此前者的衝動控制能力也比較差。[8]事情並不只是缺乏財富與機會那麼簡單而已。貧窮與家庭破碎可以改變一個人的潛意識，改變他對於未來及世界的感受與理解。

這些差異的累加效果，任誰都看得明白。來自最底下四分之一的弱勢學生，取得大學文憑的機率是百分之八．六；來自最上層四分之一的學生，則有百分之七十五的機率能取得大學文憑。[9]如同諾貝爾經濟學獎得主詹姆斯．海克曼（James J. Heckman）所言，終生收入的不平等，有五成是由那些在十八歲前就已存在的因素所決定。[10]這些差異大半和潛意識的技能有關，也就是態度、認知，以及遵循的規範。這些事情的微小差距會快速拉大。

湧現性（Emergence）

艾莉卡讀的不是新希望初中，而是一所老派的公立學校。她八年級的時候，兩名年輕的「爲美國而教」前成員，在附近創立了一所新的特許高中，名字就叫「高等教育」，目的在接收那些從新希望初中畢業的孩子。兩所學校擁有類似的文化：穿制服、講求紀律、提供特別的課程。

兩位創辦人抱持一種貧窮理論：他們不知道貧窮的成因是什麼，但他們認爲，貧窮是由製造業消失、種族歧視、全球化、文化傳承、運氣不佳、不好的政策，還有千百個其他因素混合而成。而他們確實提出幾個有用的看法。他們不認爲有任何人眞的明白貧窮的成因是什麼。他們相信，設法找出一種方式讓孩子脫離貧窮，是行不通的，因爲並不是單一原因造成貧窮。他們相信，如果要對付貧窮代代循環的問題，得一舉而竟全功。

剛開始提出高等教育高中的構想時，他們爲捐款人精心準備了一份簡報，後來他們把簡報丟了，因爲幾乎沒有人聽得懂簡報內容。不過，這份簡報背後的命題，依然是他們主要的想法：貧窮是一種湧現系統（emergent system）。

綜觀人類歷史的多數時刻，我們嘗試透過簡化推理（reductive reasoning）來理解自己所面對的世界。也就是說，人類常常想要把事物拆開來，看看它們是如何運作的。如同艾伯特萊索・巴拉巴席（Albert-László Barabási）在他極具影響力的著作《連接》（*Linked*）中寫道：「化約論（reductionism）是二十世紀絕大多數科學研究背後的推動力。它告訴我們，想要理解大自然，我們必須破解大自然的組成元素。它的假定是，只要我們了解一個又一個局部，就能輕易掌握全貌。分而治之；魔鬼就藏在細節裡。因此，數十年來，我們被迫透過各個組成要素去觀看這個世界。我們被培養成必須透過研究原子與超弦，才能了解這個宇宙；研究分子才能領會生命；研究個別基因才能懂得複雜行爲；研究先知才能理解潮流與宗教的起源。」[11] 這種思維方式讓人以爲，透過解剖問題，將它肢解成不同的片段，就能理解那個問題。如果他們能抽絲剝繭，調查遺傳與環境特質，他們就能了解一個人的個性。這種演繹模式是意識認知的專長，一種線性和邏輯的認知。

這套方法的問題是，在解釋動態且複雜的系統或過程時，它力有未逮；而動態且複雜正好是個人、文化及社會的根本特性。幸好近來大家對湧現系統的結構有了更多的正確認識。當不同的元素聚在一塊，製造出某個東西，它的整體大於其部分的總和，這時就存在著湧現系統。或者，換個不同的說法：一個系統的許多片段彼此互動，由於那些互動，湧現出一個全新的東西。舉例來說，空氣和水這樣溫和的東西聚在一塊，有時經過特定模式的互動後，會生成一個颶風。聲音和音節聚在一塊，創造出一則故事，那個故事所擁有的情感力量，是無法簡化、拆解成一個個構成元件。

湧現系統並不仰賴某個中央控制器，相反的，一旦某個互動模式被建立，它就會對構成元件的行爲產生向下傳遞的影響。

就拿蟻群中的某隻螞蟻偶然發現了一處新的食物來源爲例。沒有哪隻螞蟻出面發號施令，命令蟻群改道前往新來源地搬食物，而是某隻螞蟻在自己覓食的路徑上遇見了那個食物，接著，一隻鄰近的螞蟻看到那隻螞蟻改變了方向，然後第二隻螞蟻附近的另一隻螞蟻也看到這個變化，沒多久，如同史蒂文．強森寫道：「在地資訊可以引發全球智慧。」[12]整個蟻群會沿途留下費洛蒙，形成一條通往新食物來源的費洛蒙超級公路。變化可以透過這套系統快速溝通，而整個蟻群的注意力都被改造了，以便利用這個全新的事實。並沒有任何有意識的決策促成這樣的變化，卻有一套全新的安排自然湧現，一旦形成慣例後，將來的螞蟻就會自動遵從。

湧現系統確實很擅長將慣例流傳到千百個世代之後。一如史丹佛大學的黛博拉．高頓（Deborah Gordon）發現，如果你把許多螞蟻放進一個大型塑膠盤中，牠們會建立起一個群落。牠們也會爲死掉的螞蟻造一處墓地，那處墓地會盡可能遠離蟻群。牠們還會建立一座垃圾場，盡可能遠離蟻群，也遠離墓地。沒有螞蟻懂得幾何學。事實上，每隻螞蟻可能都看不出整體結構是什麼模樣。但螞蟻會遵循實際的線索行事。其他螞蟻會適應少數螞蟻釋放的線索，沒多久整個蟻群會建立起一套行爲習慣。一旦慣例被樹立後，數千個世代的螞蟻生來就會帶有那樣的慣例，而這個智慧就能持續下去。[13]一旦確立後，慣例就會發揮它們向下傳遞的力量。

到處都有湧現系統。人類大腦就是湧現系統。個別的大腦神經元並未帶有諸如蘋果的概念，可是透過百萬個神經元的放電反應模式，蘋果的概念於是湧現。基因傳遞是湧現系統。由於許多不同基因與不同環境變項的複雜互動，某些特質（比如果敢積極）於是湧現。

婚姻也是湧現系統。法蘭欣．柯拉斯本（Francine Klagsbrun）曾說，一對夫妻前來尋求婚姻治療時，診療室裡會有三個病患：丈夫、妻子，還有婚姻本身。婚姻是發生在夫妻間所有一切的活歷史。慣例一旦確立，而且深入兩顆大腦，婚姻本身就會開始塑造夫妻的個別行爲。儘管婚姻存在他倆之間，它卻擁有全然屬於自己的影響力。

文化是湧現系統。沒有哪個人能具體表現美國、法國或中華文化的特性。沒有哪個獨裁者能決定哪些行爲模式能構成哪種文化。可是由於成千上百萬人的行動與互動，使得某些規律因而湧現。一旦那些習慣形成後，未來的個人就會在不知不覺間遵行不悖。

高等教育高中的兩位創辦人相信，貧窮也是湧現系統。生活在極度貧窮中的人，被捲入沒有人能看清楚與充分理解的複雜生態系統。

維吉尼亞大學的艾瑞克．特克海默（Eric Turkheimer）在二〇〇三年發表了一項研究結果，顯示在貧窮中成長可能會導致較低的智商。記者很自然會問他：該怎麼做才能提升貧困兒童的智商發展呢？他後來寫道：「這個問題的誠實答案是，我不認爲環境中有哪個因素對於造成貧窮得負起特別的責任。我不認爲在某個貧窮的環境中，有任何單一事物該爲貧窮的有害影響負責。」[14]

特克海默花了很多年，想要找出在貧困背景下成長，究竟是哪個環節會造成最負面的結果。他可以輕易顯示出貧窮帶來的整體結果，不過當他設法測量特定變項帶來的影響時，卻什麼也找不著。他針對四十三項研究進行綜合分析，仔細檢視孩子成長的哪些要素，最有可能形成認知缺陷。雖然所有變項放在一起的總和效果非常清楚，但還是無法找出任何特定變項的力量。

並不是說怎麼做都無法減少貧窮的影響，而是說你不必試著要把那些作用拆解來看。能發揮作用的，是整體的湧現系統。如同特克海默指出：「人們所做的複雜行爲，並不是由一套線性、相加的原因造成的。任何重要的結果，像是青少年偏差行爲，都有無數相關的成因，而且每一個成因都能造成無數的可能效果，甚至早在確定環境效果能彼此共同決定，或者環境和基因運作的互相影響前，就引發了無數的環境複雜度。」[15]

對科學家而言，這種情況會導致特克海默所謂的「前景茫茫」（Gloomy Prospect）。無法確定和釐清人類行爲的成因，也無法追蹤這個或那個行爲的根源。想要顯示如貧窮或單親等湧現條件大體上如何影響群體，是可能的。想要顯示一件事與另一件事之間的關聯性，當然也是可能的，而且那些關聯性非常有用。可是，想要展現A如何引發B，不但困難，而且不可能。因果關係在「前景茫茫」的陰影下，顯得模糊不清。

對高等教育高中的創辦人來說，這個教訓是：要放眼整個文化，而不是貧窮的特定區塊。沒有特定的干預能以固定的方式扭轉某個孩子或某個成人的生活。可是，如果你能用一種全新的文化，以及一套不同的人際關係網絡，將某人團團包圍，那麼他們就會透過你無法測量或理解的方式，吸收新的思維習慣與行爲。假如你用全新、豐富的文化包圍某人，最好能持續這樣做，因爲如果他們又滑落到舊文化中，那麼絕大部分的進展都會消失。

兩位創辦人認爲，他們要創立的不只是一間學校，而是一種反文化。他們的學校會是一個擬眞的環境，能讓低下階層的孩子接觸到成就取向的精神特質。對於那些孩子原本生活其中的文化，他們不能一味抱持敵意，否則孩子們會直接拒絕。但是他們會堅持某種規範、習慣和信息，就是這些規範和習慣，讓分別是醫生和律師世家之子的兩位創辦人，一路順利上大學。他們的學校會坦白承認：我們活在一個不平等又貧富不均的社會。它會直截了當地宣告，貧困小孩需要的制度性支援和中產階級小孩需要的判若雲泥。

他們學校會是「父母中立的」，這是一種委婉的說法，聲明他們會抹去貧窮小孩的雙親在無意間傳遞下來的文化。社會學家詹姆斯·科爾曼（James Coleman）早已發現，父母與社群對孩子學業成就的影響遠超過學校。高等教育高中的創辦人決定，他們的學校不會只有一排排的教室，裡頭只教數學和英語；它也會是一個街坊、一個大家庭。在他們的展望中，這所學校將訓練孩子把學習看成一道通往大學的階梯，一條脫離貧窮的路徑。

在湧現系統中，想找出任何問題的「根本成因」是無比困難的。從積極的一面來看，如果負面的串流造成壞的結果，那麼正面的串流也可能會造成好的結果。一旦你擁有一套正面的文化線索，就能得到如雪崩般的大量快樂事物，因爲具有建設性的力量會從中得到滋養，並且強化彼此。

艾莉卡非上這所學校不可。八年級的時候，艾莉卡不只個頭變高，出落得愈來愈漂亮，她那固執的脾氣也絲毫未見收斂。某種深刻的不滿早已瀰漫在她的血液中。艾莉卡很愛母親，卻也會對著她大吼大叫，她們之間的糾結太過複雜，不是旁人所能理解。在街上和同伴在一起時，她好辯、反應過度，偶爾還會打上一架。在學校裡，她既是表現傑出的學生，也是個問題人物。不知是打哪兒來的念頭，讓她深信生命就是一場戰鬥，而且她會對眾人表現出好戰、敵對的態度，儘管不見得有什麼道理。

對於那些想要幫助她的人，她的表現很強勢。她知道自己有時潑悍過頭，也知道那樣是錯的，但是她仍舊不肯罷手。每當她看著鏡中映影，總不忘提醒自己：「我很厲害。」她說服自己她恨學校，但事實根本不是那樣。她說服自己她討厭鄰居，這一點倒有幾分真實。她真正天才之處是，不知怎的，她明白她無法靠一己之力改變自己。她不能繼續待在眼前的環境中，單靠個人意志讓前景好轉。她會一直受到同樣的情感干擾，它們會擊敗有意識的企圖。

不過，她可以做出一項決定——改變自己身處的環境。假如她能夠改變自己的環境，她就可以接受到一套完全不同的線索和文化作用。改變自己身處的環境要比改變自己的內心來得容易。改變你的環境，然後新的線索會開始發揮作用。

她利用八年級上學期打聽高等教育高中的事，她和該校學生攀談，也問問母親，並徵詢老師的意見。在二月的某天，她聽說該校董事會成員到學校開會，她以自己那套年輕戰士的方式決定，她得去要求他們讓她進入該校就讀。

她趁著一群孩子從體育館後門離開的時候，偷偷溜進該校，順利找到會議室的所在。她敲了敲門，走進會議室。房間中央擺了一堆桌子，旁邊圍坐著大約二十五個大人。該校的兩位創辦人坐在遠處的正中間。

「我想來你們學校上學，」她大聲宣告，聲音洪亮得整間會議室都清楚聽見。

「妳是怎麼進來的？」桌子旁的某個人厲聲斥道。

「請問下個學年我可以到你們學校來上學嗎？」

其中一位創辦人露出笑容，說：「我們有一套抽籤入學系統。如果妳登錄名字，就能趕上四月份的抽籤……」

「我想來你們學校上學，」艾莉卡插嘴，接著滔滔不絕地講述幾個月來在她腦中反覆演練的講詞。「十歲那年，我想要進新希望初中上學，但他們不讓我去。我到社福單位去，告訴那位女士我的願望，但她不讓我這麼做。最後他們動用三名警察把我趕出那裡。可是現在我十三歲了，我很認眞讀書，成績很好。我知道什麼是好的行爲。我覺得自己夠資格可以上你們學校。你們可以去問任何人。我有推薦函。」她拿出一張活頁紙，上頭是她老師的名字。

「妳叫什麼名字？」那位創辦人問。

「艾莉卡。」

「妳要知道，我們有入學規定。很多人想進高等教育高中，所以我們決定，最公平的方法，是在每年春季舉辦一次入學抽籤。」

「那只是一種拒絕的說法。」

「妳和所有人一樣，機會平等。」

「那只是一種拒絕的說法。我需要上高等教育高中，我需要進大學。」

艾莉卡已經想不出要說什麼了。她靜靜地站在那裡。她決定，這一回他們得動用更多警察才能把她攆走。

有個魁梧的胖男人坐在兩位創辦人對面。他是避險基金的經理人，捐贈了數十億美元資助該校興學，是該校最主要的贊助者。他很傑出，對小事物充滿慈悲之心。他從口袋裡拿出一支名牌鋼筆，在一張紙上寫了些東西。他再一次端詳艾莉卡，然後折起紙條，把它滑過桌面傳到兩個創辦人面前。他們打開紙條，上頭寫著：「給那個該死的入學抽籤動點手腳！」

兩名創辦人沉默了好一會兒，彼此交換了幾個眼神。最後，其中一人抬起頭來，低聲說：「妳說妳叫什麼名字？」

「艾莉卡。」

「聽著，艾莉卡，在高等教育高中，我們是有規矩的。這套規矩適用於每一個人。我們嚴格奉行那些規矩。我們講求紀律。徹底的紀律。所以我只對妳說這麼一次。如果妳敢告訴任何人關於妳突然出現在這裡，還像剛才那樣跟我們說話，我保證會親自把妳踢出我們學校大門。妳聽清楚了沒？」

「我明白了，先生。」

「那就把妳的名字和地址寫在一張紙上，然後把它擺在桌上。咱們九月見。」

那個胖男人從椅子上站起來，把自己的鋼筆和一本便條紙交給艾莉卡。除了在電視上，她從來沒看過像那樣的鋼筆。她寫下自己的姓名與地址，為了確保萬無一失，還寫下她的社會安全碼，接著就離開了。

當她離開後，董事會的成員們彼此對望了幾秒。大夥兒都確定她已經走遠，聽不見會議室內的聲音，接著那個管理避險基金的傢伙突然咧嘴而笑，接著整間會議室迸出一陣歡樂的笑聲。

【第八章】

自制力

自制力並非真的是靠鋼鐵般的意志力操控隱藏的激情……

高等教育高中對艾莉卡來說無疑是個很大的震撼。首先，上課時間長得沒完沒了。在高等教育高中，課程從早上八點開始，持續到下午五點。艾莉卡週六也要上課，連暑假也得到校好幾個星期。凡是表現低於年級水準的學生，得花比其他學生多一倍的時間待在學校，就連表現相當於年級水準的學生，也得比一般學生多花一半的時間待在學校。其次，學校提供一切照護。那裡有一般的英語課和數學課；實際上，艾莉卡每天得上兩種不同的英語課。此外，學校裡還有保健中心、心理諮商、全天候供餐，以及夜間活動。

相較之下，最大的震撼莫過於該校對學生行爲的重視。高等教育高中從頭教起。它教學生要看著說話的對象，以及如何在課堂上端坐，如何點頭表示同意，如何在初次會面時握手和打招呼。艾莉卡和同學在第一堂音樂課上，花了整整一節課的時間學習如何排成縱隊，魚貫進入教室，然後就座。開學後的頭幾個星期，他們學會如何在走廊上走路，如何拿著自己的書本，如何在不小心撞上別人時說抱歉。老師告訴他們，如果能把小事情做對，以後在處理大事情的時候就會比較容易。中產階級的孩子可能在不知不覺間學會這些事，但是高等教育高中的許多孩子則需要特別教育。

另一件大震撼是呼口號。[1]每個上學日都從所謂的「全校團體分享時間」展開。全校師生齊聚在體育館，一同進行說唱應答。他們有「尊敬之歌」，還有一首用呼喊與回應方式來唱的「知識就是力量」。他們還有一首「大學之歌」，表演這首歌的時候要大聲喊出那些著名學府的校名，還要發誓自己一定要上其中一間大學。在每一次集會快要結束前，一名體育老師會問他們：為什麼你要在這裡？為了受教育！你會怎麼做？用功念書！你該做些什麼？拚命努力！你靠的是什麼？自律！你的目的是什麼？上大學！為什麼要上大學？為了主宰自己的命運！你要怎麼達到你的目的？努力爭取！爭取些什麼？每件事都要去爭取！

每個班級都有自己的畢業日，但畢業年份並不是他們從高等教育高中畢業的那一年，而是四年後他們會從大學畢業的那一年。每間教室都有一個識別代號，不過不是二一五室或一一一室，而是在那間教室教書的老師過去就讀的大學名字：密西根、克萊蒙、印第安納、衛斯理。大學是應許之地。大學是這些學生有一天會加入的崇高圈子。

在課堂上，艾莉卡學到她過去不曾聽過的事，例如泰國和古巴比倫的生活。每隔六週，她得接受一次測驗與評量，這些測驗是用來標記她的進步情況。如果她的表現超過預期，就能掙得「學者貨幣」，她可以用它購買像是自由活動時間和實地考察旅行等特權。她最愛的課是管弦樂團，她學會如何讀譜，並且練習演奏《布蘭登堡協奏曲》（*Brandenburg Concerto*）。她在第二個學期登上優等生名單，那代表她可以穿藍色襯衫到校上課，而不是過去的標準制服白色襯衫。她第一次在集會上，當著全校師生面前穿上藍襯衫時，是她人生截至當時爲止，最驕傲的一件事。

放學後，她打網球。以前艾莉卡從來沒有玩過有組織的運動，她甚至不曾拿過網球拍。可是幾年前，兩位美國黑人網球明星前來高等教育高中拜訪，還捐錢蓋了四座網球場。有位教練每天都來教大家打網球。艾莉卡下定決心，她要加入校隊。

在高等教育高中，艾莉卡成爲一個非常認眞的學生，而她對打網球這件事的投入也令人訝異。她對它深深著迷，每天下午都花上好幾個小時時間，朝牆壁練習擊球。她的房間牆上貼滿網球相關海報。她透過網球明星的出生地與網球賽事舉辦地點來學習世界地理。尤其在高一和高二這兩年，她的生活安排全繞著這顆小黃球打轉。

在她心中，網球有助於成就某個更大的目的。華特・李普曼（Walter Lippmann）曾經寫道：「在人性的所有必需品之上，在任何其他需求的滿足之上，在渴望、愛、歡娛、聲譽之上，甚至在生命本身之上，一個人最需要的，是確信自己在某個有秩序的學科內，能表現得從容自若。」[2]有好幾年的時間，網球代表了艾莉卡的自我認同。

艾莉卡打起球來很有爆發力，速度又快，不過她從未向任何人承認過，自己的球齡才短短兩年。她逐漸相信網球有可能會是她通往財富與盛名的道路。她可以看見自己站在溫布頓球場上。她可以看見自己在法國網球公開賽的身影。她可以看見自己回到母校，與未來的學弟妹分享這一切是從何開始的。

她的電子郵件帳號是「網球女孩一號」。她的網路密碼必定都跟網球有關。她筆記本上的信手塗鴉也全都是網球。日復一日，她從教練那兒學到各種技巧，她閱讀網球相關資料，收看網球電視節目。她的網球功力日有所進，可是每回出賽時她都帶著一股怒氣，讓周遭的人看了害怕。在她生命中的大多數領域，她是個果斷且帶著幾分嚴肅的人，但她並不是個憤憤不平的人。在球場上，她看每個人和每件事都沒有耐心。她從來不在球場上談天，或是和自己的球伴開玩笑。她贏球時，身邊的人全都會鬆了口氣；如果她輸了球，所有人就紛紛走避。如果她在球場上的練習狀況不佳，會毀了她一整天的心情，她只好悻悻然地回家。

一開始，教練喊她「小馬克」，因爲她的態度就像網壇火爆浪子約翰．馬克安諾（John McEnroe），直到有一天事情變了調。她高二那年的春天，她所屬的隊伍到郊區一間上層中產階級的學校比賽。那時候艾莉卡已經是校隊裡排名第二的女將了。那天下午稍晚，她參加一場單打比賽。教練從圍欄後方觀看她的第一個發球局，立刻覺得大事不妙。她的第一球發得太長，第二發球則擊中球網底部。她連輸三局，她的姿勢已經亂了套。在截擊時，她的肩膀張得太開。在發球時，她的手臂下沉，實際上，她是由體側發球，把球猛烈轟擊至對方場區外。

教練叫她從一數到十、放鬆、恢復鎮定，可是她盯著他瞧的模樣活像是一頭野獸，她的表情猙獰，混合著盛怒與挫敗。不久，她毫無準備地站著等待對方發球，在乎自己的挫折感遠勝於那顆球的動向。她的回擊不是打在網上，就是打得太長或太寬，而且在擊出每一球後，她對著自己大聲咆哮：「幹！」

教練不斷給她建議。肩膀要收。腳要動。設法改善發球時的托球。衝到網前。可惜她被困在混亂的漩渦中。她盡可能用力擊球，每個失誤彷彿爲她內心高漲的自我憎惡浪潮辯白著。不知道爲什麼，她開始破壞自己的比賽，在截擊時把球送進球場後方的圍欄深處，面對自己可以嘗試回擊的發球，卻連試也不試。交換場地時，她跺著腳走下球場，把球拍重重摔在地上，踢進椅子下。在一記糟糕的截擊後，她揮舞球拍，把它丟向圍欄。教練斥責她：「艾莉卡！成熟點，否則就滾蛋！」

下一個發球，艾莉卡擊出了一記愛司球，她氣鼓鼓地瞪著他。她的下一記發球明明是界內，卻被判出局。艾莉卡放聲大喊道：「你他媽的是瘋了嗎？」所有比賽全都停了下來。艾莉卡把球拍摜在地上。「你他媽的是瘋了嗎？」她怒氣沖沖地走到網前，臉上的神情像是要將膽敢妨礙她的人全都掐死。她的對手、線審、隊友，每個人都露出驚懼的反應。她渾身散發著蒸騰的怒氣。

那一瞬間，她明白自己做錯了，但是那種感覺眞好。她很想揍人，看著一張臉染滿鮮血。當她看見身旁的人群提心弔膽地退縮時，她感受到某種權力與宰制的快感。她想挑出某個人，好好羞辱對方一頓。

經過好幾秒鐘，沒有人敢接近她。最後，她跺著腳走下球場，坐進椅子裡，垂下視線。她詛咒每個人，除了她自己。這個混蛋世界，那顆爛球，那把爛拍子，那個差勁的對手。終於，她的教練走過來，和她一樣大發雷霆。他用手抓住她的手臂，大聲咆哮道：「妳沒資格待在這兒。咱們走！」

她使勁一扯。「你他媽的別碰我！」她站起來朝巴士走去，走在教練前面。當她走上巴士的階梯時，掄起拳頭，猛搥巴士的車體，氣呼呼地走向巴士後方。她把自己的裝備甩向車體內牆，把自己甩進巴士最後一排座位。她在那兒坐了一個半小時，等其他比賽結束。接著，在搭車回學校的途中，她靜靜地任憑焦慮煎熬自己。

那天下午的事並沒有觸動她。她毫不自責，也不擔心回到學校或回到家會惹上麻煩。每當有人嘗試與她交談時，她就擺出頑固、絕不讓步、惡劣的態度。

校隊回到學校後，每個人都在談論艾莉卡在球場上發瘋的事。第二天，學校停止所有課程，這是有很糟糕的事情發生時，校方才會做出的決定。所有課程都被取消了，全校師生聚集在體育館，進行整整一小時的運動員精神專題研討。沒有人提到艾莉卡的名字，可是每個人都知道她就是召開這場集會的原因。那一天，許多老師和行政人員找她去聊一聊，有些人厲聲斥喝，有些人好言相勸，可惜他們說的全都沒有進到她的心裡。

天生氣質

儘管如此，到了第二天傍晚，事情變得不大一樣。艾莉卡哭倒在自己的枕頭上，她感覺丟臉和羞恥。

到了這個年紀，艾莉卡的母親已經管不動她了。艾咪的個性沒有那麼強悍，不過她很明白做出連自己都覺得莫名其妙的行爲是怎麼一回事。她不禁懷疑是不是自己把那種基因傳給了女兒，使得艾莉卡所有的美好特質全被繼承自老媽的黑暗特質奪去了光彩。

她也很想知道，這些行爲只是艾莉卡的青春期風暴，或者就是她這一輩子的寫照？面對意外與壓力，人類全都從遠古祖先那兒繼承了一種無意識的能力，也就是所謂的「戰或逃反應」（fight-or-flight response）。打從年紀很小開始，有些人就是會選擇逃離壓力與痛苦，有些人則會選擇戰鬥，而艾莉卡屬於後者。

有些新生兒特別容易受到驚嚇。面對異常情境時，他們的心搏率會迅速上升，血壓也會升高。他們的身體反應格外明顯。[3] 一九七九年，心理學家傑若米．凱根（Jerome Kagan）與同事讓五百名嬰兒看一系列不熟悉的刺激。大約有兩成的寶寶哭得非常厲害，他們被歸類爲「高反應」。另外有四成的寶寶幾乎沒什麼反應，因此被歸類爲「低反應」。其他寶寶的反應則落在兩者之間。[4]

經過大約十年後，凱根讓同樣的這群孩子體驗一連串會引發焦慮的事。那些過去被歸類爲「高反應」的孩子當中，有五分之一的孩子仍舊對壓力反應激烈。至於過去被歸類爲「低反應」的孩子當中，則有三分之一的孩子仍舊保有沉著的反應。大多數的孩子變得成熟，反應落在中間的區域。只有極少數的孩子從高反應跳到低反應，或者從低反應跳到高反應。

換句話說，孩子出生時就帶有某種氣質。那氣質並不是能引導他們一輩子的軌跡，而是如同愛德華．威爾森（E. O. Wilson）所主張的，它是一條皮帶。艾莉卡就像所有的孩子一樣，生來就擁有某種性格，無論是容易激動或異常鎮定，天生開朗或天生陰鬱。她的性格會隨著人生的進程而逐步成形，而這取決於經驗爲她的大腦造成什麼樣的神經連線，不過這類的發展是有限度的。她可以從容易激動變成較爲穩定，不過大概不會從一個極端快速翻轉到另一個極端。而且一旦基礎的常態確立後，她的心情只會在中段擺動。假如她贏得樂透，也許會開心好幾個星期，但是過了一段時間以後，她會回歸常態。假如她遭遇丈夫或朋友死亡，在經歷一段時間的悲傷與極度痛苦後，她還是會回歸那個常態。

艾咪很擔心，她看見艾莉卡心中有把危險的火。儘管艾莉卡年紀還小，但她的情緒擺動比多數孩子來得大，卻是不爭的事實。每當有意外的事情發生，她總是會被嚇一大跳（那些容易受到驚嚇的人，終其一生都比較容易感到焦慮和擔憂）。某些研究者把孩童分成蒲公英和蘭花兩大類。蒲公英小孩的性情比較穩重，能吃苦耐勞，不管你把他們放在哪裡，他們都能表現得不錯；蘭花小孩就比較多變，他們在正確的環境中能開出美麗的花朵，但是身處錯誤的環境會讓他們畏縮惶恐。[5]艾莉卡是一朵蘭花，顫巍巍地暫棲在成功與失敗的界線上。

當艾咪對艾莉卡的未來感到茫然疑惑時，她正體驗到家有青少年的父母全都明白的那種普遍擔憂。她自己也曾經是那種孩子：一感受到挫折，馬上變得過度防衛；誤把正常情況解讀爲威脅；會莫名感到憤怒，感覺被人輕視。他們淪爲內在想像的犧牲品，那裡比他們眞正居住的外在世界更爲險惡。

活在這種慢性壓力下的人，他們的大腦海馬細胞會受損，記憶從而流失，尤其是有關曾發生在他們身上的那些美好事物。他們的免疫系統會變得衰弱。他們的骨骼裡含有較少的礦物質。他們的體脂肪比較容易累積，尤其會囤積在腹部。他們活在長期傷身的不利條件下。一項研究發現，一群工程師每週工作九十小時，長達六個月，拚命執行某項充滿高度壓力的計畫。儘管所有工程師全都在案子結束後放了四到五週的長假，但直到案子結束後十八個月，他們的皮質醇與腎上腺素的濃度始終偏高，而這兩種化學物質與壓力有關。[6]壓力的影響可以持續很久，且極具腐蝕性。

那天晚上，距離那場網球浩劫整整三十個小時後，艾咪仍舊不確定她能減輕女兒多少的壓力與羞愧。所以她只是坐在那裡，把手放在艾莉卡的背上，無力地幫忙女兒與壓力及羞愧周旋。過了大約十五分鐘，她們兩個都不知道要做什麼好，於是站起來開始準備晚餐。艾莉卡做沙拉。艾咪從廚櫃裡拿出通心粉。她和艾莉卡一起做某件事。她們做的這件事能夠讓她們的心鎮定下來，重拾平靜。不知什麼緣故，艾莉卡又能沉著地看待這個世界了。當艾咪正在切番茄時，艾莉卡抬起頭問她：「爲什麼我無法控制自己？」

這其實是個非常重要的問題。安潔拉．達克沃斯（Angela Duckworth）和馬丁．塞利格曼（Martin Seligman）的研究發現，在預測高中學業表現、出席率與畢業成績時，自制力的重要性是智商的兩倍。[7]其他研究人員雖然不認同自制力的重要性勝過智商，不過說自制力是美滿人生不可或缺的要素，這一點倒是無可置疑。

「感覺那根本不是我，」艾莉卡這樣告訴母親。「好像有個憤怒的陌生人劫持了我的身體。我不清楚這個人是打哪兒來的，也不知道她在想些什麼。我很怕她會再跑回來，做出什麼可怕的事。」

棉花糖的誘惑

大約在一九七〇年，當時在史丹佛、如今在哥倫比亞大學任教的華特・米歇爾（Walter Mischel）啓動了當代心理學最知名也最可愛的實驗。他讓一群四歲大的小朋友坐在一個房間內，在他們面前的桌子上擺了棉花糖。他告訴小朋友，他們現在就可以吃棉花糖，不過他要離開一下下，如果他們等他回來才吃，他會多給他們兩顆棉花糖。在實驗的錄影帶中，你可以看見米歇爾離開了房間，接著那些孩子扭來扭去、踢腿、用手蒙住眼睛、用頭猛敲桌子，只爲了阻止自己吃掉眼前的棉花糖。有一天，米歇爾用奧利奧餅乾取代棉花糖。一個小孩拿起餅乾，偷偷吃掉中間的夾心餡，再小心把它放回原來的位置。（那孩子如今也許是美國參議員了。）

值得注意的是：那些能夠等待幾分鐘的孩子，隨後在學校的表現確實比較好，也較少有行爲偏差的問題。他們在中學也會展現出比較高明的社交手腕。那些能等上十五分鐘的孩子，十三年後，他們的學測分數會比當年只能等三十秒的孩子高出兩百一十分。（結果證明對四歲孩子而言，棉花糖測驗比智商測驗更能準確預測他們日後的學測表現。[8]）二十年後，他們完成大學學業的比率高出許多，三十年後，他們擁有較高的收入。那些一刻也不能等的孩子入監服刑的比率相對高出許多，也比較可能有毒癮與酒癮問題。

這項測驗讓孩子面對短期衝動與長期報酬的兩難。棉花糖試驗測量孩子是否能控制自己的衝動。那些學會控制衝動的孩子，在學校與生活上都表現得很好；那些學不會的孩子，則會覺得學校是令人洩氣的地方。

能夠控制衝動的孩子，往往生長於生活有序的家庭中。[9]在他們的教養經驗中，行爲會導致可預期的結果。他們擁有一定程度的自信，相信只要自己去做，就能成功。那些無法抵擋棉花糖誘惑的孩子，多半來自破碎家庭。他們比較難看出行爲與後果之間的連結，也比較少有機會學習那些有助於控制誘惑的策略。

不過，最重要的發現牽涉到有效的策略本質。表現不佳的孩子會把注意力導向棉花糖。他們認爲，如果自己能正面看著棉花糖，就能控制自己想吃它的欲望。能夠等待的孩子則是設法讓自己分心，不去想棉花糖。他們假裝它不是眞的，它不在眼前，或者它根本不是棉花糖。他們找到方法調整自己的注意力。

在後來的其他實驗中，米歇爾告訴孩子們可以在棉花糖周邊加個金屬框，想像他們看見的只是一張棉花糖的圖片。如此一來，這些孩子的平均等待時間會是過去那些孩子的三倍之多。[10]被告知可以把棉花糖想像成蓬鬆白雲的孩子，能夠等待更長的時間。透過想像力的運用，他們把自己對棉花糖的感知用不同的方式編碼，讓自己疏遠它，在腦袋瓜裡觸發沒那麼衝動的模式。那些能控制自己衝動的孩子，會用比較冷靜的方式去看待棉花糖。至於無法啓動有效方法的那些孩子，就只能用它確實是甜蜜誘惑的角度去看待它。一旦這些孩子的大腦這樣想，事情就結束了，他們一定會抓起棉花糖塞進嘴巴裡。

棉花糖實驗的意含是，自制力並非眞的是靠鋼鐵般的意志力操控隱藏的激情。意識心智就是缺乏力量與認知，才無法直接控制潛意識的過程。其實，自制力牽涉到觸發。任何時刻都有許多不同的運作在潛意識的層面進行。有自制力的人會發展出一套習慣與策略，觸發潛意識的歷程，使他們能以有效且有遠見的方式來面對這個世界。

品格再探

人類的決策有三個基本步驟。首先，我們察覺到某個情境。其次，運用理性的力量，推測採取哪個行動才符合我們的長期利益。第三，運用意志力去執行。幾個世紀以來，不同的品格理論紛紛浮現，對於如何陶冶年輕人的品格也有不同的看法。在十九世紀，大多數的品格培養模式集中在決策過程的第三步驟，也就是意志力。維多利亞時代的道德論者，對合宜的行爲抱持著類似水利的概念。他們認爲激情是一股狂野的洪流，而正直的人會用鋼鐵般的意志去攔阻它、抑制它，以及控制它。

二十世紀，多數的品格培養模式則是集中在決策過程的第二步驟，即以理性計算利益。二十世紀的學者強調意識提升技巧，提醒眾人不良行爲的長期風險。他們提醒眾人不安全的性會導致性病、意外懷孕，以及其他不良後果。抽菸會導致肺癌。通姦會破壞家庭。說謊會摧毀信任。這些主張背後的假設是，一旦提醒眾人某些行爲的愚蠢，他們就有動機停止這麼做。

在做出道德決定與實施自制上，理性與意志兩者顯然都很重要。可是，這兩種品格模式經證實並不是非常有效。你可以告訴大家不要吃薯條。你可以發小冊子給大家，說明肥胖的風險。你可以訓斥說教，敦促大家運用自制力不要吃薯條。不餓的時候，大多數人會發誓說自己絕不吃薯條。可是等到飢餓的自我抬頭時，良善的自我會逐漸消失，結果還是吃了薯條。大多數的節食失敗，就是因爲理性與意志的力量根本不夠，無法始終如一地抑制潛意識的強烈衝動。

如果這個道理適用於吃薯條，它也會適用於更重要的事。牧師會講述血淚故事，以對抗通姦的罪惡，不過這似乎對做出此等行爲的人數毫無影響，也對犯了通姦罪的牧師人數沒有影響。有許多書探討貪婪之罪，但是每隔幾年，貪婪總會猖獗起來。眾人皆同意，一擲千金未必能帶來快樂與滿足，然而卻有上百萬人迅速欠下巨額卡債。每個人都知道殺戮是錯的，可是種族滅絕一再發生。恐怖份子說服自己，謀殺無辜之人是正義的。

數十年來，眾人不斷強調藥物上癮的危險；告訴青少年缺乏保護的性會造成哪些風險；告訴學生輟學帶來的負面後果。然而，結果十分清楚：只靠提供資訊，對改變行爲並沒有太大的成效。例如，在二〇〇一年，一項針對超過三百個性教育方案進行的調查發現，一般說來，這些方案對性行爲或避孕用具的使用毫無成效。[11] 課堂教學或以研討會提高警戒意識，對潛意識的衝動影響有限。訓斥說教也沒有幫助。

證據指出，理性與意志就像是肌肉，而且還不是特別強壯的肌肉。在某些實例中，在適當的環境下，它們能夠抵擋誘惑並控制衝動。不過在很多情況下，它們根本太過軟弱，無法自律。在許多情況下，自欺會贏得控制權。

十九與二十世紀的品格培養模式成效有限，因爲它們都假設：決策過程中的第一步驟「察覺」只是接受某個事件，是件相對簡單的事。至於眞正的行動，則牽涉到考慮該做些什麼事，以及眞正去做那些事所需的意志力。

但是現在我們應該很清楚，這樣的想法是錯的。第一步驟其實是最重要的步驟。察覺並不只是接受而已，它是理性與技藝兼備的過程。觀看與評估並不是兩個分離的歷程，而是相連且同時發生的事。過去三十年來的研究顯示，有些人是透過自學來習得如何更純熟地察覺並感知周遭事物。那些品格端正的人，透過自學或旁人的教導，能以正確的方式看待眼前情境。每當他用正確的方式看待某件事，他就操縱了勝負。他會在心中觸發潛意識的判斷與反應，使他傾向採取某種行爲。這樣一來，理性與意志就輕鬆多了。它們會忙著引導得體的行爲。

好比說，某些學生對老師一點敬意也沒有。當他們大發脾氣或挫敗失意時，就會詛咒老師，忽略他、羞辱他，甚或揍他、朝他丟椅子。另一方面，其他學生對老師懷有天生的敬意。他們連想都不用想，就明白自己應該聽從老師的話；也就是說，在老師面前，某些行爲是合宜的，某些行爲根本不該做。這些學生可能會大發雷霆或又氣又惱，但是他們會在課堂外表現那些感覺。他們絕對不會對著老師大聲叫罵或丟椅子。假如有人在他們面前這樣做，他們會感到震驚與恐懼。

那種天生的敬意來自何方？只是看見老師就能觸動他們心中的某些變數，怎麼會這樣？答案在意識的漆黑河流中。也許在他們的生命中，曾有過類似的經驗。也許他們過去尊敬父母的權威，如今則將那樣的心智架構擴展到一般的權威人物。也許他們被某些故事同化，而他們在那些故事中觀察到人們用特定的方式對待老師。也許他們吸收了某些小小的習慣與規範，因此約束了那些他們認爲在課堂上不可接受的行爲。由於各式各樣的影響，某種感知的模式、某種觀看的方式因而浮現。一旦學會用某種方式看待老師後，這些學生想都沒想過要揍老師的臉，除了在心神恍惚的幻想世界裡，他們明白自己絕不會那樣做。

同樣的，正直的人學會用一種能降低邪惡念頭的方式，來看待他人的財產。他們學會降低想要濫用槍枝的念頭。他們學會克制想要侵犯年輕女孩的念頭。他們學會抑制想要說謊的念頭。

這種觀察學習的模式（learning-to-see）強調，品格的塑造不是發生在某個關鍵時刻。品格會逐漸從百萬個良好的小影響中浮現。這個模式強調社群塑造品格的力量。要獨力培養自制力是非常困難的事（如果你身邊的人全是胖子，要獨自保持纖瘦很不容易）。[12]它也強調日常小行爲的力量，那些行爲能重新連結大腦的基本機制。微小的習慣與得體的禮儀能強化某些積極正面的態度。良好的行爲能鞏固某些網絡。亞里斯多德曾正確地評論道：「養成美德的第一步，是付諸實踐。」戒酒無名會的成員用「演久就成眞」的口號，把這個觀點表達得更爲實際。維吉尼亞大學的提摩西·威爾森則用比較科學的角度來詮釋它：「社會心理學界最持久的一個教訓是，行爲改變通常發生在態度與看法改變之前。」[13]

複賽

在那次的脾氣爆發後，有很長一段時間，大家都用奇怪的眼光看待艾莉卡。艾莉卡也用奇怪的眼光看待自己。不過，這種情況慢慢過去了。在高等教育高中，生活中有千百個小規則得遵循。除非大家都在學校食堂就座了，否則不可以開動。永遠記得先把餐巾紙打開鋪在膝上。每當老師走進教室，一定要起立敬禮。穿著制服時不可以嚼口香糖，就算走路回家時也不行，那不是高等教育高中學生應有的行爲。

就跟所有學生一樣，這些千百條的小規矩成了艾莉卡的第二天性。她發現自己的措詞改變了，尤其是當她與陌生人交談時。她發現自己的姿態也不斷變化，有點像是軍人的舉止。

無論如何，這些瑣碎的慣例總是跟自制有關。它們牽涉到延遲滿足和自制。不過，她並不是這樣看待它們的。她認爲這些規則只不過是學生生活的正常一環。可是，它們對她如何度過學校生活、家庭生活，乃至於在網球場上的表現，都產生了影響。

到了高三，艾莉卡對網球沒那麼著迷了，不過她已經爲每場比賽發展出一套心理準備法。那套方法或許可稱爲「間接自制主義」。她會巧妙地運用一些小事，觸發對大事的正確反應。

比賽前她會坐在長椅上，在腦海裡播放她曾在電影裡聽過的飛機機長廣播聲音。他們的聲音從對講機傳來，總是帶著一種從容不迫的態度。那能讓她保持心情平靜。接著，她會在一場又一場的比賽前進行某些固定儀式：永遠把水壺放在靠近網子的相同地點。永遠把球拍套放在椅子底下，保持相同的一面朝上。永遠在雙手手腕戴上不同花色的吸汗帶。上場時，先跨過邊線，用右腳在準備發球的地點畫一條線。想著連發五個愛司球。假如你不認爲自己會發出愛司球，假裝你會就是了。如果你的身體模仿某種態度的時間夠長，你的心智就會開始接受它。

一旦上場後，艾莉卡對自己設下嚴格的規矩。在她的宇宙裡有兩個事件現場：場上和場下。在場下，思考的是過去與未來；在場上，想的是眼前和現在。每當艾莉卡準備發球時，她會想到三件事：旋轉、位置、速度。假如她發現自己的心思飄到其他地，她會後退一步，讓球彈跳幾次，接著再繼續。

艾莉卡不讓自己想著對手，不讓自己去想出界球。她的表現好壞是由球如何離開她的球拍來決定，至於其他的事，都不是她能控制的。她的個性不是重點。她的才華不是重點。她的自我意識和自尊心不是重點。好好打球才是重點。

透過專注於好好打球這項任務，艾莉卡讓意識自我平靜下來，將注意力從自己（她的期待、她的憂慮、她的名譽）上頭轉移開來，如此她才能沉浸在比賽中。她能夠預防自己想太多，影響表現。她能融合這項技藝的不同模式。當她一再重複做同樣的事，並且在心中建立起某些模式後，便可以倚靠這長時間練習來的成果。當她這麼做的時候，她的自制力是如此傑出，沒有什麼事能夠激怒她。

在網球、棒球或足球等運動比賽時，運動員的大腦會忙著進行複雜的「感知、再次感知與修正」。羅馬智慧大學（Sapienza University）的克拉烏迪歐．戴裴兒希歐（Claudio Del Percio）發現，儘管忙著進行困難的任務，明星運動員的大腦其實比非運動員的大腦更爲平靜。他們早已在心中預備好要進行這類任務，所以只須耗費少許的腦力勞動。對於正在發生的事情，他們也看得比別人更爲清楚。羅馬智慧大學的薩瓦托雷．阿格利歐提（Salvatore Agliotti）召集了一群籃球員與非籃球運動員共同觀賞罰球的影片。這些影片停在籃球剛離開手的那個瞬間，而這些運動員必須猜測這顆球是否進籃。那些籃球員很擅長這件事。他們的作法是啓動大腦中控制手與肌肉運動的部位。他們在腦中重演罰球，同時去感受它，就好像自己正在罰球一樣。總之，專業玩家對運動的體會有別於非專業者。[14]

百分之九十五的時間，艾莉卡的自我修練都是行得通的。高三這一年，她的憂慮減少了，她的表現變得更好。偶爾她會失去冷靜。她感覺到自己內心的那個憤怒惡魔掙脫了鎖鏈，正打算大鬧一場。

對於這種情況，她也有一套老規矩。她會想想自己的憤怒，然後對自己說：「那不是我。那是一種發生在我內心的經驗。」她會想像一片綠色草原。一邊是代表內心怒氣的憤怒狗，另一邊則是最近五場比賽中贏過她的網球選手。她想像自己慢慢遠離那條狗，走向那位網球好手。

她正努力讓自己與這個世界保持適當的距離。她正在練習丹尼爾．席格（Daniel J. Siegel）稱爲「第七感」（mindsight）的自我控制形式。[15] 她提醒自己，當她啓動那個控制行爲的內在自我時，她是有發言權的。她該做的，是把自己的注意力集中在這個內在角色。這並不容易。有時候，集中注意力需要耗費巨大的心智力量。不過，這是可行的。威廉・詹姆斯（William James）是了解箇中巧妙的先驅：「所有自發性心理活動的關鍵，取決於相互競爭的想法得到的注意力多寡……因此，努力專注是意志的基本現象。」[16] 那些知道如何控制注意力的人，也能控制自己的生命。

隨著年紀漸長，艾莉卡變得比較善於將注意力從某個念頭轉移到其他事物上，以及在腦中啓動不同模式。這朵蘭花的綻放指日可待。

啓發

經過高等教育高中幾年的洗禮，艾莉卡變得和以前不一樣了。負面的效應是，如今她和鄰居，甚至和她的父母，日漸疏遠。他們認爲她加入了某個異教。好消息則是，她找到了自己想做的工作。

有一天，一個中年西班牙裔女士到學校拜訪。這名女士開設了一間餐飲公司，如今在全美各地擁有多家連鎖餐廳。她身材窈窕，穿著一襲保守的套裝，神色自若。艾莉卡看呆了。她可以想像從她目前的生活通往這名女士這種高尚生活的道路。畢竟，那名女士也曾走過這條路。

突然間，艾莉卡的心中充滿了成爲企業領袖的火熱渴望。她從一個勤勉的高中生，變成懷抱無比雄心壯志的人。她買了一本萬用手冊，把每天的時間用不同色塊分成好幾個區段。她慢慢改變自己的穿衣風格。她的服裝變得拘謹、精準、簡潔，她看起來像貧民區的氣質女星桃樂絲・黛（Doris Day）。她不知打哪兒弄來一個二手的桌上公文櫃，然後將她的作業分成「收件」和「完成」兩類。她整個人彷彿突然染上了瑞士的氣息。她一絲不苟、講求紀律、準備好要出人頭地。某個東西點燃了雄心壯志那小小引擎，打從這一天起，她就再也不知道休息爲何物。

【第九章】

文　化

文化將某些模式植入我們的大腦，同時讓其他模式消失……

研究人員花了很多年的時間探索人類心智這座叢林，試圖尋找雄心壯志的來源。他們發現，有高度企圖心的人往往都具有某些特質，而艾莉卡也具備了其中幾項。

有強烈企圖心的人通常飽受深刻的生存危機感所苦。長久以來，歷史學家注意到有驚人比例的偉大作家、音樂家、藝術家和領導人在九到十五歲的期間曾遭逢喪親，或者被父母遺棄：這份名單包括了美國總統華盛頓、傑佛遜、林肯，美國首任財政部長亞歷山大・漢彌爾頓（Alexander Hamilton），還有希特勒、甘地與史達林，以上不過是少數幾個例子。儘管艾莉卡父母雙全，不過她母親不時在她的心理消失，而她父親則是不見人影。就像許多其他野心勃勃的人一樣，她深深體悟禍福無常這件事。除非她努力保住在這世上的一席之地，否則每件事都有可能被突如其來的橫禍給摧毀。

抱負遠大的人往往會遇見某個與他們很像且已經大獲成功的人。那個人可能是他們的同鄉，跟他們有同樣的族裔背景，或者有某些其他關聯性。那個人不但指出了那條路，同時還讓他們感受到成功的可能性。

令人驚奇的是，點燃模仿本能需要的只是一點點的鼓勵。幾年前，傑夫．柯恩（Geoff Cohen）和葛瑞格．沃頓（Greg Walton）讓耶魯大學的學生閱讀一篇簡短傳記，傳主是很有成就的數學家納森．傑克遜（Nathan Jackson）。[1]不過，他們更動了傳記中一項重要細節。這兩位研究人員讓其中一半的學生拿到「特製版」的傑克遜傳記，上頭載明的傑克遜生日和閱讀這篇傳記的學生生日一樣。接著，柯恩與沃頓讓所有學生解幾道數學問題。那些拿到特製版傳記的學生，比其他人多花了百分之六十五的時間在研究解題上。那些學生突然感覺自己與傑克遜十分投緣，因而刺激他們模仿他的成功。

抱負遠大的人，往往很早就展現出某種天分。未必是什麼偉大的天分。也許他們在小學五年級的班上屬於能言善道的一群。也許他們是小鎮上最厲害的數學家。只要那項成就是他們的核心特質就夠了。

有抱負的人通常能想像自己加入某個高尚圈子的光景。人們普遍有種偏見，認爲野心勃勃的人一心想勝過他們的同伴，想要表現得比任何人都好。事實上，大多數充滿抱負的人，追求的是成爲某個高級團體或俱樂部的一員。

見過那位西班牙裔老闆之後，艾莉卡確信任何事都是可能的。她開始購買《快速企業》（*Fast Company*）、《連線》（*Wired*）、《彭博商業周刊》（*Bloomberg Businessweek*）之類的雜誌。她想像自己在一家小型的新創企業工作，隸屬於某個工作團隊，眾人爲某個共同目標一起奮鬥。她會從雜誌上剪下廣告，內容可能是一群人在紐約曼哈頓舉辦宴會，或是在加州聖塔莫尼卡或法國聖特羅佩的某個聚會。她把這些剪報貼在她房間的牆上。它們成了她渴望的目標，將來有一天那些地方會是她的歸屬。

老師讚許艾莉卡的努力、效率與一絲不苟。她開始認定自己是個能把事情做好的人。

一九九七年，蓋瑞．麥弗森（Gary McPherson）研究孩童挑選某種樂器並學習如何演奏那樣樂器的過程。在一百五十七名隨機選出的孩童當中，某些孩子後來成爲傑出的音樂家，某些孩子的學習步伐卻是搖搖晃晃。麥弗森想找出是什麼特質讓某些孩子大有進步，某些孩子卻一無所成。智商並不是個好的指標。聽覺靈敏度、數學技巧、收入或韻律感也不是好的指標。最好的單一指標，是麥弗森在這些學生還沒有選擇樂器前，所問的一道問題：你認爲你會玩多久？那些只打算玩一陣子的學生不會變成行家；那些計畫要學幾年的學生會小有成就；可是那些說出「我想要成爲音樂家，我打算一輩子玩音樂」的孩子，確實進步神速。孩子們在第一堂課帶進教室的認同感，正是引爆隨後所有進步的那個火花。[2] 它是對未來自我的一種憧憬。

工作

某些人活在浪漫主義時代，他們往往相信天才是神聖火花❖的產物。這種人相信歷來如但

❖譯按：諾斯提派（Gnosticism）和一些奧祕派宣稱：每個人內心深處都埋藏著一個與生俱來的「神聖的火花」（divine spark），即一個「神性」的微小質粒。只需要光照和自我反省，就能釋放那種神性。

丁、莫札特、愛因斯坦等偉大的典範人物，其天賦才華遠超越常人所能理解，他們具備能接近絕對眞理的超凡能力，受到眾人仰望。

當然，我們其實活在科學的時代。如今已有大量研究探討「少年有成」（early achievement）這個現象，這些研究成果被輯錄在《劍橋專門技術與專業表現指南》（*Cambridge Handbook of Expertise and Expert Performance*）一書中。這些研究普遍抱持的觀點是，天才多半是培養出來的，而不是天生的。這種冰冷且乏味的觀點，如今已蔚爲主流，它認爲就連莫札特的神童能力也不是某種神奇天賦。研究人員主張，莫札特年紀輕輕就開始作曲，並不是一種天才的表現。儘管他在年紀很小的時候就已經是個非常厲害的音樂家，但是相較於今日的頂尖孩童演奏家，他的表現並不突出。

研究人員認爲，莫札特和許多異常早熟的表演者一樣，他們擁有大量與生俱來的才能、長時間專注的能力，還有一個一心想要使他們的技能變得更高強的成人從旁指導。莫札特從小就花很多時間彈琴，所以他很早就達到一萬個小時練習，並逐步發揮他的才華。

最新的研究顯示，驚人的成就往往是由平凡的、一般的，甚至是嚴肅拘謹的作爲，一點一滴累積而成。區分天才與造詣很高者的關鍵並不是神聖火花。眞正要緊的，其實是讓自己隨著時間的推移表現得愈來愈好的那種能力。如同佛羅里達州立大學的安德斯．艾瑞克森（K. Anders Ericsson）證實的，重要的是刻意練習（deliberate practice）。頂尖演奏家會花很多時間（非常非常多的時間）嚴格磨練自己的技藝。艾瑞克森指出，頂尖演奏家花在讓自己變得出類拔萃的時間，是普通演奏家花在讓自己變得純熟的五倍長。[3]

卡內基美隆大學的約翰．海斯（John Hayes）研究五百件古典音樂大師作品。其中只有三件是在作曲家的創作生涯頭十年中發表的，至於其他四百九十七件作品，全都是作曲家花了十年扎實、穩定的工夫後，才創造出那樣壯麗動人的樂章。[4] 同樣的通則也適用於愛因斯坦、畢卡索、英國詩人艾略特、佛洛伊德與舞蹈家瑪莎．葛蘭姆（Martha Graham）。

重點不只是時間多寡，而是在那些時間裡做了什麼樣的努力。平凡的演奏家會盡可能用最舒服的方式練習。偉大的演奏家會用最有計畫且最自我挑剔的方式練習。通常他們會把自己鑽研的這門技藝拆解成最小的組成單位，接著他們會針對其中一個小片段反覆推敲。在草山（Meadowmount）音樂夏令營，學生們花三個小時處理一頁樂譜。他們會用比平常慢五倍的速度演奏樂曲。假如經過附近的人能聽出那是哪首樂曲，就表示他們演奏得還不夠慢。[5] 在莫斯科的斯巴達網球俱樂部（Spartak Tennis Club），學生們不用球就能對打。他們都是在鍛鍊自己的技巧片段。[6]

班哲明．富蘭克林（Benjamin Franklin）用以下方法自學寫作：他會閱讀當時寫得最好的雜誌《旁觀者》（*The Spectator*）的某篇文章，同時用簡潔的筆記寫下每個句子的意義。每則句意分別寫在一張紙上。接著，他會弄亂這些筆記，過了幾個星期後再回頭檢視。他會用合理的順序重組這些筆記，再利用它們重新建構出原有的文章。這是他自學文章結構的方法。當他發現自己的字彙遠不如《旁觀者》原有的作者時，他改採另一種方法。他將每篇文章逐句翻譯成詩歌，幾個星期後，再嘗試把這些詩歌復原成散文。[7]

如同丹尼爾．科伊爾（Daniel Coyle）在《天才密碼》（*The Talent Code*）中提到：「每項技巧都是一種記憶形式。」建立那些內部結構得要下苦功，努力去做。從這個角度來看，大腦研究反而強化了老派的工作道德。

執行

高中那幾年，學校課業建構了艾莉卡的生活，活化了她某些內在本質。她並沒有遇見什麼改變學生一生的偉大老師，反倒是校園氣氛巧妙地反覆灌輸她某些秩序、紀律和規律的習慣。艾莉卡喜歡整理她的作業本。她喜歡列出檢核清單，然後每完成一項就打個勾。高中畢業前，如果你要她舉一項自己擁有的傑出特質，她肯定會說：「我是個做事有條理的人。」她很希望把事情做對。也因此，她深受商業世界的吸引。成功的人往往會找到最看重他們天賦才能的環境。

我們都欣賞那種領導風格像是馬背上的英雄般有魅力的企業領導人，可是絕大多數的企業領導人並不是那個樣子。多數企業領導者是沉著、紀律、堅決，也就是艾莉卡想要成為的那種人。

史帝文．卡普蘭（Steven Kaplan）、馬克．克雷班諾夫（Mark Klebanov）和莫頓．索連森（Morten Sorenson）在二〇〇九年完成一份名為「企業總裁的哪種特質與能力最重要？」的調查。他們根據三百一十六名企業總裁的詳盡性格測驗及其公司的表現評量進行分析。並沒有什麼性格確實能帶領企業邁向成功。不過他們發現，與成功關聯性最強的特質包括：注重細節、堅持到底、講求效率、徹底分析，以及長時間獻身工作。換句話說，就是組織與執行的能力。[8]

這些結果和過去數十年來的大量研究成果是一致的。詹姆．柯林斯（Jim Collins）在二〇〇一年出版了一本暢銷的研究報告，名爲《從A到A⁺》（*Good to Great*）。他發現，許多最厲害的企業總裁並不是浮誇的空想家，而是謙遜、不愛出風頭、勤奮、不屈不撓的人，他們找到一件自己很擅長的事，然後一而再、再而三地執行那件事。他們沒有花很多時間去激勵自己。他們講求紀律和效率。[9]

同一年，墨瑞．巴里克（Murray Barrick）、麥可．蒙特（Michael Mount）和提摩西．賈治（Timothy Judge）檢視二十世紀有關企業領導的研究。同樣的，他們也發現外向、親切友善、對新經驗抱持開放態度，這些全都跟企業總裁的成功沒有太大的關聯。眞正重要的反而是情緒穩定、認眞勤懇、可靠、預作計畫、堅持到底。[10]

這類堅持但缺乏自信的特質跟教育程度沒有太大的關聯。擁有法律或商學碩士學位的總裁，他們的表現並不比擁有大學學歷的其他總裁優異。這些特質也跟支領的薪資多寡或報酬組合的內容無關，也和聲望名譽、表彰賞識無關。相反的，烏麗克．馬爾門迪爾（Ulrike Malmendier）和傑佛瑞．塔特（Geoffrey Tate）所做的研究發現，當總裁變得更出名、拿到更多獎項後，他們的領導能力反而會下降。[11]

艾莉卡嚮往的並不是浮華顯赫，富有魅力。她渴望的是掌控一切。她強調堅持，秩序與注重細節。

家庭和族群

然而，很多想法在不知不覺間改變了。高中的最後一年，艾莉卡覺得自己被捲入一場混亂。她發現家庭、家族與族群的原始呼喚，以她從未預見的方式向她伸出手，要她屈服。

這團混亂始於她向丹佛大學申請提前錄取（early decision）❖，而且眞的被錄取了。她的學測分數其實並不足以讓她拿到入學許可，不過她的背景幫了大忙。

收到丹佛的入學通知時，艾莉卡非常興奮，可是她的興奮方式不同於哈洛那個社會階級的人所表現的方式。艾莉卡知道自己來自一個弱肉強食的環境。對她而言，丹佛的入學許可並不是表揚她精彩自我的優異獎章，也不是那種她母親能把它貼在車窗上炫耀的窗貼。它是人生戰鬥的下一個前線。

她把入學通知分別拿給父母看。那是地獄之門大開，群魔亂舞的時刻。要記得艾莉卡身上流著兩種不同的血液，半是墨西哥人，半是中國人。她有兩個大家庭，而且她和兩個家庭都關係密切。

在某些方面，這兩個大家庭是一樣的。兩邊的人都對自己的家族非常忠誠。問及是否認同「無論父母人品高低、有無缺點，我們必須永遠敬愛他們」這種說法時，百分之九十五的亞洲人和百分之九十五的西班牙裔人士表示認同，相較之下，只有百分之三十一的荷蘭人與百分之三十六的丹麥人表示認同。[12]

艾莉卡的兩個家族都會在星期日下午到公園舉行長時間的盛大野餐，儘管吃的食物不同，但氣氛相近。兩個大家庭的祖父母都會坐在陰涼處的藍色折疊椅上，孩子們則成群結黨。

當然也有不同的地方，只不過要把那些差異形諸文字相當困難。每一次她想要解釋墨西哥親戚和中國親戚的差異時，總會落入了無新意的種族陳腔濫調。她父親的家族居住在一個充滿西班牙電視頻道、足球、馬倫格舞、豆拌飯、豬腳，以及墨西哥獨立日的世界。她母親的家族則生活在一個充滿炒菜鍋、祖先流傳下來的故事、小雜貨店、書法和古老俗諺的世界。

那些重要的差異雖然無所不在，偏偏又難以捉摸。兩種廚房裡有不同類型的混亂，撲鼻而來的氣味也不相同。兩邊的家庭都對自己同胞開著不同玩笑。艾莉卡的墨西哥親戚會取笑墨西哥人做什麼事都遲到。她的中國親戚則嘲笑沒教養的中國人隨地吐痰。

艾莉卡拜訪不同家庭時，會表現出不同的個性。和墨西哥親戚在一塊兒時，她和大家站得比較靠近，說話音量也比較大，手臂輕鬆地垂在身旁。和母親的親戚在一起的時候，她會表現得謙恭順從，不過一等到坐上餐桌伸手夾菜時，她會變得什麼都敢嘗試。和墨西哥親戚在一起時，她是個挑嘴的人；可是和中國親戚在一起時，她卻能吃下你能想像得到最噁心的食物。在兩種不同

❖譯按：美國大學入學申請的三種錄取方式之一，具有約束力；另外兩種分別是不具約束力的提前錄取（early action）和常規錄取（regular decision）。

背景中，她表現出不同的年齡。和父親的家人在一起時，她表現得像個完全性成熟的女人；和母親的家人在一起時，她的舉止依舊像個女孩。多年後，她完成學業，開始在社會闖蕩，還是會回來探訪這些親戚，而且能立刻扮起少女時期的角色。威廉．詹姆斯曾經寫道：「每一個人的自我可以多得像那些認識他且腦海中有其形象的人一樣多。」[13]

丹佛的入學通知在兩邊的家族都引發了爭論。在某個層面上，艾莉卡的所有家人都爲她能進入一所好學校而感到興奮。可是他們的驕傲是一種占有，在開心之餘，同時懷著層層的猜疑、恐懼和憤慨，得要花很長的時間才能一一卸下。

其實，高等教育高中早就開啓了她和親戚之間的裂痕。那所學校向學生灌輸某些潛意識的訊息：你是自己的計畫者，你的人生目的在於實現自己的才能，你必須爲自己負責，成功是個人的成就。但艾莉卡的家族成員未必能共享這些立場。

墨西哥親戚對她產生的變化抱持謹慎的態度。就像大多數的墨西哥裔美國人，艾莉卡的親戚已被美國主流生活所同化。在美國住了超過三十年的拉丁裔美國人，有百分之六十八擁有自己的房子。到了第三代，有百分之六十的墨西哥裔移民在家只說英語。[14]可是，艾莉卡的拉丁裔親戚對於高等教育的精英世界沒有太多經驗。他們懷疑如果艾莉卡去上丹佛，她就再也不是他們的一份子了。也許他們是對的。

他們感受到一條文化界線。在他們的世界裡，有自己的傳統與文化，那些無形資產很深厚、豐富、深奧。他們認爲跨出了那道邊界，就沒有什麼値得傳承的。外頭的文化澆薄，毫無生氣。

爲什麼會有人想要活在那樣貧乏的土地上呢？

艾莉卡的中國親戚同樣害怕她就要漂走，進入某個道德淪喪的世界。他們希望她成功，然而是透過家族、待在家族附近、活在家族間。

他們開始向她施壓，希望她上離家近一點的大學，就算名聲不如丹佛也行。艾莉卡試著說明其中的差異。她努力解釋在一間充滿競爭的大學就讀，會是多麼地有幫助，不過他們就是搞不懂。他們似乎不了解搬出去住和獨力闖出一片天的這種前景，帶給她多麼強烈的振奮。艾莉卡領悟到，儘管她長得像他們，儘管她深愛他們，但她意識到的現實和他們理解的不盡相同。

包括京都大學的北山忍（Shinobu Kitayama）、史丹佛的黑柔．馬可斯（Hazel Markus）與密西根大學的理查．尼茲彼（Richard Nisbett）在內，這些學者花了很多年時間研究亞洲人與西方人不同的思考與感知方式。一項知名的實驗清楚指出尼茲彼研究的重要發現。他讓美國人和日本人觀看某座魚缸的照片，接著請他們描述自己看見了什麼。在一個又一個案例中，美國人會描述那座魚缸中最大、最顯眼的那條魚，而日本人會花百分之六十以上的時間描述整個場景，以及諸如水、岩石、汽泡，還有魚缸中的植物等背景元素。[15]

尼茲彼的結論是，大體上西方人的注意力往往集中在個人採取了什麼行動，而亞洲人則經常將注意力放在事情的來龍去脈與關係上。他的論點是，打從至少是古希臘時代開始，西方人的思維一直強調個人的行動、不變的個性特質、形式邏輯，以及清楚的類別。而長期以來，亞洲人的思維一直強調脈絡、關係、和諧、矛盾、互相倚賴，以及向外輻射的影響力。尼茲彼寫道：「因此對亞洲人來說，這世界是個複雜的地方，由連續的物質組成，應該從整體、而非部分去理解它，而且它比較容易受到集體、而非個人控制。」[16]

這顯然是一種寬鬆的歸納，不過尼茲彼和許多其他研究者用令人信服的實驗結果與觀察，補充了具體內容。以英語爲母語的父母跟自己的小孩說話時，會強調名詞與類別。韓國父母則會強調動詞與關係。[17]被要求描述一個複雜的機場場景錄影片段時，日本學生能辨認出比美國學生更多的背景細節。[18]

受試者看了一隻雞、一頭牛與一片草地的照片後，被要求將這三樣東西分類，美國學生通常會把雞和牛歸爲一類，因爲牠們都是動物。中國學生很有可能會把牛和草地歸爲一類，因爲牛吃草，兩者之間存在著某種關係。[19]六歲小朋友被要求講述自己那天做了什麼事的時候，美國小孩提到自己的次數是中國小孩的三倍多。[20]

類似的實驗有多種變化。播放一段母女爭吵的對話，美國受試者通常會先選邊站，也許支持母親，或認同女兒，然後會描述爲什麼自己支持的那個人是對的。中國受試者則會從兩方的立場找出各自的優點。[21]談到自己的時候，美國人通常會誇大自己與眾不同的地方，亞洲人則會誇大自己與他人共有的特質，以及人我之間互相依賴的方式。[22]當他們被要求從記憶體容量較大、處理器速度較快和表現介於兩者之間的三台電腦中選一台時，美國消費者通常會先確定自己最看重的特質是什麼，接著選擇針對那個特質表現最好的電腦。中國消費者則傾向於選擇兩種特質都表現得中規中矩的電腦。[23]

尼茲彼也發現，中國人和美國人以不同的方式觀看這個世界。在觀賞《蒙娜麗莎》時，美國人往往花很長時間凝視她的臉，中國人的眼神則會在視覺焦點與背景物體間來回掃視，做出頻繁的急動驟停眼球運動，這讓他們對整個場景有較爲完整的感受。[24]另一方面，其他研究發現，東亞的人不太擅長分辨懼怕和驚訝的表情，還有厭惡與生氣的表情，因爲東亞的人比較少花時間去注意嘴部周圍的表情變化。[25]

艾莉卡的墨西哥與中國親戚無法告訴你，文化對他們有多深遠的影響，除了一些模糊的刻板印象之外。不過他們確實感覺到，屬於他們那個圈子的人擁有一種獨特的思考方式，而那種思考方式體現了某些價值觀，也會帶來某些成就。如果捨棄了那種思考方式，等同於精神上的死亡。

衝突

兩邊的親戚都力勸艾莉卡留在離家近一點的地方。在哈洛那個社會階級的小孩，可不會把這些規勸放在心上。他會照原定計畫去上丹佛。對哈洛那個圈子的人而言，個人成長最重要。然而，對艾莉卡那個文化階層的成員來說，家族才是最要緊的。艾莉卡發現，在某種程度上，自己對這些人的依戀高於個人選擇。他們的先入之見深植在她的腦中。

接下來要面對的，是她的童年好友。她有很多交情最久的朋友排斥高等教育高中標榜的價值觀。她走的是一條文化路徑，他們走的則是另一條——通往幫派、饒舌、刺青、穿潮衣、戴大又亮的飾品。無論是否出於自覺，他們決定要維護自己身爲局外人的完整性。與其向主流文化屈膝投降，他們寧願嗆聲反抗。這些白、黑、棕、黃皮膚的孩子，把他們的世界切分爲白人文化與黑人饒舌文化：前者乏味無聊、壓抑又白痴；後者迷人銷魂、性感、既危險又酷。對他們來說，那種自覺完整的感受遠比未來收入高低更爲重要（要不然就是他們不想勞心費力，而那些作爲只是藉口罷了）。無論如何，他們踏上了反文化的螺旋。他們穿衣的方式、走路的模樣、坐下的姿態、與周遭成人的應對進退，所有這一切讓他們成爲同儕欽羨的對象，卻也斬斷了他們學業有成的可能。由於自尊心，所以他們總是粗魯無禮地對待任何想幫助他們的成人。他們告訴艾莉卡，去鄉村俱樂部是個很蠢的主意，因爲那裡的每個人都會瞧不起她。他們告訴她，儘管她穿著粉紅色高校毛衣和卡其短褲，最後她還是會回到他們這幫人當中。他們想要發財致富，卻又討厭有錢人。她知道他們這番話半是戲弄取笑，不過她還是感到苦惱。

畢業前的那幾個星期，艾莉卡不斷思索自己的人生。她幾乎想不起她花在讀書的那些時間。她腦海中最鮮明的記憶，全是在街頭和遊樂場鬼混的時光，包括和朋友一起閒逛、第一次外出約會、在倉庫後頭喝得爛醉、在兒童輔導中心玩跳繩。她花了那麼多的時間，努力想遠離這個地方，但是她仍舊愛它，因爲它是如此醜惡，顯得她的愛更爲猛烈。

高中畢業後的那個暑假，原本應該是段輕鬆、慶祝的時光，可是艾莉卡永遠都會記得那個眞實的夏天。當時，她的朋友都喊她「書呆子」或「丹佛」。他們會說：「嘿，丹佛來了！她沒去打網球嗎？」

因此，那個夏天她哈了比之前更多的菸草，和更多男生廝混，聽更多嘻哈饒舌天王的歌和更多墨西哥音樂，做遍每一件能反駁街坊鄰居認定她已經被「洗白」（whitewashed）的事。在家裡，她和母親鬧僵了，因爲她會在外頭混到凌晨三點，不先說一聲就在別人家過夜，等到第二天中午才回家。她母親不知道自己還有沒有權利管她。這孩子已經十八歲了，不過卻比過去更讓媽媽操心。艾咪對女兒的期望突然變得搖搖欲墜。槍擊或吸毒被捕等糟糕的事隨時都有可能發生。彷彿街頭文化從墳墓底下伸出手，想把她的女兒拉下去。

一個星期日午后，艾莉卡回到家，看見母親氣沖沖地站在大門邊。原來是艾莉卡答應要早點回家，一起去參加家族野餐，可是她把這個承諾給忘了。當母親提醒她這件事，她整個火就上來了，邊發脾氣邊走進房間換衣服。她母親大聲嚷道：「對我妳就沒空！對那些黑幫混混妳就不忙！」艾莉卡覺得很奇怪，不知道她母親打哪兒聽到這些用詞。

算算出席這場聚會的親戚共約二十人，包括外公外婆、阿姨、姨丈、舅舅、舅媽、表兄弟姊妹。看見艾莉卡和她母親出席，他們都很開心。每個人輪流過來抱抱她們。有人遞了罐啤酒給她，這是以往從未發生過的事。這場聚會很好玩。大家扯開嗓門聊天，閒話八卦。艾莉卡的母親照例慢慢消失在背景中。她是令整個家族失望的人，因此被放逐到家族生活的某個寂靜角落。不過她很關注大家的談話，也很享受家人的陪伴。

大約下午三點的時候，年長者坐在幾張桌子旁，小孩則是在一旁跑來跑去。幾個舅舅和阿姨開始聊起丹佛的事。他們告訴她，和她同齡的其他孩子準備要上附近的大學。他們告訴她，中國人的處世之道、家族事業、親戚間的互相借貸。他們談到自己的成就和生活。愈到後來，他們的談話愈是加強了力道。別去上丹佛。留下來。這裡的前景一片光明。他們甚至顧不得什麼委婉了。他們慷慨陳詞，逼著她妥協。「該是回到自己人身邊的時候了，」一個姨丈說道。艾莉卡盯著自己的空盤子瞧。家人總是能用其他人做不到的方式，挑動你最敏感的神經。眼淚開始在她眼眶聚積。

這時候，只聽見一個小小的聲音從桌子另一端傳來。「你們饒了她吧。」說話的是她母親。滿桌子的人全都安靜了下來。接下來的話根本算不上是演說。她母親是如此緊張不安，卻又如此怒不可遏，只能夠說出一堆沒有條理的話。「她好拚命……那是她的夢想……她費盡力氣才掙到上丹佛的機會……你們沒看到她每天晚上待在房間裡苦讀的樣子，你們不知道她克服了多少困難，還有她發生過什麼事。」最後，她環顧左右，看著自己的親人，緩緩開口說道：「我這輩子從來沒有這麼渴望過一件事，我希望她去丹佛上大學。」

這段小小的演說並沒有讓所有的討論畫下句點。那些舅舅和姨丈還是認爲她是錯的，他們仍舊滔滔不絕地闡述自己的觀點。不過，艾莉卡腦中的均勢悄悄產生了變化。她母親站在整個家族的面前維護她。艾莉卡堅定的信念又回來了。一旦她決心要做，沒有什麼能改變她。

文化俱樂部

離開不是件容易的事。離開童年時期的家，從來不是件輕鬆的事。一九五九年，作家艾娃・霍夫曼（Eva Hoffman）十三歲，她們全家人從波蘭移居到加拿大。從此以後，波蘭總是在她內心深處徘徊不去。多年後她寫道：「我童年的祖國在我心中占有重要地位，那是一種愛。它用語言、感覺、聲音、人性餵養我。它賦予我色彩與現實的軌跡，是我的初戀。那些愛的絕對性永遠沒有辦法再次重現。再也沒有任何景色，再也沒有任何空氣中的薄霧，能像我們最初見到的風景那樣強烈地刻在我們心上，對那種風景，我們毫無保留、完整獻上自己。」[26]

不過，艾莉卡還是出發了。九月初，她在丹佛的宿舍裡安頓下來。

精英大學是偉大的不平等機器。名義上，它們接受各種經濟背景的申請者。對於那些負擔不起學費的申請者，它們提供慷慨的就學貸款計畫。然而，事實是，激烈的競爭會將不是來自上層中產階級的大多數申請者淘汰出局。爲了滿足這類大學的入學要求，在協同培養的氛圍中長大這件事確實很有幫助。擁有家庭共讀時間、私人家教、教練，以及課外活動監督，這些全都大有幫助。

丹佛提供艾莉卡一個大好機會，讓她置身在家境富裕者之中，觀察他們如何與他人互動。她學著他們如何參與社交活動、如何招呼彼此、如何跟別人上床，以及那個圈子裡的男生想要鑽進妳的裙子時會說些什麼，而那個圈子裡的女生不讓對方得逞時又會說些什麼。丹佛就像是一項文化交流計畫。剛抵達時，艾莉卡不懂那些用詞，可是後來她在丹佛取得了知名社會學家皮耶．布赫迪厄（Pierre Bourdieu）所謂的「文化資本」（cultural capital）——那些讓能你躋身上流社會的品味、見解、文化參照、談吐風格。

雖然她確實鄙視那種今天撞壞了自己的BMW，立刻要求家人在隔天送來一台捷豹的紈褲子弟，但是讓艾莉卡大爲震驚且動搖信心的，實際上並不是這些學生的財富，而是他們擁有的知識。她在高等教育高中非常拚命地爲自己將要上丹佛做準備。可是她的丹佛同儕中，有些人從小就開始爲此做準備。他們去過亞金科特戰役（Battle of Agincourt）發生的地點。他們去過中國，在高中時期還曾利用暑假到海地教導當地小孩。他們知道誰是洛琳．白考兒（Lauren Bacall），還知道費滋傑羅（F. Scott Fitzgerald）在哪間學校念書。他們似乎對教授們拋出來的每一條參考文獻都瞭若指掌。某位教授可能會提到莫特．薩爾（Mort Sahl）或湯姆．賴瑞（Tom Lehrer），他們全都露出會意的竊笑。他們知道如何建構論文，那些方式是她從來沒有學過的。她看著那些同學，心裡想著家鄉那些還在大賣場工作或在街頭鬼混的朋友，那些老友不只落後這些丹佛孩子四年，而且他們會永遠落後。

艾莉卡修了經濟學、政治學和會計等課程。她總是在商學院出沒，每當客座講師短暫來訪，她就前往旁聽。她冷靜又務實。不過，這些課程當中有某件事讓她很困擾。在許多課堂上，那些授課的經濟學家和政治學家總是假定每個人都是一樣的。只要把某些誘因放在他們面前，不管什麼文化差異，他們都會按照某些可預料的、合乎法則的、理性的方式做出反應。

這個假定讓社會科學成爲一門科學。假如行爲並不受永遠不變的定律與守則所規範，那麼量化模型就無法適用，這些學科就會失去預測值，變成盡是些模糊不清、由脈絡推敲而來的主觀判斷。

然而，在成長的過程中，艾莉卡身邊有許多人對誘因的反應完全不按牌理出牌。儘管所有的誘因全都指向另一個方向，但是她有許多朋友還是從高中輟學。其中有許多人爲了莫名其妙的原因而決定輟學，也有人根本沒做決定就被退學，因爲他們被各種癮頭、心理疾病或衝動給控制了。此外，文化差異在她的人生中明明就扮演了無比巨大的角色。在她看來，眞正重要的是自我詮釋。眾人定義自己的方式會對他們的言行舉止，以及他們如何回應各種處境，產生巨大的影響。然而，這些在她修習的課程中似乎無關緊要。

因此，除了她精心安排的計畫之外，艾莉卡也受到另一個不同學術方向的吸引。她並沒有放棄企管碩士預備課程，只不過加了點內容。她深受人類學所吸引。她想要研究文化，了解不同文化有何區別，不同文化會產生什麼樣的衝突。

乍看之下，對一個有抱負的大人物來說，人類學是個瘋狂又不切實際的科目。可是艾莉卡很快就把它變成一份策略性事業計畫書。她的整個人生充滿了衝突的文化——墨西哥文化對中國文化、中產階級對低下階級、貧民窟對高等教育高中、街頭人生對大學教育。她早已了解融合不同文化是怎麼一回事。在全球化的世界，這種知識遲早派得上用場。在課堂上，她學到某些公司如何創造出成功的企業文化，某些公司又如何遭遇失敗。她學到跨國企業如何處理文化多樣性這個議題。在一個充滿工程師與財務人員的商業世界中，她懂得文化。這將會是她的賣點。那樣的技能永遠會有市場。畢竟，你認識多少貧民窟出身的中墨混血女性工作狂呢？

延展的心智

百萬年前，動物在地球上四處漫遊。麥可・托馬瑟羅（Michael Tomasello）曾主張，比較聰明的動物，比如猿類，實際上非常善於針對常見的問題想出極具創意的對策。[27]可惜牠們不擅長將自己的發現傳承給後代子孫。人類以外的動物，似乎沒有好爲人師的衝動。你可以教會一隻黑猩猩使用手語，可是這隻黑猩猩並不會爲了能夠彼此交談，而教其他同伴或自己的孩子手語。[28]

人類就不一樣了。人類的起源遠遠落後於其他動物。人類擁有一套含糊不清的遺傳指令，所以在他們出生後的許多年都無法獨力生活。正如知名人類學家克利弗德・紀爾茲（Clifford Geertz）曾表示，人類是一種「未完成的動物。將人與非人動物清楚區分開來的關鍵，與其說是人的學習能力（儘管那很厲害），不如說是在人有能力執行任何功能之前，他必須學習哪些特定類型的事，而且要學的事有多少。」[29]

人類之所以能夠順利延續下來，是因爲我們具有發展高等文化的能力。文化是規範與指引人類生活的種種習慣、常規、信念、論點、壓力的集合。文化會針對諸如如何避免有毒植物、如何組織成功的家庭等日常問題，傳播某些實際可行的對策。一如羅傑・史庫頓（Roger Scruton）曾指出，文化也會教育情感。文化是由故事、假期、符號與藝術作品所組成，裡頭包含了如何感受、如何回應、如何推測意義等往往被人忽略的訊息。

一個人的心智無法處理突然冒出的大量且多樣的短暫刺激。正因爲我們被嵌入文化的骨架中，才能在這世上發揮作用。我們會吸收族群文化、制度文化、地域文化，這些代替我們進行絕大多數的思考。

從傑出的天才創造出傑作這個角度來看，人類並沒有什麼不凡之處。然而，從社群創造出足以引導未來思維的心智架構這個角度來看，人類實在很了不起。這世上沒有人能獨力打造一台現代的飛機，但是現代的企業保留了經驗知識，讓小組人員可以設計並建造現代飛機。

哲學家安迪·克拉克（Andy Clark）寫道：「我們會打造『設計師環境』，讓人類理性能夠勝過不會增大的生物性大腦的計算範圍。」[30]他接著表示，不同於其他動物，人類具有揮灑理性的能力，建構包含知識體系的各種社會安排。

克拉克認爲，人類大腦「和其他動物與自主式機器人那種無條理、具有特殊目的、行動導向的器官並沒有太大的不同。不過，我們在一個重要的方面確實很突出：我們擅長建構實體世界與社交世界，爲的是將難以駕馭的資源變成複雜連貫的行爲。我們運用智慧打造環境，以便用較少的智能取得成功。我們的大腦讓這世界變聰明，這麼一來，我們就能高枕無憂！或者，從另一個角度來看，是人類大腦加上這些大量的外在鷹架，最終構成了這具我們稱爲心智的推論引擎，而它既聰明又理性。從那個角度來看，人類終究還是聰明的，只不過我們向外延展到這個世界的界限，比最初以爲的要遠得多。」[31]

文化的運作

艾莉卡修了社會學、心理學、歷史、文學、行銷和行爲經濟學，凡是她認爲有助於自己理解人類心智共享鷹架的課程，她全都不放過。

所有的文化同享某些共通之處，它們被儲存在我們的基因遺傳中。人類學家告訴我們，所有的文化都會區分顏色，而且最先出現的字彙會是黑與白。如果某個文化爲第三種顏色增添一個字彙，那顏色永遠都會是紅色。[32]所有人類都會對恐懼、厭惡、快樂、輕視、憤怒、悲傷、驕傲與羞愧露出同樣的臉部表情。天生失明的孩童，他們表達情感的臉部表情和一般孩子完全相同。[33]所有的人類都把時間區分爲過去、現在和未來。幾乎所有人都害怕蜘蛛、蛇這類曾威脅石器時代祖先的生物，至少在一開始的時候是如此。所有的人類社會都會創作藝術。他們全都反對強暴與謀殺，至少理論上是如此。他們全都嚮往和諧，同時崇敬神。

唐納．布朗（Donald E. Brown）在《人類的普遍傾向》（*Human Universals*）一書中，列出世界各地的人共有的特質。這份清單可以持續增加。所有孩童都害怕陌生人，打從出生後，他們喜歡糖水的程度一直勝過白開水。所有人都喜歡聽故事、神話和諺語。在所有社會中，男人總是比女人涉入更多集體暴力事件，以及旅行到更遠的地方去。在所有社會中，丈夫的平均年齡比妻子大。不管哪個地方的人都會按名望將人分成不同等級。每個地方的人都會把這世界分成和自己一國的圈內人，以及和自己不同國的圈外人兩類。這些行爲傾向深植於意識底下。[34]

不過，沒有人活在一個叫做「文化」的普世情況裡。每個人都只能活在特定文化中，而且每個文化都有別於其他文化。在德國創作及演出的戲劇，結局並不快樂或以悲劇收場的可能性，是在美國創作及演出的戲劇的三倍。[35]有半數的印度人與巴基斯坦人說，他們會在沒有愛的條件下結婚，但只有百分之二的日本人會這麼做。[36]將近四分之一的美國人表示，他們經常擔心自己在社交場合說錯話，而百分之六十五的日本人有這樣的困擾。[37]克雷格・麥克安德魯（Craig MacAndrew）和羅勃・艾格頓（Robert B. Edgerton）在他們合著的《醉態百貌》（*Drunken Comportment*）一書中指出，在某些文化中，醉漢會打架鬧事，可是在其他文化中，醉漢卻從未這麼做過。在某些文化中，醉漢會變得更加好色，但是在其他文化中並沒有這種情況。[38]

佛羅里達大學的研究人員觀察世界各地不同城市的夫妻喝咖啡的情形。在倫敦，夫妻很少碰觸彼此。在巴黎，每喝一回咖啡，能看到一百一十次的撫摸。在波多黎各的聖胡安，則有一百八十次。[39]

如同尼可拉斯・克萊斯塔基斯（Nicholas A. Christakis）和詹姆士・福勒（James H. Fowler）在他們的書《人際關係有關係》（*Connected*）中寫道，百分之十的美國勞動人口表示自己有背痛的毛病，百分之四十五的丹麥人和百分之六十二的德國人也有同樣的困擾。某些亞洲文化的背痛比率非常低，但是那裡有不少人飽受縮陽（*koro*）之苦。所謂「縮陽」，就是男人感覺自己的陰莖不斷縮進自己體內，因此苦惱不已，甚至感到恐慌。治療的方法是請一位信得過的家人一天二十四小時拉著患者的陰莖，直到那種焦慮停止。

如果你在美國北方街上不小心撞到一個男人，對方血液中的睪固酮濃度不會明顯升高。可是如果你在普遍尊崇榮譽文化的美國南方街頭不小心撞到一個男人，對方體內的皮質醇和睪固酮濃度可能會明顯升高。[40]美國南方城市的名字當中帶有「槍」這個字眼（如佛羅里達州槍口市）的比率是北方城市的兩倍，反之，北方城市的名字當中帶有「樂」這個字的比率是南方城市的兩倍。[41]

文化建構（如語言）能改變眾人看待這世界的方式。澳洲原住民語言古古伊密舍語（Guugu Yimithirr）是一種地理語言（geographical languages）。那個部族的人不會說「舉起你的右手」或「向後退」。他們會說「舉起你的北方手」或「向東踏一步」。凡是說地理語言的人都具備了驚人的方向感。他們永遠知道哪個方向是北方，就算在洞穴中也不例外。墨西哥澤濤語（Tzeltal）的使用者就算蒙住雙眼，連續旋轉二十圈，也能夠準確無誤地指出東西南北的方向。[42]

透過這種方式，文化將某些模式植入我們的大腦，同時讓其他模式消失。由於艾莉卡在美國長大，她具有一種清楚的感受，知道什麼東西是俗不可耐的，即使她無法確實找出是什麼讓它變得如此。她的腦中充滿了道格拉斯・霍夫施塔特（Douglas Hofstadter）所謂「舒服自在卻完全不可能定義的抽象模式」，它們是由文化植入，將她的思維組織成種種概念，例如：卑鄙小人、公平競爭、夢想、古怪乖僻、怪人、酸葡萄心理、目標，以及你和我。[43]

艾莉卡學到，文化不是一部創造一致性的食譜。每種文化都有自己的內部爭論和緊張關係。亞拉斯戴爾・麥金泰（Alasdair MacIntyre）指出，每個生氣勃勃的文化都包含了一連串的衝突，它容許歧異的行爲存在。此外，在全球化的年代，各種文化並不會逐漸趨同，而是漸行漸遠。[44]

她也學到，並非所有文化的地位都是相等的。她知道她不該這樣想。她在丹佛待的時間夠長，知道自己應當認定所有文化都很精彩，它們全都以自己獨特的方式展現出絕妙樣貌。可是，她不是那些來自郊區高中的有錢人家小孩。她負擔不起那種狗屁論調。她需要知道什麼能通往成功，什麼會導致失敗。她觀察這個世界與歷史，從中尋找線索，以及她能加以運用的教訓。

她無意中發現了一位叫做湯瑪斯・索威爾（Thomas Sowell）的史丹佛教授，他寫了一系列的書，包括《種族與文化》（*Race and Culture*）、《遷移與文化》（*Migration and Cultures*）和《征服與文化》（*Conquest and Cultures*），這些書告訴她某些她需要知道的事。艾莉卡知道她應當反對索威爾的看法。她所有的老師全都對索威爾的主張不以爲然。可是他的描述和她過去每天看見的那個世界是吻合的。索威爾寫道：「不同文化的存在不只是值得慶祝的、靜態的『差異』，」它們「會彼此競爭，分出誰是完成事情的較好與較差方式。所謂的較好與較差，不是從旁觀者的角度出發，而是由生活在那些文化中的人，在應付不平順的現實生活卻仍懷有大志時，所持的觀點來判斷。」[45]

艾莉卡注意到，某些群體的表現似乎勝過他們的鄰居與同儕。海地人與多明尼加人住在同一座島嶼上，可是多明尼加人的人均國民所得幾乎是他們鄰居的四倍多。他們的平均餘命（Life Expectancy）比其鄰居長十八年，識字率也高出三十三個百分點。在二十世紀前半，猶太人與義大利人都住在紐約曼哈頓的下東區，但是猶太人崛起的速度遠快過義大利人。[46]

她注意到某些群體不管在哪裡定居，都會讓自己成爲贏家。黎巴嫩人與古加拉提印度人（Gujarati Indian）在世界各地不同社會、不同條件下，都能成爲成功的商人。在一九六九年的錫蘭，所有攻讀理工醫農科系的大學生當中，有百分之四十是少數民族坦米爾人（Tamil），其中工學院學生有百分之四十八、醫學院學生有百分之四十九是坦米爾人。[47]在阿根廷，名列《名人錄》的商人有百分之四十六是在國外出生的。在智利，有四分之三的大型工業企業領導人是移民或移民的後代。[48]

在美國學校，華裔小孩的表現大爲超前。在進入幼稚園前，華裔小孩在字母識別與其他閱讀前導技能上，比拉丁裔孩童的表現超前四個月。[49]比起一般美國學生，華裔學生會修習要求比較高的那些高中課程。他們每天晚上做的家庭作業比較多。如果成績低於A^-，他們回家後被懲罰的機率比較高。大約有百分之五十四的亞裔美國人會在二十五到二十九歲間取得大學文憑，相較之下，只有百分之三十四的土生土長美國白人會在二十五到二十九歲間取得大學文憑。[50]

這些文化差異可以製造出驚人的不平等。相較於白人的平均餘命爲七十九歲，非裔美國人爲七十三歲，亞裔美國人的平均餘命長達八十七歲。即便在經濟狀況窘迫的密西根州，亞裔美國人的平均餘命爲九十歲，白人是七十九歲，非裔美國人則是七十三歲。亞裔美國人的收入與教育程度也高出許多。平均而言，紐澤西州亞裔美國人的壽命比南達科他州美國原住民的壽命長了二十六年，前者取得碩士學位的比率是後者的十一倍。[51]

艾莉卡也注意到某些文化比其他文化更墮落貪腐。雷蒙・費斯曼（Raymond Fisman）和愛德華・米格爾（Edward Miguel）在他們的研究「貪腐的文化」（Cultures of Corruption）中，利用了一項自然實驗。直到二〇〇二年爲止，派駐紐約市的各國外交人員可以免繳違規停車罰款。費斯曼與米格爾分析一千七百名領事館人員及其家屬的資料，看看誰利用了這項豁免權，誰未曾使用。來自國際透明組織（Transparency International）發表的「貪腐印象指數」中貪腐程度嚴重的國家，其外交官員積累了大量的未繳罰單；反觀那些來自較清廉國家的外交官員，幾乎沒有吃上違停罰單。一九九七至二〇〇二年間，來自科威特的外交官員平均每人可分得兩百四十六張違規停車罰單。來自埃及、查德、奈及利亞、蘇丹、莫三比克、巴基斯坦、衣索比亞和敘利亞等國的外交官員也累積了數量可觀的違規罰單。同時間，來自瑞典、丹麥、日本、以色列、挪威和加拿大等國的外交官員，完全沒有違規停車的狀況。即便離家千里遠，這些外交官員的大腦仍舊奉行自己國內的那套文化規範。這些結果並不受薪資、年齡或其他可控變因的影響。[52]

艾莉卡注意到，簡單來說，某些文化比其他文化更適應現代發展。在某堂課上，艾莉卡被分配到一本叫做《自由主義的核心眞理》（*The Central Liberal Truth*）的書，作者是勞倫斯・哈里森（Lawrence E. Harrison）。哈里森口中「追求進步的文化」（progress-prone cultures）的人認爲，他們可以決定自己的命運。至於身處「抵抗進步的文化」（progress-resistant cultures）的人則比較宿命論。置身追求進步的文化的人認爲，財富是人類創造力的產物，而且是可以擴大的。置身抵抗進步的文化的人則對財富抱持零和的假定，相信現有的態勢將會永遠持續下去。[53]

哈里森主張，活在追求進步的文化下，人們爲工作而生活；活在抵抗進步的文化，人們則是爲生活而工作。追求進步的文化還共享其他價值觀：他們的競爭心比較強，他們比較樂觀，他們注重整潔與準時，他們非常重視教育，他們不把自己的家視爲這個充滿敵意世界中的最後堡壘，而是通往外頭遼闊世界的那扇大門，他們會把罪惡感埋在心底，認爲自己該爲發生的事負起責任，他們不會把罪過歸咎他人。

艾莉卡逐漸相信，這種文化基礎信念對決策與行爲的塑造，遠比大多數經濟學家和企業領導人領悟到的要來得更深更廣。這才是一切行動的起點。

給自己的備忘錄

大學畢業前，艾莉卡打開筆記型電腦，給自己寫下備忘錄。她嘗試寫下自己研讀文化差異時學到的某些教訓或規則。她寫給自己的第一條格言是：「用關係網絡來思考。」

社會並不像馬克思主義者以爲的那樣，是用階級來定義的。它不是用種族認同來定義。它不是一群粗魯的利己主義者的集合，如同某些經濟與社會自由論者相信的那樣。艾莉卡認爲，社會是關係網絡的層次堆疊。

每當她閒得發慌時，她會坐下來爲自己和朋友繪製關係圖。有時候，她會把某個朋友的名字寫在一張紙的正中央，然後畫出對方人生中所有的情感對象，接著再用線條表現出那些點與點之間具有多強烈的連結關係。如果她和朋友外出交際，她也會畫出一張圖表，顯示群體中的每個人之間具有什麼樣的社會連結。

艾莉卡相信，如果她弄清楚眾人間有何連結，而且能把相關因素納入考量，她就能對他人有更完整的理解。她訓練自己把人視爲可以打造且改變的生物，會根據心智環境做出各種決定。

「扮演黏著劑的角色」，是艾莉卡寫給自己的第二句話。她會看著手上那張人際關係網絡圖，自問：「那些連結眾人的線是由什麼組成的？」在極少數特別的狀況下，答案是愛。可是在大多數工作場合及大多數社會群體中，那些連結的力量並沒有那麼熱情。絕大多數的人際關係，是由信任結合在一塊。

信任是習以爲常的互惠，而且帶有情感。當兩個人開始交流與合作，同時慢慢理解到他們可以倚賴彼此時，信任於焉茁壯。很快的，一群信任彼此關係的團體成員會變得願意互相合作，還願意爲彼此犧牲。

信任可以減少磨擦，降低交易成本。在企業中工作的人如果對彼此懷有信任感，做起事來就會比較靈活，也比較團結。生活在互信文化中的人，能形成更多的社區組織。生活在互信程度較高的文化中，眾人會有較高的股市參與率。生活在互信文化中的人，組織及經營大型企業比較容易。[54]信任會創造財富。

艾莉卡注意到，在不同社區、不同學校、不同宿舍與不同大學間，存有不同程度與種類的信任。在《落後社會的道德基準》（*The Moral Basis of a Backward Society*）一書中，艾德華・班菲爾德（Edward Banfield）提到義大利南方的鄉下人對自己的家族成員抱持強烈的信任感，卻對親族以外的人抱持高度的猜疑。這一點讓他們很難形成社群，或者建立起比家庭單位更大的企業。德國與日本具有高度的社會信任，因此他們能建立起緊密結合的工業。美國是個人主義者的集體社會。如果你讓美國人描述他們的價值觀，他們會告訴你全世界最個人主義的答案。然而，假設你實際觀察美國人的舉止，就會發現他們出於本能地信任彼此，同時樂於形成團體。[55]

艾莉卡決定，她絕對不要在一個大家無法信任彼此的地方工作。一旦她找到工作，她要扮演黏著劑的角色。她要當那個安排遠足、居中牽線、建立信任的人。她要將訊息傳播給每個人，她要串連起每個同事。如果她身邊的每個人都繪製了一張自己生命的人際關係圖，她會出現在每一張圖裡。

那一天，艾莉卡爲自己寫下的最後一個期許是：「做個觀念空間的整合者。」艾莉卡注意到，偉大的藝術家通常會結合兩種心靈空間。理察・歐枸在《智慧世界》（*Smart World*）一書中提到，畢卡索繼承了西方藝術的傳統，可是他也對非洲藝術的面具很有感覺。這兩種觀念空間的融合創造出《亞維農少女》（*Les Demoiselles d'Avignon*）這幅畫作，並且引爆了畢卡索驚人的創造力。[56]

艾莉卡決心，她要站在兩種心靈空間的交會處。在組織中，她會努力站在兩個部門的交會處，填補兩個部門之間的缺口。對此，芝加哥大學的羅納德．伯特（Ronald Burt）提出一個他稱爲「結構洞」（structural holes）的概念。在任何社會，總有不同族群的人，做著不同的工作。可是在那些群與群之間有很多洞，這些夾縫之地無人理睬，也毫無結構可言。那些地方是思想流動停頓之處，那些缺口將某公司的某個部門與其他部門分隔開來。[57]艾莉卡會進駐那些洞。她會從這群人跨越到另一群人，向不和睦的群體伸出手，化解他們之間的歧見。在一個充滿不和諧網絡與文化的世界中，艾莉卡將會找到她的天命與角色。

【第十章】
智　力

想要在真實世界中出人頭地，除了智力，還得搭配某些人格特質……

、

沒想到艾莉卡還沒出去闖天下，工作就自己找上門了。打從大三開始，人力資源公司的招募專員就一直追著她不放，等到她進入商學院後更是如此。她巧妙地避開他們，就像以維多利亞時代爲背景的小說中那些女繼承人一樣，她小心保護自己，等待對的追求者現身。

她接觸過一些財經機構，一度認眞考慮去科技公司上班，但最後她決定選擇一家頂尖的顧問公司，當作職業生涯的起點。這家公司給她兩個選項，一是加入「專業功能團隊」，一是「產業客戶部門」。不過這根本算不上是選擇，因爲她完全搞不清楚兩者在做些什麼。

最後她加入「專業功能團隊」，只因爲它聽起來比較酷。她在一個名叫哈里遜的人手下工作。每週有三天，哈里遜會針對手上正在進行的研究計畫，召集團隊開會。他們的會議不像一般會議那樣，所有人圍坐在大桌子旁，麥克風擺在正中央，搞得活像是個祭壇。哈里遜的想法與眾不同，他請來一位設計師，打造了一個不同凡響的談話空間，讓團隊成員坐在一個像是超大客廳般寬敞、開放的區域裡開會。

這種安排原本應當比較有彈性，能讓小組坐在一起討論，沒想到反而讓大夥兒得以互相規避。眾人可能在早上十點踏進會議室，把咖啡跟文件放在地板上，一屁股坐進特製的矮墊椅裡，稍微調整姿勢，讓自己略略偏向一邊。所有的椅子大致上排成一個圓圈，但每張椅子都有些微的偏斜，某人可能面對著窗戶，另一個人可能正對著一幅掛在牆上的藝術品，第三個人則面對著門。就算團隊成員談得很開心，也很有效能，卻可能開了整整一小時的會，連正眼也沒瞧過彼此。

哈里遜大約三十五歲，皮膚蒼白，身材高大，絕頂聰明。艾莉卡頭幾次與團隊一起開會時，有一次他問她：「妳最喜歡的乘冪律（power law）是什麼？」艾莉卡連什麼是乘冪律都不知道。

「那是一種尺度不變多項式，比如齊普夫定律（Zipf's law）就是一種乘冪律。」後來艾莉卡才知道，齊普夫定律是指任何一種語言裡，最常用的字彙出現的頻率，剛好會是第二常用的字彙出現頻率的兩倍，而第二常用的字彙出現的頻率是第三常用字彙的兩倍，以此類推。任何大國裡，最大城市的人口數會是第二大城市的兩倍，而第二大城市的人口數會是第三大城市的兩倍，以此類推。

另外一位同事插嘴說：「還有克雷伯定律（Kleiber's law）！」克雷伯定律指的是，任何一種動物的質量與新陳代謝之間存有固定關係。小型動物的新陳代謝比較快速，大型動物的新陳代謝則比較慢。如果把小至細菌、大到河馬等所有動物的質量對新陳代謝比率繪製成圖，結果會是一條直線。

突然間，整個會議室裡的人都因乘冪律而激動了起來。除了艾莉卡，每個人都有自己最喜歡的定律。艾莉卡覺得，比起這些人，自己簡直是不可思議的遲鈍，但她很高興自己能夠與他們共事。

每次的會議，都是一場智慧與理性的煙火展示。眾人會重重地坐進自己的椅子裡，隨著會議的進行，身體愈壓愈低，直到肚子朝天，幾乎躺平，雙手交叉胸前。每場會議總會有某種橫溢的才華迸發。有一天，他們花了一小時爭辯玩猜字遊戲時，jazz 這個字是不是最佳的選擇。

某天，有個同事好奇地問：「假如用羅勃．勒德倫（Robert Ludlum）寫的驚悚小說的命名法，來爲莎士比亞的劇作命名，結果會怎樣？」

有人立刻建議道：「市場的制裁」（The Rialto Sanction）。❖

另一個人壓著嗓子說，《哈姆雷特》可以改叫「艾辛諾爾的猶豫不決」（The Elsinore Vacillation）。

還有個人大聲嚷嚷，把《馬克白》改成「鄧西納恩的重新造林」（The Dunsinane Reforestation）。[1]

這些傢伙早在會走路之前就是天才了吧！他們像是智力競賽或辯論賽的高手。哈里遜曾經說

❖譯按：這裡指的是《威尼斯商人》（*The Merchant of Venice*）。

過，因爲醫學院的課程太簡單了，所以他決定輟學。如果有人提到別家公司的某人很聰明，他就會反問：「他跟我們一樣聰明嗎？」說起誰誰的名字，哈里遜總是會扯到他是不是哈佛、耶魯或麻省理工學院畢業的。艾莉卡和自己玩了一個遊戲，從一個人的名字被提起，到哈佛或耶魯兩個字出現，中間每經過一秒鐘，她都可以吃一顆M&M巧克力。

再來就是關於沉默這回事了。如果他們在方法或數據上沒有發生什麼激烈的爭辯，整個小組似乎甘願就這樣靜靜地坐著，也許幾秒，甚或好幾分鐘。對艾莉卡這種少數民族出身的人來說，這簡直是一種酷刑。她會僵硬地坐在椅子上，盯著自己的腳，在心裡默默對自己說：「我絕不打破沉默，我絕不打破沉默，我絕不打破沉默。」

艾莉卡無法理解這些天才怎麼能夠一直安靜地坐著。或許只是因爲在場大多數都是男性，少數幾位女性幾年下來也已經適應了這種男性文化。艾莉卡相信一種普遍的說法，那就是男人在溝通能力與同理心上，就是不如女人。確實有很多科學證據可以支持這個論點。男寶寶與母親的眼神接觸比女寶寶少，而且在孕期頭三個月裡，子宮裡的睪固酮濃度愈高，眼神接觸的頻度就會愈低。[2]劍橋大學的賽門．巴隆科恩（Simon Baron-Cohen）針對有關男性溝通與感覺的研究進行調查，得到的結論是：男性對系統比較好奇，對情緒則較沒有興趣。一般而言，男性較容易受到如何將無生命的物件組合起來這種以規則爲基礎的分析所吸引。而女人普遍較有同理心。她們在一些只提供部分情緒線索，卻必須猜出對方情緒的實驗中，有較好的表現。[3]女性在口語記憶與口語流利度的表現比較好。[4]她們說的話不一定比男人多，但她們談話中的轉折比較多，而且較常提到別人，不同於男人大多只談論自己。在緊急狀態下，女人比較有可能會向他人求助。

不過，艾莉卡曾與不少男性相處過，她知道事情不一定是這樣。這種文化十分詭異，是由上而下形成。哈里遜將自己的不善社交轉化成一種權力的形式。他愈是神祕，所有人就愈注意他。

他每天中餐都吃一樣的東西：奶油乾酪橄欖三明治。還是個小男孩的時候，他就發展出一套預測賽狗輸贏的方法，如今他的工作同樣是找出隱藏的模式。有一次，在他們爭取到一個新客戶後，他神祕兮兮地問艾莉卡：「妳有沒有讀過那家公司的報告？他們即將碰上轉型關鍵。」她盯著報告內容猛看，卻完全看不出所以然。

哈里遜會連續好幾個小時都在研究圖表、股票價格、可可的年度產量、天氣型態，以及棉花產量等等。

他總是讓人印象深刻。就算客戶不喜歡他，依然尊敬他。只要他在場，連那些執行長都要對他客氣三分。每個人都相信，哈里遜只要看過一頁報表，就能告訴他們五年後公司到底會破產還是大發。哈里遜對自己的智力也有同樣的信心。他對很多事情都很有把握，事實上，他對所有事都很有把握。他相信兩件事：那就是他眞的很聰明，而世界上大多數的人都不聰明。

在那幾年裡，就算有些奇怪的狀況，艾莉卡還是滿喜歡跟這個人共事。她喜歡看他談論現代哲學。他熱愛打橋牌。只要是有固定規則的遊戲，他都喜歡。有時她會協助他，將那些令人昏頭的複雜觀點轉化爲現實的語言。然而，她漸漸注意到一些事情。這個部門的表現並不是很好。報告是很漂亮，但業績爛透了。雖然還是能爭取到新客戶，卻無法留住他們。客戶會爲了某些專案而採用他們的服務，卻不會把這個團隊帶進公司，視爲可信任的顧問。

艾莉卡花了很長一段時間才想通這件事。一旦想通了，她看待這個團體的角度就再也不同了。她變得更具批判性。她知道會議會不斷地開下去，卻少有眞正的討論。反倒是大家都會帶來一些資訊，用以確認哈里遜在好幾年前提出的理論是正確的。艾莉卡覺得這簡直像是看著一群弄臣帶糖果獻給國王，接著所有人都在場見證他品嚐這些貢品。

哈里遜最愛的慣用語就是，「你知道這些就夠了！」他會對一個複雜的情境做出尖銳簡短的觀察，然後大聲叫著：「你知道這些就夠了！」艾莉卡心想，有時候這些並不足夠，可是對話卻硬生生地被迫結束。

接下來就是模型的問題。很多年前，哈里遜曾經有過成功重整一家銀行的輝煌紀錄。他是銀行界的傳奇人物。現在只要銀行來找他，他就會試圖植入那個模型，不管對方是大銀行、小銀行、都會銀行或鄉下銀行。當他將那個模型套用在不同體制的銀行時，艾莉卡曾試著施展她的文化專業。在某次會議中，她試著說明彼得・霍爾（Peter Hall）與大衛・索斯凱斯（David Soskice）在《資本主義的多樣性》（*Varieties of Capitalism*）一書中倡導的方法。她說，不同國家的文化有不同的動機系統，對政府與資本主義也抱持不同想法。以德國爲例，他們有類似勞工委員會那樣環環相扣的機構。它的勞動市場讓雇用或解雇工人都很困難。這樣的安排代表德國在漸進式創新上表現得較爲突出，這種穩定的模式常見於冶金業與製造業。另一方面，美國的經濟網路就比較鬆散。不論是想要雇用人、開除人，或是開創新事業，相對上都比較簡單。因此，美國在激進式創新上勝出，這類快速的典範轉移在軟體業與科技業相當普遍。[6]

哈里遜對她搖搖手，不表認同。他認爲不同國家各擅勝場的原因，是政府的法規有所不同。只要改變法規，就會改變文化。艾莉卡認爲法規源自文化，文化比法規更爲深厚，也更加持久。可是哈里遜根本不想理她。儘管艾莉卡是個有價值的員工，但她的聰明才智並不值得他與之爭辯。

哈里遜這種態度並不是針對她，他對待客戶也是如此。只要是不符合他的論點，他一概予以忽略。他曾要求自己的團隊準備一份很長的簡報，簡報的對象是那些投注一生心力鑽研此產業的人。他們故意把簡報做得艱澀難懂，藉以展現自己的專業。然而，他們不了解，不同公司對於風險有不同的承受能力。他們也不知道，某位財務長和某位執行長之間有權力鬥爭，最好小心行事，別讓兩者爲難。所有該注意的辦公室政治問題全都被拋在腦後，所有該細膩表達同理心的作爲全都沒做到。對艾莉卡而言，總有一天哈里遜與他的團隊會犯下大錯。在她離職前的最後五個月裡，每天回家時心中總會浮現一個問題：這些絕頂聰明的人爲什麼他媽的笨到這種地步？

智商之外

那是一個發人深省的問題。哈里遜是以眾人對智商的崇拜來建構他的生活型態與職業生涯。大體而言，他雇用人的基本條件就是智力，他跟其他人的交往也是取決於智力。他讓客戶印象深刻的方法，就是告訴他們他會組織一支長春藤聯盟團隊來解決他們的問題。

就某個程度來說，哈里遜對智力的信念是說得過去的。研究者在過去數十年間，已對智商進行過相當完備的研究，也對它有充分的了解。一個人在孩童時期測得的智商，能夠合理推估出他長大成人後的智商。那些擅長某一種智力技能的人，通常對其他智力技能也會在行。那些眞正精通語言類比的人，往往在解決數學問題及閱讀理解能力上也有較好的表現。不過，他們在像是記憶識別之類的其他心理技巧上，可能就沒那麼厲害。[7]

要在這一類測試中表現良好，所需的能力深受遺傳影響。對某人智商高低的單一預測指標，最明顯的就是此人母親的智商。[8]擁有高智商的人在學校或與學校相似的環境中，會有較佳的表現。迪恩．哈默（Dean Hamer）與彼得．柯普蘭（Peter Copeland）曾指出：「在一個又一個的研究中，智商是學業表現最佳的預測指標。」[9]

如果你想要帶領一個事業，擁有高於一百分的智商可能會有些幫助。如果你想要從事核子物理這一行，那麼智商超過一百二可能也有所助益。

然而，哈里遜對智商的強調有幾個問題。首先，智商有著令人驚異的可塑性。在智商的塑造過程中，環境因素扮演重大角色。針對維吉尼亞州愛德華王子郡的黑人兒童所做的一項研究顯示，每失學一年，平均會造成智商減損六分。[10]父母的關注似乎也有影響。一般來說，老大的智商會比老二高，老二的智商又會比老三高。不過，當孩子的年紀相差三歲以上，這種效應就不存在。這個理論立基於，母親對第一個小孩說的話會比較多，說話時也會運用較爲複雜的語句。當家裡有兩個年紀相近的幼兒時，母親的注意力就會被分散。[11]

關於智商可塑性的最主要證據就是弗林效應（Flynn Effect）。一九四七到二〇〇二年間，已開發國家的智商水準每十年會穩定上升約三個百分點。在不同國家、不同年齡群、不同環境條件下，都有這樣的發現，這是環境因素影響智商的有力證據。[12]

有趣的是，並非智商測驗中的每一個項目都呈現上升的現象。字彙與閱讀理解這兩個部分的表現，在二〇〇〇年就沒有一九五〇年高明。不過，在用來量測抽象思考的項目上，表現確實比以前強得多。詹姆士．弗林（James R. Flynn）寫道：「在沒有預先學習任何方法的條件下，現今兒童解決問題的能力比過去強得多。」[13]

弗林對此的解釋是，不同年代會有不同的技能需求。十九世紀的社會對具象思考技能有較多的獎勵與需求，現代社會則較爲注重抽象的思考技能。於是，那些具備抽象思考遺傳能力的人會更常運用這些技巧，然後就變得愈來愈厲害。這些繼承來的技能透過社會經歷的放大後，造就出非常高的智力分數。

然而，一旦離開了校園環境，智商就不再是可靠的預測指標。在控制其他因素的條件下，擁有高智商的人並不一定會有較好的人際關係與較美滿的婚姻。他們在養育子女方面也沒有比較強。[14]在《智力指南》（*Handbook of Intelligence*）一書中，佛羅里達州立大學的理察．華格納（Richard K. Wagner）分析智商與工作表現的相關研究，他的結論是：「智商只能預測出工作表現上百分之四的變異效果。」[15]在此書的其中一章，約翰．梅爾（John D. Mayer）、彼得．沙洛維（Peter Salovey）與大衛·卡魯索（David Caruso）三人得到的結論是，智商對生命的成功，最多只有百分之二十的貢獻度。而且這一類的數據有著很多的不確定性。[16]就像理查·尼茲彼所說的：「你無法將大自然結合在一起的東西，用多變項迴歸方程式拆解分析。」[17]不過，總的來說，如果你把一些原本就很明顯的相關性剔除掉（像是聰明的人比較可能成爲較好的數學家），那麼智商與人生成就之間，確實存在著鬆散的關係。

著名的「推孟研究」（Terman study）長期追蹤一群智商極高的學生（他們每個人的智商都在一三五以上）。研究者預期，這些聰明的年輕人在未來將會有燦爛的生涯。他們的確表現得不錯，大多數人成了律師，或是公司的高級主管。但是這一群人當中並沒有出現超級巨星級的成功人物，也沒有普立茲獎或麥克阿瑟獎得主。梅利塔·歐登（Melita Oden）在一九六八年進行的後續研究發現，這一群人之中表現最好的幾位，智商只不過略高於其他人一些。而他們真正擁有的特性，是強烈的工作倫理。這些人在小時候就已經展現出雄心壯志。[18]

一旦跨越了一二○這個智商門檻，智力更高與表現更好之間的關聯性就不大了。理論上，一個智商高達一五○的人會比智商一二○的人聰明許多，但回歸到成就來看，那額外的三十分不會產生明顯可測的好處。就如麥坎·葛拉威爾（Malcolm Gladwell）在《異數》（*Outliers*）一書中表示，那些贏得諾貝爾化學獎與生醫獎的美國人，大多不是來自哈佛或麻省理工這些眾人心中最頂尖的學府。[19]對這些諾貝爾獎得主來說，只要是羅琳斯學院（Rollins College）、華盛頓州立大學與格林奈爾學院（Grinnell）這一類的好學校就足夠了。只要你的聰明才智足以讓你進入一間好學校，那麼它也足以讓你出類拔萃，甚至在化學與醫學領域有所成就。至於你是否能躋身那最頂尖的百分之○．五，根本無關緊要。由俄亥俄州立大學的傑．札格斯基（Jay Zagorsky）所主持，針對七千四百○三位美國人進行的全國青少年長期追蹤調查（National Longitudinal Survey of Youth），發現累積大量財富與高智商之間並無相關性。[20]

哈里遜錯在把智商與心智能力畫上等號。事實上，智力只是心智能力的一小部分，甚至不是最重要的部分。那些在智商測驗取得高分的人，可能擅長邏輯的、線性的、計算性的工作。但若想要在眞實世界中出人頭地，除了智力，還得搭配某些人格特質與個性。相較之下，士兵遠比一般人強壯。如果你讓他進行測驗，項目包括伏地挺身與引體向上，他會表現得非常好。但除非他也具備了勇氣、紀律、技能、想像力及敏銳度，否則在混亂的戰場上，他恐怕無法存活。同樣的道理，或許一個思想家本身很聰明，但除非他也具備了像是誠實、謹慎及正直等特性，否則無法成功。

基斯．史坦諾維奇（Keith E. Stanovich）在他的著作《智力測驗少了些什麼》（*What Intelligence Tests Miss*）中，列出了會對現實世界的表現產生影響的一些心智特質：「下決心之前會先收集資訊，做出結論前會先尋求各種不同觀點，在應對之前會先縝密思考問題，會依現存證據多寡來調整個人意見強度，在行動前會先思考未來的後果，在決策前會先明確衡量處境的優勢與劣勢，講究細微差異並能避免武斷。」[21]

換句話說，心智力量與心智特質之間有很大的差別。心智特質與道德特質十分相似。它是由經驗與努力鎔鑄而成，深深刻印在人的內心深處。

時鐘與雲彩

科學作家約拿．雷勒時常提到卡爾．波普（Karl Popper）對於時鐘與雲彩的區別。[22] 時鐘很精巧，是一種可以用還原的方式去定義與評估的有秩序系統。你可以把時鐘拆解開來，量測每個零件，觀察它們是怎麼組合在一起的。然而雲是不規則且動態的，而且自成一格。想要研究雲彩很困難，因爲它們每分每秒都在變化。描述它們的最佳方式是說明，而不是數字。

如同雷勒所說的，現代研究的最大誘惑之一，是假裝每一種現象都能像時鐘一樣，用機械工具與一般的技術加以評估。對智力的研究也是如此。研究人員花了大量時間探討相對穩定且可量化的智商，卻只願撥出些許時間探討像雲一樣的心智特質。

要解決定義明確的問題，智力確實有用。可是，心智特質能幫助你弄清楚所面對的是什麼樣的問題，以及該用什麼樣的規則處理它。就像史坦諾維奇所說的，如果你能提供大家解決某道問題所需的規則，那麼擁有高智商的人會比低智商的人表現得更好。可是如果你沒有提供他們規則，那麼高智商的人並不會表現得比較出色，這是因爲找出解決問題的規則，以及在事後誠實地評估自己的表現，都是跟智商沒有什麼關係的心智活動。

心智力量與心智特質之間只有些微的相關性。如同史坦諾維奇所說：「涵蓋了數千位研究對象的不同研究都指出，智力的量測值與某些思維特質（像是積極開放的思考、認知的需求等）之間，只存在中度或微弱的相關性（通常小於〇・三）。至於與其他的思維特質（像是認眞盡責、好奇、勤奮等）則完全沒有相關性。」[23]

舉例來說，有些投資人很聰明，卻會做出自我毀滅的行爲，因爲他們過度信賴自己的智力。一九九八到二〇〇一年間，第一手科技價值共同基金（Firsthand Technology Value mutual fund）的年度資本增加了百分之十六。[24]但是在這段期間，這檔基金的投資者平均損失了百分之三十一・六的金錢。爲何如此？因爲這些天才總認爲他們可以在對的時間點進出市場，事實上，他們錯失了重要的上漲日，又栽在具毀滅性的下跌日。這些相當聰明的人如果能夠呆笨愚蠢些，也許還能表現得好一點。

也有些人儘管在智力測驗上得到高分，卻無法保住工作。芝加哥大學的詹姆斯・海克曼（James J. Heckman）與其他人，曾比較高中畢業生與高中輟學卻通過普通教育發展證書（General Education Development, GED）考試的人，在工作場所的表現。這些取得高中同等學歷的人，跟那些高中畢業生一樣聰明，但是前者的薪資比較少。事實上，由於拿普通教育發展證書的人多半缺乏像是動機和自律等所謂的「非認知性特質」（noncognitive traits），他們的時薪甚至比高中輟學生還要低。拿普通教育發展證書的人比較有可能經常換工作。他們的勞動力參與率也低於高中畢業生。[25]

在知識成就的最頂峰，區分傑出天才與普通人的標準並不是智力。那些最偉大的思想家似乎擁有超越理性思考的某種心智能力。他們的能力如行雲流水。舉例來說，愛因斯坦應該算得上是科學與數學智力的模範。可是他處理問題的方式，是透過運用想像、視覺與實體感受。他告訴傑克·哈達瑪（Jacques Hadamard），「由於語言的文字都是用寫的或是用說的，它們在我的思考機制中似乎起不了任何作用。」相反的，他的直覺反應是透過「某些符號與清晰的影像」來進行。愛因斯坦表示：「就我個人來說，上述的元素是視覺的，某些還是活靈活現的。」[26]

物理學家兼化學家彼得·德拜（Peter Debye）宣稱：「我只能用圖像來思考，一切都是視覺的。」他說，處理某個問題時，他會看到各種模糊的影像。他會在心中逐步釐清這些影像，等到問題大致已被解決後，他才會以數學的方式來呈現這些圖像。也有人是以聽覺的方式來處理問題，再三複述與特定想法聯結的某些聲音。[27]甚至有人是以情緒的方式來處理問題。德拜解釋道：「你必須拿出情感去理解碳原子**想要**做什麼？」[28]

智慧並不包含知道特定事實或擁有某個領域的知識。它是關於如何處理知識：要有自信，但不可太過；要勇於冒險，但也要腳踏實地。那是一種挑戰的意願，以及感受廣大未知空間的想望。哈里遜在前述所有性格特質上，得分都不高。

該是離開的時候

艾莉卡的同事全是些極端聰明的人，但他們也無能到極點。幾個月過去，她愈來愈無法忍受，並且對於他們一再錯失良機與重蹈覆轍感到訝異。在辦公室裡，艾莉卡總覺得自己像是個局外人，這種情形在她每次展開新人生時很常見。或許是因爲她的成長環境與眾不同，或是她的膚色不同，或是其他某些原因，反正她就是對生命中不理性、晦暗與激情的面向感受特別強烈。有一天，她快要抓狂的時候，半開玩笑地說自己來到地球上，爲的是達成上天指派的任務：拯救眼前這個白種男人。

由於全能的上帝很愛測試人的能耐，祂送這些住在郊區的中上階級孩子到地球上來，讓他們上吃白麵包的高中、穿馬球衫的大學、喝淡啤酒的商學院，然後進入喝瓶裝水的美國企業界。他們最接近現實的時刻，恐怕就是偶爾造訪高速公路休息站。他們的世界觀奠基於一種原始均衡的假設。只要每個人都像他們一樣彬彬有禮、和藹親切、照他們的方式行事，他們的思考方式就有意義。只要萬事萬物都整潔有秩序，他們就可以活在學校所教的常規中。

然而，這個世界大多數時候並非井然有序，於是他們成了宇宙中最天真幼稚的人。他們會陷入伯尼．馬多夫（Bernie Madoff）的騙局、次級房貸問題，甚至是他們根本不懂的衍生性金融商品。在任何一場愚蠢的流行風潮或瘋狂泡沫的追逐中，這群容易被騙的笨蛋永不缺席。他們在迷霧中徘徊，被他們無法理解的力量吹得四處亂飛。

幸運的是，上帝懷著救贖的憐憫，派遣一個小腹緊實、骨架纖細的華墨混血女人來拯救天真的眾生。這位脾氣又臭又硬、盛氣凌人、事事井然有序的人肉記事簿，會把那些受到過度保護的眾生從 PowerPoint 簡報的六個條列式重點中解放出來，同時向他們介紹眞實的下層社會。上帝是在又亂又髒的環境中養大了祂的僕人，因此她的血液中或許具備足夠的知識、衝勁與活力，能將這個白種男人擠出他舒適的位置，幫助他了解眞正驅動心智的力量。既然上帝讓艾莉卡具備了她所需的力量與堅毅的態度，那麼她就該擔負起自己身爲黃皮膚女人的重責大任，爲拯救地球預作準備。

隨著時間過去，她覺得這份工作愈來愈無趣，也對集體思考感到挫折。每到晚上，她總會走上一段長路，幻想著如果讓她管理自己的部門或是自己的公司，會是什麼樣的光景。邁步向前的同時，她會興奮地把自己的想法輸入 iPhone 的記事本中。散步的時光總是讓她心情愉快，感覺自己注定要成就一番偉大事業。她明白自己的想像遠超出她目前的工作職掌，但她停不下來，也回不去了。

艾莉卡開始構思創立自己的顧問公司。她曉得要冷靜評估這項投資，但是在情緒沸騰的狀態下，整個過程如急就章。她誇大了所有的好處，縮小了所有壞處，還高估事情的容易度。

艾莉卡向哈里遜提出辭呈。她把新公司的全球企業總部設在她住處的餐桌上，她瘋狂投入創業。她打電話給每一位舊識、前輩、客戶與聯絡人。她不眠不休，心中滿溢著這個新公司能有所作爲的各種想法。她也會坐下來，提醒自己要找出一個明確的利基點，可是她就是管不住自己，漫無頭緒的各種想法持續湧現。無須再遵守他人的思考框架，這件事令她得到解放。她即將要創造出一個與眾不同的顧問公司，這公司將會是人道主義的，不再把人當作資料數據，而是把人視爲完整且獨一無二的生物來對待。她相信自己一定會成功。

【第十一章】

做選擇

眾人會低估未來的重要性，容許眼前的滿足抹殺了未來的繁榮幸福……

在法老王時代，有個店主人發現只要把店內的環境稍作調整，就能左右上門顧客的潛意識思考。從此，所有商人都奉行這套作法。舉例來說，上超市購物的人總是一進門就先看到蔬菜水果。這是因為商家們很清楚，先買健康食材的顧客會覺得精神昂揚，稍後便能放縱自己購買更多的垃圾食物。[1]

雜貨商知道烘焙食品的味道能夠刺激購物慾，因此很多店家會在每天早上烘烤麵包，讓整間店充滿麵包的香氣。[2]他們也知道音樂可以促進銷售。英國的研究人員發現，當店內播放法國音樂時，法國葡萄酒的銷量就會一飛沖天；而播放德國音樂時，德國葡萄酒的銷量就會增加。[3]

在購物中心，銷售量低的店家多半位在靠近入口處，因為剛踏進購物中心時，顧客的心情尚未轉換好，對商品較不會多作留意。在百貨公司裡，女鞋專櫃總是設在化妝品專櫃的旁邊，因為顧客在等待銷售人員去找正確尺寸的鞋子時，很可能會閒晃到化妝品專櫃去試用看看。[4]

消費者經常會認為擺在展示架右邊的商品品質比擺在左

邊的好一些。提摩西・威爾森與理查・尼茲彼將四雙完全相同的褲襪放在桌上，請女性消費者進行評分。結果發現，愈靠右側的褲襪分數愈高。百分之四十的評分者給予最右側那雙褲襪最高分，右二得到百分之三十一的支持，右三得到百分之十七的支持，至於最左側的那一雙只得到百分之十二的支持。所有顧客都否認商品位置會影響她們的選擇（除了一位心理系學生），而且沒有人注意到所有產品是完全相同的。[5]

上館子吃飯時，人們的食量多寡跟一起用餐的人數有關。自己一個人用餐時，吃得最少。兩個人一起吃飯的食量會比你在家的食量多出百分之三十五。四個人聚餐時，食量會多出百分之七十五，與七個人或更多人一同用餐的話，食量則會多出百分之九十六。[6]

做行銷的人都知道人們有兩種品味，一種是關於當下要用的事物，另一種則是以後才要用的事物。舉例來說，當研究人員問消費者他們過幾天想要租些什麼片子來看，他們通常會選擇像是《鋼琴師和她的情人》這種藝術電影。然而，問到今晚想要租什麼片來看時，他們都會選擇像是《阿凡達》之類的熱門影片。[7]

即便進行重大採購時，人們時常還是搞不清楚自己要什麼。房產仲介常會說「買方不老實」，因為許多買方在找房子初期所描述的，跟他們最後真正喜愛且購買的房子，根本搭不上。建商很清楚許多購買決策是在買家走進大門的那一刻就決定了。一家叫首都太平洋房屋的加州建商便將樣品屋設計成一進門就能透過窗戶看見太平洋，同時有一道開放式階梯通往樓下的游泳池。這兩層迎面而來的水景對於銷售這些要價千萬美元的房屋大有幫助。深思熟慮反而沒有那麼重要。[8]

掙扎

艾莉卡很喜歡這類隱藏的模式。（她跟多數人一樣，認爲這些道理適用於其他人，但不包括她自己。）她想要搜集這些潛意識行爲模式，特別是那些與文化差異相關的資料，來打造她的顧問事業。她可以將這些資訊賣給各公司。

她開始搜集黑人消費者、西班牙裔消費者、沿海與內陸地區消費者的資料。她尤其好奇高收入與低收入消費者之間的差異。綜觀人類歷史，有錢人的工作時間遠少於窮人，可是在過去這個世代中，趨勢已然反轉，連看待休閒的態度也呈現反轉的態勢。中低階層的消費者在週末時會想要玩電玩和看電影，爲的是放鬆；有錢人週末卻想要讀書與運動養生，爲的是變得更好。[9]

艾莉卡開發出一套關於這類消費趨勢的分析，也準備好要對潛在客戶提出報告資料。創業比她預期的困難許多。她寫信給很多她自認可以幫得上忙的公司，也打電話給一些她曾見過面的企業主管，三不五時就聯絡他們的祕書助理。但眞正回應的人少之又少。在靠自己打天下的最初幾個月裡，艾莉卡的個性變了。之前她擁有與常人一樣的需求，包括食物、水、睡眠、情感與放鬆。可是現在她的需求只有一個：客戶。每個想法、每場對話、每次見面，都是以此爲考量。她每天都爲了生意而焦慮，但她愈是焦慮，就愈沒有生意。她跌入焦慮的漩渦中。她想要保持睡眠充足，但愈是認眞計較，愈是難以入眠。她奮力吸收新資訊，但愈是瘋狂吸收新知，愈是記不住那些新知。

長久以來，艾莉卡一直是夜貓子。多數人在早上會比較靈敏。約有一成的人在中午時分最爲清醒。但是在成年人口中，約有兩成的人要等到晚上六點以後才會完全清醒，就是所謂的夜貓子。[10]可是在創業階段，艾莉卡變得整夜失眠。時間完全變了個樣，原本它是以平靜、穩定的步調流動，現在卻像是狂暴的激流。加油時，她默默計算著在油箱加滿之前可以用黑莓機發出多少封信。在等待電梯的短暫空檔，她會拿出手機打簡訊。她總是在辦公桌前用餐，這樣她才可以邊吃邊處理郵件。電視與電影完全從她的生活中消失。她開始感到脖子和背部痠痛。有時候，她會在一大早盯著前一晚自己寫下的潦草筆跡，卻完全無法理解。

她做了一些自己從來沒想過會做的事：打電話向陌生的客戶毛遂自薦，默默忍受對方的不屑。她原本懷抱著成功的夢想，然而事情開始運作後，推著她前進的動力卻是對失敗的恐懼。萬一創業失敗，她的朋友與同事會怎麼看她？萬一破產了，她要怎麼告訴母親？

從高等教育中學以來，她一直是個奮發上進的人，如今卻成了一個吹毛求疵的人。當她把提案資料夾提供給潛在客戶時，如果有一張紙沒有對齊，或是某個活頁孔被折到，她就想要發火。全世界其他人或許可以懶散過活，但她可不會。

艾莉卡相信自己的商品。她相信隱藏模式確實存在，假如她能夠讓客戶看見這些東西，她就有可能改變這世界。她想要讓大家用更深入的方式去感受事實，以新的力量來滿足需求並獲得成功。偏偏眼下有些障礙擋住了她的去路。每當她談到文化時，潛在客戶們總是無法理解她在說些什麼。他們隱約知道文化有其重要性，因爲談到「企業文化」這個詞的時候，他們心存敬畏，可是這個概念對他們來說虛無縹緲。他們受的訓練是要精通數字，要叫他們認眞看待社會學與人類學方面的知識，有其難度。對他們來說，文化如海市蜃樓一般。

再者，當艾莉卡提及不同的族裔文化時，他們看起來像是長滿蕁麻疹那樣坐立難安。一位華裔與拉丁裔混血女性針對黑人與白人、都會猶太人與鄉村清教徒的不同消費習性高談闊論，而這些絕大多數爲白人的主管過去所接受的意識訓練是，他們不該也不能把這些詞彙掛在嘴邊。他們絕對不會評斷某一群人，也絕不會評論某個少數族群，他們更不會在公眾場合說出這類的話！那簡直是自毀前程。黑人喜劇演員克里斯·洛克（Chris Rock）拿種族大開玩笑時，他們可以會心大笑。艾莉卡點出文化差異時，他們也願意聽聽。但是他們自己絕對不能那麼做，否則就等著面對種族歧視的指控、吃上歧視官司，遭到抵制。當艾莉卡要求他們用族群與文化的角度來思考，他們突然有種強烈的恐懼，想要奪門而出。

艾莉卡的運氣不是很好，她的公司開張時正是那些腦神經繪圖師（neuromapper）的全盛時期。這些人都是充滿魅力的神經學家，他們拿著全彩的大腦功能性磁共振造影（fMRI）掃描圖去參加一場又一場的企業研討會，並且承諾可以解開有助於銷售衛生紙與能量棒的神祕神經突觸方程式。

典型的腦神經繪圖師是身高六英尺、理光頭、感覺很酷的學者型人物。他們穿著皮夾克、牛仔褲及皮靴，拎著摩托車安全帽在銷售展上到處晃，感覺就像是神經科學家版的火爆浪子。他的身旁總會有支來自芬蘭電視台的攝影採訪小組，鉅細靡遺地記錄他的生活與想法，然後他會用手遮著那個永遠別在他T恤上的掛式麥克風，故作親密地和客戶低聲交談。

他的簡報完美無瑕。他會以一系列的錯視（optical illusion）當作開場白，像是兩台看起來完全不同的電腦，但其實它們的大小與形狀完全相同，或是只要心眼一轉，一個老太太的圖片突然就會變成一位戴著帽子的美麗女人。當他展示完這些錯視圖像時，那些生意人會被這樣的奇觀嚇得尿褲子。比起外面廠商區贈送的免費鑰匙圈與手提袋，這玩意兒酷多了。

接著他會翻開功能性磁共振造影掃描圖，開始談論左腦與右腦的不同，以及爬蟲類大腦脈衝理論。在這堆高談闊論中，確實有幾分嚴肅的科學被掩蓋在一層又一層的神奇炫技下。大腦掃描真的令人驚奇。他會開始說明從上往下看的時候，大腦就像一個較圓的俄亥俄州。翻著一張又一張的掃描圖，他愈說愈激動。你看，只要啜一口百事可樂就可以讓大腦前端亮了起來，大約就在克里夫蘭、阿克倫（Akron）與肯頓（Canton）之間的區域；只要一片洋芋片就可以把靠近曼斯菲德（Mansfield）附迎的區域點亮，哥倫布市也有些許的活動出現！來看看當你拿聯邦快遞的圖像給大家看的時候會發生什麼，代托納（Daytona）會變成橘色！托雷多（Toledo）則是紅色的！

他說早餐麥片能讓內側額葉皮質區（medial frontal cortex）變得興奮。NBA明星雷霸龍・詹姆士（LeBron James）擔綱演出的廣告則會讓腹側前運動皮質區（ventral premotor cortex）熱得發火！他告訴在場的每個人，你一定要將品牌擺進顧客的腹側紋狀體（ventral striatum）！你一定要讓顧客在情緒上很投入！

這是充滿魅力的科學！這跟艾莉卡那些關於文化的模糊論點大不相同。這是由價值數百萬美元的機器透過螢幕產生出來的色彩，既是可見的，也是可以測量的。這些神經繪圖師有他們獨門的神經焦點內視系統（NeuroFocus Insight System）或神經架構產品策略（NeuroFramework Product Strategy）。他們能精準找出可以解開銷售密碼的大腦部位！當然啦，那些企業主愛死這套東西了。自然的，艾莉卡每次拿她的服務去向客戶提案時，對方總是興趣缺缺，他們眞正想要的，是有人能將他們活化的背側前額葉（dorsolateral prefrontal）畫上亮綠色！艾莉卡已經完全跟不上行銷潮流了。

有一天，艾莉卡端出自己的拿手絕活，向一位汽車零件公司的執行長提案，大約十分鐘後，他開口打斷她。他說：「妳知道嗎，我很尊敬妳，我們是同一類的人，可是妳眞的讓我覺得很無聊，而且妳想提供的服務跟我一點關係也沒有。」

艾莉卡啞口無言。

「妳爲何不換個方法？與其告訴我妳能提供什麼服務，爲何妳不問問我想要些什麼？」一時間艾莉卡還以爲他想要追求她，但他繼續說下去：「妳應該問我什麼事讓我不高興？什麼事讓我徹夜難眠？我希望有人替我分擔哪些工作？重點不在妳能提供什麼，而是我想要什麼。」

艾莉卡明白這些話絕對不是要搭訕，而是人生的教誨。這筆生意當然沒談成。當她離開他的辦公室時，感到十分困惑。但這場會議確實改變了一切。從此以後，她的方式變成「不管你要什麼，我都願意滿足你」。不管客戶丟了什麼樣的問題過來，她都會應用自己的工具加以解決。她會走到他們面前說：「你們想要我做些什麼？我能幫上什麼忙呢？」

有一天，艾莉卡出門散步時，仔細地想了一遍。在推銷文化區隔（cultural segmentation）這個概念上，她顯然失敗了。但她並不想加入那些神經繪圖師的行列，因爲她發現那些從科學裡得出來的建議相當陳腐。那麼，她到底可以做些什麼呢？

她不曾有過放棄的念頭。如同賓州大學的安潔拉．達克沃斯（Angela Duckworth）所說的，成功的人會找出遙遠未來的目標，就算赴湯蹈火也在所不惜。[11]那些興趣一個換過一個的人，相對來說比較不可能精通任何一項。學校要求學生對所有的科目都要擅長，但人生則要我們找出一種熱情來追逐，永不止息。

行爲經濟學

艾莉卡必須找出可以用來解決客戶問題的專長領域。她需要某種知識系統既能與她對文化與深度決策的興趣相關，同時也能符合市場的胃口。她必須找出一種商業人士聽得懂，而且可以用來描述消費者心理的語言——某種熟悉的科學性語言。於是她想到了行爲經濟學（behavioral economics）。

過去十年間，一群經濟學家試圖將認知革命的見解應用到他們自己的領域。他們最主要的論點，同時也是對艾莉卡最有吸引力的地方，就是古典經濟學對人類本性的誤判。古典經濟學所想像的人類是和藹可親、聰明絕頂、冷靜自持、永遠不會被任何事嚇到。他會用腦中一系列精準得不可思議的模型來打量這個世界，預測接下來會發生什麼事。他的記憶力無與倫比。他能思考無數的決策選項，權衡所有得失。他完全清楚自己要的是什麼，也絕對不會在相互衝突的欲望中反覆不定。他會努力極大化自己的效用（不管那指的是什麼）。他的人際關係全是偶發性的、契約性的、短暫的。如果某一段關係無法幫助他極大化自己的效用，他就會把它賣掉，換取價值更高的另一段關係。他有完美的自我控制能力，而且會壓抑那些妨礙他競爭的衝動。他不會陷入情緒感染或團體迷思，而是根據誘因做出決定。

古典經濟學者欣然承認這一種人根本不存在。但他們表示這種誇張的手法已經夠貼近現實了，足以讓他們建立起能夠正確預測人類眞實行爲的模型。更不用說，這種誇張的手法可以讓他們打造各種嚴謹的數學模型，那可是經濟學界衡量你是否具有眞材實料的方式。它讓經濟學家把經濟學從一種跟心理學同樣混沌不穩的領域，轉化成一種跟物理學一樣堅實嚴謹的領域。它讓這些學者得以構想出統管行爲研究的各種定律，並且得以運用數字的強大力量。就如米契爾．沃德羅普（M. Mitchell Waldrop）所說：「理論經濟學家運用高超數學能力的方式，就跟森林中的大雄鹿揮舞牠們的鹿角一樣，都是爲了彼此競爭，建立優勢地位。不會使用鹿角的雄鹿就沒有立足之地。」[12]

行爲經濟學家卻認爲這些誇張的手法不夠精確，因此無法對眞實事件做出可靠的預測。丹尼爾・卡尼曼（Daniel Kahneman）與阿默・特佛斯基（Amos Tversky）這兩位心理學家是這個領域的先鋒。他們的見解被一些正統經濟學家所採用，包括理查・塞勒（Richard Thaler）、桑希爾・穆萊納桑（Sendhil Mullainathan）、羅伯・席勒（Robert Schiller）、喬治・阿卡洛夫（George Akerlof）與柯林・卡默勒（Colin Camerer）等人。這些學者探討發生在意識底下的認知。理性受制於情緒。自我控制很困難。人們會以偏差的方式來感知這個世界。他們深受環境條件的影響。他們很容易陷入團體迷思。最重要的是，眾人會低估未來的重要性，容許眼前的滿足抹殺了未來的繁榮幸福。

正如丹・艾瑞利在《誰說人是理性的》（*Predictably Irrational*）一書寫道：「如果要我從本書描述的研究裡找出一個最重要的教誨，那就是你我都是棋局中的紅兵黑卒，而且我們根本不了解自己擁有的力量。我們常自認爲是坐在駕駛座上，對自己的決策與所選擇的人生擁有控制權。唉，可惜這種感受多半跟我們的欲望有關，是我們想要看待自己的方式，跟事實不一定相關。」[13]

行爲經濟學家主張，如公平之類的直覺會產生強大的經濟效果。薪酬級距並非完全由市場來決定，人們會要求看起來公平的薪資，而經理人在設定薪酬標準時，必須將這一類的道德直覺納入考量。

行爲經濟學家提出眞實人類與理性典範之間的差異，包括了同儕壓力、過度自信、怠惰與自欺等。購買電器時，消費者有時候會加購延長保固，即便這種保固通常不值得那些額外付出的成本。紐約市的衛生單位官員認爲，如果將熱量資訊張貼在速食餐廳的餐點看板旁，大家或許會吃得健康一些。事實上，施行這條法規後，用餐者實際點餐的熱量比之前略高。14

古典經濟學者往往相信整體的經濟會趨於平衡，但是行爲經濟學家卻比較會去分析如自信、信任、恐懼與貪婪等動物本能的變動，因爲這些全都可能導致泡沫、崩盤與全球危機的發生。有些行爲經濟學家說，假如古典經濟學的前輩們當初就知道我們現在對人類心智運作的這一切理解，他們就不會把這個領域架構成這副德行。

行爲經濟學家所解讀的現實與艾莉卡每天的所見所聞較爲相近。她明白這個領域能提供她描述心智歷程的方式，而且這種語言對商學院人士來說是再熟悉不過了。

在內心深處，艾莉卡思考的方式與行爲經濟學家並不相同。她首先著眼於文化，她視社會爲一個有機的生物，具有各種複雜的關係。行爲經濟學家也許會從行爲著眼，但他們終究還是經濟學家。也就是說，行爲經濟學家雖然承認古典經濟學家忽略的複雜性與錯誤，但他們依舊主張人類的錯誤是可預測的、有系統的，而且可以用數學方程式來表達。艾莉卡懷疑他們根本是見風轉舵。如果他們承認行爲不是定律可以統管的，以及行爲實在太難以預測，因此無法用數學與模型來測量，那麼他們就當不成經濟學家了。他們無法在經濟學期刊上發表論文，也無法參加經濟學會議。他們的辦公室就得要搬到心理系去，這可是學術地位的大降級。

不過，正如行爲經濟學家想要假裝自己的研究仍屬於嚴謹且實事求是的科學，艾莉卡也是如此。她的客戶尊敬科學。他們受過的訓練把社會當作一種機制來思考。如果非得採納他們的心態才能讓他們聽進她的話，那就這麼做吧。

艾莉卡決定不要以市場尚未成熟的文化區隔作爲自己顧問事業的基礎，而是選擇目前正火紅且有需求的行爲經濟學。

捷思法

艾莉卡遍讀主要行爲經濟學家的論述。根據他們的說法，在每個選擇背後都有一個選擇架構，也就是一套可以幫助我們做出決策的無意識結構。這種選擇架構通常會以捷思法（heuristics）的形式出現。人類心智儲存了一些「如果……那麼……」的經驗法則，可以透過事情脈絡來啓動它們，應用在一些適當的場合。

第一種捷思法是促發（priming）。某個感受會導引出一連串足以改變後續行爲的各種想法。如果你要求受測者唸出一連串隱約與年老相關的字彙（如「賓果」、「佛羅里達」、「古代」等），等到要離開房間時，他們走路的速度會比進來時更慢。如果你給他們一群與侵略性有關的字彙（如「粗魯」、「惱人」、「侵入」等），就算實驗都已經結束了，他們仍舊會迅速打斷別人的談話。[15]

如果你在受試者準備進行測驗或者運動前，告訴他們一個高成就的故事，他們的表現會比你什麼都沒說來得好。即使你只不過是在語句中使用「成功」、「精通」及「達成」等字眼，他們也會表現得比較好。[16]如果你描述一個大學教授該是什麼樣子，他們在知識測驗上會表現得比較好。另一方面，如果你提到一些負面的刻板印象，他們就會表現得比較差。如果你在考試前提示非裔美國學生他們是非裔美國人，他們的成績會比你完全不提示任何資訊時低得多。[17]在某個案例中，亞裔美國女性在數學考試前被提醒自己的種族淵源，結果她們考得比較好。但若提醒她們身爲女性，考得就比較糟。[18]

促發在各種狀況下都能發揮作用。在某項實驗中，一群學生中的某些人被要求寫下自己電話號碼的前三碼，接著，所有學生都被要求猜測成吉思汗辭世的年分。那些寫下電話號碼前三碼的學生比較可能會猜他是活在第一個一千年的人，卒年是三位數字。[19]

另一種捷思法是錨定（anchoring）。沒有任何資訊是單獨被處理的。心智模式具有感染性，每一件事的判斷都是跟其他的事比較之後的結果。當一瓶三十美元的酒放在一堆九美元的酒當中，感覺很昂貴，可是一旦把它放在一堆一百四十九美元的酒當中，它卻顯得便宜（這就是爲什麼酒品專賣店總要進一些超級昂貴、幾乎不會有人想買的酒）。一家撞球桌專賣店的經理曾進行一項實驗。某一週，他先向顧客展示店內價格最低的撞球桌，每張只要三百二十九美元，隨後介紹愈來愈貴的撞球桌。結果那一週所有買了球桌的客人，平均花費爲五百五十美元。隔一週，他先把定價三千美元的撞球桌介紹給客人，然後再慢慢地往便宜的介紹。結果當週的平均銷售額超過了一千美元。[20]

接下來，還有框架（framing）。所有的決策都會被特定的語言脈絡給框住。如果醫生告訴病人，某個手術有百分之十五的失敗率，這些病患很可能會決定不要動手術。但如果醫生告訴他們，手術有百分之八十五的成功機率，他們很可能會願意接受手術。如果消費者在貨架上看見喜愛的罐頭湯品，可能會拿個一、兩罐放進購物籃中，但若他看見旁邊有個告示牌寫著「限量：每人限購十二罐」，他可能會拿個四、五罐。丹．艾瑞利要求學生寫下自己的社會安全碼末兩碼，接著競標一瓶酒與其他商品。那些社會安全碼末兩碼數字較大（介於八十與九十九之間）的學生，對一個無線鍵盤的平均投標金額落在五十六美元，而數字較小（一到二十之間）的學生，投標金額平均爲十六美元。正因爲學生們都以自己的數字作爲選擇框架，以致於社會安全碼末兩碼數字較大的那些學生，投標金額竟高了百分之兩百一十六至三百四十六。[21]

然後是期待（expectation）。心智會針對它認爲即將發生的事創造出模型，那將影響它對實際發生事件的感受。如果你把一罐潤手霜拿給某人，說它能減輕疼痛，此時你就是在建立一種期待。就算那罐潤手霜只是普通的乳液，用過的人卻會眞的感覺疼痛消失了。當病患被告知開給他們的止痛藥一顆價值二．五美元時，他們感受到的疼痛緩解能力遠高於那些被告知開給他們的止痛藥只值美金一角的人（其實這些藥丸全都是安慰劑）。[22]約拿．雷勒寫道：「他們的預測變成了自證式預言。」[23]

再來就要談到慣性（inertia）。心智是認知的吝嗇鬼，它不喜歡擴大自己的能量，因此人們傾向維持現狀。美國教師退休基金會（TIAA-CREF）爲大學教授的退休帳戶提供一系列資產配置的選擇方案。根據一項研究顯示，多數參與者在職業生涯中，根本不會改變任何資產配置。他們就一直保持著最初簽約時所選擇的那個方案。[24]

還有喚起（arousal）。人類會因心境的不同而有不同的想法。一家南非的銀行與哈佛大學經濟學家桑希爾．穆萊納桑合作進行了一項實驗，他們想要找出哪一類的貸款廣告最有效。他們先是寄出附有不同照片的信件，然後又送出提供不同貸款利率的廣告。他們發現附有微笑女人照片的信件對男性效果特別好。對男性而言，一張笑容滿面的女子照片能提高的貸款需求，其效果相當於降低五個百分點的貸款利率。[25]

丹．艾瑞利分別在男人情慾高漲的狀態（用保鮮膜包起來的筆電、手淫，還有一些你不會想要知道的東西）及平靜的狀態下，問他們同一組問題。在平靜的狀態下，有百分之五十三的男性表示，就算跟自己討厭的人發生性關係，他們也能樂在其中。在情慾高漲的狀態下，則有百分之七十七的男性持相同看法。在平靜的狀態下，有百分之二十三的人說他們可以想像自己與十二歲的小女孩發生性關係。在情慾高漲時，則有百分之四十六的人說他們可以想像此事。在平靜時，有百分之二十的人表示就算約會對象說不，他們還是會試圖發生性關係。當情慾高漲時，有百分之四十五的人表示自己會這麼做。[26]

最後是損失趨避（loss aversion）。損失金錢帶來的痛苦遠高於獲得金錢的快樂。丹尼爾．卡尼曼與阿默．特佛斯基曾問眾人是否願意接受某些賭注。他們發現，若是要大家去賭一把可能會輸掉二十美元的局，你必須讓他們有機會贏得四十美元。正是因爲損失趨避，才讓投資人老是迅速將賺了錢的股票脫手，卻續抱下跌的股票不願停損。這種行爲其實是一種自我毀滅的決策，因爲他們就是不願意承認自己的損失。27

重生

艾莉卡慢慢找到一種方式，用以定義潛意識的偏誤。但是行爲經濟學家在學院中努力的成果，無法自動轉化成商業顧問在會議室中所做的一切。艾莉卡必須找出方法，將這些研究成果轉化成有用的建議。

在存款漸漸變少的那些日子裡，艾莉卡寫了些備忘錄，提醒自己該如何處理這件事。她從頭到尾檢視一遍，終於恍然大悟——這根本不是她擅長的事。她必須雇用某個眞正擅長與各種想法周旋的人，這個人要能夠理解學術見解，同時有辦法將它們落實在眞實世界中。

她到處問人。她詢問了一些在顧問界工作的朋友，也寄出大量電子郵件，還在臉書上張貼一則小小的廣告。最後，她從一位朋友的朋友那裡得知有個頭腦相當靈光的年輕人正在找工作，而且她可能還負擔得起他的薪資。當然，這個年輕人的名字就叫哈洛。

【第十二章】

自由與承擔

無拘無束和落地生根的人生，哪一種比較快活……

十八歲以前，哈洛按部就班地前進。他的童年在父母諄諄教誨、監督及訓練下度過。他的任務非常明確：拿到好成績、名列前茅、讓大人高興。

泰勒小姐爲他的人生帶來新的消息：對偉大想法的熱愛。哈洛喜歡世界史學理論，愈宏偉愈好。有時他會對某些想法太過熱中，你得用捕蟲網追著他跑。❖

上了大學以後，哈洛發現生活可以很有趣。大學裡有兩種不同的經濟活動。首先是日間經濟，學生跟成人互動，盡全力美化履歷與討好師長。哈洛在這個世界的表現不算突出，他的身旁有一群整天談論自己還有多少事要做的人。

至於夜間經濟，則是完全由學生參與的大亂鬥，極盡嘲諷挖苦，那惹人厭的幽默往往與精液有關。在夜間經濟中，塵世的成就根本不重要，所有社會獎賞全都歸於那些風趣詼諧的人。

哈洛跟他的一票朋友都是這種感性活動的箇中高手。他

❖譯按：在美國文化（尤其常見於漫畫），拿著大型捕蟲網揮舞奔跑的人，所追逐的通常不是蝴蝶，而是瘋子。

們可以輕易說出一堆反諷、忸怩作態、揶揄、自我陶侃、後現代的冷笑話。他們話中有話，想要打進他們的社交圈，得先知道每個對話底下裹了幾層的冷嘲熱諷。

他跟他的朋友總是比大家早一步知道哪些 YouTube 影片最惡毒、最好笑。他們會爭論柯恩兄弟（Coen borthers）的作品及《美國派》（*American Pie*）系列電影的文化重要性。他們也曾短暫著迷於開放原始碼運動。他們想知道要多有名才算好，是像影星布萊德彼特那樣，還是劇作家塞巴斯提安·鍾格（Sebastian Junger）？他們偏好那種談起來比聽起來更有樂趣的音樂，像是獨創的新浩室（neo-house），以及帶有強烈自我意識的復古電音放克（retro electro-funk）。他們拚命耕耘那些怪異的執著，那得透過日積月累、與課業無關的上網瀏覽才做得到。至於激進的荷蘭交通工程師漢斯·蒙德曼（Hans Monderman）則是他們共同關注的對象。

在其他的世代裡，校園的前衛派對於寶琳·凱爾（Pauline Kael）的影評及英格瑪·柏格曼（Ingmar Bergman）執導影片的意義爭辯不休，但哈洛與他的朋友都認定科技所能帶動的社會變遷，遠比藝術與文化產物來得大。他們從 iPod 換到 iPhone，再換成 iPad。假如史蒂夫·賈伯斯（Steve Jobs）眞的搞出個 iWife，他們肯定會在上市第一天就去辦理結婚登記。他們不僅是早期採用者，也是早期丟棄者，當風潮成爲主流的那一刻，就是它被拋棄的時候。在他們上八年級前，鈦製項鍊就已經玩完了；等到上大學之前，他們已經對怪怪風家具（whimsical furniture）感到厭煩。他們看不起那些在房間裡放泡泡糖機的小孩，不過當哈洛發現某個朋友把飛機上的送餐車拿來當作家用酒櫃時，覺得那眞是個聰明的作法。

哈洛對於這類感性的競賽固然十分在行，但整體來說他還是比不過他的室友。當初申請宿舍時，他要求同住者的條件是學業成績差但學測分數高的學生。當他第一次踏進宿舍時，馬克已經安頓好了。他全身大汗，穿著一件無袖內衣，活像是電影《慾望街車》（*A Streetcar Named Desire*）中馬龍白蘭度的穿著。

馬克來自洛杉磯，身高大約一八五，有著肌肉堅實的肩膀及英俊的臉龐。他常留著鬍渣，頭髮永遠亂成一團，簡直跟愛荷華作家工坊（Iowa Writers' Workshop）中那些敏感的準小說家沒兩樣。他已經在房間裡架起一座健身滑梯，那是爲了深夜即興運動而準備的。他還把自己的床框帶來學校，因爲他認爲單身漢一定要投資一套好床。

爲了尋歡作樂，馬克願意冒著丟臉出醜的風險，而他也把自己的生活安排得像是傳奇流浪漢的冒險故事一樣，爲的是榨出破表的腎上腺素。舉例來說，大一新生那一年，純粹爲了好玩，他決定參加金手套拳擊巡迴賽，並且大肆宣傳自己的代號：眞正的殺手。他決定不爲拳賽做任何訓練，只在部落格上暢談拳擊。最後由一群穿得像是送葬隊伍的舉牌女郎，扛著一只棺木陪他走進拳擊場。雖然他只花了八十九秒就被一個貨眞價實的拳擊手擊倒出局，但在此之前，城裡每家新聞台都已經報導過他的故事。

這個月，馬克將參加《美國偶像》（*American Idol*）的選拔。下個月，他又玩起衝浪，還和某支ＮＢＡ球隊的老闆吃飯。他的臉書朋友高達四千個，晚上出去玩樂時，馬克會把大半時間花在打簡訊，玩玩不同的社交戲法。他活在他所謂「熱情世界」中，他要持續追尋刺激與各種有趣的回憶。

哈洛不知道該用什麼態度看待自己的室友。馬克會在房裡留一些自娛娛人的便利貼，像是「衝啊！當牛郎去！」。他什麼都要列清單：他睡過的女人、看過對方裸體的女人、打過他的人、就算沒必要也願意做社區服務的人，諸如此類。有一天，哈洛拾起一本馬克隨手留在宿舍裡的《男士健康》（*Men's Health*）雜誌，他在一篇探討去角質的文章旁，看到一些相當認真的眉批：「太正確了……說得眞對！」

哈洛原本是帶頭的，現在卻成了跟班。若說馬克是蓋茲比（Gatsby），那麼原本獨斷果決的哈洛，現在成了故事敘述者尼克．卡拉威（Nick Carraway）。他把青春年少的時光全都花在驚嘆馬克瘋狂的能量，以及追隨並分享那份樂趣。

作家安德莉亞．唐德利（Andrea Donderi）說這個世界有兩種人：要求者（Askers）與猜測者（Guessers）。要求者在要求別人時不會感到羞愧，被人拒絕時也不會覺得受傷。他們會不請自來地到你家作客一整個星期。他們會向人伸手要錢、借車、借船，甚至借女人。開口請求別人幫忙不會讓他們覺得內疚，被人拒絕時也不會覺得受到冒犯。

至於猜測者則討厭求人幫忙，回絕別人的請求則會讓他們有罪惡感。唐德利寫道，在猜測文化中，除非你很確定答案是肯定的，否則你會避免將請求形諸文字。在猜測文化中，你絕對不會直接對別人說不。你會找藉口。每一個請求，不管是自己提出或是來自他人，都充滿著情緒與社交的危險。[1]

馬克活在要求文化中，而哈洛活在猜測文化中。偶爾這會造成兩人相處的一些問題。有時候哈洛甚至會買一些自我成長書籍來看，就是那種教猜測者如何當個要求者的書，不過這件事從來沒有實現過。此外，對一個十九歲的孩子而言，馬克眞的令人無法抗拒。他永遠開開心心，永遠保持移動，而且永遠都是那麼有趣。他活脫是個全身充滿活力的海報男孩。大學畢業之後，他立刻無牽無掛地出發去做環球壯遊，完全不擔心未來。打從青春期開始他就相信，自己注定要成爲品味的雜食性守護者。他會投入某些領域，像是電影、電視、音樂、設計、時尙或其他，把他那讓人陶醉愉快的感性帶到這可喜的世間。

就在畢業前的某一天，馬克大聲喊道：「嘿！大思想家！」大思想家是他給哈洛取的綽號。「我環遊世界的時候，你想要跟我合租一間公寓嗎？」於是在接下來的幾年中，哈洛一直和一個總是不在家的人合租一間公寓。馬克的房間會空上好幾個月，然後他會突然出現，同時帶回幾則歐洲的韻事及冒險事蹟。

哈洛繼續攻讀全球經濟暨外交關係的學位。他知道如何在求職面試中勝出。在這些面談中，他表現得不客氣、不恭敬，也不正經八百，簡直變身成桀驁不馴的另一個人。那些已經看人看到疲乏的面試官愛死他了，至少那些他眞的想去工作的地方都是這樣的反應。

大學畢業後，他經歷了一段行善時期。他在「社會變遷行動」、「世界意識基金會」及「共同關切」等機構工作，然後到「分享」這個由一位資深搖滾明星創立、關心清潔飲水的非政府組織中擔任資深研究員。受夠了這種搭私人飛機做慈善的工作之後，他接著進入了編輯助理時期。

他曾向《公眾利益》、《國家利益》、《美國利益》、《美國展望》、《外交政策與外交事務》與《國家事務》等出版單位求職。擔任期刊副主編時，他編校的文章鼓吹各式各樣聽來矛盾的偉大策略：現實理想主義、道德現實主義、合作單邊主義、專一多元主義、單極防禦性霸權等等。這些文章都是應一群參加了太多場達沃斯會議❖，快被逼瘋了的執行編輯委託撰寫的。

在局外人聽來，這些工作似乎很有趣，然而它們往往涉及很多不必要的工作。哈洛在大學畢業前，花了幾年的時間參與高年級生的專題研討會，討論托爾斯泰、杜斯妥也夫斯基，以及惡的問題。然而畢業後，卻花了幾年的時間操作影印機。

當他站在那裡，努力避免被影印機來回巡行的綠色光線催眠時，他覺得自己已然成爲資訊時代的碳粉匣。他工作的那些組織與出版社，都是由工作多年且有社會地位的大肚腩中年人負責營運。而他的同事都是年輕的過客，主要的功能只不過是查證事實及搞曖昧罷了。

對此，他的父母日益焦急，因爲他們的兒子離開校園好幾年了，看起來卻還在漂流晃蕩。哈洛自己的心理狀態更爲複雜。一方面，他還沒有感受到什麼特別的壓力，需要他穩定下來，像個眞正的大人。他的朋友們也都是這樣。他們過得比他更隨興，他們把二十幾歲的時光用在教一點書、打一點臨時工、做一陣子的酒保。他們毫無章法地從這個城市移居到那個城市。城市簡直成了青年的職涯更衣室，是二十幾歲年輕人換穿不同身分的地方。然後，等到他們知道自己是什麼樣的人，就會離開。有百分之三十八的美國年輕人說他們想要住在洛杉磯，但是只有百分之八的年長者想這麼做。[2] 哈洛的朋友可能會在某一年出現在舊金山，隔年又跑到華盛頓特區去。除了電子郵件地址外，一切都是變動的。

另一方面，哈洛很想知道自己到底該如何度過這一生。他夢想著能找到某種召喚，既能終結所有的不確定，又能爲他的生命帶來意義。他渴望能有一個主題，將生命中所有的事件逐一串連起來，取代他常自覺生命總是片段不連貫而惶惶不安的感受。他想像著某一天會有一位全知的導師來到他面前，告訴他該如何過活，也告訴他這一生所爲何來。不幸的是，他的摩西不曾出現。當然不會出現，因爲人們唯有透過動手實作，看看感覺對不對，才能找到自己的天職。嘗試各種不同的生活，靜待眞正適合自己的天命出現，是無可避免的過程。

哈洛並不喜歡自己的改變。他逐漸變成勢利的人。其實他還沒有什麼成就，但至少他優越的感受能力讓他頗爲自豪。他也愛看那些透過揶揄專業上很有成就、但私底下很差勁的名人來撩撥年輕人身分焦慮的喜劇秀。

然而，他可以是個無恥的馬屁精。他會在雞尾酒會接待處忙進忙出，爲的是在上司面前營造好印象。他發現爬得愈高的人，需要愈多劑量的阿諛奉承才能維持心理平衡。而他變得十分善於此道。

哈洛發現，拍老闆的馬屁是社會許可的行爲，只要你在晚上跟自家兄弟喝酒時，記得把這些上司拿來辱罵嘲笑一番就行。他覺得最神奇的是，那些在大學四年裡沒有朋友，只能孤單地窩在

❖譯按：指的是每年一月底二月初在瑞士達沃斯（Davos）舉行的世界經濟論壇（World Economic Forum）年度會議。

宿舍看電視的可憐蟲，現在不僅是前途似錦的年輕製作人，還成了好萊塢紅牌。成年人的世界眞是太神奇又太反常了！

飄蕩的歲月

哈洛這個世代要面對一個新的人生階段，叫做「奧德賽時期」（odyssey years）。以前的人生可以分爲四個階段：兒童期、青少年期、成年期，以及老年期。現在則至少有六個階段：兒童期、青少年期、奧德賽期、成年期、退休活躍期，以及老年期。所謂奧德賽期，指的是介於青少年期與成年期之間，遊蕩徘徊的那十年時間。

成年期可以由四種成就來定義：離家自立更生、結婚、組成家庭，以及財務獨立。一九六〇年，有七成的三十歲美國人完成了上述這些事。但是到了二〇〇〇年時，做到這些事的人卻少於四成。在引領這波潮流的西歐，這個數字甚至更低。[3]

我們可以透過一系列的數據確認這個新階段的存在。這些數據引用了多位學者的研究，包括著有《遲來的成年》（*Emerging Adulthood*）一書的傑佛瑞・傑生・阿奈特（Jeffrey Jensen Arnett），《嬰兒潮之後》（*After the Baby Boomers*）一書作者羅勃・伍斯諾（Robert Wuthnow），合著《終結永無止盡的青春期》（*Escaping Endless Adolescence*）一書的喬瑟夫與克勞蒂亞・艾倫（Joseph and Claudia Allen）夫婦，以及布魯金斯研究院（Brookings

Institution）的威廉・高斯登（William Galston）。

有愈來愈多人同居，將結婚這件事往後延。一九七〇年代初期，只有百分之二十八的美國人在婚前與伴侶同居。到了一九九〇年代，有百分之六十五的人這麼做。一九八〇至二〇〇〇年間，法國人、德國人、荷蘭人與英國人初婚年齡的中位數增長了五到六歲，在這麼短的時間內竟然產生如此驚人的生活型態改變。一九七〇年，有五分之一的二十五歲美國人不曾結過婚。到了二〇〇五年，這個比率爬升到百分之六十。[4]

如同伍斯諾指出，已開發世界的人會在學校待比較多年，也會花比較長的時間完成教育。相較於一九七〇年，二〇〇〇年的大學生得多花百分之二十的時間才能取得學位。[5]

這些改變是由許多相關的現象所造成。人的壽命變長了，因此有更多時間去選擇自己的人生路。經濟結構變得更爲複雜，使職業生涯的可能性變得更寬廣，因此大家得多花些時間找出對的選擇。社會的區隔變得更精細，所以眾人必須花上更長時間才能找到心理安頓。女性的教育程度比以往更高，全職工作的可能性也大爲提高。在一九七〇年的美國，只有百分之二十六的女性外出工作時間達到每年五十週。到了二〇〇〇年，這個數字躍升爲百分之四十五。很多女性認爲，除非能在專業上有所成就，否則她們會希望，或者感覺自己不得不延後結婚生子的時程。[6]

最後是年輕人對於成年懷有矛盾的情緒。如同阿奈特主張的，他們希望擁有成年帶來的安全感與穩定性，卻不想要被困在日復一日的單調工作中。他們不想限制自己的天性，也不願綁住自己的夢想。

這些改變深深影響了哈洛這個年紀的人對人生的想像。例如，以前大家總會假定年輕人就該結婚，然後夫妻一起打拚，攜手掙得一席之地。不過，哈洛那個社會階級的人往往有不一樣的看法。首先你要有所成就，等到你覺得有把握，也負擔得起婚禮開銷時，才會結婚。

哈洛跟他的朋友並不是叛逆。總的來說，他們依然想要擁有穩固的婚姻、兩個小孩、一間位於郊區的房子，以及安穩的收入。他們這一代比起老一輩的人更有可能說出「父母就是該爲孩子犧牲自己的快樂」這種話。他們是在太平且（大致上）繁榮的環境中長大的，所以他們對於自己有能力實現夢想這件事懷有不可思議的自信。大約有百分之九十六的十八至二十九歲美國人同意下面這個說法：「我確信總有一天我會達成人生目標。」[7]他們對於自己的獨特性抱持著非比尋常，甚至是瘋狂的堅定信念。一九五〇年，某項人格測驗問青少年是否認爲自己是重要人物，有百分之十二的青少年持肯定意見。到了一九八〇年代末期，則有八成的青少年這麼認爲。[8]

哈洛抱持著船到橋頭自然直的想法，但他明白自己活在一個複雜的世界。由於人生的奧德賽期這個概念還太新，目前還沒有出現什麼團體或習俗賦予它明確的結構。哈洛並不屬於任何宗教團體（比起一九七〇年代的年輕人，現今的年輕人更不可能上教堂）[9]，也缺乏鮮明的族群認同。他的看法並非追隨地方報紙或某位意見領袖（他倒是常常上網）。他的世界觀並未受到像是大蕭條或二戰等世界性歷史事件所影響。他甚至從未承受過沉重的財務壓力。在十八到三十四歲間，平均每個美國人會收到父母三萬八千美元的資助，哈洛也不例外，他仰賴父母的協助以支付部分房租。[10]

他所處的社會地景（social landscape）只有非常稀少的護欄存在。有時候他會覺得自己彷彿在等待心中的那套見解、習慣與目標逐漸麻木。社會評論家邁克・巴隆尼（Michael Barone）表示，美國創造出一群差強人意的二十幾歲國民，但有令人佩服的三十幾歲國民。他說，正因爲艱困的壓力與抉擇在他們開放且無人監督的二十幾歲時予以重擊，才能淬鍊出一種全新且更優秀的人種。[11]

哈洛不確定這種說法是否正確，因爲他大多數的時間都窩在朋友家的破沙發上，玩《使命召喚：黑色行動》（*Call of Duty: Black Ops*）射擊遊戲。但至少他確實曾感受過強烈的樂趣，也的確擁有一大群朋友。

群體

在搬離父母家之後到與妻子同住之前的幾年間，哈洛跟朋友住在一起。這個群體是由一大票跟他一樣處於過渡時期的年輕人所組成。他們的年齡都在二十二到三十歲之間。這群人的核心成員曾一起上大學，後來陸續累積了一幫志同道合的朋友，現在這個圈子大約有二十個人。

他們每星期會聚在小館共進一頓晚餐，如果馬克在城裡，他也會來參加。他們組成了一支軟式棒球隊，其中幾個人還會一起打排球。碰到感恩節與聖誕節時，那些無法回家團聚的成員會聚在一起吃吃喝喝。他們借錢給彼此，開車送彼此去機場，協助彼此搬運東西，舉凡傳統社會的大家庭能爲彼此做的事，他們大致上也都能做到。

哈洛很確定他的朋友全都是才華洋溢的天才。其中一個是歌手兼作曲家，另一個正在醫院實習，還有一個從事藝術與平面設計。儘管從事的正職很無趣，但他們會投入有趣的活動，像是熱汽球、極限運動，或者加入益智節目《危險！》（*Jeopardy!*）的挑戰者。此外，這個群體有條不成文的規定，禁吃窩邊草，也就是不准跟群體內的成員約會。不過，假如當事人對彼此確實很認眞，自然可以破例。

與這群朋友對話，是此刻哈洛生命中最能讓他振奮的事。他們會在咖啡廳、酒吧與派對上連續聊上好幾個小時，重複《超級製作人》（*30 Rock*）影集中的對話，抱怨自己的老闆，幫助彼此練習求職面談，討論嚴肅的議題，比如年過四十又沒在運動卻仍在公眾場合穿著運動鞋，算不算合宜的行爲。他們之間也會有一些令人捧腹大笑的懷舊對話，像是誰在大學時曾吐在誰身上。他們會互傳送一些哲思短語，就是假裝深奧的一小段文字，像是：「難道你不認爲自戀是我最吸引人的特色嗎？」爲了獎勵那些散盡家財追求創意或只想做好事的人，他們會發送呼飛幣（Whuffies）給對方，那是柯瑞．達克特羅（Cory Doctorow）某部小說中，一種以聲譽爲基礎的貨幣。他們也花了很多時間討論某些深刻的問題，比方哪個人夠聰明或夠無情，因而能功成名就。

過去幾年來，研究人員致力分析社交網路，結果發現幾乎每件事都會相互感染。如果你的朋友肥胖，你很有可能也會肥胖。如果你的朋友很快樂，那麼你開心的機率也很高。如果你的朋友抽菸，你也會抽菸。如果他們感覺孤單，你也會覺得孤單。古樂朋（Nicholas Christakis）與詹姆士．佛勒（James H. Fowler）研究發現，一個人的朋友對他會不會變胖具有比配偶更大的影響力。

老實說，哈洛喜歡跟這群朋友廝混的主要原因，是他不用去管這麼做能得到什麼好處。身爲群體的一份子，這件事本身就是目的。花更多時間與這群朋友在一起，代表他能感受到更多活力，就這樣，沒有什麼崇高的目的。他們聚在一起，連續好幾個小時談天說地。他們常一起跳舞。大多數的社團都有某種形式的團體儀式舞蹈，不過現代的美國社會早已不時興這種東西了（方塊舞及少數特殊舞蹈例外）。如今大多數的舞蹈是配偶共舞，算是性行爲的暖身。不過，每當這個群體聚在一塊兒，他們會一起跳舞。他們會在某個酒吧或某間公寓裡碰頭，組成一支很大的舞團；一大群人，沒有固定配對，也沒有特定隊形，每個人繞著這支舞團移動，與這個或那個人共舞，不管對方是男是女。這種舞並沒有特別的意義，既非求愛，也無關誘惑。它只是展現出大家聚在一起時的旺盛精力罷了。

命運

然後有一天，或者應該說是在四十八小時的歷程裡，命運插手了。哈洛跟馬克，還有那個群體的幾位友人，前往某家運動酒吧觀賞世界盃足球賽。當比賽來到最高潮，馬克用手肘推了推哈洛的肩膀，因爲他腦中剛冒出一個想法：「喂，你要不要搬到洛杉磯，跟我一起當電視製作人？」

哈洛盯著他足足有一秒鐘，接著回過頭繼續看球賽。「你認眞想過了嗎？」

「不用想啊，那是我的天命，我本來就注定要吃這行飯。」當兩隊球員你來我往地纏鬥著，酒吧裡的每個人都在嘶吼吶喊時，馬克勾勒出他們即將展開的新生活：先弄出幾個垃圾節目，像是電視購物節目或警匪影集，然後用賺來的錢放自己幾年假，好好享受生命。接著搞一些正經生意，再到世界各地買些房產，盡情享受人生。最後在ＨＢＯ頻道上製作大型戲劇節目，改變這個世界。馬克說，最棒的是你可以賺大錢，還擁有自由，永遠不會受到某件事、某個計畫或某個想法的束縛。這才是完美的自由。

有趣的是，哈洛相信馬克絕對可以達成他決定要做的事。他擁有哈洛曾打趣稱爲「普遍性同步膚淺」的特質，也就是說，馬克的膚淺程度正好吻合市場所需。他從來不曾試圖把事情弄得太複雜或太實驗性。他喜歡的，這世界就喜歡；他討厭的，這世界也不愛，至少對那些離不開電視劇及週末電影院的人而言是如此。

儘管如此，哈洛還是無法贊同馬克的提議。他回答說：「那樣活不下去啦。」於是辯論開始了，辯論的主題仍是多年前哈洛第一次走進宿舍遇見馬克時，就一直爭辯至今的那個話題：自由與承擔，無拘無束和落地生根的人生，哪一種比較快活。

馬克說出他的看法，接著換哈洛說出自己的看法，但是兩人的看法都缺乏令人耳目一新的原創性。馬克描繪出一幅娛樂刺激永無止盡的圖像，環遊世界，嘗盡新鮮事，對比中年男子工作單調沉悶的世界，總是做著同一份工作，回家面對同一個老婆，夜夜借酒入眠，以掩飾自己的無聲絕望。

哈洛選擇另一種方式。他描繪的是一幅忠誠關係與穩定連結的圖像，與老友共進晚餐，看著孩子長大，對自己居住的城鎮與社區做出貢獻。他所對比的是一種膚淺庸俗的生活，速食性愛、空洞的占有、炫耀的華麗，以及悲傷又孤單的老年。

這是一道古老的辯論題，辯論雙方可分別由小說《旅途上》（*On the Road*）和電影《風雲人物》（*It's a Wonderful Life*）作爲代表。社會科學在某種程度上可以解決這一類的爭辯，相關研究數據支持的是哈洛這一方。

近年來，研究人員花了相當多時間調查什麼能讓人覺得幸福快樂。調查方式大多是先問受訪者是否快樂，接著將他們的答案與他們的生活特徵連結起來。這個方法感覺很不周延，卻能得出穩定與可靠的結果。

他們發現的第一件事情是，金錢與幸福之間的關係十分複雜。富裕的國家往往會是比較快樂的國家，富有的人通常也比貧窮的人快樂，但是這些關聯性都不是很強；畢竟這要看你如何定義幸福，偏偏各路專家對這個主題爭論不休。如同卡蘿・葛拉漢（Carol Graham）在其著作《世界各地的幸福》（*Happiness Around the World*）裡寫道，奈及利亞人對自身幸福程度的評分與日本人的自評分數相同，雖然日本的人均國民所得幾乎是他們的二十五倍。孟加拉人表示滿意自己生活的比例，是俄羅斯人的兩倍。過去五十年間，美國的生活水準有了大幅度的提升，卻無法讓幸福感顯著地增長。另一方面，美國已經變成一個更加不平等的社會。可是這種不平等似乎並沒有削減人民的整體幸福感，就算是窮人也沒有什麼感覺。[12]

中樂透可以產生大量的短效幸福感，但長期效果極爲有限。當你脫離貧窮、爬上中產階級時所得到的幸福感，遠比你從中產階級躋身上流階層時所體會的要高得多，這是因爲幸福曲線會漸趨平坦。人到中年會有最多的升官機會，但這段期間並不是人生最快樂的時光。最快樂的時光通常會落在二十幾歲與六十幾歲的階段，剛好是事業正要起步或正在走下坡的時刻。那些不重視優渥物質條件的人，往往比重視這些的人來得快樂。[13]

從研究中得到的第二項明確發現是，大家對於什麼可以讓自己快樂的判斷能力相當差勁。我們過度看重工作、金錢及不動產，嚴重低估親密關係的價值與挑戰的重要性。一般美國人都說，只要每年可以多賺個九萬美元，他們就能「實現所有夢想」。然而證據顯示，他們都錯了。[14]

如果說金錢與幸福之間的關係很複雜，那麼社會連結與幸福之間的關係就很簡單。一個人擁有的關係愈深厚，就會愈快樂。婚姻關係長長久久的人比不長久的人快樂得多。[15]根據一項研究指出，結婚帶來的精神收穫等同於一年賺十萬美元的心靈效應。[16]同時有另一項研究指出，加入每月只見一次面的團體可以產生等同於收入倍增的幸福感。[17]

一年內擁有單一固定性伴侶的人，比一年內擁有多位性伴侶的人來得快樂。[18]擁有較多朋友的人壓力較低，也比較長壽。[19]個性外向的人往往比個性內向的人快樂。根據丹尼爾・卡尼曼、亞倫·克魯格（Alan B. Krueger）、大衛·施卡德（David Schkade）及其他人進行的研究指出，最常與幸福感連結在一起的日常活動，像是性行爲、下班後的社交、與朋友共進晚餐等，全都與社交相關，而對幸福感最具殺傷力的日常活動則是通勤，因爲它往往是獨自一個人進行。[20]與幸福感關聯性最密切的職業也都是社交性的（如公司經理人、美髮師，或是醫療與照護服務的提供者），而那些對幸福感最具殺傷力的職業，若非墮落的行爲（如賣淫），就是社交互動較少（如機械操作人員）。[21]

羅伊·鮑麥斯特（Roy Baumeister）總結相關證據後表示：「相較於其他客觀的預測指標，擁有良好的人際網絡或孤獨地活在世上，是更加牢靠的幸福預測指標。」[22]

關於「人生該怎麼過」這個他們一輩子都在辯論的主題，馬克引用了很多歌頌自由與前路開闊的電影與搖滾樂曲。哈洛則說，這些電影與歌詞只不過是對青少年的行銷策略罷了。至於成年人想要的應當就兩件事，也就是他希望自己人生中能得到的兩件事：首先，他想要有一個成功的婚姻。如果你的婚姻幸福，那麼不管在職場承受多少挫敗，還是能保有相當程度的快樂。如果你的婚姻不幸福，那麼不管你的事業多輝煌，還是不會滿足。

其次，哈洛接著說，他希望能找到某種活動讓自己全心投入，不管是工作或嗜好都行。他想像自己拚命爲某件事情努力著，承受挫敗與沮喪，最後看著所有汗水與努力化爲成就與認同。

他深知這兩個目標有所衝突。婚姻必然會耗掉一些事業的時間，而事業也會占掉他與朋友的相處。他不知如何解決那些問題，但這些都是他想要的，而這一切跟馬克想要的那種逍遙自在完全不同。哈洛是在讚揚個人主義、自我實現及個人自由的文化中長大，可是他覺得自己需要更多關係和連結。他沒辦法獨力將自己最好的一面導引出來，唯有透過與其他人合作才能做到。

艾莉卡出現

生命充滿了奇妙的巧合。你花了好幾個月時間想要找份好工作，沒想到卻在一天之內有兩個工作機會降臨。你花了好幾年尋找心靈伴侶，最後卻發現自己同時被兩個人吸引。就在哈洛與馬克的辯論後，也算是正式把一條可能的人生道路給封閉後，隔天他有了另一個機會。一條不同的人生道路在他眼前開展。

這個機會以電子郵件的形式現身。那是一個午餐的邀約。它來自一個名叫艾莉卡的女性，她算是朋友的朋友。她說她正在尋找一位可以協助她建立事業的人，她聽說他可能是合適的人選。他上臉書調查她的背景，看見一個身形纖細、很有吸引力的拉丁亞裔女性。哈洛不曉得該不該跟她一起工作，但他倒是不介意去認識她。哈洛回信表示自己很高興能有機會與她見面，共進午餐。他假裝自己對這份工作感興趣，腦袋瓜裡卻充滿各種羅曼蒂克的幻想。

【第十三章】
墜入情網

「你問我愛你嗎？我就是你呀。」

哈洛跟艾莉卡第一次碰面的地點是在星巴克，目的是工作面試。她提早到達，以便扮演主人的角色。他穿著西裝赴約，卻背了一只後背包，這一點讓艾莉卡不太滿意。她幫他點的咖啡已經放在桌上，他坐下來，開始自我介紹。儘管艾莉卡認為他的舉止有點隨便，不過感覺還滿活潑且討人喜歡。

大約一分鐘後，艾莉卡打斷他的話，說：「我們等一下再聊這些。我想先跟你說明我是誰，還有我想找什麼樣的人。」她迅速交代了自己的經歷，簡單描述自己創立的顧問公司。對於截至目前為止碰到的困難，她坦承不諱。「我希望有人可以全力投入行為經濟學的相關研究，找出一個獨特的賣點，讓我們擁有一套工具，可以符合客戶的需求。」她說得又快又急，因為她覺得不太自在，也有些緊張，不過她打死都不願意承認這一點。

哈洛絕對算得上是專業的面試者。他面談過不下數十次，因此他消除對方敵意的技巧已經到了爐火純青的地步。但這次他不想使出那些技巧，而是直接回應她短促清晰、毫不拖泥帶水的語氣。不過，他還滿喜歡她的。他對她的背景和她拚命三郎的作風很著迷。他特別喜歡她不問他十年後想要做些什麼，或其他狗屁倒灶的問題。

她的提問精準又實際。他知道誰是丹尼爾．卡尼曼嗎？（沒聽說過。）過去曾做過什麼樣的研究計畫？（他的回答誇大了些，但還不致於太離譜。）他做過事實查證嗎？（有。）最後她問了一些有別一般的問題。她要他描述自己就讀的那所大學的文化，以及為政論雜誌工作和在追求利潤的企業工作，兩者有何不同？

這場面試只花了二十五分鐘，最後她決定聘用他。他要求五萬五千美元的年薪，而她說起薪是六萬美元，等到公司營運有起色後會再加薪。

她沒有辦公室，因此他們每個星期會在她家廚房碰面三次，討論完後他就回家工作。她讓廚房保持空曠寬敞，多少要有一點專業的氣氛，同時關上通往臥房的門。冰箱門上一個磁鐵都沒有，看不見任何朋友或家人的照片。不過他倒是對她的刀具和餐具印象深刻。哈洛至今仍使用大學時代購買的餐具，包括碗盤瀝乾架、六件組鍋具，還有啤酒經銷商贈送的開瓶器。艾莉卡雖然和他同樣年紀，卻擁有一間成人的廚房。

有一部分的生意是他看不見也碰不著的。她不曾讓他跟潛在客戶碰面，他也不了解獲得和客戶見面的機會之前，需要多少準備工作。她會寄一封電子郵件給他，裡頭是某家潛在客戶的名字、他們想要解決的問題，以及贏得這個客戶所需執行的事項清單。哈洛開始投入研究工作，白天睡覺，夜間拚命加工。然後他會到她的住處，向她簡報自己的研究，她則會準備中國茶與胡蘿蔔切片，態度親切但拘謹地招呼他。

生意逐漸好轉後，提案與研究的步調變得很快。有一家公司希望找出方法，打破工程師與行銷人員之間的藩籬。另一家公司則希望想法子向年輕人推銷銀行業務。艾莉卡會告訴哈洛她想要的是什麼，也會建議他上哪兒尋找相關資訊。他覺得跟她在一起很自在，也眞心喜愛這份工作。如果要說他們的關係是在什麼時候開始有所進展，應當就是在編輯報告內容的階段。

通常艾莉卡在簽下某個客戶後，會跟對方進行一系列的會議。她會指派哈洛進行某項研究計畫，哈洛則會寫出一大堆內容，接著她再利用這些資料，草擬出一份要提交給客戶的報告。哈洛的工作時間，有三分之二是在做研究及撰寫資料，至於另外那愉快的三分之一，則是用來檢視艾莉卡的初稿，協助她做一些修潤。

他們第一次一起坐下來討論的時候，艾莉卡差點因爲感激而哭了出來。哈洛擁有一種能力，他只要閱讀些許文字，就能看出執筆者想要表達什麼。當他針對她的草稿提出意見時，艾莉卡感覺到自己的意見獲得傾聽與理解。哈洛會注意到某個想法的細微末節。他也會滿懷熱情地朗讀草稿中的某些文字，讓她覺得自己像個超級巨星。他會在某些段落底下重重畫出三條線，然後用非常驚奇的眼光看著她，想知道她爲何能寫出這樣的字句。此外，他還會把寫不好的部分當成有待發掘的金礦。艾莉卡會用含混又像是要炫耀什麼的語句來堆疊內容，以掩飾某些在她心中仍然模糊不清的概念。哈洛則會將這一切清除乾淨，把那些根本不能用的章節砍掉，再把空缺的部分塡補起來。慢慢地他能夠用她的語氣書寫、以她的風格思考，在他的巧手改造下，她聽起來比實際的她更為聰明。他真是一個了不起的編輯。他讓自己的自我意識升華，以別人的名義書寫發聲，從而獲得快樂。

經過六個月的相處，他們兩改用自己的一套密碼來交談，只消幾個字母就能表達心意。如今她回信時表現得比較輕鬆，甚至還會開點小玩笑。有一次她寫道：「我實在搞不定這件事。」這對她來說，已經算是嚴重暴露自己的脆弱。如果他發現某些新事證，便會興致勃勃地打電話給她。有時候他們會外出吃飯，順便一起修潤那些報告。有一次，當她跟一位客戶出城去，他在一封電子郵件的最後加上了一句「我想妳」。她隨即用黑莓機回傳「我也想你」。

當時她還沒有想要找個男朋友，而且哈洛也不是她希望可以共同生活的那種類型。他不像她那麼堅強，也不是注定要出人頭地的那種人。他是那種被她吃得死死的傢伙。可是幾個月下來，她發現自己對他動了心。他是真正的好人。他打從心底希望她成功。

某天下午，在努力工作許久之後，哈洛提議出門騎腳踏車。艾莉卡有好幾年沒騎過車了，更何況她也沒有腳踏車。哈洛說可以向他的室友借。他們開車到他的公寓，艾莉卡不曾來過這裡。見到哈洛那位素未謀面、高大魁梧又迷死人的室友後，他們就出門騎車去了。艾莉卡一身運動勁裝，哈洛則穿著一般的短褲與汗衫，同時體貼地讓艾莉卡戴上看起來比較不蠢的那一頂安全帽。他們騎了大約十英里路，當然，艾莉卡非得拚命加速，在爬坡時超越他，以展現自己的能耐。當他們騎到一個可以俯瞰潭水的陡坡時，艾莉卡再度大幅超前，同時在拉遠距離後放聲大笑。然而，往前騎了三十碼之後，哈洛突然像一陣風吹過她身邊。他不只是超越她而已，還風馳電掣地衝過去，快得讓人感覺像是她在倒退。他呼吸急促、氣喘如牛，但臉上掛著大大的笑容。她搞不清楚他哪來的這股力氣。

哈洛停在山頂上，看著她喘吁吁地跟上來。當她慢慢騎到他身邊，與他四目相望時，他臉上綻放著燦爛的笑容，而她則是笑得上氣不接下氣。艾莉卡用以前不曾有過的方式望進哈洛眼底，透過它們，她看見了他喜歡且珍惜的某些東西，像是腰旗橄欖球賽（flag football）❖、他塞在背包裡的經典巨著，還有他對她，以及對他們合作事業的那種喜悅之情。

他們就這樣跨坐在腳踏車上，站在山頂眺望遠方景緻，此時艾莉卡將手滑進哈洛手中。哈洛很驚訝，沒想到她手掌的觸感是如此粗糙，卻也如此美妙。

地位聲納

幾個星期後，哈洛獨自坐在他的公寓裡，覺得人生眞是太美妙了。人類終其一生都配備了功能完備的地位聲納。我們會送出量測地位的連續波，並接收一連串正面或負面的回饋訊號，透過這些訊號的累積，定義我們在社會的位置。哈洛環顧他住的這座樓房。砰，一個正面的訊號傳了回來。他喜歡它開放的空間與挑高的天花板。接著，哈洛瞄了一眼自己的腹肌。砰，一個負面的

❖譯按：這是一種相對安全的「非衝撞運動」，規則大致與美式足球相同，但不允許抱人和推人。只要防守者拉掉進攻者腰際的旗子，等同於擒抱，後者就不能再進攻。

訊號傳送回來。他眞的應該要更常上健身房。然後，哈洛端詳鏡中的臉。砰，傳來一個中立的信號。雖然他沒有雕像般的顴骨，但還不致於太糟就是了。

基本上，地位聲納整天都會嗡嗡作響，一連串信號在我們心中不斷累積，產生快樂、焦慮或懷疑。這種地位聲納在大多數時候甚至算不上是一種意識歷程，它只不過是人類存在的一種愉悅聲調。馬克曾對哈洛說，人生大致上就是嘗試把正向信號的數量極大化，把負向訊號極小化。說到底，人生就是爲了增加正面反應所做的一連串調整。

問題是，沒有人的地位聲納是精準的。有些人會誇大自己的地位，他們會瘋狂地膨脹自己在權勢尊卑的順位。明明只有六分的人卻認爲自己有八分的實力，等到他們開口邀約九分的女人出去卻被拒絕時，就會感到慌亂又困惑。另外有些人會降低自己的地位。這些人永遠不會去應徵對自己來說遊刃有餘的工作，因爲他們認爲自己會被競爭給輾碎。

那些最成功的人都有輕微的地位膨脹錯覺。他們會極大化自己的優勢以創造自信，同時認定自己的缺點並不是那麼要緊，藉此消除會令人癱瘓的自我懷疑。

經過數千年的男性宰制後，男人多半有嚴重的地位膨脹傾向。由倫敦大學學院的亞德里恩·佛漢（Adrian Furnham）進行的一項全球性調查顯示，世界各地的男人都會高估自己的智力。另一項研究則顯示，有百分之九十五的美國男性相信自己的社交技巧可以排進前百分之五十。[1]女人則比較可能會貶抑自己的地位。女人平均會低估自己的智商五分左右。[2]

哈洛的聲納感應器就像一支精雕細琢的瑞士錶，平衡、靈敏、精密。就像大多數快樂的人一樣，哈洛以意圖來評判自己，以行爲舉止來評價朋友，以所犯下的錯誤來論斷敵手。那種砰的聲音持續不斷，正面的信號也持續流動著。

當哈洛想像自己跟艾莉卡在一起的時候，簡直是正向信號大爆發。法國作家司湯達爾（Stendhal）曾指出，轟轟烈烈的初戀多半是由夢想所激發。哈洛爲艾莉卡痴狂的原因不只是她本身，還因爲這個奮勇向前，想從貧困變富有的女孩渾身散發的光芒。只要想到他們可以一同去的地方，他就很興奮。他想像兩人在一起，在晚宴上笑鬧，就像莎翁名著《無事自擾》（*Much Ado About Nothing*）中的碧翠絲（Beatrice）與班乃迪克（Benedick）一樣。

不過，有一些比較深層的事正在發生。哈洛這一生都活在某個層次上，而今他發現了心靈更深處存在著讓他難以抗拒的衝動。這種感覺就像是你這輩子都活在某間屋子裡，有一天卻冷不防跌進了一道機關，這才發現原來下面一直都有另外一層樓，接著又發現底下還有一層，然後再一層，又一層……如同英國詩人馬修．阿諾德（Matthew Arnold）寫道：

表面下的水流，又淺又輕快，
我們說那就是我們的感覺。
在那底下，水流同樣輕快，
我們認爲，那就是我們的感覺。
在幽暗的深處，那強勁的水流無聲地翻攪滾動，那才是我們眞正的感覺。[3]

哈洛每隔五分鐘就會想起艾莉卡。當他獨自走在街上，每穿過幾條街，他就會覺得自己好像在人群中看見她。他吃不下飯，也不想理朋友。他的情緒變得很高亢。原本讓他覺得無聊的事，現在卻變得迷人。原本讓他覺得很討厭的人，如今似乎溫暖又親切。當燕子要交配時，牠們會在枝頭瘋狂鼓動翅膀，處於一種極度興奮的狀態下。哈洛現在也有滿滿的能量，足以整晚熬夜，不眠不休地工作。

他的心思快轉倒帶到她第一次把手滑進他手中之後的某些珍貴片段——在她的公寓吃中式晚餐，還有第一次做愛的種種。出門跑步時，他會編造出一些精彩幻想，在那些想像中，他總是英勇地搭救她，使她免於受傷（由於跑步的行爲，以及腦中釋放的化學物質，使他產生這些妄想症般的想像）。

有時候，他會感到一陣害怕失去她的恐懼襲來。有一首十九世紀夸基烏圖族印地安人（Kwakiutl Indian）的詩，最能傳神地捕捉到哈洛熱戀時那種甜美又灼痛的感受：「烈火在我全身亂竄，愛著你的痛苦。我對你如火熾熱的愛是如此痛苦，燒遍了我的全身。我對你的愛讓我渾身不舒服……我對你的愛是如此痛苦，像是即將爆裂的膿瘡。我記得你對我說過的每句話。我不斷想著你對我的愛。我已被你的愛撕裂。」[4]

根據費比·葛聶（Faby Gagné）與約翰·李登（John Lydon）的研究指出，有百分之九十五戀愛中的人相信，他們目前的伴侶無論在外貌、智力、親切，以及幽默感上都比一般人來得強（而他們口中的前任伴侶則是心思閉塞、情緒反覆無常，總的來說就是不討人喜歡）。[5]哈洛自然也不例外。此刻，他的所作所為是一種最甜美的自欺欺人，在他眼中，艾莉卡就是完美的化身。

哈洛經歷的，就是司湯達爾所謂的「結晶」（crystallization）。司湯達爾在一篇論「愛」的小品中，提到薩爾茲堡附近有座鹽礦坑，那裡的工人會把枯枝丟進礦坑的廢棄區裡。等到兩、三個月後取回這些枯枝時，會發現上面覆滿了閃閃發亮、像鑽石般的結晶，美不勝收。司湯達爾寫道：「我所謂的結晶，指的是人會從萬事萬物中發掘各種新證據，證明所愛之人果然完美無瑕的這種心智歷程。」[6]

這就是潛意識偵察兵做的事：他們讓人物、地點與物品全都裹上情感意義。他們用閃亮且無法抗拒的光芒裹住我們珍愛的事物。他們讓哈洛更愛艾莉卡。這代表了他對其他女人不再感興趣，她就是他夢想的一切。

愛的狀態

如果你問哈洛，艾莉卡帶給他什麼樣的感受，他可能會說，他覺得像是有種超凡的力量占據了他的生命。他現在可以理解為何那些異教徒會將愛認定為神蹟。那種感覺像是有某種超自然實體進入他的心中，重新組合所有一切，並將他提升到某種更高的境界。

奇怪的是，當哈洛處於這種心醉神馳的狀態下，如果你能一窺他腦內的風光，其實並不會發現什麼獨特或神奇的部分正燒得火熱。海倫·費雪研究那些熱戀男女的腦部活動，結果顯示在極度浪漫的時刻，大腦最活躍的部分其實都是些缺乏活力的部位，比如尾狀核（caudate nucleus）與腹側被蓋區（ventral tegmental area）。以尾狀核爲例，它可以幫助我們應付一般的事務；它會保存肌肉的記憶，使我們記得如何打字、如何騎腳踏車；它能整合大量資訊，其中也包括了兒時的記憶。

不過，尾狀核與腹側被蓋區也具有其他功能，它們是心智報償系統（reward system）❖的一部分，會產生出各種效力強大的化學物質，像是多巴胺（dopamine），它能讓人徹底專注、渴望一探究竟、湧現強烈又狂亂的欲望；衍生自多巴胺的正腎上腺素（norepinephrine）可以激發出愉悅、活力、睡不著，以及沒有食慾等感受；[7]還有苯乙胺醇（phenylethylamine）這種天然的安非他命，可以產生性興奮與情緒振奮的感受。[8]

如同費雪在她的大作《我們爲何戀愛》（*Why We Love*）中寫道：「尾狀核幫助我們偵測與理解報償、辨別各種不同的報償、**偏愛**某種特定的報償、預料報償，並且期待報償。它會製造出爭取報償的動機，還會規畫出明確的行動，以便取得報償。尾狀核與集中注意力及學習等行爲也有關。」[9]

換句話說，愛與日常生活是不可分割的。它是眾多欲望之一。紐約州立大學石溪分校（Stony Brook University）的亞瑟·艾朗（Arthur Aron）主張，從功能性磁共振造影來看，正在經歷初戀風暴的人跟沉醉在古柯鹼快感中的人，兩者的腦部就某方面而言十分相似。[10]神經科學家雅克・潘克沙普（Jaak Panksepp）認爲，鴉片成癮的經驗可模擬出愛侶相聚的感覺。眾人毫無例外地全都被欲望掌控，就算禁止也禁止不了。欲望標的，則是迷戀的對象。[11]

艾朗認爲愛並不是一種像快樂或悲傷的情緒，而是一種激勵人心的狀態，它會引發從興奮到悲哀等各種不同情緒。戀愛中的人具有最熱切的企圖心，因爲他們處於一種需求的狀態。[12]

截至目前爲止，哈洛還沒有展現出明顯的企圖心，可是他確實被某種深沉又巨大的力量緊緊抓住。在《對話錄・會飲篇》（*The Symposium*）中，柏拉圖將愛視爲融爲一體的那種企圖。事實上，哈洛的愛讓他感到自己並不完整。就算氣沖沖地跟艾莉卡待在一起，也好過獨自一人的快樂。就算得放下其他所有事不管，他也要把兩人之間的藩籬拆除，讓兩人的靈魂融合在一起。

融合的渴望

劍橋大學的伍夫朗・舒茲（Wolfram Schultz）是一位在猴子身上作研究，以期能理解帕金森氏症的神經科學家。他把蘋果汁注入猴子口中，觀察到牠們腦中的多巴胺神經元會出現小小的活動。注入幾次後，他注意到多巴胺神經元在果汁即將送達的前一刻就開始觸發。他設計了一項

❖譯按：指神經元構成的一套複雜迴路，原本是爲了個體生存而設計的機制。刺激報償系統（如飲食、性行爲等）會讓人感到愉悅，鼓勵人們重複那些帶來快感的活動。

實驗，先發出一個聲響，然後才送出果汁。經過短短幾個回合後，那些猴子就了解聲響會出現在果汁之前。於是牠們的神經元在聲響出現時就開始觸發。這種狀況讓舒茲與他的同僚感到不解。爲什麼這些神經元並非只針對實際的報償（也就是果汁）作反應？

瑞德．蒙泰格（Read Montague）、彼得．戴恩（Peter Dayan）與泰倫斯．索諾斯基（Terrence Sejnowski）提供了一個重要的解答。心智系統的設計比較適合用於預測報償。人類的心智成天都在建立預測模型，以前述的例子來說，這個預測模型就是聲音會帶來果汁。當某個模型能正確預測出實際狀況，心智就會感受到報償的提高，或至少是一種安心的感受。而當這個模型與事實相牴觸時，就會出現緊張與焦慮。[13]

蒙泰格認爲，大腦的主要工作就是建立模型。我們會不斷在腦中建構出一些小小的預期方式，幫助我們預測未來：如果我將手放在這裡，接著就會發生這件事。如果我微笑，她就會笑。如果我們的模型能夠與眞實發生的事緊密契合，我們就會感受到些許美好的肯定。如果不是這樣，那就有麻煩了，大腦必須知道哪裡出了差錯，才能調整模型。[14]

這個功能是渴望的基本結構之一。當我們生活度日，心智會根據過去的運作模型，產生出各種預期方式。由於內在模型與外部世界之間往往有所衝突，因此我們會試著想出一些概念，協助自己理解這個世界，或者改變我們的行爲，以便與之和諧共處。當我們掌握了某些情境或精通某些事物時，會感受到滿滿的快感。帶來這種快感的，並不是和諧平靜的生活，要眞是那樣，我們只要終身住在海邊，就會快樂無比。事實上，快感是出現在壓力被消除的那一瞬間。也就是說，快樂人生總是重複著固定的韻律：從逆境到順境，從逆境到順境。而這一切全都由對深戀感（limerence）❖的渴望所推動，渴望內在與外部模式調和一致。

這種對和諧或說深戀的渴望，會以細微且世俗的方式呈現出來。每當眾人解開一道字謎，或是當他們發現眼前的擺設正好符合他們的品味時，就會感受到一點快感。

對深戀感的渴望，有時也會以怪異的方式顯現出來。人會直覺地被熟悉的東西所吸引。舉例來說，紐約州立大學水牛城分校的布萊特·沛爾漢（Brett Pelham）指出，那些名叫丹尼斯（Dennis）或丹妮絲（Denise）的人，有超乎尋常比例的可能性會成爲牙醫師（dentist）；而勞倫斯（Lawrence）與勞莉（Laurie）也有特別高的可能性會成爲律師（lawyer）；名字叫路易斯（Louis）的人移居到聖路易市（Saint Louis）的可能性出奇地高；而名叫喬治（George）的人搬到喬治亞州（Georgia）的可能性也很高。無論職業或居住地，都是人生中最重要的抉擇，而它們或多或少受到個人名字的讀音，以及熟悉感產生的吸引力所影響。[15]

對深戀感的渴望，會驅使我們在自己從事的行業力求完美。有時候，當我們全神貫注在某件事物上，理智設下的障礙就會開始消融。專業騎師會感覺自己與正在騎乘的馬兒律動合一。木匠與他手中的工具融爲一體。數學家忘我地投入正在解算的問題中。在這些莊嚴的時刻，內在與外部的模式逐漸契合，從而達到神馳的狀態。

❖編按：心理學家口中的深戀感，指戀愛時對情人的迷戀，因而造成情緒起伏及各種浪漫幻想。

這樣的渴望也在智性上推著我們向前邁進。我們都喜歡聽人家說我們做得多麼正確（廣播和電視的某些專家，單單透過強化聽眾的內在思維，就能進帳數百萬美元）。當某個說法恰好吻合我們的看法時，我們會感受到一陣快感，畢竟我們都喜歡與周遭的一切保持和諧的關係。如同布魯斯．維克斯勒（Bruce Wexler）在其著作《大腦與文化》（*Brain and Culture*）中指出，我們把前半生的大部分時間花在建立內在模型，希望它們能夠適用於這世界，接著又把後半生的大多數時間用來調整這世界，讓它符合我們的內在模型。[16]大多數的深夜酒吧對話，都是關於某人設法說服某人接受他的觀點。國與國之間的衝突不一定是爲了土地、財富與利益的分配，也是爲了強迫對方接受自己的價値觀。以色列與巴勒斯坦的衝突之所以難解，其中一個原因就是雙方都希望對方能接受自己的歷史論述。

大多數人回到兒時家園，回到自己心智模型初次鑄成的地方，都會深受感動。當我們回到自己成長的家鄉，最要緊的就是那些細節：雜貨店依然在原來的地方、公園四周不變的圍籬、冬陽依舊從同樣的角度灑落，以及我們過去常走的人行道。我們愛的不是這些事物有何長處，而是因爲那條人行道就是全世界最棒的人行道。人類的心智會爲家園的一草一木裹上一層特別的情感，因爲那些是我們熟悉的模式。路易斯（C. S. Lewis）曾經這樣評論道：「小孩子會喜愛那脾氣暴躁、幾乎不曾注意他的老園丁，卻想要避開那些一直企圖引起他注意的陌生訪客。而對方非得是**原來的**園丁不可，一個『一直都在』那裡的人，代表了童年那短暫又似乎古老得無法追憶的『永遠』。」[17]

當人類覺得自己與大自然、與上帝融爲一體時，當靈魂得到鼓舞，有種和宇宙合而爲一的感受滿溢全身時，在這些時刻，對深戀感的渴望最是強烈。

最重要的是，人會在彼此身上尋找這種感受。出生不到兩週的嬰兒聽見別的寶寶哭了，他們也會跟著哭；如果聽見的是自己哭聲的錄音，他們卻不會哭。[18] 一九四五年，奧地利籍醫師雷尼．史畢茲（René Spitz）研究某家美國孤兒院。這家孤兒院乾淨得無可挑剔。每八名嬰兒就有一位護士負責照料。這些嬰兒有充足的飲食，營養也很好，但他們整天獨處，爲的是減少病菌傳染的機會。爲了相同的理由，每張嬰兒床之間也懸掛了布幔。即便有這一切預防措施，仍有高達百分之三十七的嬰兒在兩歲之前死亡。這是因爲他們缺少了一種讓他們活下去的重要東西：感情的接觸。[19]

人會受到跟自己相似的人吸引。當我們第一次遇見某人，就會開始比對自己與對方的行爲。拳王阿里大概算得上是史上反應最快的人，他偵測出對手的防禦漏洞，然後出拳攻擊，所需的反應時間大約是一百九十微秒。而一個普通的大學生只需二十一微秒，就能不自覺地讓自己的動作與朋友的動作同步。[20]

正在專心交談的朋友，會複製彼此的呼吸模式。被吩咐要觀察某段對話進行的人，會揣摩談話雙方的心理狀態，如果他們愈仔細揣摩肢體語言，就愈能清楚感受到被觀察者之間的關係。此外，住在一起的女性通常會在相同的日子月經來潮，據信是費洛蒙的作用。

如同神經科學家馬可．亞科波尼（Marco Iacoboni）指出，用「感同身受」（vicarious）這個詞描述這些心理歷程，恐怕仍嫌不足。[21]當我們感受到他人的快樂時，我們會把對方的笑聲當成是自己的笑聲。若是看見有人受苦，就算只是電影情節，那種痛苦也會以輕微的形式反映在我們的腦海中，就像是我們自己受苦一樣。

路易斯寫道：「當朋友變成了老朋友，他的所有事情，即便那些事與這段友情無關，都會因爲熟悉感而變得既親密又珍貴。」[22]路易斯接著表示，朋友之愛「除了自由承擔外，別無其他義務。它沒有嫉妒，而且不是因爲需要才能成立，它是全然精神層面的。你能想像，這種愛理當只存在天使之間。」[23]

人一旦自覺身處在某個團體中，就會有一股很強的直覺壓力，想符合它的規範。所羅門・艾許（Solomon Asch）曾進行一項知名的實驗。他向受測者展示三條長度明顯不同的線條，接著讓這些受測者處在一群人當中（他們是艾許安排的樁腳），那些人全都堅稱這三條線是一樣長。在這種團體壓力下，有七成的受測者至少會有一次順從，主張這些線條的長度是相同的。只有兩成的人能拒絕服從這種明顯的錯誤。[24]

至樂

有些能力是學校沒有教的，像是調和各種模式、尋求深戀感，以及結交朋友。所謂快樂的生活，確實就是由這些連結所定義，至於不快樂的生活，也是由缺乏它們的程度來界定。

埃米爾・涂爾幹（Emile Durkheim）指出，社會連結較少的人，比較容易自殺。狄恩・歐寧胥（Dean Ornish）針對長壽進行研究，並將結論發表在著作《愛與生存》（*Love and Survival*）。他的結論是，孤單的人英年早逝的可能性比社交活躍的人高出三到五倍。[25]

另一方面，深戀的狀態能使人產生強大的向上提升感受。歷史學者威廉・麥克尼爾（William McNeill）於一九四一年從軍時，在新兵訓練中心學會如何行軍。沒多久，與同袍一起行軍的這種行爲，開始改變了他的意識：

> 很難用文字適當地描述那種被長時間一致性運動所激起的情緒。就我記憶所及，那是一種具有穿透性的幸福感，一種奇異的個人擴大感，由於參與了集體儀式而產生的一種驕傲自負，變得比生命更巨大的感受。[26]

數百萬士兵爲戰爭犧牲生命，因爲他們感受到自己與同袍間有著最原始的連結。家人通常也會因爲這樣的感受而團結起來，赴湯蹈火在所不辭。至於社交生活，則是由同樣但層次稍低的感受，也就是所謂的信任，將大家團結在一起。對大多數人來說，對深戀感最強烈的渴望，會透過想要與某人結合這種強烈的欲望來展現，而這就是愛。

這股驅力，這種對和諧的想望，是一個永不止息的過程（建立模型、調整、建立模型、調整），指引我們不斷前行。

情欲的省思

今日，聽見「情欲」這個字眼時，我們想到的是某件十分清楚明確的事——性愛。在書店裡，情色文學總是跟其他的書區分開來。不過，這其實是我們從「以性愛爲中心」的文化繼承來的狹隘又片面的意義。在希臘人的理解中，情欲並不只是對高潮、性行爲，或傳宗接代的渴望。希臘人將情欲視爲想與美好和卓越合而爲一的一種廣義的追求。

受激情驅使的人，要的是達到性高潮。可是，受情欲驅策的人，要的是更廣的融合。他們想要分享相同的情緒，造訪相同的地方，體驗相同的樂趣，並且在彼此心中複製出相同的模式。如同亞倫．布魯姆（Allan Bloom）在其著作《愛與友誼》（*Love & Friendship*）一書中寫道：「動物有性愛，而人類有情欲，如果無法清楚區分這兩者，就沒有精確的科學可言。」[27]

有時大家會說神經科學摧毀了靈魂與精神。它把所有一切都簡化爲神經元、突觸，以及生物化學反應。事實上，神經科學讓我們得以一窺情欲的運作，幫助我們看清朋友與愛人之間的各種模式互動。

哈洛與艾莉卡陷入愛河的頭幾個星期，兩人都表現出從未有過的機靈聰敏。有一天下午，他們坐在哈洛住處的沙發上看一部老電影。艾莉卡沒來由地凝視著哈洛的雙眼，說：「我懂你。」幾分鐘後，她靠在哈洛的胸膛上沉沉睡去。哈洛繼續看著電影，把她的頭稍微挪了一下，好讓自己舒服些。她發出輕柔的打呼聲。

哈洛用手輕拂她的頭髮和臉龐。她的呼吸隨著他的撫摸時快時慢，她的眼睛依然閉著，沒有被他吵醒。哈洛不曾注意過她睡得這麼沉。他對那部電影完全失去興趣，他只想看著她。

他抬起她的手臂，讓它環抱著他的脖子。她的嘴唇嘟成一種可愛的模樣，不過她還是睡得很熟。然後，他將她的手臂放回她的身旁，讓她再度依偎在他的胸膛上。接著，他只是看著她的睡相，打量著她起伏的胸膛，突然有一股溫柔的保護感油然而生。他默默想著，「勿忘此刻。」

可惜並非事事皆完美。他們兩人都發現，內心深處仍有些潛意識的壓力，會阻礙他們亟欲追求的融合。兩人之間的磨擦與衝突依然存在。

渴望深戀並不能自動產生完美的浪漫戀情或唾手可得的和諧。我們把大多數的時間都用來讓別人接受我們的模式，同時試圖抗拒別人對我們這麼做。從較大的格局來看，人並非只是單純地想要連結，人會爲了連結而競爭。我們會彼此競爭，希望贏得聲望、敬重與注目，因爲這些能幫助我們與他人連結。我們會設法超越他人，以獲取他人的認可。那就是人類這場複雜賽局裡的邏輯。

不過，尤其是在最初的那十八個月裡，哈洛與艾莉卡體驗到某種神奇的力量。他們一起工作、一起用餐。他們同枕共眠，各方面都是如此契合。他們體驗到的那種同步感，是所有偉大愛情的基礎：「你問我愛你嗎？我**就是**你呀。」[28]「我們是一體的，是不可分割的生命；失去你就是失去我自己。」[29]

【第十四章】

偉大的敘事

人類的心智是一台過度自信的機器……

當艾莉卡的事業大展鴻圖之際，她的屋子卻開始變得黯淡。她與哈洛在兩人同是二十八歲那年創辦了他們的顧問公司，接下來的幾年可謂一帆風順。他們贏得許多客戶，總共雇了十八位員工。他們買了新電話機和很棒的印表機。他們的時間被各種顧問計畫所吞噬，不管白天、夜晚或週末。有時候，他們會撥出時間去度個假，和朋友小聚，甚至來個兩人的晚餐約會。可是他們永遠沒有時間打理他們買的那間房子，於是問題慢慢出現了。如果哪顆燈泡燒壞了，它會繼續留在燈座上好幾個月，而這段期間，艾莉卡與哈洛則學會如何摸黑前進。有線電視的電纜線故障了，但兩個人都沒有時間打電話請人來處理。窗戶有裂痕，排水溝裡塞滿了樹葉，汗漬沾在地毯上。他們適應了所有這些功能喪失，也滿足於用一團亂的家務換得事業上的成就。

然而，大約四年後，由於不景氣，他們的顧問事業開始走下坡。表面上什麼都沒有改變。建築物跟人都還在那裡，但是心理已大不相同。前一刻，大家還高談闊論要如何擁抱風險，下一瞬間，眾人全都被嚇得龜縮起來。原本看似對公司成長至關重要的顧問合約，如今只是無用的奢侈品。各家企業紛紛大幅削減顧問預算。

很多朋友從艾莉卡的生命中消失了。那些和她一起打網球、一同出遊、到她家來作客的客戶。這些人在她提供顧問建議的企業中工作，他們之間的那些信任感與友誼絕對真實不虛。

可是當顧問合約被砍掉之後，這些人際關係也就煙消雲散。艾莉卡注意到她那些風趣、語帶嘲諷的電子郵件再也引不起任何回應，電話也沒人回了。倒不是大家不再喜歡她，他們只是不想傷害她。他們砍了她的合約，但不想親口告訴她，免得傷害她，於是選擇迴避。艾莉卡理解這種善意的欺騙。這種不想造成痛苦的想法，說穿了就是不想要有任何不愉快的對話罷了。這是懦弱，絕非體貼。

辦公室變得冷冷清清。員工看著艾莉卡無助的模樣，心裡也不好受。她不能顯露懼色，但是他們全都體會得到她內心的感受。她會冷靜地鼓勵大家：「除非事情已成定局，否則一切都還有機會。」偏偏公司就是沒有進帳。銀行開始不高興了，信用額度也即將用盡。她開始用信用卡借錢來發薪水，同時去拜託新客戶給她一些工作。

最後，連最大的一份合約也取消了。她打電話給該公司的執行長要求換新約。聽見她這麼脆弱的聲音實在讓人難受，畢竟她一生的心血全繫於這通電話上。結果這位執行長跟其他人一樣，選擇對她撒了個善意的謊言。他說這只是雙方關係的小小變動罷了，大約一年後，他們還是會再回來。艾莉卡說不出口的是，如果沒了這份合約，她的公司撐不了一個星期。這等於是宣判死刑，但掛上電話後，她並沒有顫抖，也沒有喘不過氣來。她自忖，「原來這就是失敗的感覺」。

情緒的衝擊大約在一個小時後才到達。她躲進女廁裡，邊吐邊啜泣。這一刻，她只想回家鑽進被窩裡。

到了週五，她召集所有員工。他們在會議室閒坐，交換著絞架下的幽默。艾莉卡環顧所有員工，這些人就快要失業了。有一位名叫湯姆的同事，他總是拎著一台筆記電腦，把聽見的每一則重要訊息輸入檔案中。另外一位叫阿嬪的同事，她的心思極度敏捷，每回話才說了一半，就等不及要跳到下一句。還有艾爾希，她對自己沒有什麼自信；還有艾莉森，她爲了節省開銷，和室友共用一張床，但他們不是床伴；還有艾米立歐，他把一整排的胃藥放在電腦上方。人總是比你想像得到的更加奇妙。

在這樣的危機時刻，她反而異常冷靜。她宣布，除了關閉公司別無他法。一切都結束了。公司破產了。她告訴大家，全國的經濟都出了問題，這並不是任何人的錯。她的發言太過冗長，她開始回想有哪些事她本來可以有不同的作法。她其實無法認同「不是任何人的錯」這句話，她以爲無論合理與否，總得有人負起責任。接著，她開始引用一些古老的企業家箴言：世上沒有失敗這回事，失敗只不過是學習過程裡的一個步驟。但這些話根本安慰不了誰。

接下來的幾週，依然有些事情要處理。賣掉辦公用品，撰寫信件。可是，往後就沒事可做了。艾莉卡感到十分震驚。她努力了一輩子，突然間，她發現自己活在一個進退無路的宇宙。

以前她曾想要片刻寧靜，沒想到寧靜是這麼恐怖的事。蘇格蘭哲學家休謨（David Hume）曾寫道：「人類心靈中，沒有哪種渴望或需求會像運動與工作這樣持續不變又無法滿足，而這種欲望似乎就是我們絕大多數熱情與愛好的基礎。」[1]

她的思緒開始瓦解。過了幾個星期，無論是整理論點或撰寫備忘錄，都出現了困難。雖然她什麼事都沒做，卻無時無刻不感到疲憊。她一直想要找個難題來征服。

她重新整頓自己的生活。長久以來，她一直是健身房會員，之前她忙著拯救公司，很少去運動，現在她發狂似地努力健身。每天早上她會穿戴整齊，前往星巴克報到，旁邊擺著公事包、行動電話與電腦。走出家門，置身在就業人群間，是一件很困難的事，就像病人身處在一個健康的國度裡，簡直是一種精神的流放。她看著一大群啜飲咖啡的人，腦袋空空地踱步回辦公室。他們有職責在身，她卻沒有。她前往各家星巴克，這樣才不會讓人一眼看穿她根本無處可去。

唐·佩克（Don Peck）在《亞特蘭大》（*The Atlantic*）雜誌上發表的一篇文章，歸納了有關失業心理成本的研究：長期承受失業之苦的人，比較可能罹患憂鬱症，甚至會在失業幾年後才顯現出來。在這些人的餘生中，他們會緊緊抓住工作，變得害怕風險。他們比較可能會有酗酒或毆打配偶的問題。他們的健康狀況會惡化。三十歲失業的人會比從來不曾失業過的人短少一年半的壽命。有些研究人員發現，長期失業對心理的影響程度等同於喪偶。[2]

艾莉卡與哈洛的關係也受到了傷害。以哈洛的成長背景來看，他認爲人的價值取決於你是什麼樣的人；而艾莉卡則認定，一個人的價值取決於他從事什麼樣的工作。哈洛一直擁有很多他願意投入的興趣。在公司結束後的頭幾週，他成天都在讀書。艾莉卡需要的則是任務，她需要向上爬。哈洛願意去做任何看起來有趣的事，所以過沒多久，他就找到一份在歷史學會擔任計畫辦事員的工作。艾莉卡需要一份能讓她重返支配地位的工作。她坐在星巴克裡打電話給一些舊識，想要找個副總裁以上的職缺。幾乎所有的致電都沒有回覆，她的期待迅速落空，於是她又開始想著自行創業。她或許可以開一家鮮果奶昔加盟店、一家蒙古烤肉店、一間托嬰中心，或是當醃黃瓜的供應商。她也可以創立一間寵物管家公司。不過，這些全都不是她以前曾經思考過的職業生涯。

幾個月後，一位朋友告訴她，一家叫做英特康的有線電視公司想找人協助策略規畫。她一直都很討厭那家公司，因爲該公司的服務差勁，維修人員訓練不足，客服又慢吞吞的，而且執行長還是以自我感覺良好著稱的人。當然啦，如今那些都不重要。她寄出求職信了。

面試官讓她等了一下，接著用降貴紆尊的態度歡迎她。他告訴她：「我們有全世界最聰明的人在這裡賣命。每天到公司上班是一大樂事。就像是《一時之選》（*The Best and the Brightest*）那本書描寫的那樣。」

艾莉卡懷疑這傢伙是否漏看了那本書關於越戰的那一大段。

接著他開始談起自己，「我要求自己一定要達到最高的標準，也要求自己要展現出無人能及的卓越。」很顯然的，這些用語不斷出現在這家公司的文宣中。隨著面談持續進行，他成了一台小小的術語背誦機。他對她說：「歸根究柢，我們不是想要趕盡殺絕，而是希望找出最佳的雙贏策略。」顯然這家公司的人總是努力鑽研這一類的對話，說什麼他們拚命追求功能最大化，講求目標與任務導向，期望創造新藍海。

艾莉卡坐在那兒，臉上掛著微笑。她看起來相當熱切、充滿期待，把自己的姿態放得很低。當他問她想要如何爲公司效力時，她立刻套用前面聽到的那些話，一股腦兒地回敬給他。至於那些自我憎恨的想法，就等爭取到工作以後再說吧。

他說一星期之內會回覆，結果過了兩週才打來。她的手機一直處於開機狀態，只要有些風吹草動，不管是眞的或想像的，她都會立刻伸手去抓手機。電話終於來了。安排好後續面談，接著又過了大約一個月，她再度成爲一名受雇者。她有一間很不錯的辦公室。她開始參加各種會議，被一群無比自負的人包圍。

過度自信

人類的心智是一台過度自信的機器。意識心智會把一些它沒做過的事歸功於自己，還會編造故事，藉以創造出一種假象，以爲自己掌控著某些其實根本無從置喙的事。九成的駕駛人相信自己的開車技術高於一般水平。[3]百分之九十四的大學教授認爲自己比一般的老師高明。[4]九成的創業者認爲自己的新事業絕對會成功。[5]參加學術性向測驗的學生，有百分之九十八的人表示自己具有一般水準或高於一般水準的領導技巧。[6]

大學生通常會高估自己獲得高薪工作、到國外旅行，以及未來婚姻幸福的可能性。[7]中年人在選購服裝時，總會基於自己很快就會減重幾公斤而選擇一些過緊的衣服，事實上，絕大多數這個年紀的人，體型是一年比一年寬。參與美國職業高爾夫巡迴賽的選手估計，自己打出六呎推桿進洞的機率高達百分之七十，但實際上，在這種距離下進洞的機率只有百分之五十四。[8]

這種過度自信有非常多不同的形式。眾人往往高估了自己控制潛意識的能力。人們會購買健康俱樂部的會員資格，卻沒有足夠的意志力去運動。眾人也會高估對自己的理解程度。半數的賓州大學學生表示，如果有人膽敢當著他們的面說出性別歧視的話，他們一定會大聲斥責。然而，在研究人員的安排下，等到事情真的發生時，只有百分之十六的人吭聲。[9]

眾人會高估自己所知的事。保羅・蘇梅克（Paul J. H. Schoemaker）與愛德華・羅索（J. Edward Russo）請主管階級回答問卷，以測量他們對自身產業的了解。廣告業界的經理人對自己答案的正確性有九成的自信，但事實上他們的答案有百分之六十一是錯的。電腦業界的經理人則認爲自己的作答應有百分之九十五的正確性，但事實上他們答錯的機率高達百分之八十。羅索與蘇梅克讓超過兩千人進行過這樣的測驗，百分之九十九的人都高估了自己的正確率。[10]

眾人不僅會高估自己所知的事，也會高估自己有能力知道些什麼。生活中的很多事太複雜也太隨機，我們根本無法準確預測出近期內會發生什麼事，比方股市就是如此。然而，當我們觀察整個選股產業的情況，前述事實顯然對實際行爲沒有什麼影響。布雷德・巴柏（Brad Barber）與特倫斯・歐定（Terrance Odean）分析超過六萬六千筆來自折扣券商（discount broker）帳戶的交易。那些最有自信的交易者會進行數量最多的交易，結果往往比整體市場的表現還差。[11]

人們也會陶醉在自己的好運中。麻省理工學院的羅聞全（Andrew Lo）指出，當股票交易人員經歷了一連串的好日子後，他們的大腦會釋放多巴胺，造成過度自信感。他們相信這等好事是靠他們自己達成的，也認爲自己對市場瞭若指掌。他們會漠視下跌的風險。[12]

眾人會高估他們對自己爲何做出某個決策的理解能力。他們會編造故事來解釋自己的行爲，但其實他們根本不知道自己的內心發生了什麼事。一旦做出決策，他們會欺騙自己有關決策的原因，以及在當時的情境下，那樣的決策是否正確。哈佛大學的丹尼爾·吉伯特（Daniel Gilbert）認爲，人類具有一種心理免疫系統，它會誇大那些承認我們良好特質的資訊，同時忽略對它們有所懷疑的資訊。在某個實驗中，一群人被告知他們在方才進行的智力測驗中表現得很差，於是這些人會花很多的時間，尋找有關智力測驗缺失的報導。當人們從主管那裡拿到一份充滿讚美的報告，他們會對於閱讀有關主管有多麼聰明睿智的報告產生更大的興趣。[13]

這告訴我們，自信與眞實能力之間的關係不大。有非常多的研究都證實，相較於那些表現較好的同儕，能力不足的人比較會誇大自己的能力。有一項研究發現，那些在邏輯測驗、文法及幽默感上排名倒數四分之一的人，特別有可能會高估自己的能力。有許多人不只是無能，他們根本拒絕承認自己能力不足。[14]

持平而論，人類大多是過度自信的。但艾莉卡在英特康的同事狂妄自大也就算了，還到處耀武揚威。他們的執行長塔格特不管到任何組織，都非得要來個改革不可。當他來到這家公司時，立刻對那些老官僚與「舊思想」宣戰。結果，他的改革熱情有時會變成藐視經驗老道的經理人，甚至看不起歷經時間考驗的作法。他會在夜半三更發出通知，而那通常都是些沒經過大腦仔細思考就寫出來的東西，並在部門中造成混亂。他總是遵循一些在演說中聽起來很不錯的格言或規則，但與現實生活的情境沒什麼關聯。聽取某些準備了好幾個星期的報告時，他會表現得很不耐煩，接著突然心不在焉地說：「這些想法應該不會反過來害死我們才對！」然後就在一堆馬屁精的笑聲中走了出去。

他希望被人視爲創新的英雄，他帶領公司針對一些沒人眞正懂的市場與利基點進行一連串購併。公司變得大到管不動，而且在追求先進技術的過程中，他採用那些複雜到無人能理解的會計原則與組織架構。

每場會議他都是第一個發言的人。他的觀點總是那麼絕對，因此在他說完後，很少有人願意去挑戰或質疑他。同一時間，資深管理團隊也鼓勵這種對新市場區隔的多樣化經營。理論上，把各種不同的產品撒到各個不同的市場，似乎可以分散風險。事實是，他們進入的市場愈來愈多，但對市場的理解愈來愈少。[15]這種策略賦予進行交易的主管更多權限，卻把那些將一生都投注在特定市場且對它如何運作具有堅實知識的主管給邊緣化了。

這家公司花在管理結構上的時間，比花在改善產品上的時間多得多。爲了比較各產品線的生產效能，經理人設計出一套客觀的成功標準。這些成功的衡量標準其實與長期成長並沒有太大的關係。他們花在了解如何才能應用這套標準的時間，遠多於實際投入產出。

財務與會計部門在執行長的同意下，沉迷於晦澀難懂的風險管理工具。這些工具對少數宣稱能理解它們的人而言是很出色，然而在現實世界中，它們卻讓風險分析變得更加混沌不明。艾莉卡注意到，在這裡沒有人以 PowerPoint 圖表來呈現未來發展預測。這些傢伙，這支渾蛋團隊，對自己的預測能力是如此自信，他們認爲根本不需要這麼做。他們沉浸在一種絕不允許自己承認有任何事不懂的男子氣概文化中。

令人驚奇的是，當公司愈來愈多元化時，這些主管卻愈來愈一致。這些人在全球各地分別負責不同的市場。你一定會認爲這樣的配置能產生不同的意見與期待，彼此抗衡。可是一再發生的情況是，即時通訊和根據這些即時通訊爲基礎的判斷，產生出一種從眾心理，以及智力的同質化。一再發生的是，那些人總是在同一時間做出同樣的單向賭注。或許這就是當整間公司（甚至是整個世界經濟）都仰賴黑莓機，並且以電子的速度做決策時，會發生的狀況。

董事長與執行長大肆宣揚公司的成就。在視訊會議、業務會議，以及各種沾沾自喜的公司進修課程中，他們總是吹著一個接一個的大牛皮，比方說這是全美最偉大的公司，或說這是全世界最具創新能力的公司。

最令人覺得挫折的是，在一次又一次的會議中，艾莉卡完全無法幫上什麼忙。倒不是她看不出公司問題，其實放眼望去，到處都是牛鬼蛇神。問題在於分析模式是一種封閉性的語言。艾莉卡有她觀察事情的方式，也有她自己的語言，而且那是一種強調文化、社會關係與心理學的語言。而她的同事看待事情的方式顯然不同，他們的作法是先累積大量的資料，接著設計出方程式並建立起系統。兩種模式似乎沒有交集。

不知是從商學院或是哪些地方學來的，這群渾蛋確實受過某種方法學的訓練，也知道如何將管理轉化成科學。他們對產品的功能並不熟悉，因爲他們都是被訓練來做組織研究的。有些人搞動態系統理論（Dynamic Systems Theory），有些則是六標準差分析（Six Sigma Analysis），或者田口實驗計畫法（Taguchi Method）與質場分析（Su-Field Analysis）。還有一種發明家式的解決任務理論（TRIZ），這是一種源自俄國，用來產生創意且以模型爲基礎的科技。還有所謂的企業流程改造。艾莉卡上維基百科，將它們一個一個查清楚。根據網站引述的一本管理學書籍指出，企業流程改造「能夠提升即時生產與全面品質管理的成果，使得流程定向成爲一種策略性工具與組織的核心競爭力。企業流程改造專注於企業的核心流程，而且它是以即時生產與全面品質管理的『工具箱』裡特定的技術作爲啓動裝置，同時擴展了流程的視野」。[16]

艾莉卡讀了不少這種內容，也在會議中聽過不少，但她完全不知道要如何將它們應用在眼前的問題上。那些聲音在她腦海中迴盪，說出這些話的人也都很重視精準與清晰，因爲他們都希望能夠把事情科學化。可是這些術語似乎只能虛無縹緲地浮在空氣中。

理性主義者的版本

當然了，這些管理奇才能夠成氣候並非全是偶然。凱因斯（John Maynard Keynes）曾寫過一段名言：「那些相信自己能夠不受任何知識左右的務實派，常常會成爲一些早就死透的經濟學家的奴隸。」[17]而與艾莉卡共事的這些人，都是傳統思考下的奴隸。這個叫做理性主義的傳統，把人類的歷史說得像是一則關於邏輯與良知的心智進步故事。它把人類的歷史視爲理性與激情之間的競賽。其中，理性是人類最高級的能力，而激情與直覺則是我們的動物本能。這個故事較爲樂觀的版本是理性會逐漸勝過情緒，科學逐漸取代迷思，而邏輯將會戰勝激情。

這種論述通常源自古希臘時代。柏拉圖相信靈魂可以切分成三塊：理性、精神與欲望。理性會尋求眞相，而且希望做到最好的狀態。精神追尋的是認可與榮耀。欲望則是追尋最基本的享樂。對柏拉圖而言，理性就像是駕馭戰車的人，他必須熟知如何掌控兩匹狂野又難以合作的戰馬。柏拉圖寫道：「如果心智中較好的元素能夠讓秩序與理性勝出，那麼我們此生就可以擁有快樂與和諧，並成爲自己的主宰。」[18]

根據這些論述，在古希臘與羅馬時代，理性派有長足的進步。然而在羅馬覆亡後，激情重掌大局，歐洲也陷入了黑暗時代。教育受到打擊，科學完全停擺，迷信開始滋長。後來在文藝復興時代，又出現了一些轉機，主要是因爲科學與會計的發展。接著在十七世紀時，科學家與科技學者創造出新式的機械，以及對社會的全新思考。偉大的研究者對這個世界做了仔細的分析與理解。「世界是一台機器」開始取代「世界是一個活生生的組織」這種比喻。社會常被視爲一個擁有數以百萬計個零件的時鐘，而上帝就是神聖的鐘錶將，也是理性宇宙的創造者。

在諸如培根與笛卡兒等大師的協助下，一種新的思考方式被創造出來了——科學方法。笛卡兒企圖讓人類的理解方式重新來過。他會從無到有地用邏輯與有意識的方式來分析每個命題，透過這種推論的方式，看出哪些是眞實而且確定的。他將人類的理解建立在邏輯的基礎上。培根則認爲，「在這個科學的年代裡，不應放任心智選擇它自己的道路，而是該一步步地導引它。」[19]我們需要的就是一個「明確的計畫」，以及全新可靠的方法學。

在這種新的思考模式下，哲學家與科學家在思考時都得先將心智中所有的偏見、習慣與過去的信念排除。他必須與他所研究的對象保持冷靜且不爲所動的距離。問題必須被打破成抽象分離的片段。他必須以有意識且循規蹈矩的方式進行，從問題最簡單的元素開始，逐步往複雜的部分前進。他必須發展出一種科學性的語言，以避免一般語言那種模糊與含混。整個方法的目標是企圖將人類的行爲做到某種像法律般的歸納，也就是找出確定性與事實。

科學方法將嚴謹帶進了原本充滿著猜測與直覺的領域中。在物理、化學、生物與其他自然科學的領域裡，成果確實有目共睹。

不可避免的，理性主義者的技術會被應用到社會科學，那麼社會領域的進步也應該跟科學的進步一樣令人印象深刻才對。法國啓蒙時代的哲學被整理成一部偉大的百科全書，目的就是要把人類所有的知識組織成一本參考書。就如迪馬瑟（Dumarsais）在百科全書中所宣稱的：「理性之於哲學家就像恩典之於基督徒。驅使基督徒行動的是恩典，驅使著哲學家則是理性。」[20]

過了幾世紀之後，社會科學家試圖要創造出一種關於人類本性的科學。他們努力創造各種或許能夠讓他們預測以及塑造人類活動的模型。政治科學家、國際關係教授及其他人都發展出各種複雜的模型；管理顧問進行了各種實驗，以便進一步了解企業領導統御的科學。政治圍繞著抽象的意識型態打轉，這個巨大的系統將所有一切連結成一套邏輯一致的信念。

這種理性主義者的思想模式不僅無所不在，而且似乎是自然且不可避免。理性主義的傳統非常具有吸引力。它承諾了確定性，而這可以將人們從混沌與疑慮中解救出來。人們對人性的感受似乎會受到當代主流科技的影響。從機械時代到工業時代，我們很容易就會將人視爲一種機制，並且將理解人類的科學看成類似於工程學或物理學。

理性主義在十九與二十世紀間占有優勢，但它確實具有某些限制與偏誤。這種思想的模式是簡化的；它將問題拆分成不連續的片段，而且對於新產生的系統視若無睹。蓋・克萊斯頓（Guy Claxton）在他的著作《反覆無常的心靈》（*The Wayward Mind*）中指出，這種模式重視解釋勝於觀察。[21]他們花在解決問題的時間遠多於觀察到底發生了什麼事。它是苦心孤詣的，不是輕鬆隨意的。它重視那種可以轉化成文字或數字的知識，至於不能轉化的就沒有那麼在意。它追求那些可以普遍應用在各種不同範疇的定律與規則，卻看不起一些特定的知識。

再者，理性主義的方法奠基於一系列的假設。它假設社會科學家可以客觀地從外部觀察社會，完全拋棄激情與潛意識的偏誤。

它假定理性思考可以完全地，或至少大致上是受到意識的控制。

它假定理智比情緒與欲望都要來得強大，並且可以與它們切分開來。

它假定感受是一種乾淨的鏡片，它可以讓觀察者得到對世界直接且可靠的觀點。

它假定只要我們能理解人到底是些什麼，人類的行動就會遵循如物理定律之類的法則。公司、社會、國家，甚至是宇宙，這些都是偉大的機器，都是透過恆久不變的因果模式來運作。自然科學正是行爲科學應該複製的模範。

終於，理性主義產生出極端的形式。科學革命導引出科學萬能主義（scientism）。歐文·克里斯托（Irving Kristol）把科學萬能主義定義成「理智的象皮病」。科學萬能主義採用了理性探究的原則，卻將它們無限上綱，並且將任何與其方程式不合的因素都排除在外。

過去幾世紀，許多重大的錯誤或災難，都是源自於對純粹理性的過度信仰。十八世紀末，法國革命以在理性的土地上重建全新世界之名，屠戮了整個社會。社會達爾文主義者想像他們已經找到了人類演化顛撲不破的定律，可以用來確保最適者生存。企業領導人在斐德列克·泰勒（Frederick Taylor）的影響下，試圖把所有的工廠工人變成效率超高的齒輪。二十世紀，共產主義者試圖改造整個國家，製造出一種新蘇維埃人（New Soviet Man）。而在西方，勒·柯比意（Le Corbusier）與一整個世代的都市計畫師，都想要把都市變成理性的機器，也就是某種工廠。他們的方法是將現存的街坊全部清除，以多線道高速公路與整齊的住房計畫來取代。富裕國家的技術專家試圖在所有的開發中國家裡植入大規模的開發計畫，無視當地的環境背景。大型銀行與中央銀行裡的財經分析師認爲他們掌握了經濟的循環，並且創造出所謂的「大穩定」（Great Moderation）時代。

簡言之，理性主義者的方法產生了很多偉大的主張，但當它們被用在解釋或是組織人類世界時，確實有一個重要限制。它非常重視有意識的認知，或許你可以稱它爲第二層認知。透過它就可以觀看、量化、定形以及理解事物。但是理性主義者的方法卻對潛意識（或許你可以稱之爲第一層認知）的影響視而不見，因爲它混沌不明、非線性、很難看透，也不可能被定形。理性主義者傾向將他們的方法學無法計算的資訊全數刪除或縮減。

里昂內・崔林（Lionel Trilling）在《自由主義的想像》（*The Liberal Imagination*）一書中分析了這個問題，他指出當政治或商業「往組織移動時，傾向於選擇最容易受組織影響的情緒與特性。當完成了最活躍且樂觀的目的後，會不知不覺地將它對世界的觀點限縮在它可以處理的範圍內。同時也會不知不覺地發展出一些可以合理化其限制的理論與原則，特別是與人類心智本質相關時，更是如此」。結果，「它會轉而排斥情緒與想像。而且爲了要確保對心智力量的掌握，它傾向於抑制並且把心智的概念機械化。」[22]

理性主義者只看一眼意識的心智，就假定一切都在那裡面了。它無法承認潛意識過程的重要性，因爲一旦它把腳伸進這個暗黑無底的激流裡，對規律性與預測性的希望就都毀了。理性主義者得以享受名望與權威的原因，是因爲他們被認定是能夠掌握人類行爲的科學。一旦這種科學不見了，所有的名望也就跟著付諸東流。

過去五十年間，這種科學萬能理論在經濟學領域中的表述最爲強勁。經濟學剛開始時並不是以純粹的理性主義起家的。亞當・斯密（Adam Smith）相信人類是由道德情操，以及追求他人敬重的欲望所驅使。托斯丹・范勃倫（Thorstein Veblen）、喬瑟夫・熊彼得（Joseph Schumpeter）與弗瑞德里希・海耶克（Friedrich Hayek）等人是以文字而非數字來表達想法。他們強調，經濟活動是在普遍的不確定性中進行的。行動會同時受到想像與理性的指引。人們會經歷非連續性的典範轉移，也就是突然間以極端不同的方式看待相同的情境。凱因斯則認爲經濟學是一種道德科學，無法透過數學計算出的普遍性定律來捕捉事實。他寫道，經濟學「是以自省與價值來處理事情……它要處理的是動機、期待與心理學上的不確定性。人要時時警惕，不可將這些素材當作是恆定且同質的」。[23]

不過在二十世紀間，理性主義精神卻開始宰制經濟學。物理學者以及其他硬科學的科學家，達成了許多偉大目的，而社會學家企圖要與他們的嚴謹和名望並駕齊驅。有影響力的經濟學家歐文・費雪（Irving Fisher）的博士論文指導老師是一位物理學家，他的老師後來還協助建造了一台具有手把與幫浦，可以用來展現經濟如何運作的機器。保羅・薩謬爾森（Paul Samuelson）將熱力學的數學原理應用到經濟學之上。在財經方面，艾曼紐・德爾曼（Emanuel Derman）原本是一位物理學家，他後來成爲金融家，在發展衍生性金融商品上扮演著重要角色。[24]

雖然數學模型對於理解經濟行爲而言，是一種很有價值的工具，但它也像是鏡片一樣，會過濾掉某些面向的人類本性。它們相當依賴人基本上是規律而且可預測的這種見解。就如喬治・阿卡洛夫與羅伯・席勒曾寫道，他們假定「個人感受、印象、激情上的變異，對總體而言無關緊要，而且經濟事件是由無法理解的因素以及政府不可預測的行動所造成」。[25]

要不了多久，經濟學者變得只強調金錢的動機，將其他的因素全部剔除。經濟人（Homo Economicus）、社會人（Homo Sociologus）、心理人（Homo Psychologicus）、道德人（Homo Ethicus），以及浪漫人（Homo Romanticus），完全切割開來。最後得到的就是一種最簡化的人類本性。

災難

英特康的執行長塔格特跟他的團隊都不曾讀過知識史。理性主義一直都在他們呼吸的空氣裡，並且在不知不覺中塑造了他們做事的方法。理性主義者的心態藏在他們大學時上的經濟學裡，在商學院所修的策略課程裡，以及他們每天都在閱讀的管理書籍中。他們抱持的心態是，將一切有用的資訊都窄化成可以在報告中呈現的素材。

當不景氣逐漸加深且揮之不去時，艾莉卡看著這些人做出了一連串可能導致公司毀滅的災難性行動。像是強迫削減成本。他們首先削減所有可能增進人際連結的作為。舉例而言，他們將公司的電話號碼從網頁上拿掉，結果就是當顧客有問題時難以跟眞正的人講上話。他們將原本可以建立同事情誼的所有公司聚會取消。辦公空間開始縮減，那些已經工作了幾十年才得到一間眞正辦公室的人，現在卻得窩在一個損人自尊的小隔間裡。當管理團隊將樓面規畫圖展現在大家眼前時，看起來倒是眞的相當有效率。

詹姆·柯林斯認爲機構的衰敗像是一種有分期別的疾病。[26] 某些公司外面看起來不錯，但是內部已經生病了，而且一旦生病，就會接連出現各種病程，直到死亡爲止。如果這是眞的，那麼這家有線電視公司算是一次到位，直接來到病入膏肓期了。

最初，英特康的主管們對於經濟局勢下滑感到震驚。他們會對彼此說：「『危機』也代表『轉機』！」他們將下滑的營收當作是啓動所有實驗的一種召喚。他們推出了一個激進的組織重整與改組的計畫。他們將原本的部門主管解職並放上新人。他們端出了一個叫做蛙跳成長的長程策略。他們想要不計代價地讓公司成長，於是把錢砸到那些號稱可以賺錢的市場，砍掉那些苟延殘喘的部門。塔格特在會議中大聲疾呼：「我們不再有以前的那種餘裕了，我們要把所有的腳本全都撕碎，以全新的方式來思考。」

很快就出現了更多的購併。塔格特開始對經營有線電視公司感到厭煩，於是砸錢買下了一家無線電視網。現在他可以常跟那些明星混在一起了。他可以在參加晚宴時大談黃金時段的節目安排。他根本不曾想過，一個提供技術服務的公司，是否能與一個提供影視產品的公司相契合。

接下來還有其他的購併案，像是生技公司與線上家電購物網。艾莉卡看著同事們被吸引而去執行這些交易時，都顯得十分投入且專注。每一次購併完成後，主管之間就會流傳著一張勝利清單。這個交易可以讓我們「到達率倍增……改變我們的公司……只跨一步就讓整個視野完全改觀……這絕對是一個扭轉戰局的交易……現在我們擁有一個預示新時代來臨的暢銷產品……今天我們見證了一個全新的開始」。每個交易原本都應該是能夠拯救公司頹勢的特效藥，但過了幾個星期或是幾個月之後，營收依然下滑，增加的只有債務。

新人笑，舊人哭。舊的供應商利潤被壓縮，承包商預算也被削減，老員工也被要求以較少的薪資做更多的事。一種救生艇心態開始在公司內蔓延，每個月都會有一些比較老弱的人被丟出船外，而活著的人只好更用力地抓緊船舷。士氣變得很低落，顧客接觸也大幅下滑。當壞消息傳來時，大家總會開始找是誰該負責，但是不知爲何總是無法確定責任該由誰來擔。每個決策都是由某個層級的委員會做出來的，當每個人都有責任時，就表示每個人都沒責任。

艾莉卡看著這些災難，心中感到極度厭惡。她已經爲自己公司的失敗承擔了後果，當然那或多或少是無法避免的。現在她又即將在資本主義史上最糟糕的管理大失敗中湊上一腳。她眞不知道接下來還會有誰願意雇用她。

一個月又一個月地過去，數字愈來愈難看。某日她參加一個會議時，一組新的營收數字公布。塔格特的一位親信說：「一定是搞錯了。」艾莉卡聽到後面傳來一陣嘟囔，但似乎沒有人多注意。艾莉卡趁隙探頭一看，想要知道是誰發出的聲音。那是一位有著白髮和雙下巴的老人家。他穿著短袖白襯衫，打著紅藍相間的公司領帶。她在好幾次會議上見過這個傢伙，卻不曾聽他說過任何話。她盯著他看，而他眼睛朝下，看著自己厚實的手。然後他突然抬頭，兩人四眼交會，他露出一個不太自然的笑容，她則把頭轉開。

會議之後，她跟上他的腳步並且大膽地問：「你認爲如何？」他狐疑地看著她。

她小聲地說：「爛透了。」

而他回答說：「他媽的爛透了。不可思議的爛透了。」

華爾奇麗亞計畫於焉誕生。

這個傢伙名叫雷蒙。他在公司已經待了三十二年。他們無法將他趕走，因爲沒有人知道這種技術，但他們將他放在一個遠離權力核心的位置，結果他卻成了專門收拾爛攤子的人。透過他，艾莉卡得知公司裡也有些人跟她一樣感到受不了，事實上應該說是很多人都這麼想。他們成立了一個地下反對派，透過私人的電子郵件發送訊息。起初他們只不過是抱怨與無病呻吟，後來卻開始認眞計畫了起來。艾莉卡說服他們相信，這個行動是攸關存亡的事。如果公司垮了，他們也全毀了。如果公司垮了，那麼他們投注心力建立起的事業也沒了。他們當然不會坐以待斃，他們一定可以做些什麼。

【第十五章】

見機行事

智慧並非科學知識，而是對於我們恰好身處其中的環境的敏感度……

艾莉卡在塔格特與他的爪牙底下驚慌度日。晚上，有時甚至更晚，她回到家後就只能對著哈洛發洩情緒。哈洛無法提供她任何具體的工作建議，畢竟這幾年他已經遠離企業界，但他還是能夠幫她釐清一些問題。

哈洛全心投入歷史協會。剛開始是寫一些展覽型錄上的文案，後來被擢升為協助規畫展覽的主任。歷史協會是一個死氣沉沉的老舊機構，創始於十九世紀，收藏室中有無數的工藝品。哈洛有空會到地下室去翻翻各種古老箱子與檔案。有時候他也會進入收藏著珍貴寶藏的保險庫去看看。

最重要的一件古物是林肯被暗殺那天，女演員在福特戲院裡所穿的洋裝。當時她衝進總統包廂，在眾人忙著急救時，林肯的頭就靠在她的膝上。洋裝上有鮮艷的花朵圖樣，而林肯的血漬就噴濺在上頭。

哈洛上任不久後，某天他一個人進入地下室，戴上白手套，慢慢將那件洋裝從收藏盒中取出。他輕柔地將它放在膝上。有種難以形容的敬畏感朝他襲來。歷史學者約翰．休金格（Johan Huizinga）貼切地描述：「直接與過去接觸的感受，深切如藝術上最純粹的享受；是一種忘我的狂喜，滿溢於周遭的世界，觸碰著事物的本質，透過歷史來體驗眞理。」[1]

沉浸在歷史文物中，哈洛覺得自己能夠穿越時間去感受。待在協會的時間愈久，他愈是沉醉於過往年代。他會規畫某些時期的特展，好比維多利亞時代、美國內戰時代，或是更久遠以前的年代。他也會上 eBay 購買那些時代的小型印刷物、報紙以及一些小飾品。他將它們握在手中，想像那些曾經握住這些東西的手。他也會以放大鏡仔細看著它們，神遊於世紀時空。

進到他的辦公室就像是掉入一個失落的年代。除了電腦和書籍，沒有任何東西是哈洛這個年代所生產的，不管是家具、鋼筆、印刷品、半身像或地毯。哈洛倒不是眞的想要活在戰士或貴族統治的時代，不過他確實常被舊式理念所感動，像是古希臘的榮譽、中世紀的騎士精神，或是維多利亞時代的紳士守則。

在一次展覽後，某家出版商注意到哈洛所寫的一些文案，於是邀請他寫一本關於電報先驅薩慕爾·摩斯（Samuel F. B. Morse）的書。在那之後，哈洛大約每兩年出版一本銷量中等的歷史書與傳記。他永遠不可能成爲普立茲獎得主大衛·麥克羅（David McCullough）。不知爲何，他不曾寫些眞正的大人物，像是拿破崙、林肯、華盛頓、羅斯福之類的。但他會寫些可敬且成就非凡的男女，以潛移默化的方式提供讀者人生典範。

當艾莉卡繼續與塔格特對抗時，哈洛正在進行一本關於英國啓蒙運動的書。他作群像描繪，對象包括休謨、亞當·斯密、艾德蒙·柏克（Edmund Burke），以及一些縱橫十八世紀英國的思想家、政治家、經濟學家與辯才無礙者。某天傍晚他跟艾莉卡提到法國與英國啓蒙運動之間的差異，因爲他認爲這對她的工作或許有些幫助。

法國啓蒙運動是由笛卡兒、盧梭、伏爾泰與龔多塞（Condorcet）等思想家所領導。他們是一群希望以理性光芒推翻迷信與封建世界的哲學家。由於受到科學革命的啓發，他們深信個人理性可以察覺錯誤，透過邏輯獲致普遍眞理。塔格特與他的團隊可說是法國啓蒙時代的後裔，可惜一代不如一代。

哈洛告訴艾莉卡，大約同一時期裡還有其他的啓蒙運動進行著。英國啓蒙時代的領導者承認理性的重要。他們不是非理性主義者。但他們認爲理性有其限制，而且是次要的。休謨曾寫道：「理性不僅是，而且也只能當作是激情的奴隸。除了伺候與服從激情外，它不應假裝能夠擔負其他的功能。」[2]柏克主張：「我們多是情感未受教化的人。我們害怕讓人們依靠理性而活，因爲我們懷疑每個人所能擁有的理性恐怕微不可期。」[3]

相對於法國啓蒙運動的領導者總是滿口邏輯、科學與普遍原則，英國啓蒙運動的領導者強調情操與情感的力量。事實上，英國啓蒙運動的成員認爲，人類行爲大致上是由潛意識，也就是第一層的認知所塑造的。柏克在他的生涯早期曾針對美學寫作了《崇高與美的哲學探索》（*A Philosophical Inquiry into Our Ideas of the Sublime and Beautiful*）。他提到人們所認爲美的事物，有著相當多的共通性。人類並非像空白黑板一樣等著被教育澆灌。不論是與生俱來或養育使然，他們都有某種偏好、情感，以及厭惡。他寫道：「在理解判斷尚未決定是要加入或是對抗之前，感覺與想像已攫住人的靈魂。」[4]

相較於法國啓蒙運動想像獨立自主的個人會爲了彼此的利益而形成社會契約，英國啓蒙運動強調的是，人天生就有一種在意識層次下運作的社會感受。人們天生就有一種稱爲「同儕感情」（fellow feeling）的感受。這是一種對於他人痛苦與快樂的自然同理心，它是受到想要被欣賞，以及想要値得被欣賞的欲望所導引。這些人認爲，道德的源頭就是這些準意識性的情操，而不是來自抽象定律下的邏輯推論。

法國啓蒙運動的後代傾向將社會及其機制視爲可拆解組合的機器；英國啓蒙運動的子孫則傾向於將之視爲一種有機體，也就是由各式關係所組成的複雜網絡。根據他們的觀點，把問題切成不連續的片段通常是錯的，因爲眞相就在事物彼此的連結之間。來龍去脈非常重要，抽象的普遍性根本不値一信。相較於那些普遍性的原則，歷史會是更有用的指引。

英國啓蒙運動者認爲改變與改革是不同的。改變是一種操作的過程，它會將制度的本質替換掉；改革則是一種治療的過程，它保留了本質，同時也修復損傷，讓本質重新活化。哈洛想要說明，爲何英國啓蒙運動的方法，或許可以幫助艾莉卡理解塔格特的缺陷，並想出不一樣的對策。

下一個問題

實際上，純粹理性與直覺及情感截然二分，是古老的爭論了。我們的思想史一直都是在理性主義與浪漫時期之間擺盪，或許就像是懷海德所說的，它是在思緒單純與頭袋糊塗的年代之間擺盪。在思緒單純的年代，理性主義者把人限縮成嚴格的數學模式；而在腦袋糊塗的年代裡，則是由仰賴直覺的領袖及藝術家引領大家前行。有時是想像力太豐富，有時卻又理性過頭。

過去三十年間的認知革命，爲這些古老問題提供了全新的理解。這些新主張指出，英國啓蒙運動對人類本性的觀點比法國啓蒙運動來得正確。法國啓蒙運動的思想家把人類想像成理性動物（Rational Animal），是邏輯能力讓我們有別於其他動物。十九世紀與二十世紀中的馬克思主義信徒與其他人則認爲，我們是物質動物（Material Animal），是由生命的實體條件塑造而成。而英國啓蒙運動的思想家，則將我們正確地描繪成社會性動物（Social Animal）。

然而，有個新問題：第一層認知的過程固然很重要，但它們到底有多聰明？我們可以多相信它們？

過去我們將激情與善感視爲如《變身怪醫》中的海德先生那樣野蠻、任性與原始，因此這些問題都不存在。但現在我們知道這些情感比我們想的更加微妙與複雜。我們欠缺的是對於潛意識的共識性描述。

有些研究者認爲，不管潛意識有什麼優勢，最好還是將它視爲原始的猛獸或不成熟的孩子。芝加哥大學的理查．塞勒和凱斯．桑思坦（Cass Sunstein）所著的《推力》（*Nudge*）一書提[5]到，有意識的第二層認知就像是《星艦奇航記》中的史巴克先生那樣成熟、反躬自省、有遠見。他們也說，潛意識的第一層則像是《辛普森家庭》裡的荷馬，是一個衝動且不成熟的瘋子。當鬧鐘在清晨五點響起時，成熟的史巴克先生知道起床是對他最有利的事情，而荷馬只想把鬧鐘丟出屋外。

然而，第一層的瘋子觀點還是有些眞實性。潛意識是主觀的。它視資訊爲可流動的。當資訊被儲存到腦中，不只是單純地歸檔，還可以到處移動。相較於二十六歲的人，七十歲的人在回憶時會激發各種不同的大腦部位。[6]記憶事實上並不是擷取資訊，而是將資訊重新編排。後來發生的事會改變我們對於以前發生的事的記憶。基於這些理由，人類的潛意識資料存取系統確實極端不可靠。

太空梭《挑戰者號》（*Challenger*）爆炸後的隔天，尤里．奈瑟（Ulric Neisser）要求一百六十位學生寫下他們聽到這個新聞時人在哪裡。兩年半後再度問他們相同的問題，有四分之一的學生對所在之處的說法與之前完全不同。半數的人答案明顯錯誤，只有不到一成的人還算正確記憶。[7]同樣的情形也發生在當人們被要求回想幾個月前的犯罪事件，並且站上證人席作證時。一九八九到二〇〇七年間，美國有兩百〇一位囚犯基於DNA證據而被撤銷控罪。這些囚犯中有百分之七十七是因爲錯誤的目擊證詞而被定罪。[8]

潛意識對背景環境也非常敏感，當下的感覺會影響各種心理活動。多倫多大學的泰勒．舒密茲（Taylor Schmitz）曾提出，當人們心情好的時候，會有較佳的周邊視力（peripheral vision）。[9]在另一個實驗中，一群醫師拿到了一小袋的糖果，而另一群則什麼都沒有，接著他們都被要求察看某個病人的病史並且做出診斷。那些拿到糖果的醫師會更快地察覺出肝臟的問題。[10]

研究快樂的人到處去問人們是否過得快樂。他們注意到在陽光普照的日子裡提問時，人們比較可能會回答說他們過得快樂。如果是在下雨天提問，濕答答的天氣會改變人們對於生活的觀感。（如果告訴受訪者要考量氣候因素，這種效應就會消失。）[11]

在一個巧妙的實驗裡，研究人員要求一些年輕男子走過一條位於英屬哥倫比亞地區的危橋。正當他們為那條恐怖危橋而緊張不已時，一位年輕的女性趨前請他們填寫問卷。她留下自己的電話號碼，理由是需要進一步的研究。那些過橋的男性裡，有百分之六十五的人都打了電話給她並且想要與她約會。另外他們也針對一群坐在板凳上的男性進行同樣的實驗，結果只有百分之三十的人打電話給她。那些過橋的男性被那座危橋激起鬥志，而他們將自己的興奮感歸因於那位女性。[12]

接下來是即時獎勵的問題。潛意識是衝動的。它想要立刻就得到好的感受。畢竟第一層認知是發展用來保護我們免於立即性的痛苦，像是被獅子撲上身之類的事。

結果就是，我們或許知道自己一直想要減肥，可是現在就是要吃甜甜圈。我們或許明白客觀的好處，然而依然喜愛聽到評論者說出與我們立場一致的話。球迷們堅信自己支持的球員成功躲過觸殺，但敵隊的球迷則有完全不同的觀點。梭羅（Henry David Thoreau）曾說：「我們只願聽聞或是理解那些我們幾乎知道的事。」[13]

再來是刻板印象的問題。潛意識心智會找尋模式。即使根本不存在模式，它還是想要找出來，甚至會捏造出各種模稜兩可的分類。舉例而言，多數人都相信籃球選手有所謂的連續得分與陷入低潮的說法。他們都想要找出那種模式。然而投入這項研究的許多人，都無法在ＮＢＡ中找出任何關於這個模式的證據。一個已連中兩球的射手，接下來可能失手的機率跟他整個籃球生涯的失手機率差不多。[14]

人與人之間很容易形成刻板印象。受測對象被要求猜測某人的體重。當他們聽說對方是卡車司機時，就會把重量多加一些；聽到是舞者時，就會猜少一些。[15]大多數的人不管本性是否良善，也不論什麼種族，潛意識裡都會抱持種族偏見。在內隱連結計畫（Project Implicit）中，來自維吉尼亞大學、華盛頓大學及哈佛大學的心理學家們曾進行數十萬人次的測試。他們在受測者眼前閃現白人與黑人的臉龐，然後要求受測者做出內隱連結。研究結果顯示，九成的人都有潛意識的偏誤。[16]其他類似的研究顯示，人們對老年人的偏見更深。[17]

最後，潛意識心智對數學相當不靈光。好比說，我們來考慮下列問題：假設你花了一元一角買一枝筆和一疊紙。如果你花在紙的錢比筆多了一元，那麼筆要多少錢？第一層的認知會告訴你筆要一角錢，因爲在那又笨又蠢的思考中，它把錢分成一元與一角兩份。然而眞正的答案是你只花了五分錢在筆上面。

正因爲有這種傾向，人們對於風險計算的能力相當差勁。第一層認知對於罕見卻重大的威脅有著非比尋常的恐懼，卻總是忽視那些存在於日常生活中的威脅。許多人害怕搭飛機，即便他們知道汽車的失事率高於飛機。大家都怕電鋸，然而每年被遊樂場設備弄傷的人比前者高出快十倍。[18]

總體而言，要做出好的決定，潛意識心智確實有其缺點。這就是塔格特跟他那唯命是從的委員會必須讀大學及商學院的理由，這同時也是他們爲何要精通資料分析方法的原因。但反過來說，有些事是第一層認知看得到，而第二層認知看不到的。確實有些理由讓我們相信，潛意識心智是相當聰明的。

隱身的先知

首先，意識過程是建築在潛意識過程之上。如果潛意識不存在，那麼討論理性思考根本沒有意義，因爲第二層認知所接收的資料、目標、方向等訊號是來自第一層認知。人要成長茁壯，兩者必須相輔相成。再者，潛意識就是比意識來得強勁有力。第一層認知具有可支配運用的巨大內隱記憶系統（implicit memory system），而第二層認知則非常依賴工作記憶系統（working memory system），也就是那些隨時都存在意識心智的資訊片段。潛意識是由許多模組建構而成，每個模組都有其功能，但意識心智只有單一模組，所以第一層認知的運算能力遠比第二層大得多。即便以最高潛力來估算，意識心智的處理能力依然比潛意識弱上二十萬倍。[19]

再者，許多第一層認知的缺陷同時也具有好處。雖說潛意識對環境非常敏感，但有時這一點十分重要。雖說潛意識處理資訊的方式是流動而非固定的，但有時候情況不定，所以彈性就變得很有用處。雖說潛意識很快會將事物加以歸類並形成刻板印象，然而如果完全不依靠歸類與刻板印象，人根本無力面對日常生活的一切。潛意識固然模糊不清，但生活原本就充滿不確定性，擁有能夠處理不確定性的心智過程是好的。

我們就從最基本的說起，帶你一窺潛意識每天都在執行的艱難任務。潛意識隨時隨地都用一種稱爲本體感覺（proprioception）的第六感來管控身體的各部分。

強納生．柯爾（Jonathan Cole）醫生記錄一位神經受損且失去部分潛意識感受的人，他的名字叫伊安．華德曼（Ian Waterman）。經過持續數年煞費苦心的復健過程，華德曼終於能夠用意識思考來管控自己的身體。他費力地教導自己要如何行走、穿衣服，甚至是開車。某天夜晚，當他站在廚房時突然停電了。他看不到自己的四肢，當然也就無法控制它們。於是他四肢糾結癱倒在地。[20]

這種能夠與身體知覺相互溝通的潛意識能力絕非小事。身體傳遞的訊息是思考整體的一部分，傳遞的方法更是無奇不有。如果你讀一段內容給某些人聽，同時要求對方將手臂往外「推」，那麼他們對這段內容的反應會比你要求他們將手背朝內「拉」時來得不友善。如果把大腦放進罐裡，切斷所有運動功能，它根本發揮不了任何作用。

缺少意識的協助，潛意識也能夠做出極端複雜的工作。想要學會開車得用上有意識的注意力，然而一旦熟練後，這個知識就會被送到潛意識，因此你可以同時聽著收音機、與乘客交談、啜飲著咖啡，在未刻意注意道路狀況下，連續開上好幾英里的路。多數人連想都不用想就會以禮待人、避免無謂的衝突，也會因不公平而感到痛苦。

潛意識也負責掌管所有頂尖的表現。當初學者在從事某件事時，大腦會充滿一堆亂七八糟的活動。然而當專家以潛意識的方式在執行這件事時，大腦中就只有一些小脈動。專家思考得少，卻可以做得更好。當某人成爲某一行的頂尖人物，腦中的自動化中心就會控制了所有動作。運動評論員或許會說，某某運動好手是「想都不用想」就做出這些動作。如果他一直想著要如何揮桿，或是該如何唱出詠嘆調，那麼他也許會把一切都搞砸。誠如約拿・雷勒所言，他可能會「被自己的思考噎死」。[21]

接下來談感覺。潛意識吸收資訊，解讀、組織並創造出初步的理解。它會將所有不連續的資訊片段連貫起來。盲視（blindsight）是潛意識感受中最戲劇性的表現。那些通常是因爲中風而導致大腦視覺區受損的人，無法有意識地看。提堡大學（Tilburg University）的畢翠絲・德蓋爾德（Beatrice de Gelder）要求一位腦部損傷的視障者沿著一條擺著雜物的走廊前進。他靈巧地左閃右躲，繞過那些障礙物而形。[22] 當科學家拿著圖卡在這些受「眼盲」所苦的人面前閃過時，他們可以準確猜出圖卡上的形狀。當人喪失意識性的視覺，潛意識的視覺就會接手。[23]

這種知覺技能的細膩程度令人驚訝。許多養雞場雇有專業的雞隻雌雄鑑別師。他們能夠判斷剛孵出的小雞是公是母，而在外行人的眼中，這些小雞根本一個樣。有經驗的鑑別師每小時可以檢查八百到一千隻小雞的性別，正確率高達百分之九十九。他們如何做到的呢？他們也說不上來。總之，雄雌之間就是有些不同之處，他們看到就會知道。[24]

有一個常見的測試，受測者要盯著一個在電腦螢幕上跳躍的X。這個X的動作是由一個複雜的方程式所決定，它出現的位置前後相關。值得注意的是，受測者猜中X出現位置的機率，比隨機猜測來得好，而且玩得愈久準確度愈高。若研究者在中途修改方程式，受測者的表現則會變差，儘管他們不知爲何如此。[25]

針對在伊拉克與阿富汗的美軍所做的研究顯示，有些士兵掃視場景並察覺細微線索的能力比其他人好，諸如位置怪怪的石頭，或是形狀怪異的垃圾，而那可能就是炸彈所在。陸軍上士艾德華・提爾尼（Edward Tierney）並不清楚爲何他知道某輛車中藏有炸彈，並且做出拯救自己生命的躲避動作。他告訴《紐約時報》的班乃迪克・凱瑞（Benedict Carey）：「我的身體突然感到一陣寒意，你知道的，就是那種危險的感覺。」[26]

在一項指標性的研究中，安東尼奧・達馬吉歐、漢娜・達馬吉歐（Hanna Damasio）及同僚們要求受測者玩一種牌戲。研究者發給每位受測者兩千美元，並要求他們從四疊牌中抽出一張。如果他們抽到好牌就會贏錢，抽到不好的牌則會輸錢。那幾疊牌被動了手腳，其中有兩疊有較多好牌，另外兩疊則有較多壞牌。到了第五十回合，許多受測者表示比較「喜歡」某幾疊牌，但他們說不出所以然。甚至不過才到第十回合，當某些人伸手到較危險的那疊牌時，竟然會微微出汗。[27]

潛意識心智的另一項偉大成就，是建構內隱信念（implicit belief）。瑞士醫師愛德華・克拉派瑞（Édouard Claparède）對一位患有健忘症的病人進行了一個小實驗。他每次去看她時都要重新自我介紹。但在某次拜訪時，他在手中藏了一根大頭針。當他們握手時，大頭針刺痛了她的手。下一次當他去看她時，她依然不認得他是誰。他同樣必須重新自我介紹。她很高興能夠見到他，不過當他伸出手時，她拒絕與他握手。在潛意識中，她已學會將他的手與疼痛連結起來。[28]

這一類內隱的學習充斥生活中。舉例來說，沒有任何電腦功能強大到能夠抓住飛球。要計算的軌跡實在太多了，所以無法將手套精準地送到球會落下的地點。然而即便是十歲小孩，最終還是可以學會這種讓你能夠接到球的內隱規則。如果有顆球飛向你這邊，你會用某一種角度盯著它看，接著你會往球被擊出的方向跑，同時讓自己盯住球的角度保持固定。如果角度下降，那麼你就要加速地跑。如果角度上升，那就放慢速度。這種內隱規則會帶領你到球落地之處。[29]

這種累積內隱知識的能力，可以應用到比棒球更重要的事情上。潛意識對資訊進行編碼的方式有兩種。一種是科學家所謂的逐字編碼（verbatim encoding），也就是試圖將某個事件發生的一切都完整地編碼。另一種叫做模糊痕跡理論（fuzzy-trace theory），它假定潛意識會抓出一個重點，也就是一種對事件不精確的描述，然後在下次某些相似的事件發生時，再取出來運用。[30] 如果每次參加喪禮時都要記得所有明確細節，你肯定會陷在一堆無用的資訊中。然而如果你所記得的是如何在葬體中舉止得宜，像是該穿什麼、如何走路、說話語調等等，那麼你對於社會可接受的行爲模式就有了不錯的掌握。

內隱信念與刻板印象能夠架構你的世界，這對於日常活動很重要。它們會告訴你在參加派對時可能會看到什麼樣的行爲，或是去參加《星艦奇航記》聚會、讀經小組、搖滾音樂會時，可能會見到哪一類的人。潛意識透過歸納分類，讓你了解這個世界。

運用這種彈性工具，潛意識善於解決複雜的問題。一般來說，意識過程在解決一些變數與選項較少的問題上，表現較好；潛意識過程則對於有著許多可能性與變數的問題，較爲在行。意識過程對於解決定義清楚的問題有較好的表現，而潛意識過程則在一切都模糊不清時表現最佳。

由阿姆斯特丹大學的艾普．狄克思特修斯（Ap Dijksterhuis）與羅蘭．諾仁（Loran F. Nordgren）與其同事所進行的實驗中，他們提供受測者關於四間公寓的四十八項複雜資訊。其中一間公寓相較起來更爲便利且具吸引力（它被以較正面的方式描述，而其他公寓的描述則好壞參半或較爲負面）。接著他們將受測者分成三組。一組被要求立即選出最好的公寓，另一組則給了幾分鐘考慮，第三組則是被告知要在幾分鐘之內做選擇，但這段期間以不相干的事讓他們分心。

在分心的那一組，百分之五十九的人選擇了較佳的公寓。相較之下，有時間考慮的那一組是百分之四十七。而必須立即決定的那一組，則爲百分之三十六。當人們分心時，第二層的認知過程會受到干擾，正因他們依靠的是有較佳處理能力的第一層認知，他們能夠收集所有選項，做出完整的決策。而意識思考的人則傾向只挑選幾個特性，無法處理全部資訊。至於做出立即選擇的人最糟，由此我們了解一個重點：潛意識思考與快速判斷思考不同。第一層認知與第二層認知一樣，在有充分時間思考時會有較佳表現。[31]

提摩西．威爾森做過一個實驗，後來狄克思特修斯重新再操作了一次，他讓學生從五幅藝術海報中選擇，稍後再次調查他們是否仍然喜歡自己的選擇。那些被要求要詳細檢視自己選擇的人，幾個星期後對自己的選擇感到最不滿意。而那些只是很快看一眼就做出選擇的人，後來卻是最滿意的人。[32]狄克思特修斯與同事將這些結果複製到現實世界，他們設定的研究地點是在家具賣場。在消費者進行的各式選擇中，選家具對認知最具挑戰性。選擇家具時，比起那些斟酌老半天的人，那些未刻意檢視的人反而比較滿意。但面對較爲簡單的商品，那些依賴意識詳細檢視的人會比較滿意。[33]

潛意識是天生的探險家。意識思考傾向一步步向前推進，專注於少數幾個核心事實與原則；潛意識思考則傾向透過聯想的過程開展，並且大膽跨入狄克思特修斯所說的「黑暗且積滿灰塵的心靈角落」。[34]因此第一層認知會產生較多創意性的連結與不尋常的對比。潛意識思考會將很多因素納入考量，衡量其重要性，它也會在同一個時間平行思考許多資訊。於此同時意識心智則專注於比對新情境與舊模型，試著把破碎的問題拼湊成完整。潛意識在找尋連結、模式與相似性的過程，會追蹤心理感應和隱喻之類的東西。它會將所有的心理工具全部用上，包含情緒與身體的知覺。

我們傾向將第一層認知視爲大腦最原始的部分，也就是我們與動物共通之處；而第二層認知則是大腦經演化而來較先進的部分，是我們之所以爲人的獨特之處。然而早在一九六三年，尤里·奈瑟提出了一個引人入勝的想法，他認爲或許正因爲潛意識過程的複雜，才使我們爲人：

> 值得一提的是，就解剖學的觀點來看，人類的大腦顯然是一種能夠包容多重流程的廣泛

系統。就這一點而言，它與一些低等動物的神經系統有所不同。我們的假設導出了一個非常基進的想法，人類與低等動物最大的差異並非在於意識的有無，而是在意識之外處理複雜過程的能力。[35]

知識論的有限性

直覺與邏輯是夥伴關係。挑戰在於如何安排兩者，何時該倚賴第一層認知，何時又該仰仗第二層認知，以及如何處理兩者之間的轉換。對此問題，目前尚無研究提出明確解答，但確實指出了一種態度——承認心智在提供行動策略時確有不足。

當哈洛想要以自己的研究來協助艾莉卡思考她的問題時，他特別強調一個英國啓蒙運動思想的中心概念：知識論的有限性。知識論是關於我們如何理解一切的一門學問。而知識論的有限性則是指，對於我們已知以及能夠知道的是多麼少的一種理解。

知識論的有限性是一種生命態度。這種態度是建構在我們對自己缺乏理解的自覺上。絕大多數我們所想的和所相信的，從意識的觀點來看都是無用的。我們是自身最深的謎團。

不僅無法了解自己，我們也沒辦法完全理解他人。喬治·艾略特（George Eliot）在其著作《菲力士·侯德》（*Felix Holt*）中要求讀者想像，在一場棋局中，假設棋士們各有熱愛與思考，你不僅無法確定對手有哪些棋，也搞不清楚自己有些什麼棋，那麼這盤棋會是什麼模樣。她寫道，如果你想要在這樣的賽局中倚賴數學策略，那麼你根本沒機會贏。而這種想像的賽局比起我們的現實生活要簡單太多了。[36]

我們不僅無法完全理解別人，也無法眞的弄清楚事實眞相。世上沒有任何事件可以被獨立看待，因爲歷史洪流中有著無數先前發生的事件、細微的原因，以及可見與不可見的環境因素，會對它產生影響。

然而，這種謙遜的態度並不一定會導致被動。知識論的有限性是一種行動的傾向。有這種傾向的人相信，智慧是源自於我們對於自身愚昧的自覺。我們可以依此設計出一些習慣、安排以及程序，好對知識的侷限作某種程度的補償。

最謹愼的行動者，承認解決問題的方式絕非只有一種。依賴計量與理性的分析固然重要，但那只能給你部分眞相，而非全貌。

舉例而言，如果有人問你該在何時播種玉米，你可能會先諮詢科學家。你也可以計算天氣模式、查詢歷史資料，然後找出各種緯度與海拔中，最適當的溫度範圍與日期。另一方面，你也可以問問農夫。北美的民俗智慧認爲播種玉米的時刻是在燕麥葉子與松鼠的耳朵大小相同時。不管氣候如何，這個規則能夠指引農民找出正確的日期。[37]

這算是一種另類的知識。它是經由整併與合成各種不同的力量而得到的。它是一種透過相關的情報，經過很長的時間所產生的結果。它必須仔細地觀察，天馬行空地想像，將相似與不相似的都做出比較，藉此找出和諧與韻律。

最謹慎的人兩種方法都會用上，同時也會參考其他方法。最謹慎的人懂得不能只相信一個典範。大多數他所知道的事情，是經過漫長又艱辛的過程累積而來的。

最謹慎的人很有耐心。我們可以用小蝦虎魚（gobiid fish）的行爲來說明他的方法。小蝦虎魚是一種生活在淺水區的小型魚類。低潮時，牠的棲息處會縮小到只剩一個小水池或是小泥潭。然而小蝦虎魚能夠以精準的方式躍過石頭與乾涸的土埂，優游於各個小水池間。牠們是如何辦到的？牠們在跳躍之前並無法預先看出並且避開乾燥的地方，當然也不可能看到下一個水塘在哪裡。如果你把一隻小蝦虎魚放到一個牠不熟悉的棲息地，牠連跳也不跳。

原來是因爲在漲潮時，小蝦虎魚會到處遊蕩並注意景貌，把這些地圖都儲存到腦袋裡。退潮時，牠們就會有一張景觀的心理地圖，也因此潛意識中牠們對哪裡是土埂、哪裡會有水了然於心。[38]

人類對於累積這一類的漫遊式知識也相當在行。經過了九萬代之後，我們這個族群已經探索過無數的景貌，也感受過許多危險與機會。當你探索一個新的地方或造訪一個新的國度時，你會像小嬰兒一樣對所有事物保持關注。一個接著一個的事物都緊抓住你的目光。

這種感受只有你眞的身歷其境時才會發生。當你只是閱讀關於某個地方的資訊時，並不會有此感受，唯有當你親臨現場，沉浸其中時才會這樣。如果你不曾親身造訪某地，你就無法理解它。只是研讀一些數字，你也無法懂它。如果你對一個人不熟悉，你就無法理解他。就如同日本諺語所說：不要只顧研究它，要熟悉它。

當你眞的投入其中，上千種感受衝擊著你。在遠古時代，當一個流浪者看到一條溪流時，這種景象會被包覆在一層愉悅之中。而他看到濃密的森林或是崎嶇的峽谷時，一點小小的恐懼標記會跟這個影像一起儲存在他的腦海裡。

心智想要對所有接收到的感受做出即時的判斷，並且用某種理論來將這些資料歸檔。人們討厭不確定性，總是急著作判斷。柯林·卡默勒所進行的研究發現，當人們處於一個不允許他們計算成功率的牌局，他們腦中的恐懼就會開始活動。他們會透過做出結論的方式來終結恐懼，任何關於這個牌局模式的結論都好，總之就是要儘快終結恐懼。[39]

然而流浪者卻可以承受不確定性。聰明的流浪者會抵擋並且有所節制，他有著詩人濟慈所說的否定的能力（negative capability），也就是那種能夠身處「不確定性、神祕與懷疑之中，卻不會急躁地要找出事實與理由」的能力。

景貌愈是複雜，流浪者愈需要耐心。事情愈令人困惑，他的看法就愈包容。他不僅對自身的無知有所自覺，也願意面對自己的弱點。他明白自己的心會抓住最初見到的一點點資訊，圍繞著它建構出普遍性的理論。這就是所謂的錨定謬誤（fallacy of anchoring）。他也知道自己的心會拿出最近的經驗，試圖把那個教訓強加在眼前的事件上。這就是所謂的可得性謬誤（fallacy of availability）。他更知道他來到這裡時，心中帶著某種生命總是如何的刻板印象，而且他也只會看到與此相符的一切。這就是所謂的歸因謬誤（fallacy of attribution）。

他對自己的弱點時時保持警覺。他小心注意這些從下方浮現的感受。他會做一些暫時的歸納，分析並注意全新的感覺。他到處體驗吸收，讓資訊在內心深處醞釀。他到處東翻西找。他看到了部分的景貌，慢慢感受到他的路就在遠方。他在新的景貌中遇見其他的人，他將他們的行爲重新演練一次，並且在心中加以揣摩。他開始依循他們的道路前行，以他們歡笑的方式大笑。他看見他們日常生活的模式，而他們早已忘了這些模式的存在。他的心自然而然地擺盪在珠寶、衣物與物品等生活的外在事物，以及直覺感受到的內在希望與目標。

同時，第一層認知開始擾動，混合資訊，透過自己的方式探索著相似性與韻律。它也爲這個新的景貌找出一種新的感覺：光是怎麼到達地面？人們是如何招呼彼此？人生的步調是什麼？潛意識想要區分的不只是個人而已，還有人與人之間的模式。這些人一起工作時有多親近？權威與個人主義的概念是什麼？重點並非只是描述河中的魚，而是牠們優游其中的水的本質。

當時機來臨時，那些平靜且各異的觀點會整合成一個緊密的整體。流浪者開始能夠預測人們會如何完成他們的語句。現在他的心中已經擁有了地圖。他腦海中的稜線與新境地的稜線相符。有時這種同步性是逐步達成，但有時也會有靈感的大噴發，那地圖會突然出現眼前。之後，心智會以全新的方式解讀所有的老舊資料。過去感覺上複雜不可量測的一切，現在似乎美妙又單純。

最終，但不會是很快，而是要經過好幾個月或是好幾年艱辛的觀察，簡直要把筆寫乾的長篇故事之後，這個流浪者會達成希臘人所謂「見機行事」（métis）的狀態。這是一種由第一層認知與第二層認知的交流所產生的智慧。

見機行事很難用文字來形容。一個擁有見機行事能力的人，會有對應到現實的心智地圖。他擁有一系列準備各種活動或情境的參照點。他也會取得一整套實用的技巧，讓他得以預測改變。他了解情境的一般特性，也知道其中的特殊性。一個技師知道所有汽車的一般特性，碰到特定車輛也會更快進入狀況。一個擁有見機行事能力的人，知道何時要應用標準作業程序，何時要打破常規。一個具備見機行事能力的醫生，對某些類型的手術會有特別的感覺或技巧，而且他可以感受到在什麼階段的什麼地方可能會出錯。在亞洲的烹調方式中，很多食譜要求廚師在油滾時將配料下鍋。一位擁有見機行事能力的主廚，就能夠掌握油的品質狀態。

哲學家以撒．柏林（Isaiah Berlin）在著名的論文〈刺芃與狐狸〉（The Hedgehog and the Fox）裡，針對托爾斯泰的討論，曾有一些與見機行事概念相當接近的描述。他寫道：「它並非透過什麼明確的探究或是發現才達到，而是一種不一定很明確或有意識，卻是某種人類生活與經驗特性的自覺。」

他表示，人類生活在事件的流動中，這就是我們的環境。「我們並未也無法置身事外地觀察（這種流動），也無法找出、量測，以及尋求操縱它的方式，更遑論完整地認識它。這是因爲它與我們的經驗太接近，甚至已融入其中。」它太過於緊密地與我們本身以及所做的事交織，以致我們無法將之從流動中抽離出來（因爲它本身就是流動的一部分），並且用科學的方式將之分離成一個物件。我們所在的環境決定了我們是什麼，以及我們對於眞理與謬誤的標準、現實與表象的標準、好與壞的標準、中心與周圍的標準、主觀與客觀的標準、美麗與醜惡的標準、移動與停止的標準，還有對過去、現在與未來的標準。

「不僅如此，雖然我們無法不靠任何外部（根本沒『外部』這回事）的制高點（不可能存在）來分析這個環境，但某些人眞的更明白生命隱沒部分的本質與方向，儘管他們也無法描述它；他們比那些忽視這種滲透一切（生命的流動）的存在，並且直指其爲迷信的人更能明白；更別說那些試圖將科學或哲學工具加諸其上，卻只流於表面及操弄，造成理論荒誤及行爲失敗的人。」

柏林的結論是，智慧「並非科學知識，而是對於我們恰好身處其中的環境的敏感度；它是一種能力，讓我們免於陷入無法改變或無法完整描述與計算的情況；它是一種能夠由經驗法則引導的能力，也就是一種據稱存在於農夫以及『簡單人』身上的『古老智慧』，而基本上科學規則並不適用於此。這種像是在宇宙中找尋方向般無法表達的感覺，就是所謂的『現實感』，也就是如何活下去的『知識』」。[40]

哈洛在某天夜裡將柏林的這段文字唸給艾莉卡聽。他當然知道這段文字非常抽象，而且她也累了，因此他不確定她到底能吸收多少。

【第十六章】

職場風雲

人們每天來上工時，並不會把他們社會性的自我留在家中……

十一點四十五分，雷蒙跟艾莉卡一起共進午餐；雷蒙很早就起床，但爲了艾莉卡，他同意將平常的午餐時間往後延四十五分鐘。不久，其他有志一同的人也加入他們。不到幾個星期，每到中午大約有二、三十個人會聚在餐廳的某個角落用餐。

這個團體的世代組合很奇特。其中有不少艾莉卡的朋友，都是些三十幾歲的人，另外則是像雷蒙一樣五、六十歲的老同事。他們大半時間都是在閒扯關於塔格特最新的蠢事。有一天，公司宣布人事凍結。雷蒙笑笑地說出自己的看法：「根本沒用，大家只要繼續雇用臨時工和實習生就好了。我們身邊跟了一些做了五年或十年的實習生。以實習生的身分雇用他們，就不必往上呈報任何表格，所以人事凍結根本發揮不了作用。」

雷蒙出生於明尼蘇達州北部的農場，從不跟隨流行。如果要爲他的一生拍部電影，可能會請金．哈克曼（Gene Hackman）來飾演。

他和艾莉卡分工合作。雷蒙負責注意塔格特跟他的小組在搞些什麼，而艾莉卡則負責籌畫革命事宜。如果是雷蒙自己，動動嘴嘲諷一下塔格特那幫人就夠了，可是艾莉卡要的是行動。塔格特會摧毀別人辛苦建立的一切。她往後還有數十年的路要走，可不希望因爲事業失敗、公司倒閉而毀了人生。此外，還有別的什麼驅使她前進。從小不管她跟母親走到哪裡，總是被周遭的人瞧不起，她非常清楚這種感受。被一群書讀過頭的笨蛋以高傲的態度對待，常讓她半夜氣到醒過來。

她常常催促雷蒙：「我們一定要做些事！不能只是空談！」最後他終於同意了。

雷蒙吃著他每天帶來的三明治和香草汽水。他覺得應該整理出一份提案，包括公司可以進行的不同策略組合。但他也設下一些規矩：「第一，不能有祕密行動，每件事都要公開透明。第二，不准搞政變。我們不是針對個人，而是對政策提供建議。第三，一定要有幫助。我們並不是要挑戰誰，只是想提供具有建設性的選項。」

艾莉卡認爲這種作法根本沒有實質作用。難以想像塔格特會願意接受雷蒙的政策。事實上，政策的變動就代表改朝換代。但如果雷蒙非得訂下這些規矩，堅守某些古老的忠誠原則，那麼她只好接受。

他們整理出一套挽救公司的提案。他們明目張膽地就在餐廳中討論了起來，參與者自稱早午餐俱樂部，算是對雷蒙提早用餐時間表達敬意。

他們花了幾個星期的時間討論提案，艾莉卡對於雷蒙領導團隊的方式感到驚奇。首先，他會花上很多時間說明自己不擅長哪些事情。他會在每次討論開始之前關掉行動電話，並且說「不好意思，我容易分心」。事實上，人類的大腦本來就不善處理會令人分心的各種瑣事，雷蒙完全明白這一點。有一天他突然脫口而出說：「不好意思，我不擅長歸納。」事實上，多數人對於視覺影像的處理能力遠比對抽象概念的處理能力來得好，而雷蒙顯然也清楚這一點。有時他也會說：「我們能否先設定好議程？不然我抓不到重點。」事實上，多數人只能在一個想法上停留約十秒左右，雷蒙很聰明，他知道自己需要一個外部架構，讓他不致迷失方向。在每次午餐開始之際，他會先寫下一些待議事項，討論過程中則時不時瞄一眼這些議題。[1]

雷蒙清楚掌握自己的缺點。他知道自己很難同時考慮兩個以上的選項。如果你給他三個選項，他會弄昏頭，所以他會先把兩兩選項放在一起比較，比完後再比下一組。他知道自己喜歡聽一些認同自己意見的證據，所以他會要求艾莉卡與其他人先提反證，並且確保這些意見不會被忽略。他也知道自己不管在任何情況下都傾向於選擇保守的方式，所以他會逼自己在提出保守意見前，先針對風險較高的方案進行討論。

早午餐俱樂部原本的計畫是要提出八到十個政策建議，交給董事會與經營團隊參考。他們一次討論一項提案，通常是在午餐時大家坐在一起討論。大部分時間並非真的用於提出新的意見。某天傍晚雷蒙對艾莉卡解釋說，大部分的商業會議並不是用來創造什麼嶄新的計畫，而是巧妙地讓一群經營者可以接受一些基本作法。

有一次雷蒙在大家討論一種新的聘雇流程時提出問題：「有人覺得這樣做有問題嗎？」事實上，人的心智相當擅長察覺自己的錯誤。一九九○年代初期，德國多特蒙德大學（University of

Dortmund）的邁可・佛肯斯坦（Michael Falkenstein）注意到，當受測者按錯鍵時，額葉（frontal lobe）的電位會降低約十微伏。[2]曼徹斯特大學（University of Manchester）的派翠克・雷比特（Patrick Rabbitt）則發現，打字錯誤時，手指的力道會比正確時的力道略小，感覺上就像心智下意識地在最後一秒縮手。[3]換句話說，透過回饋機制的結叢，大腦甚至可以在犯錯的當下就辨別出錯誤。或許這就是爲何當你在作測驗時，如果隱約覺得答案有誤，最好就改變答案。很多研究顯示，那些會回頭修改有疑慮的答案的人，成績多能有所進步。[4]雷蒙所做的就是要大家對那些在他們心裡迴盪的警訊有所警覺。

有時艾莉卡會感到很挫折。通常他們會設下時間表，每三天要交出一份提案。有時在三天的討論過程中，正當某份提案要拍板定案之際，雷蒙會突然改變立場，要求大家採取完全不同的方法。艾莉卡會惱怒地大叫：「你說的跟之前完全不一樣！」

雷蒙則會開玩笑地說：「我知道啊，一部分的我相信這樣，另一部分的我相信那樣。我只不過是希望我所有的分裂人格都能表達各自的意見。」事實上，那些能夠善用所謂「辯證性導引」（dialectical bootstrapping）的人，通常思考得更周全。這代表進行內在的辯論，讓不同驅力相互對抗。

最後，所有論點都被提出來後，早午餐俱樂部的成員就會進行投票。當提案通過時，雷蒙會把案子收起來，展露大大的微笑並宣布說：「嗯，這是一次偉大的失敗！」

他第一次這麼說時，艾莉卡不懂他的意思，於是雷蒙解釋：「偉大的商學巨擘彼得・杜拉克曾說，他所見過的商業決策中，大約有三分之一是對的，另外三分之一只有最低程度的效果，而剩下的三分之一則是錯得離譜。[5]換句話說，至少有三分之二的機率，我們的決策是錯誤或不太正確的。我們相信這個案子很好，是因爲我們想要相信自己很棒。我們想要維護自己的面子，所以我們會爲自己編造出這樣的想法。然而，事實上，生命就是會有失敗。我們只不過是透過控制失誤來取得進步。每一個動作都有必須藉由下一個動作來修正的錯誤。就把它當作是走路好了。每跨一步都會使重量轉移而失去平衡，然後你得向前伸出另外一隻腳以求平衡。」

艾莉卡回家後會跟哈洛說雷蒙做了什麼。哈洛只見過雷蒙幾次，一次是烤肉聚會，另一次則是公司的派對。看到雷蒙讓哈洛想起自己以前認識的一位木匠。那個木匠想要一直待在劇院，卻從來不曾想要當個演員。他曾經在高中時嘗試過，但上台表演讓他很不自在。所以他才會成爲一個舞台工作人員。他很享受劇團的團隊精神。他樂於能對整個製作有所貢獻，也很享受那種眾人皆醉唯我獨醒的感覺；他認爲自己對劇場的了解，勝過那些被自我所蒙蔽的導演與演員。依哈洛的看法，雷蒙是喜歡讓事情可以順利進行的那種人。但哈洛也認爲，當行動的時機來臨，雷蒙恐怕永遠不會眞的想去挑戰塔格特。他可能從來都不曾想要在拯救公司這場大戲中，上台扮演某個重要角色。

對此，艾莉卡倒不是那麼確定。她每天都看到人們圍繞在雷蒙身旁。這個人有著奇異的人格特質。他非常謙和，也極端固執。人們總認爲謙虛的人通常較容易受人左右，但雷蒙內心卻有著強烈的執著。即便他的形象是建立在對自己無知的敏銳知覺上，然而他對自己也十分有自信。

機會高峰會

整個公司的中階人員都很關注早午餐俱樂部的各式討論。許多職員眞的是望穿秋水，他們期盼這些反對派能夠將他們從萬丈深淵中拯救出來。塔格特與他的團隊對這些人十分輕蔑，也看不在眼裡。他們認爲這些人不過是一群烏合之眾，由不甘心的輸家和過氣老人所組成。

艾莉卡的主要問題是她缺少一個機會點。這個小組已經完成他們的建議提案。他們做出了一份有二十五頁，融合所有人智慧的備忘錄，卻苦於沒有好的方法呈現。她當然可以依決策層級往上呈送，但這樣一來這些建議可能會被湮沒。她當然也可以將之洩漏給某個商業期刊，然而這違反了雷蒙所訂的「不能有祕密行動」的原則。

幸運的是，老天提供了一個好機會。有一天，CNBC的脫口秀主持人吉姆．克拉默（Jim Cramer）大聲嚷嚷說英特康完蛋了。他眞的在節目中拿了一個他們的機上盒來摔個粉碎，甚至還想一片片地丟到他在節目現場準備的馬桶裡沖掉。

這一類作爲並不一定會造成股價的劇烈波動，然而這次眞的觸動了投資人的神經。第二天，持股人開始賣出。幾年前曾經高達七十三美元的股價，在一天之內從二十三美元跌到只剩十四美元。

塔格特認爲自己必須挺身面對風暴。他很自然地認爲，只要自己公開現身，就足以恢復投資人的信心。他宣布了他所謂的「機會高峰會」。他邀請經營團隊以及董事會的成員參加，並且以視訊會議的方式讓華爾街的分析師同步收看。塔格特在宣布要舉辦會議時說道：「我們不僅要說明，也要聆聽，我們想要提出計畫，同時也要聽取顧慮與想法。這是一個學習的組織，而我們將會攜手同行。」這對艾莉卡而言眞是天賜良機。她告訴雷蒙，應該在會議中提出他們的建議。至於雷蒙，不知他是怕事或是太聰明，他說如果艾莉卡也願意挺身而出，他就願意這麼做。

會議舉辦地點是市中心的一個劇場。塔格特與他的團隊在燈火通明的舞台上端坐，其他人則是坐在漆黑一片的舞台下，這就是他們所謂的聆聽活動。塔格特開場就表示：「我希望各位了解，我對於公司目前的狀況感到十分振奮，一直以來我對於成長會如何發生都有著良好的判斷力，而我也很有信心公司正準備邁入跳躍性的成長。我們有全美最棒的管理團隊、最棒的員工，以及最佳的產品線！我總是熱情洋溢地投入我的工作。

「當我接掌這個職位時，我就希望讓英特康成爲一家頂尖的成長型公司。我很清楚老方法已經沒用了，必須拋棄陳腐舊規，追求持續的改變，扭轉戰局，達到突破性成長。這意味著我們要革新價值鏈，改善標準作業程序。我們不能再坐以待斃。

「當我們展開這段勇敢的旅程，我們一直以來都很清楚外部人士可能難以理解我們的策略。我們也知道可能有一些外部的評量指標，會對不了解我們的人產生誤導。當然其中也可能會有一些立意良善的批評者，他們無法從其觀點看到我們長期的努力。然而，我們也設下了自己的指標，而我今天要在此向各位說明，我們不僅達成，甚至還超越了我們所設下的每一個指標。我們改變的速度比原先所像的還要快，我們有更棒的創新，我們不曾忽視任何機會，我們針對公司面臨的問題努力不懈，我們透過密集的行動嘗試所有可能。我們現在即將要出現爆發性的成長。

「我向來擅長解讀別人的想法，我也清楚某些人心中有些顧慮。但我在此要對各位說，當這個革新完成時，你們將會看出整個規畫過程有多完善。很快地我們就要再展開一系列的行動，讓我們能更深入程式設計，更深入成長市場及社交網路。而這些購併將會改革公司，立即增加我們與顧客的接觸。我們即將跨越眼前的科技水準，讓公司站在一個足以轉變整個產業的位置上。我們將要進行一個重大的創新，藉以重建公司，並且重塑我們的認同。」

這樣高昂的情緒持續了好一會兒，接著幾個跟他一夥的團隊成員上台報告一些預估與成長數字。

當簡報結束後，沒人知道該想些什麼。之前大家就聽過這些承諾和唱高調。雖然那些美好願景不曾實現，然而人們很吃他這一套，畢竟塔格特相當有個人魅力，而他的團隊也很聰明。雖然聽眾不相信他所呈現的願景，卻也沒表現出敵意。只是有著濃濃的不確定感。

雷蒙起身站在走道的麥克風旁，說：「對不起，我們可以提些建議嗎？」

塔格特回答：「當然，雷。」從來沒人叫他「雷」。

雷蒙指了指舞台：「我可以上去說嗎？」

「當然。」

雷蒙示意艾莉卡跟他一起上台。艾莉卡心中有一股強烈的恐懼和心虛，但她還是上去了。

「塔格特先生，我相信你早已知道，我們這些老骨頭跟幾個年輕熱血的員工，在過去幾個星期常聚在一起討論，看看我們能爲您的工作提供什麼助益。我們無法取得許多你所擁有的資訊，因此我們的想法或許不聰明也不可行。也或許，這些方案你早就都考量過了。

「但其中一個想法是，我們想要釐清這個公司的本質到底是什麼。它以前曾是一家有線電視公司，我們做的就是拉纜線。我們把纜線埋到地底下，將之連結到用戶端。我們是一群技工，我們打造科技，讓事物可以運作。這就是我們的本分。我們對自己的工作感到驕傲，也有一套不成文的行爲準則。而現在我並不確定這個本分是否依然清楚。感覺上我們現在要做的事千頭萬緒，工作文化也各自迥異。當我初入這個公司時，我們的目標是以有線電視供應商的身分來優化我們的網路表現，而不是像營收報表中所衡量的成長最大化。而我也不確定這兩者是否爲同一件事。

「我知道我的話聽起來像是個糟老頭在懷想已然遠去的時光，但我初來時是在約翰·科赫底下工作。在場很多人可能不認識他，但我知道，即便當時我只是個小員工。他是一路從基層升上來，而不是空降部隊。他開的車，他穿衣服與說話的方式，跟我們其他人完全無異。沒錯，他的薪水確實比我們多，但他的薪水標準跟我們其他人是同一套，而不是執行長跟一般員工那樣的天差地遠。他反應的方式會跟如果是你我坐在他位子上時的方式一樣。他了解當員工在外頭工作時，什麼可行或什麼不可行。

「科赫不是那種搞偉大計畫的人。他只不過是持續地調整。他總是用『管家』這個詞來形容他的領導方式。如果他接手了什麼很棒的東西，他所做的就是仔細照料它，確保他不會將之搞砸。我記得他總是遵循彼得·杜拉克的古老建議。每當他做出決定後，就會寫下他預期事情將如何發展。九個月後，他會把文件打開來，看看自己錯得多離譜。他希望可以從每一個錯誤中學到最多東西。」6

雷蒙持續以這種懷舊的方式說了好幾分鐘。他並未明顯針對塔格特與他的團隊。他一直爲自己這種回顧前塵及多愁善感表示歉意。他也一直說，當然我們不可能回復往日時光，然而公司往日的精神與現在這種氛圍的對比十分強烈。老實說，這種差別實在太痛苦且劇烈，令人很難忽視。

艾莉卡想要延續他建立起來的這種情緒氛圍。平常她不會這麼做，通常她是出口不留情的人。但此刻雷蒙所建立的，卻是較爲溫馨的調性。

她說自己跟一群同事腦力激盪，她希望或許有幾個想法會對塔格特和他的團隊有所助益。她從財務端說起。她表示：「我們常提及的一件事，就是現金的重要性。支付帳單需要現金，如果銀行帳戶裡有現金，那麼就算出個一兩次包也還承受得起。」但根據她的觀察，過去幾年間，公司的現金存量耗竭。有時人們會產生一種印象，以爲現任領導者視現金爲懦夫的專利，而舉債則是膽識的象徵。過去幾年，公司爲了要進行一個接一個的購併，債務已堆積如山。

接著她談到公司架構的問題。現行架構複雜到根本無法確認誰該爲什麼事負責。鮮少有人能明確地說出「某事由我負責」，因爲每個案子的責任都散落在不同階層。她說，早午餐俱樂部對此有些因應想法。

她開始談及策略。她認爲公司之前可能有自我毀滅性的過動傾向。賭馬贏錢的人並不是每場比賽都押注。事實上他們很少下注，只在他們自認爲有優於別人的判斷時才會下手。股神巴菲特曾說他此生大部分賺的錢，是從少於十個的決策中獲得的。這給我們的教訓是，我們可以預期領導人在他們的生涯中會做出少數幾次優秀的判斷，而當他們沒有什麼眞正好的看法時，最好不要輕舉妄動。

她接著把公司的獲利來源拆解開來。她指出，其實有線事業這部分仍然很好，只不過實在有太多雜事壓在它上面。或許現在是時候回歸到這些仍然留存在企業核心的美好事業。

或許把遠距會議減少，努力增進員工面對面的機會，是一個好主意。大部分的交流都是實體的，是透過動作而不是文字。光看著螢幕很難理解別人，或是分享想法與計畫。她補充說，讓更多人在她所謂的多重典範團隊中工作，或許是一個不錯的主意，其實也就是讓不同群體的人以不同的觀點來檢視相同的問題。人類原本就演化成會以小團體的方式來工作。事實上，很多證據顯示，大多數時候團體思考比個人思考更有效。一項研究顯示，百分之七十五的團體都能夠成功地解決一種叫做「華生選擇作業」（Wason selection task）的複雜卡片遊戲，相對上只有百分之九的個人能夠單獨完成。再者，當你讓很多人觀察相同的問題時，他們會用各種不同的分析模式。如果你只依賴單一個模式，那麼你很可能會修改事實以符合模型。[7]

她接著說：「這個公司的人彼此不認識。」她提到當她剛進公司時，她與一位同僚共進午餐。她問他是否知道幾位她所認識的人時，他回答：「不知道，畢竟我也只不過待了十年而已，所以還沒辦法認識太多人。」

她說，人們每天來上工時，並不會把他們社會性的自我留在家中。「說來或許愚蠢，但在場的很多人都希望可以有個能安排各種特別活動的快樂星期五。我們可以把餐廳改成像海灘一樣，辦個海灘派對或賓果遊戲。我們也可以舉辦壘球賽或是弄個排球場。這些都是友誼得以建立的方式。」

艾莉卡繼續用這種方式往下說。她談到公司的溝通管道（主管應該要提出爲何他們希望完成某件事的理由，而不只是他們希望做到某件事）。她也提及公司可以採用新的雇用流程（或許低階的人員也可以參與面試的程序）。她提到了師徒制計畫，因爲工作中最重要的技能，多半未形諸文字，只能透過分享與示範來傳授。她建議給經理人一些激勵基金當作即時獎勵，那麼當員工表現良好時就可以立即看到成果。她也提到一些重塑公司品牌的想法。在過去幾年間，公司是以像是奇異公司或花旗集團之類的跨國集團之姿自居，但與顧客的接觸卻愈來愈少。或許他們應回歸那個曾經不怎麼酷的公司樣態。這個公司本來是會送顧客一些冰箱磁鐵之類的小東西，但現在只贊助高爾夫巡迴賽。有些東西眞的變了。

雷蒙與艾莉卡並沒有說太久，兩個人加起來差不多十五分鐘。然後他們把提案交給塔格特，轉身回座。也有其他人發言。有些人相當憤怒且大肆批判，當然也不乏吹捧奉承者。這次會議實際上並未成就任何事。至於那些股票分析師也只有聽聽塔格特的報告，對接下來的建言根本沒多留意，而他們當天下午就將公司的股票調降一級。至於員工以及董事會成員，他們並沒有立即全心擁抱雷蒙與艾莉卡所說的一切，當然也沒有推翻塔格特。不過他們倒是都點頭表示認同，同意這個公司曾經是有些高貴的東西，而這些概念已經被驅散殆盡。接下來的幾個月，股價持續探底，債台繼續高築，那些新的購併案也無法挽救公司頹勢。氣氛開始變得不太一樣了。

大多數的員工與股東曾認爲塔格特是扭轉乾坤的企業巨星。後來他們以爲，他好歹也算得上是一個心誠意正的人，只不過是在適應新產業的過程中遇上了一些困難。又過了一段時間之後，大股東以及董事會得到的結論是，他自戀又愛吹牛，對於自己形象的關心，遠勝於這個他該盡心服務的公司。當這個結論逐漸定型後，另一個相伴的意見也浮現了：這次公司應該從內部找出一個領導者，這個人打從骨子裡了解公司，並且有能力找回它的往日榮光。現在公司需要的是重建，不是革命。

他們自然找上了雷蒙。當擔任巨星的時刻來臨，雷蒙沒有退卻，他接受了這個他不曾期待過的職位。某種程度上來說，他眞的成功了。他並不是那種可以上得了《富比士》雜誌封面的執行長，但他確實重建了信任與信念。他砍掉了一些不符合核心任務的部門，提拔了幾位技術人員，而且穿白襯衫、戴老式眼鏡的人不再被視爲可恥。公司終於穩定下來。

幾年後，雷蒙退休了。公司從外面請來了一位執行長。他做的還不錯，並且待了六年的時間。這個人離開後，董事會再度決定從內部找人。經過一番激烈討論，他們決定請艾莉卡來擔綱。她就任時四十七歲，她曾跟在雷蒙身旁工作，就如同雷蒙更早之前曾跟在科赫身旁工作一樣。她並未對公司做出什麼革命，也沒有提出什麼大膽的突破。但公司在她領導的幾年中持續成長，不斷適應新的挑戰。她愛這個公司，並在傳統下持續帶領著它創新前進。

【第十七章】

年歲增長

現在他比較不害怕了，也可以持平地看待這些隱身的幽靈……

在兩性關係的路上，大部分的配偶都不可避免地會從激情轉化成相伴相守的愛。交往初期，激情是一種將兩個人綁在一起的愛。相伴相守則是後來才出現的，一種較爲平和的滿足感，以及溫暖的喜悅。

有些夫妻之間沒有出現這種轉變。根據聯合國在一九四七到一九八九年之間，從全球五十八個不同的社會收集而來的資料顯示，離婚率在婚後四年左右到達最高峰。[1]不過哈洛與艾莉卡在那幾年似乎沒什麼問題。艾莉卡大約是在婚後的第十二年接下了雷蒙的位子，成爲英特康的執行長；而哈洛則是活在歷史的氛圍中，繼續他的寫作。接下來十年，他們大部分的時間都沉浸在各自的工作中，鮮少花時間在經營婚姻生活。他們兩都花了很多時間在工作上，也各有理由，生活中的絕大部分已逐漸流失，包括彼此溝通的能力。

在兩個人都有所成就，生活可以稍微輕鬆點時，他們卻發現彼此並非所想像的那樣有著很多共通點。倒也不是因爲吵架才這樣，不過就是慢慢地各自轉移到不同的興趣，以及不同的生活層面。

歷經生活起伏，他們逐漸對遷就彼此感到疲憊。在露安・布哲婷（Louann Brizendine）的大作《女人的大腦很那個》（*The Female Brain*）中提到，「中年婦女會變得不太在意去討好別人，反而想要討好自己……當她的雌性素與催產素下降時，她不再對情緒中細微的變化感興趣；也不太在意是否能保持和諧；那些曾讓她的多巴胺疾速上升的事情，漸漸不再那麼吸引她，就算跟朋友談天也不再令她感到特別愉快。而且，因爲她無法透過教養與照料小孩得到可以讓她平靜的催產素，因此她也就比較不太願意去傾聽或留意別人的需求。」[2]至於男人就更不用多說了，不管是否到了五十歲，都不會讓他更懂得照顧別人或溝通。

艾莉卡在商界已經算得上是小有名氣。英特康谷底翻身，並且持續獲利。她到處旅行及參加會議，對崇拜她的聽眾作簡報。然而，每次回家總是讓她感到失落，只能無奈地看著哈洛穿著短褲和汗衫在電腦前摸東摸西。他們的生活已經大相逕庭。艾莉卡喜歡到處跑，她的一天塞滿了會議、餐聚和各種行程。哈洛卻喜歡獨處，探索著歷史時空，行程表則空空如也。艾莉卡享受面對各種挑戰，哈洛卻愈來愈沉迷在書籍、人物以及文獻的世界裡。

對艾莉卡而言，哈洛那些原本令人喜愛的特質，現在卻變得有點像是某種性格缺陷。他常把襪子丟在走廊上的這種行爲，難道不算是一種自私又自戀的表現嗎？而就哈洛來說，他對艾莉卡拚命奉承任何可以幫助公司的人這種近乎強迫症的作爲，也感到十分驚訝。每當她把他拖出門去參加一些派對，她會在幾分鐘後就把他晾在一邊，從無例外。而當他被困在一堆毫無意義的對話時，他環伺整個房間，卻發現她在不遠處跟幾個她私底下深惡痛絕的執行長們高聲談笑。他有時會對她爲了更上一層樓而做出的妥協感到氣憤，而她也對他這種自我感覺良好的被動心態非常受不了。

威廉·詹姆斯曾說過：「聰明的藝術在於知道如何巧妙地忽視。」[3]過去幾年來，他們都忽視了彼此的缺點，但現在艾莉卡與哈洛對這些缺點的看法卻是輕蔑。

隨著時光流轉，他們幾乎不再做任何眞正的對話，甚至也不再正眼看對方。晚上她會在房子的一隅講電話，他則是抱著筆電待在另一個角落。新婚時他們無話不談，現在則是什麼都不想談。有時艾莉卡會想表達一些想法，但他們現在的關係似乎有一種非成文的規定。如果艾莉卡抓著某種熱切的想法或是新奇的事物衝進他的書房，肯定會被視爲不當的舉動。

她說話時哈洛連聽都不聽。艾莉卡偶爾會提醒他一些已經答應別人要出席的場合。他卻會不講理地回答：「妳根本沒跟我提過。」

她回說：「有，我有。我們有談過，只是你根本不把我說的聽進去。」

「妳根本是在幻想，我們絕對沒談過這些事。」兩個人都一副非常確定自己是對的模樣，然而內心深處不禁懷疑自己是不是瘋了。

婚姻專家約翰·高特曼（John Gottman）曾說，一段健全的婚姻，夫妻對彼此每做出五次正面的評論後，才會有一次負面評價。[4]哈洛與艾莉卡離這個標準可遠了，甚至連邊都搆不著，因爲他們根本不願意對彼此做出任何評論。兩個人某種程度上都想要回到過去那種充滿愛的生活，但也害怕如果眞的去試，恐怕會被對方拒絕。因此兩人的距離愈來愈遠。當關係逐漸凋萎時，兩個人都把錯怪罪在對方的個性。他們都夢想著有一天會一起去找婚姻諮商師，而這個諮商師最後一定會證實自己的觀點，並且將所有的過錯歸咎給對方。

在工作場合或宴會上，他們仍然表現得融洽歡愉，他們認爲不會有人看出破綻。其實不然，有時哈洛會說說故事，當他說完時艾莉卡會吐槽說「根本不是那樣」。在場的每個人都可以感受到她語氣中的嚴厲。

兩個人都難過得要命。艾莉卡在吹頭髮時會突然哭了起來，懷疑自己以事業成就換取家庭和樂是否值得。哈洛有時會看著跟自己年紀相仿的夫妻手牽手一起出門散步。這對現在的他而言，完全無法想像。對哈洛或艾莉卡而言，最重要的滿足感來源是工作，但那是不夠的。哈洛不會想去自殺，但如果真有人告訴他得了不治之症，他倒是認爲自己可以平靜地面對這樣的命運安排。

孤寂

哈洛和艾莉卡的關係失調。兩人都想要修補婚姻，卻一直困在負面循環中。這就是所謂的孤寂迴圈。感到孤寂的人會有吹毛求疵的傾向，因此會對周圍的人有較嚴厲的批判，卻也因此更形孤單。還有就是悲傷迴圈。兩個人都覺得自己很脆弱，也覺得在彼此身邊沒有什麼樂趣可言，因此兩個人都會因某種情緒性的本能而愈來愈退縮。接下來就是宿命迴圈。如果人覺得沒什麼值得努力的，就會變得愈來愈被動和陰鬱。[5]

哈洛在這段時間裡胖了不少，特別是在身體中段，這也是壓力相關的肥胖常發生的部位。他有飲酒過量的問題，並且習慣把悲傷轉化爲哲學性的問題，讓自己沉醉在斯多噶學派的思潮中。他的結論是，人們來到地球並不會快樂。他對自己說，人生本是苦海。然而，事實上，除了婚姻之外，其他部分算是相當不錯了。他試著讓自己對家中發生的一切無動於衷，也對自己的感覺不再有任何反應。

艾莉卡則是透過世俗的成就來審視她不健全的婚姻。或許哈洛是嫉妒她的成功，也或許是因爲他覺得受到侮辱而把氣發洩在她身上。他們剛結婚時，他比她世故，但現在她的才幹遠遠超過了他。她備受矚目，是閃亮的明星，嫁給一個這麼沒有雄心壯志的人，根本就是一大錯誤，而現在她也正在爲年少時的魯莽付出代價。潛意識裡，她希望讓自己遠離這個生命的麻煩地帶。她在家的時間愈來愈少，而回家後，她表現得漠不關心，不想要再感受那種痛苦。

一般印象認爲，大部分的中年離婚都是由男方提出的，當他們找到值得競逐的年輕嫩妻時，就會拋下一切開溜。但事實上，五十歲以上的離婚，有百分之六十五是由女方提出的。[6] 簡單來說，當情感面得不到滿足，也無法從伴侶關係中獲得回饋時，很多人會覺得自己不再需要配偶，也不想管那些家庭雜務、責任義務，以及婚姻照料。因此以前瞻策略的方式來看，艾莉卡開始思考未來該怎麼做，也就是關於離婚以及可能的結果。分居會不會是一種可以降低傷害的方式？

消沉

某一天，在因爲一件小事而爭吵的當下，艾莉卡說她想要搬出去，或許該是離婚的時候了。她以分析的口吻說，根據她的觀察，他們彼此已經朝離婚的方向走了一段時間。離婚這個念頭出現在她的心中至少有十年了。她多麼希望他們根本不曾結婚，而且依現況來看，也沒什麼轉圜餘地了。

當這些話脫口而出後，她覺得自己已經往懸崖邊跨出一步，這也表示不可能再回頭了。她的思緒如脫韁野馬：該如何對親友與同事解釋離婚這件事？如何重新開始跟別人約會？檯面上的說詞是什麼？

哈洛並未感到震驚或訝異，但他也沒有採取合乎邏輯的下一步。他並沒有討論他們接下來該做些什麼，也沒提到要請離婚律師，或是關於如何分配財產。他就是把她的話消化一下，然後突然說起要安排人來修屋頂，接著就往廚房走去爲自己倒了一杯威士忌。

之後的幾天或幾個星期裡，感覺上就像什麼事都沒發生一樣。他們又回到原本各自的軌道上。但哈洛確實感受到內心的板塊已經開始移動。就算生活完全沒有任何變動，人的內在感受卻可能出現重大的變化。

就在艾莉卡爆發之後的幾個星期，某天哈洛自己一個人在比薩餐廳吃午餐。他透過窗子往對街的校園望去，幾百個小學生就在那裡嬉戲。他們橫衝直撞，嘰嘰喳喳地打鬧。眞的是太神奇了，只要將一群小朋友放到一個空曠的空間，他們可以立即將它變成一個充滿歡笑的馬戲團。剛結婚時，哈洛曾以爲他們當然會生小孩，因爲他所認識的家庭都有小孩。但起初那幾年艾莉卡實在太忙了，而且時機總是不對。有一次，大約在他們婚後五年，他隨口提到生小孩的念頭，結果她竟然對他大叫：「不，現在不行！你別想用那種事來打斷我的工作！」

他聽了目瞪口呆，而她則衝回自己的書房去。

這段對話是他們之間針對這個主題所交換過的唯一內容。這是他們生命中最重要的議題之一，然而也是他們之間最大的歧見，就像是兩個人關係裡的腫瘤一樣。從此他們不曾再提及此事。

曾有段時間，哈洛一天到晚都在想著孩子的事，但他根本不敢再提及此事。他對於跟艾莉卡的衝突是抱持退縮的態度，因爲他深知自己的意志力絕對比不上艾莉卡。他想或許透過順從的態度，可以讓她回心轉意。他相信她一定看得出他很想要有小孩，並且會因爲同情他而做出讓兩個人都高興的事。

她一直都很清楚他綿裡藏針的這一面，但這也是最令她反感之處。私底下他也很氣她在決定不要小孩這件事上，連問都不問他。這是他們生命中最重要的決策之一，她卻壓根兒都沒想過要徵詢他的意見。

他常常反覆咀嚼那段短暫的對談。他想不通到底是什麼引爆了艾莉卡激烈的反應。或許她的童年時光曾有某些傷痕，或許她曾發誓絕對不生小孩，也或許是因爲她對工作的投入，甚或是因爲某種母性本能的缺乏。他想過要逼她懷孕，但他知道根本不能以這種方式把小孩帶到這個世界上來。

他盯著那些小學生看。在中年的消沉憂鬱裡，他會在飛機上偷偷看著那些嬰兒的小手小腳。他看到許多嬰兒是跟著他們的祖父母一起出門，老人家笨手笨腳地餵他們吃飯，推著他們到處走。他看著一群小朋友在人行道上笑鬧，他們是如此快樂忘我，連天氣是冷是熱，膝蓋有無瘀血都不在意。在他氣憤的情緒下，他認定妻子不願生育這件事，正代表她無情、不願付出、自私，以及對工作膚淺的投入。每當想到這些事時，他就打從心底看不起她。

虛擲人生

有幾年時間，哈洛有輕度的憂鬱。他持續寫書並安排展覽，但人們對他作品的讚美，反而讓他更加沮喪。眾人的讚賞只是更加突顯了他私下的落寞。

他的婚姻了無生趣，他沒有小孩，也不熱中政治或慈善活動。沒有什麼東西值得他犧牲，也沒有什麼是他想要去爭取的。當然啦，艾莉卡總是在身旁，就像是他的陪襯品一樣。他對她的偏執與幹勁感到不屑，然而他也因爲自己缺乏那種能量與欲望而感到悲哀。

他睡前有喝一杯的習慣。但在這段時間裡，他大白天就喝了起來。威士忌變成了他的咖啡因。多數時間他的大腦都感到疲憊而呆滯，但如果來一大杯威士忌，他不僅會即刻清醒，思緒也會高漲。當然了，一切會變得有些模糊不清，而他終究也會跌回那些感傷的情緒裡。不過，這樣還是比什麼都沒感覺要好多了。

大多數的日子裡，哈洛每天都要喝掉三分之一瓶的威士忌。早上醒來時他總會發誓要改變人生，但酒精上癮弱化了他大腦中的學習機制。那些成癮者都很清楚他們對自己做了什麼，卻無法將這些認知內化成生命的教誨。有些研究者認爲，成癮者之所以會受到這種問題所苦，原因是他們的前額葉皮質層神經的可塑性已經受損。他們無法從錯誤中學習。

有一天，哈洛突然福至心靈。這跟多年前艾莉卡想要進入高等教育高中時的感覺十分相似。哈洛認爲他無法單靠自己來改掉酗酒的模式，但他可以把自己放到某種或許可以觸發改變的場域中。因此他決定去參加戒酒無名會。

這麼做對像他這種獨行俠而言並不容易。但他眞的去了。他走了進去，卻覺得渾身不對勁。

哈洛這一生都是和有錢、有教養的人在一起，然而此刻他置身在一個滿是基層員工、業務與公車司機的會議室裡。哈洛習慣活在自己的世界裡，但在這個地方，他被迫要融入這個團體。他成長的文化背景強調自尊與充分授權，但在這裡，他被迫要放棄一切，承認錯誤。哈洛在過去幾年間並未從錯誤中學習到什麼，但這裡的十二步驟法把所有的錯誤都丟向他，他得在這些錯誤中反覆煎熬。他這些年已不太碰宗教了，但這個團體有一股淡淡的宗教味道。這些人並沒要有他停止飲酒，畢竟這不是解決問題的方法。他們要求他淨化自己的靈魂，重新安排身心靈最深層的休息。如果他眞能改變生命，那麼戒酒將會是一個令人愉悅的副產品。

哈洛讀了這十二個步驟，然而眞正拯救他的是那個團體裡的成員。戒酒無名會對大多數人而言沒有用。研究人員無法預知誰可以從戒酒無名會獲益，他們甚至無法確定這種活動是否有效。[7]這是因爲團體成員無法被歸納成一種方程式，也無法進行跨小組的比較，或是以社會科學實驗的方式來理解。團體的關係才是重點。哈洛的小組中有三個核心成員，其中一位是體重超重、喜愛歌劇的女士，另一位是摩托車技師，還有一位是銀行行員。他們一起聚會已有十年之久，是小組的靈魂人物。他們不想聽廢話。曾有一個青少年成員，死時全身貼滿了抗憂鬱貼片，而他們協助每個人走過這段創痛。團體中總有一些磨擦爭吵，但這些領導人會執行一些行爲準則。哈洛非常敬佩他們，視他們爲行爲模範。

連續好幾個月，哈洛幾乎天天報到，然後慢慢變成偶爾才去。若說這個小組改變了他的一生，或許太過誇張，應該說他覺得受惠良多。其實成員中有的人孤芳自賞，也有許多人非常不成熟，也有人把自己的生活搞得一團亂。不論如何，這個活動迫使他談論自己，而他也不得不清醒地面對那些在內心啃蝕他的欲望。他很敬重那些教育程度比他低但有想法的人。他內心一些從高中時期就蟄伏至今的情感能力被喚醒了，他變得更能掌握自己的情緒起伏。

他並沒有戒掉喝酒的習慣，但現在的他不曾在晚上十一點鐘以前喝酒。眞正起變化的，是他原本枯萎的直覺。不知爲何，他過去對情緒上的騷動極端敏感，只要出現一點苦痛的徵兆，他就會立刻退縮。他極力逃避任何可能造成內心痛苦的情境，也盡可能逃避可能引起憤怒、傷害或不愉悅的各種衝突。不過現在他比較不害怕了，也可以持平地看待這些隱身的幽靈。他已無須活在悲傷與痛楚中，因爲他知道自己可以面對它，並且活下去。

心念轉化

他對證道夏令營（Incarnation Camp）的投入完全是一個巧合。有位友人想去康乃狄克州看看自己在那裡當輔導員的女兒，他問哈洛要不要搭便車去走一走。他們行駛在康乃狄克州鄉間的一條私人道路，沿途有許多帳篷、廣場與池塘。就在這條路上，他們遇見一群手拉著手的九歲小女孩。哈洛溫柔地看著她們，這也是這段時間以來他看小孩子的方式。他的友人把車停在一間小屋旁，兩人一起往下走向一個被樹木圍繞，長約一英里的湖岸。那裡看不到任何房舍或道路。野營區本身就是一個世界，足足有八百公頃的荒野空間。

在這個野營區中，無分貧富。有些孩子來自曼哈頓的預備學校，有些則是來自布魯克林與布朗克斯區的獎學金學生。後來哈洛才知道，這個野營區是一所整合性教育機構。

他首先注意到的是，這裡的設備老舊破損。在現今一切講求專門化的時代，這一類的野營區面臨極大的挑戰，父母大多喜歡精心安排的設備，諸如電腦營、音樂營與棒球營。

這個場地的精神設定，似乎也有些反文化潮流，帶有嬉皮精神。第一天，哈洛看到輔導員跟孩子們一起唱六〇年代的民謠，像是〈神奇龍帕夫〉（Puff the Magic Dragon）或是〈一名錫兵〉（One Tin Soldier）。哈洛也看到他們在打棒球。那些參加野營的孩子跟工作人員像黑猩猩一樣打鬧著。他們依偎在彼此身上，相互編織髮結，以角力的方式玩起疊疊樂，甚至在湖中玩起鬼抓人的遊戲。

他跟野營區的主任見了面，對方看到他眼中閃動的光芒，於是就問他是否有時間到這裡來擔任志工。那個暑假期間，哈洛又來了兩次，協助一些像是教青少年跳方塊舞之類的工作。那年的冬天，他還爲他們的活動募款。隔年夏天，他利用週末去協助修復步道。有一天，他看到有人在玩壘球。這些孩子擅長打棒球，但壘球打得糟透了。哈洛安排了一個壘球課程，甚至還組織了一個教練團。

八月初，班主任問他是否可以挪出五天時間，幫忙帶領一個遊康乃狄克河的獨木舟行程。成員總共有十五位青少年，兩位大學生擔任輔導員，還有哈洛。他比任何成員都大上三十歲，然而他馬上融入其中。

當他們順流而下時，他會安排一些小競賽。他教他們一些歌曲，也從他們那邊知道誰是凱蒂·佩芮和女神卡卡。他們叫他老爹，而且用一種最眞誠且開放的態度向他訴說他們的問題，也許是關於愛情、父母離異，或別人的期待。他們的信任讓哈洛感動萬分，他全神貫注地傾聽。這些孩子急切地想要找個大人來問問題，他猜想那些老師以及其他的專業人士在小孩子告訴他們關於自己的問題時，一定知道如何回答。而他則不然。

最後一天的獨木舟行程相當困難。他們拚命划槳以對抗強風。哈洛對孩子們說，只要大家划到目的地，就可以把剩下來的所有補給品拿來玩食物大戰。當他們終於到達最後的營地時，孩子們立即搶走所有的補給品，才沒幾分鐘就開始相互砸了起來。花生醬在空中四射，每個人的襯衫都被果凍搞得髒兮兮的。蛋糕被捏成麵糊或捲成溼軟的雪球。眾人躲在樹後面搞起肉塊大突擊，閃避橙汁粉飛散而成的大雪。

大戰結束後，每個人都狼狽不堪，從頭到腳黏乎乎的。他們手牽著手跑到河中清洗，上岸後換好衣服，升起最後一次營火。這趟行程中，哈洛完全沒帶酒，夜深回到帳篷時，他十分清醒且快樂。他躺在睡袋中，感到疲憊又幸福。人的情緒可以變換得如此之快，實在很有趣。突然間，不知什麼觸動了他，他覺得很想哭。

除了偶爾在一些悲傷電影落幕之後的黑暗中流淚，長大後他不曾哭泣過。事實上，這次他也沒有哭，只是覺得腹部翻攪，眼底有些壓力。事實上他並沒有流下眼淚。他有一種看著自己哭泣的怪異感受。他飄浮在上空瞥見自己蜷曲著身體，在滿是淚水的睡袋中嘆息。

然後一切都消失了。他想著他截至目前爲止所建構的生活，也想到他若是能稍微開放些，能有多一點的情緒勇氣，應該能建構不一樣的生活。終於，他沉沉地睡去。

【第十八章】
道德

我們無法創造出道德反應，但我們可以壓抑某些衝動，甚至將之揚棄……

艾莉卡不曾見過這樣的陣仗。她上到可以俯瞰中央公園的大樓，走出電梯時發覺大廳到處是保鏢，他們冷冷地看著彼此，偶爾對著袖口的隱藏式對講機低聲說話，交換情報。包廂裡有沙烏地阿拉伯的王子、俄國的獨裁者、非洲的暴君，以及中國的億萬富豪。每個包廂外頭都站著一票猛男隨扈，以彰顯主人尊貴，並且保護他們。

侍者帶領艾莉卡走向總統套房，奇怪的是它竟然叫印度廳。侍者用一種太監蹲伏在女神前的姿式，領她進入一個差不多是她兒時公寓四、五倍大的房間。那簡直像是私人天堂，以核桃木妝點的英式奢華，有著巨大爐床的壁爐，大大的低背扶手椅及大理石棋盤桌，浴室裡有分男女淋浴間，以防你想在男生的淋浴間洗頭，然後到女生的淋浴間潤絲。艾莉卡難以置信地打量房內陳設，心想：「天啊！怎麼不弄個小溪呢？」

眼前的侍者看來不懂拉弗曲線（Laffer curve）。在某些高級飯店，侍者極度在意顧客的需求，問題是他們為你做的愈多，你只會愈感到不便。每當你啜一口咖啡，他們就馬上添滿，你只好不斷加糖和奶精。當你想要套件衣服時，他們就會過來幫你把外套刷一刷。在艾莉卡的情況，侍者堅持替她打開行李箱，並幫她把電腦連上無線網路，她被逼得幾乎要用電擊棒來趕他走。

其實這一切都是艾莉卡的新雇主安排的，也就是她所說的夢想成眞先生。她在商業雜誌上看過他的報導，也注意他好幾年了，而當他們在一個慈善活動中碰面時，他邀請她加入他旗下工作。

夢想成眞先生很喜歡艾莉卡，不僅常召見她，也眞誠地諮詢她的意見，甚至還把她列入送聖誕節禮物的名單。他每年都會寄一堆好東西給親朋好友們，包括像是筆記電腦、自命不凡的傳記、摩洛哥床罩組、威尼斯風的古董畫作，以及其他任何足以彰顯他的好品味，浪費錢又華而不實的東西。

夢想成眞先生涉略之廣可謂無所不包。他從南伊利諾州一處破敗的郊區白手起家。他把自己打造成完美的宇宙之主，鬢角灰白、打馬球、主持慈善活動，身高一八〇的權威人士。

他的座右銘是：絕對不要以員工的身分來思考。打從年紀很小的時候，他就認定，只要有他參與的組織，都將由他來領導。他在大學時代就開始創業，最先做的事是載送學生到羅德岱堡（Fort Lauderdale）度假。幾十年後，經歷一連串的購併，他買下了一家大型航空公司，並當上老闆。不過他大部分的時間似乎都花在擺姿式拍攝聖誕節卡片、談判交涉買下一支頂尖的歐洲足球隊、參加由幼兒糖尿病研究單位主辦的慈善演出而登上社會版面、帶他五位分別叫齊普、力普、提普、畢普及黎普的好兒子，去觀賞世界一級方程式賽車。

夢想成眞先生沒辦法好好坐著。他那姿態彷彿是連上帝都愛慕地看著他。他端詳約翰・甘迺迪的照片，然後花好幾個小時的時間站在鏡子前，想要做出那種完美的遠目千里、支配命運者的凝望。然而每隔幾分鐘，他會突然爆出令人驚訝的大笑，好像連他都不敢相信自己會有這般神奇的際遇。感覺有點像是淘氣阿丹每隔幾分鐘突然驚醒過來，發現自己竟然是教宗。

在亞斯平戰略集團與三邊委員會的會議之間，他有一天的空檔，因此他邀請艾莉卡前來諮詢一些事情。他列出航空公司的年度目標，希望艾莉卡幫他訂出優先順序，諸如：要改善線上報到流程，或修訂員工健康福利；該換掉財務長，還是減少飛往上中西部的航班。安排艾莉卡住進這種客房，正是他的行爲特色：專制又殷勤。

他們在總統套房用午餐，因爲夢想成眞先生認爲自己太出名了，若在樓下餐廳用餐，恐怕會不斷被打擾。他訂了來自加州俄羅斯河谷的紅酒，以及來自葡萄牙的薄脆餅乾，他所展現的鑑賞力讓艾莉卡不感恭維，就像替品味穿上集中托高型胸罩。他們談到企業使命，也談了中國貨幣、風力能源、瑜伽、曲棍球，以及他最愛的那種英雄到最後都會死的書。

艾莉卡讓房門敞開著。她脫下鞋子，穿著絲襪的腳在地毯上磨蹭。某種程度上她對這傢伙有些著迷。說話時，他們兩都緊張得輕敲手指。倒不是因爲她的婚姻枯燥乏味，也不是因爲孤單寂寞，所以她才在那天跟他上了床。主要是跟一個上過《富比士》雜誌封面的男人發生關係，是件很新奇的事，這種刺激感將讓她永生難忘。

要說她對夢想成眞先生有任何渴望，那應該是長久以來她一直希望自己就是常上頭條、手握

大權的人，或者說她和另一半能夠互補且眾所矚目，總之就像是企業界的費茲傑羅夫婦。❖

他們的午餐會議進行了約兩個小時。最後他發自內心地對她發動攻勢。當他們站在客廳時，他表示她是最有價值的顧問，而第二有價值的顧問則是伴隨他三十五年的牧師，透過他，夢想成眞先生得以活躍於天主教慈善會、哥倫布騎士團、羅馬教皇基金會，以及各種重量級的天主教團體。這個傢伙的特長，就是他可以一邊談論他對梵諦岡的奉獻，一邊掰開已婚女人的雙腿。他不認爲自己必須依照一般的規範行事。

艾莉卡以肢體語言明白地表示她可以任他擺布，而夢想成眞先生絕不可能放過這麼好機會。

羞恥

幾年之後，當她看到他的臉出現在《富比士》雜誌上，她倒是可以對那次的出軌一笑置之。但在發生的當晚，她的感受卻非常不同。

性愛本身沒有什麼，眞的沒什麼好多說的。基本上就是一些不值得回味的動作。但就在他離開後一個小時左右，她有一種很奇怪的感覺，彷彿她的內在漸漸崩解。當時她正在參加一場商業晚宴，一種從骨子裡透出來的疼痛慢慢浮現，待她回到房間後，感覺像是有把刀刺著自己。她坐在椅子上，痛楚愈來愈高。最終她了解，那是一種自我憎恨、羞恥及厭惡感。她覺得作嘔。腦海中滿是各種想法與影像，不只當天下午發生的事，也有許多過去的恐怖片段。她的悔恨沸騰著，她無法甩開這些思緒。

她的大腦一片混沌，夜裡輾轉反側。她痛苦地呻吟著，走向小吧檯打開幾瓶小罐裝的威士忌來喝，卻無法緩和她的情緒。她不在乎會不會被抓姦，也不在乎任何後果。在人生的這個階段，她感受不到上帝的存在或審判。她甚至沒想到「罪惡」這兩個字。不過就是痛苦罷了，只要睡上幾個小時，隔天醒來一切都會沒事。然而，接下來的幾天，所有情緒都浮上檯面。她聽著陰鬱的音樂，在飛機上根本無法專心處理工作，只好看看小說。連續幾週她變得脆弱易感，有些事也不再一樣了。她從此不曾出軌，因爲單單用想的，就會讓她經歷劇烈且不可思議的反感。

道德情操

若以傳統的角度來看待這個事件，其實就是艾莉卡屈服於自私以及短視的激情。在激情與脆弱中，她背叛了對哈洛的誓言。

這樣的傳統想法是奠基於民間智慧。這種民間智慧相信，我們的道德決策核心裡有不同力量的拉扯。其中一邊是自私與原始的激情；另一邊則是理性所驅動的力量。理性運用邏輯來評估情況，應用相關的道德準則，解決道德的窘境，並且推演出適當的行動。接著，理性會運用意志力

❖譯按：費茲傑羅夫婦指史考特・費茲傑羅（F. Scott）與齊爾達（Zelda），爲知名的明星夫妻，從結識、相戀到結婚，一路風波不斷。

來控制激情。當我們以值得讚揚的方式行事時，理性會壓制激情並控制欲望。套句南茜・雷根（Nancy Reagan）的話，總之就是要勇於說不。當我們以自私又短視的方式行事，要不就是缺乏理性，要不就是激情掩蓋了一切。

以這個方法來看，第二層的認知是英雄，而第一層的直覺就是惡棍。前者是站在理性與道德這一邊；後者當然就是站在激情、罪惡與自私之上。

不過這種一般的比喻，並不一定符合艾莉卡與夢想成眞先生之間的出軌行爲。艾莉卡與他發生性關係，然後也爲此感到痛苦萬分，這不是因爲她屈從於一時的激情，並且在後來冷靜地了解到她違背了自己的原則。事實上，事發當晚她痛苦地捶打著床鋪，這種情緒絕對比她在做出引誘與罪事時更加激烈。這當然不是因爲她在事後清醒地思索過自己的行爲，冷靜地推敲自己的決定。根本不是這麼一回事。後悔悄然上身的方式，就跟最初那個衝動行爲一樣神祕。

艾莉卡所經歷的，並不是一場理性與激情的大對決。相反的，以更精確的方式來說，當夢想成眞先生在她眼前時，艾莉卡以直覺行事；到了那天稍晚，另一種完全不同的感受才襲捲而來。不知怎的，原本的情緒突然被另一種完全不同的情緒所取代。

她感覺自己就像兩個不同的人：其中一個認爲這些誘惑根本沒什麼；但另一個認爲這是很嚴重的恥辱。就像聖經《創世記》中亞當與夏娃被逐出伊甸園的情況。他們張開眼，發現彼此一絲不掛。艾莉卡呆望著自己，無法解釋自己的行爲：「天哪，我到底在想什麼？」

此外，與夢想成眞先生的出軌，留下了某種心理傷疤。接下來幾年，當類似的情況再度出現時，她連想都不必想就知道該如何反應。就像貓會避開曾燙傷過牠的火爐一樣，艾莉卡根本無須抗拒誘惑，單是想到通姦就會讓她感到痛苦與反感。她並非因爲理解自己而變得更貞節，但她確實對這種情況產生了不同的反應。

艾莉卡的經驗說明了理性主義者所持的道德理論有許多問題。首先，我們絕大多數的道德判斷並非冷靜理智的判斷，通常是深邃又熾烈的反應，像是艾莉卡因爲對自己的行爲感到痛苦而輾轉反側。我們不斷對行爲做出即時的道德評估，而沒有多想爲什麼。當我們看到不公平的事就會感到憤怒，看到善行則會感到溫暖。

維吉尼亞大學的強納森．海德特（Jonathan Haidt）提供了許多這一類即時性道德直覺的眞實案例。想像有個男人去店裡買了隻雞，透過強姦雞隻讓自己得到高潮，最後再把牠煮來吃掉。想像你吃掉死去的愛狗。想像拿國旗來清潔廁所。試想一對兄妹一起去旅行，卻發生所謂的安全性行爲，他們非常享受，但決定僅此一次下不爲例。[1]

透過這一連串的研究顯示，多數人對這些場景會有強烈的（而且是負面的）直覺反應，即便事件中沒有任何人受傷。通常受測者無法說出爲何他們覺得這些事情令人反感且噁心，可是他們眞的就是這麼覺得。此時潛意識主導了一切。[2]

再者，如果理性主義者的道德理論是正確的，亦即強調第二層道德理性思考，那麼事實上我們應該可以預期，那些整天都在進行道德理性思考的人，會更有道德。研究人員對此做了研究，發現談論道德與高尚行爲之間並無明顯關連。麥可．葛詹尼加（Michael Gazzaniga）在其著作

《大腦、演化、人》（*Human*）中寫道：「很難在道德思考與協助他人這類主動的道德行爲之間，找到任何相關性。事實上，在絕大多數的研究中都找不出相關性。」[3]

如果道德思考可以導致更多的道德行爲，那麼你可預期較不情緒化的人也會較具有道德感。但在極端的情況下，這與事實完全相反。約拿・雷勒指出，當人們目睹他人受苦，或是閱讀關於謀殺或強姦事件時，他們會感受到一種發自內心深處的情緒反應。他們的手心冒汗，血壓也會升高。然而，確實有些人完全沒有情緒反應。這些人絕對不是理性超卓的道德主義者，而是一些精神變態。精神變態者無法處理或理解他人的痛苦情緒。[4]當你把可怕的死亡或受難的場景拿給他們看時，他們完全不爲所動。他們會爲了想要得到什麼而做出恐怖的行爲，但不會感受到任何情緒上的苦痛或不安。針對虐妻者的研究發現，當這些人益發凶狠時，他們的血壓與心跳反而下降。[5]

最後，如果理性思考眞的可以導致道德行爲，那麼那些能做出道德主張的人，應該能夠將他們的知識運用在各種不同的情境上。不過這種一致性根本不存在。

過去一個世紀來的各種實驗顯示，人類的行爲並不是由固定不變的性格特質所驅使。一九二○年代，耶魯大學心理學家休斯・哈特雄（Hugh Hartshone）與馬克・梅（Mark May）讓一萬名學童有機會可以在不同的情境下說謊、作弊，以及偷竊。大多數學生在某些情境下會作弊，但在另外一種情境時不會這麼做。他們作弊的比例與任何可量測的人格特質或道德思考無關。最近的研究也發現了同樣的模式。在家常會說謊的學生，在學校不一定會不誠實。在工作上勇氣十足的人，可能在教會中畏縮懦弱。有些在大晴天時表現得友善親切的人，卻會在隔天因爲多雲而感到憂鬱冷酷。人們的行爲並沒有像某些研究人員所稱的「跨情境的穩定性」（cross-situational stability）。相反的，它似乎強烈受到環境的影響。[6]

直覺論者

理性主義者對道德架構的假定受到愈來愈多直覺論者（intuitionist）的挑戰。直覺論者以情緒和潛意識的直覺爲道德思考的核心，而不是理性；它強調道德的本能式反應與個人的抉擇；它強調感覺在道德決策中所扮演的角色勝過邏輯推理。根據直覺論者的觀點，主要的對抗並非在理性與激情之間，而是發生在第一層認知，也就是潛意識心智本身。

這個觀點始於一項觀察：人生來就有強烈的自私驅力。這種驅力讓我們盡可能地爭取並擴張自己的地位，讓自己看起來比他人優越，以權勢凌駕他人，並滿足自己的欲望。這些驅力會扭曲我們的感覺。夢想成眞先生並非有意識地且故意地想要利用艾莉卡，或是破壞她的婚姻，他只不過是把她視爲生命過程中用得上的一個東西罷了。同樣的，謀殺者不會殺那些他們認爲跟他們一樣完整的人。潛意識會先將受害者去人格化（dehumanize），並且改變自己看待對方的方式。

法國記者尙．哈茲菲爾德（Jean Hatzfeld）曾爲了著作《砍刀季節》（*Machete Season*），訪談了盧安達種族大屠殺的參與者。這些參與者沉迷於部落間的狂暴行爲。他們認爲鄰村的人都極端邪惡。一位謀殺了圖西族的人說：「我匆忙地殺了他，雖然他是我的鄰居，與我住的山丘也很近，但我其實沒多想。事實上，事後我才想到，我殺死了自己的鄰居。我的意思是，下手殺人那一刻，我並不在意他曾經是什麼樣的人；我攻擊一個對我而言既非親近亦非陌生的人，此人並非只是個普通人，我現在所談的，是那些你每天都會看到的人。他看起來確實跟我原本認識的那個人很像，但當下沒有任何東西足以提醒我，這可是曾住在我家隔壁很長一段時間的那個人啊。」[7]

這些神祕的衝動把意識認知玩弄於股掌間。它們不僅在犯罪的當下扭曲了感覺，也在犯罪之後創造出各種合理化的藉口。我們告訴自己，那些因爲我們的殘忍或無作爲而受害的人都是自找的，是環境迫使我們做出那種行爲，要怪也得怪別人。欲望搶在意識之前塑造了我們的想法。然而直覺論者也強調，並非所有的驅力都是自私的。人類的祖先都是合群者，我們以家庭與群體的方式存活下來。

其他動物和昆蟲也有這種社會傾向，透過研究，我們看到大自然賦予讓牠們能夠連結與承擔責任義務的各種官能。在一九五〇年代的一項研究中，老鼠被訓練得會按壓開關取得食物。[8]後來實驗者修改了這套機器，他們讓開關有時能提供食物，有時卻會電擊隔壁籠子的老鼠。當老鼠發現自己對隔壁鄰居造成的痛苦時，他們會調整進食習慣。他們不會讓自己挨餓，不過會選擇少吃一些，以避免造成其他老鼠更多的痛苦。法蘭斯．德瓦爾（Frans De Waal）研究靈長類動物的行爲中明白展現出的複雜同理心。黑猩猩會彼此商量、照顧傷者，而且似乎也喜歡分享。這些不能算是動物有道德的證據，但牠們確實有這種心理基石。[9]

人類也具備一整套可以增進連結與承擔的情緒。當我們違反社會規範時，我們會臉紅並感到不好意思。當我們的尊嚴被蔑視時，我們會感受到立即的憤怒。人們看到別人打哈欠時也會跟著打哈欠，而那些很快就會跟著一起打哈欠的人，也有較複雜形式的同理心。[10]

亞當・斯密在《道德情操論》（*The Theory of Moral Sentiments*）中，有一段對鏡像神經元理論的預測，很傳神地捕捉到我們對他人自然的同理心。「當我們看到某個人的手臂或腿即將被打到時，我們很自然地會把自己的手或腿縮起來；而真的打下去時，我們某種程度上會感受得到，也會像被打到的人那樣感到疼痛。」[11] 斯密補充道，我們也有受同儕尊敬的需求。「當自然把人結合成社會時，就已經把取悅同伴的原始欲望，以及冒犯同伴的原始嫌惡予以內化。自然也教導我們要對同伴所喜愛的感到歡愉，對他們不喜愛的感到痛苦。」[12]

即便是在年紀很小時，我們的社會情感就已經有道德的成分在其中了。耶魯大學教授保羅・布魯姆（Paul Bloom）等人進行了一個實驗，他們讓嬰兒看一個場景，其中有個人試著要攀上一座山丘，另一個人則要協助他，還有一個則是要阻礙他。即使是六個月的小嬰兒，他們喜歡協助的人勝過妨礙的人。某些場景設定還會有第三幕，那位阻礙者會被懲罰或是獎勵。在這個狀況下，八個月大的嬰兒喜歡執行懲罰者勝過於獎勵者。布魯姆說，這種反應顯示人們在年紀很小時，就已經有初步的正義意識。[13]

你根本無須教導嬰兒如何要求公平對待，一旦嬰兒有了溝通能力，他們就會奮力地抗議任何不公的狀況。沒有必要教我們如何去敬仰爲團體犧牲的人，忠於職責是普世價值。沒必要教導我們應該鄙視背叛朋友或是對家庭不忠的人，也沒有必要教小孩與道德有關的規範（如不要打人）和道德無關的規範（如不要在學校嚼口香糖）之間有什麼差異。這些偏好會從我們內心深處的某個地方冒出來。就如同我們天生就有一套幫助我們去愛人與被愛的情感，同樣的，我們也有一套與生俱來的道德情緒，讓我們無法認同那些違反社會承諾的人，而對於強化它的人則會表達讚許。沒有任何社會頌揚在戰鬥中落跑的人。

父母和學校確實可以強化這些道德觀念，不過就如詹姆士·威爾森（James Q. Wilson）在《道德意識》（*The Moral Sense*）中所言，這些教導都只是預防準備。正如同孩童原本就具有學習語言的能力、天生就會親近父母親，他們也有一套與生俱來的道德偏見，這些偏見可以被改善、塑造與發展，卻不太可能被根除。[14]

諸如欽佩忠於理想的人、鄙視背叛配偶的人這類道德判斷，都是直覺且情緒性的。這些判斷都含有一些評估。看到某人難以承受喪子之痛，我們會流露出同情與憐憫。但看到某人因損失一輛豪華跑車而悲痛欲絕，我們會面露不屑。立即的同情與複雜的判斷相互糾結。

知覺行爲是非常複雜的過程。它並非只注意當前的場景，同時間還會衡量這個場景的意義，加以評估，然後產生情緒。事實上，許多科學家相信這些道德感受跟審美及感官的感受相似，都是源自大腦中相同的部位。

試想，當你把一種新的食物放入口中，你無須評斷就知道它是否噁心。或者當你看著山岳景觀，無須評斷就知道它是否美麗。在某種層面上，道德判斷就像這樣的過程。它們都是快速而直覺的評估。荷蘭馬克斯普朗克心理語言學研究所（Max Planck Institute for Psycholinguistics）的研究人員發現，就算面對像是安樂死這類複雜的議題，在某段論述出現後的兩百到兩百五十微秒間，就可以找到評價感覺。[15] 你根本不必去想是否會感到噁心、羞恥、難堪，甚或是否該臉紅。它們會自然發生。

事實上，若連最基本的決策都必須依賴道德理性思考，人類社會恐怕會變得很可怕，因爲理性的承載能力太低了。數個世紀前，傑佛遜總統（Thomas Jefferson）就曾做出了這樣的預測：

> 如果造物主是以科學爲基礎來創造我們的道德行爲準則，那麼祂可眞是一個可憐的笨蛋。如果有一個懂科學的人，就會有成千上萬不懂科學的人。那他們該怎麼辦？人注定要活在社會中。他的道德也會依此目的而被塑造出來。他與生俱來就有一種與此相關的對錯知覺。這種知覺是天性的一部分，就像聽覺、視覺與感覺。而這就是道德眞正的基礎。」[16]

因此，我們與其他動物的區別並非單純只是理性，而是我們擁有更高的情感，特別是我們所擁有的社會感與道德感。

道德考量

有些研究人員主張，我們具有廣泛的同理感受，它會以不同的方式讓我們傾向與他人合作。然而，卻有更多的證據顯示，人們與生俱來結構性的道德基礎，這是一套可以透過不同情境來啓動的道德意識。

強納森・海德特、傑西・葛拉漢（Jesse Graham）與克萊格・約瑟夫（Craig Joseph）等人曾將這些基礎與味蕾對比。如同人類的舌頭有許多可以用來感受甜味、鹹味等不同味道的接受器，道德模組也具有用來感知各種情境的接受器。不同的文化會根據幾種共同的口味創造出各式不同的菜餚；不同的文化也會基於一些共同的考量，對善惡做出不同的解釋。[17]

學者對這些模組的眞正結構有不同的看法。海德特、葛拉漢與布萊恩・諾塞克（Brian Nosek）曾定義出五種道德觀念。有公平與互惠，牽涉公平正義的問題。有傷害及照料，包括同理心及人飢己飢人溺己溺之類的事。有權威及尊敬，社會有各式階層，當人們所敬重的對象（包含自己）沒有被尊重時，就會有義憤塡膺的感受。[18]

再者是純潔及厭惡。這種厭惡的模組最早可能是從我們會排拒有毒或是不安全的食物這樣的能力發展而來，後來演化成具有道德元素，也就是會驅使我們遠離各種汙染與不潔。賓州大學的學生被問到，如果讓他們穿上希特勒的運動衫，他們會有什麼樣的感受。[19]他們回答說應該會感到噁心，感覺希特勒的道德特質就像病毒一樣，會散布到他們身上。

最後一個，同時也是最有問題的，就是團體及忠誠。人類會分成許多群體。不管成員資格是多麼武斷，他們會發自內心地對所屬群體產生忠誠感，也會對那些違反忠誠者感到厭惡。人類只需要一百七十毫秒，就可以區分出自己團體的成員。[20]這種類別的差異會在大腦中觸發不同的模式。白種人與中國人看到自己團體的成員受苦時，前扣帶皮質（anterior cingulate cortex）就會開始活動；而當他們看到其他團體的成員受苦時，反應比較輕微。[21]

道德的動機

在直覺論者的觀點中，潛意識是各種衝動搶出頭的競技場。有深層的自利直覺，也有社會與道德直覺。社會衝動與反社會衝動相互競爭，不同的社會衝動也會彼此衝突。同情和憐憫很可能是要犧牲掉堅毅、韌性與承受力。勇氣與英雄氣概等美德或許與人性及包容的美德相衝突。合作的美德也可能與競爭相牴觸。各種美德無法完美地結合成一個互補或合乎邏輯的系統。我們有千百種看待事物以及思考情境的方式，但這些方式不一定相容。

這表示存在的矛盾無法產生眞正的答案。啓蒙時代的全盛時期，哲學家試圖將道德奠基於邏輯之上，希望它可以像邏輯拼圖一樣被拼湊起來。然而，人類存在的矛盾複雜性，讓此成爲不可能的任務。大腦適應的是一個墮落的世界，而不是和諧完美的世界。人是由許多不同背景所激發出來的道德自我所組成。也就是說，我們包含了許多自我。

我們確實具有強烈的衝動，想要盡可能成爲一個有道德的人，或者在道德受到質疑時爲自己辯護。但享有普世的道德感並不代表人們總是，或常常是以完善的方式行事。與其說道德是關於行爲，不如說它是我們所讚賞的一種美德；與其說我們有能力實踐道德，不如說我們能夠做出道德的判斷。不過我們確實想要做個有道德的人，以及被視爲有道德的人。

道德發展

理性主義者認爲，我們可以透過理性推理而變得更有道德感。直覺論者則認爲，道德是透過互相影響。我們很難，甚至說不可能，單單靠自己就變得愈來愈有道德。幾個世紀以來，先祖們設計了各式的習慣與方法，協助我們強化好的直覺，並且反覆灌輸道德習慣。

健全社會中的日常生活是由許多瑣碎的禮儀規則架構起來。舉例而言，一般來說我們都會禮讓女士出電梯、叉子會放在左手邊等等。這些規則看似瑣碎，卻不斷提醒著我們要執行這些自我控制的細微動作。它們會重整腦中的網路，並予以強化。

接下來是關於對話。即便是簡短的交談，說到那些符合我們道德直覺的人，我們的話語會較爲溫和；提及那些不符道德的人則較爲冷酷。我們說長道短，主張什麼是我們要追求的，什麼又是我們要避免的。我們會談論關於違背群體規則的人，不僅是爲了強化彼此的連結，也是爲了提醒自己那些讓大夥兒團結在一起的標準。

最後是關於由制度所傳承的心智習性。我們一生會經歷許多制度，先是家庭與學校，然後是某個專業機構。每一種制度都有其規則與義務，教導我們如何行事。它們是深深穿透我們的一種外部架構。新聞業會把某些職業習慣加諸記者身上，幫助他們與所報導的對象保持心理距離。科學家屬於研究社群的一員。透過吸收所屬制度的規則，我們變成現在的我們。

制度是一種在我們出生之前就已存在的概念空間，它在我們離開人世之後仍然會持續存在。人類本性或許能保持不變，但制度會持續改善與進步，因爲它們是得來不易的智慧大寶庫。人類進步的原因，正是因爲制度不斷進步。

制度中的成員對於那些建立規則的前人抱持深切的敬意。政治理論家黑勒克（Hugh Helco）曾寫道：「在接收規則的過程中，制度主義者視自己爲債務人，而不是債權人。」[22]

不論是教師之於教學，運動員之於運動，還是農民之於土地，即便心理的損失超過獲益，他們仍然不會輕易改變選擇。會有很長一段期間，你爲制度所投注的心力大於從中的收益。但制度之所以如此珍貴，是因爲它終究會與我們融爲一體。

二〇〇五年，小熊先生桑伯格（Ryan Sandberg）被列入棒球名人堂。他所發表的演說，正是人們對機構的貢獻獲得肯定時會說的話：「每當我走進球場，總是心存敬畏。那是一種敬意。我所受的教導告訴我，絕對不可以對你的對手、你的隊友、你的組織或你的經理人有所不敬。更不可對制服有所不敬。好好打一場球，就像一直以來那樣；好好地打支長打，盯著三壘教練，並且隨時準備好跑壘。」[23]

桑伯格也向那些名人堂的前輩們致意，「坐在這裡的這些人並不是在爲我們鋪路，好讓我們每次上場都可以直接打到全壘打牆外，並且忘記如何才能將跑者推向三壘。眞要這麼想，不管對他們，對你們，或是對大家從小玩到大的棒球，都是一種不敬。

「這是一種尊敬。很多人說這個榮譽是對我職棒生涯的肯定，但我努力的目的並不是要被肯定。我把球打好的原因，也不是因爲我看到遠方有著什麼獎賞。我用心打的原因，是因爲這就是我的本分，我應該要用心並且心存敬意地打球……如果這眞的肯定了什麼，那應該是對那些教我如何打球的人的肯定……他們做到他們的本分，而我也做到了我的本分。」

責任

直覺論者強調的是發生在潛意識深處的道德行動，然而這與決定論者（determinist）的觀點不同。在各種潛意識的力量下，直覺論者依然爲理性與思考保留了空間。他們還是保留了一些空間給個人責任。

事實上，這種新版本的個人責任，與老派理性主義者那種強烈仰賴邏輯與意志的道德概念有所不同。新版的責任觀點可以用兩種比喻來說明。一是用肌肉來比喻。我們天生就有些肌肉可以透過天天上健身房來鍛鍊發展。同樣的，我們天生就有一些道德的肌肉，可以透過維持良好習慣來鍛鍊它。

第二種則是照相機的比喻。哈佛大學的約書亞．葛林（Joshua Greene）提到，他的相機有些自動化的設定（「人像」、「動作」、「景觀」），可用來調整快門與對焦。這些自動化的設定快速有效率，卻不是很有彈性。因此有些時候他會解除這些設定，轉換到手動模式。手動模式比較慢，但可以做到自動模式下無法達成的事。葛林認爲，心智也有自動化的道德考量。然而，面臨關鍵的時刻，它們會被有意識的思考這種較慢的程序解除。[24]

換句話說，就算自動化的反應扮演吃重的角色，我們仍然有所選擇。我們可以選擇讓自己置身於道德被強化的環境。一個選擇待在軍隊或教會裡的人，跟一個選擇混夜店與街頭幫派的人，處世方式會有很大的差異。

我們可以做一些小小的服務行動，以便當需要有所犧牲的大行動來臨時，心智能夠做好準備。

我們可以選擇敘述生命的方式。我們無法選擇出生的文化、國家和語言。我們無法選擇大腦中的化學物質和基因。有時我們會被逼進自己厭惡的情境中。然而，在那麼多我們無法控制的事物裡，我們對自己的故事仍然能夠有所掌控。我們可以選擇要用什麼樣的敘事方式來組織我們的知覺。

我們能夠敘述一種不把別人當人看的故事，當然我們也能夠說出闡揚人性的故事。蕾妮．林登堡（Renee Lindenberg）是第二次世界大戰時住在波蘭的一個猶太小女孩。有一天，一群村民抓到她並準備將她丟入井中。這時剛好有一位農婦偷聽到他們的企圖，於是挺身而出說：「她畢竟不是條狗吧。」村民立即停手，林登堡的命保住了。這件事無關乎殺人或殺猶太人的道德問題，這個女人只不過讓村民用一種新的方式來看待林登堡。[25]

我們能夠選擇一種完全赦免自己的罪行，並且把所有過錯都怪在別人頭上的敘事方式。同樣的，我們也可以選擇在最困頓的環境中依然保持精神成長的敘事。有一位即將死亡的年輕女性告訴同樣被監禁在納粹集中營裡的維克多．法蘭可（Viktor Frankl）：「我很感謝命運給我如此沉重的打擊。」她表示：「之前的生命中，我完全被寵壞了，不曾把精神上的成就當一回事。」她指著窗外的樹叢，描述在她受苦時這些樹木對她說的話：「它對我說：『我在這裡，我在這裡，我是生命，永恆的生命。』」這是將塵世的挫敗轉化成精神勝利的一種敘事。這種敘事方式與其他人在那種環境下可能選擇的方式相當不同。[26]

強納森．海德特曾說，潛意識的情感有著至高無上的影響力，但絕非主宰一切。理性本身無法獨挑大樑，但它會用一種幽微的方式來推動。就像有人曾開玩笑說道，或許我們無法做到想要怎麼想就怎麼想，但我們可以不願意就不要去想。我們無法創造出道德反應，但我們可以壓抑某些衝動，甚至將之揚棄。直覺論者樂觀地相信人類的內心有一種想要行善的驅力。另一種悲觀想法則認爲，這些道德情操彼此衝突，而且與自私的驅力相互競爭。

直覺論者也認爲，道德情操會受到有意識的檢視與改進。哲學家珍．貝什克．艾胥坦（Jean Bethke Elshtain）回憶小時候去參加主日學校時，她跟同學唱了一首小調：「基督愛小孩，全世界所有的小孩，不管是黃種人、黑種人還是白種人，在祂眼中都很珍貴，基督愛全世界的小孩。」這首歌並不是艾胥坦在芝加哥大學進行的那種複雜哲學研究，不過它早就深植她心中，深具反省力量，教我們如何看待人性。[27]

贖罪

艾莉卡的家庭並不完美。她母親有嚴重的精神困擾，而她的親戚多是些麻煩人物。但他們把家庭是神聖的、國家是神聖的、工作是神聖的這些想法烙印在她心中。這些想法在情感的作用下變得堅定不移。

但隨著年歲增長，艾莉卡進入一個不同的世界。原本的一些想法蟄伏冬眠，有時這是好事，有時卻是壞事。日子一天天過去，她變得不太一樣。主要是穿著與言談這類外表的變化，不過也有些內在的改變。

如果你問她那些古老的價值，或許她會說她仍然擁護它們。但事實上，這些價值在她心中已不再那麼神聖。某種更具謀略與算計的看法，讓這些透過親友灌注到她心中的情操弱化了。

當她跟夢想成眞先生在飯店房間裡時，她壓根兒沒發現自己變了一個樣。道德淪喪並非發生在她決定要跟他上床的時候，當下的感覺甚至不像是做出決定，而是一個長期且無意識的轉變過程。意識上她從來不曾拒斥過那些古老的價值。如果你這樣質疑她，她一定會激烈反駁。但在內心各種潛意識與意識的競逐過程中，那些古老準則已漸漸失去重要性。艾莉卡變成了一個膚淺的人，也與自己的本性斷了連結。

接下來幾週，當她回想起這個事件時，她發現人眞的可能變成一個自己完全陌生的人。人眞的要時時保持警覺，找到一個制高點，由外審視自己。

她說了一個關於自己的故事，一個關於漂泊與贖罪的故事——關於一個女人曾經不愼偏離自己的路，而現在她需要一個點，將自己連結回那些純眞且受人敬重的一切。她必須改變自己的生活、找個教堂、找個社群團體、找個奮鬥目標。最重要的是，她要改善婚姻，用道德承諾來約束自己。她總以爲自己是一個性急、白手起家的年輕女孩。然而，經歷這一段被追逐事業成就吞沒的日子，現在她要修正自己的錯誤，往更美好的目的地駛去。

這樣的贖罪敘事幫助艾莉卡重整自我，重建人格的完整性，將內在的理想與行動整合起來。她變得成熟。成熟代表著盡可能地理解腦中活躍的各種特性與模組。一個成熟的人就像是個擺渡者，行經激流時，他會說：「沒錯，我曾經過這裡。」

接下來幾個月，艾莉卡重新發掘自己對哈洛的愛。她無法想像自己之前在想些什麼。哈洛永遠都不會成爲像夢想成眞先生那種撼動世界的巨人，但是他謙虛、善良且充滿好奇心。因爲不凡的好奇心與研究狂熱，他不斷追尋生命的意義。像這樣的人才値得她緊緊跟隨。不論如何，他屬於她。這麼多年下來，他們早已水乳交融，他們的關係或許不是一直保持激情，但這是她的生命，也是對生命的解答。她無須再逃避到那些所謂夢想成眞的神祕境地。

【第十九章】

政治領袖

競選的目的就是要掌控一個溫和的國家，並將之兩極化……

他們跟後來當上總統的李察．葛瑞斯第一次見面的地方，是在競選活動的後台。當時他還在爭取黨內提名，連續好幾個星期一直打電話給艾莉卡，希望能夠「把她帶進團隊」。他的幕僚花了好幾個星期尋找女性、少數民族，以及具有商業經驗的人，來擔任資深幕僚的角色。艾莉卡正好三者兼備。葛瑞斯幾乎每天都會打電話來聊個四十五秒左右，拜託她、求她，一會兒裝熟、一會兒奉承。「最近好嗎，好姊妹？決定了嗎？」終於，她去到他的造勢場合，哈洛陪在她身旁。他們要跟他碰面，順便看看競選活動，然後在他前往下一場活動的途中與他聊聊。

大約有三十個人怯生生地在室內走來走去，沒有人去碰那些餅乾與罐裝可樂。突然傳來一陣急促的腳步聲，對方快步走了進來，感覺像是沐浴在一片光芒中。艾莉卡以前都是在電視上看到他，現在見到本人有種暈眩的感覺，彷彿是透過超大型高解析螢幕與他接觸。

葛瑞斯本身就是這個偉大國家夢想的投射：高大、小腹平坦、潔白的襯衫、平整的長褲、濃密的頭髮，以及葛雷哥萊畢克的臉型。跟在他後面的是他出了名的野蠻女兒，這位行事放蕩的美女，是小時候父母疏於管教與關懷所造成。在他們後方則是一群像醜小鴨般的助理。這些助理跟葛瑞斯有著相同的興趣，以及相同的祕密野心。但他們大腹便便、頭髮稀疏，一副沒精打采的樣子，注定只能擔任小聲說話的策士，葛瑞斯卻能成爲政治金童。就因爲這些細微的基因差異，這些人終其一生都只能當糾察隊，而葛瑞斯則可以予取予求。

葛瑞斯環視整個房間，立即看出這是一間健康教育教室，因爲牆壁上掛著男女生殖系統的海報。他並沒有任何難爲情的不悅感受，只是隱約覺得他不能讓那些大剌剌展示的子宮和陰莖，跟著自己一起入鏡。於是他走到了房間的另一側。

他已經有六個月不曾獨處。過去六年間，他一直都是眾所注目的焦點。他完全脫離了日常生活，沉浸在競選活動中。別人靠的是吃飯睡覺才能活下去，他靠的卻是跟他人接觸。

他充滿活力地在教室內走動，向四位第二次世界大戰退除役官兵、兩位嚇呆了的榮譽學生、六位地方的捐助人，以及郡委員們，展露他那支配命運者般的笑容。他就像是個跑鋒，總是知道如何讓雙腿保持移動。談話、大笑、擁抱，但絕對不會停止移動。他每天都要做一千次以上的人際接觸。

人們跟他說的話也很神奇。「我愛你。」「我也愛你。」「你一定可以打敗他！」「我相信你，連我孩子的性命都可以交給你。」「可以借個五分鐘談談嗎？」「可以給我個工作嗎？」他們會對他訴說一些可怕的醫療悲劇。他們也會想要送他書籍、藝術品與信件等東西。有些人只不過抓了他的手臂，就興奮地癱軟在地。

他花了十五秒鐘的時間，用剃刀般銳利的感覺，接觸、偵測、回應眾人的話語和眼神。每個人都和他接觸到，得到了同情。他會碰觸人們的手臂、肩膀及臀部。他會發射出短暫如星光般的溫暖和柔情，而且他深諳名人之道，所以絕不會表現出不耐煩的樣子。一看到照相機，他會立刻摟著大家擺姿勢拍照。幾年下來，他精通每一種相機，如果拍得不好，他還會耐心建議對方該按哪個鈕，以及要按多久，甚至還可以在笑容不變下，像用腹語術那樣提醒對方。他總是萬眾矚目，並且能夠將之轉化爲能量。

終於，他來到艾莉卡與哈洛的面前。他趨前擁抱她，同時向哈洛擠出一抹狡黠的笑容，頷著他們感受自己的偉大。面對一屋子的人，他會興高采烈大聲說話；但面對哈洛夫妻，他像個消息靈通人士一樣，冷靜又神祕。他在艾莉卡的耳邊小聲說：「我們稍後再談，很高興妳能來……我眞的很高興。」他一臉認眞，接著拍拍哈洛，直視他的眼睛，彷彿他們是一夥的。然後他離開了。

他們聽到從體育館那裡傳來的歡呼聲，跟著擠過去見識見識。上千人對著他們的英雄微笑、揮手、跳躍、高聲尖叫，手裡還拿著手機猛拍照。他突然脫掉夾克，盡情沉醉在洶湧的支持聲中。

這類的政治演說有一種簡單的結構：十二分鐘說「你」，十二分鐘說「我」。演說前半段，他說的都是一些聽眾熟知的常識，像是良善的價值觀，以及他們團結建立的偉大志業。他並非在說教，也不是想爭辯什麼。他要做的是表達出眾人的感受，反映出他們的希望、恐懼與欲望，並且表明自己跟所有人其實並無不同，彷彿彼此是朋友或家人，儘管他比眾人帥上許多。

在這十二分鐘內，他訴說他們的生活。這些話他已經說了千百遍，然而在某些關鍵時刻，他仍然會稍作停頓，一付情緒突然湧上心頭的模樣。他讓大家有機會讚賞他們自己的想法。「這個運動與你們息息相關，也是你們為這個國家所做的努力。」

葛瑞斯就跟那些聰明的政客一樣，試圖在選民想聽的，以及他認為選民們必須聽的之間，找到一個平衡點。一般人對政策的關注總是斷斷續續，而他要做的是彰顯他們的觀點與熱情；於此同時，他認為自己是一個眞正的政策專家，他最愛的就是跟一大群幕僚共同鑽研某個議題。於是他得在腦中融合這兩種面向。有時他會允許自己諂媚逢迎，說一些能夠獲得最多掌聲卻眞假參半的場面話。畢竟他是一個大眾品牌，要贏得千百萬人的選票。不過，為了自尊，他仍然會把自己眞正的理念放在心中。但在滿是阿諛奉承的環境裡，前者一直想要抹殺後者。

在後半段的演說中，葛瑞斯轉向「我」的部分。他試圖展現自己擁有這個國家在這個時刻所需要的特質。他談到了他的父母，卡車司機與圖書館員。他也提及父親的工會資格。就像所有候選人一定會做的那樣，他表示自己的人格早在進入政治圈前就成形了——就他的故事來說，他的人格深受軍隊歷練及姊妹死亡的影響。他告訴大家他生命中所有故事，然而因為實在重複太多遍了，以致有點變形脫節。他的童年以及早期發展的故事，變成只是競選的講稿。

自我定義（self-definition）是每個競選活動的基礎，而葛瑞斯堅持使用自己的敘事方式，他的敘事就像某位顧問所說的，是「成人版的湯姆歷險記」。他描述自己在中西部小鎮的成長過程、有趣的惡作劇、從這個花花世界所學到的教訓，以及面對的許多不公不義。他也展現了源自樸實年代的風度、純眞和處世哲學。

演說的最後一段是關於「攜手同行」。他談到了一段軼事，一位睿智的老太太跟他說了許多故事，而這些故事剛好與他的競選訴求完全吻合。他向大家描述那個可以一起把握的鑽石田、長路漫漫之後的桃花源，以及一個和平快樂取代內心衝突的好所在。聽眾無法想像一場政治競選活動竟可以創造出這等烏托邦，然而在那當下，這些願景讓所有人傾倒。他們擁護葛瑞斯，因爲他帶來美好願景。當他的演說結束時，嘶吼聲掩蓋過歡呼鼓掌，整個體育場陷入瘋狂。

私人演說

一位助理過來把艾莉卡與哈洛趕上小巴士，艾莉卡坐在中段，哈洛則坐在後排。葛瑞斯一臉平靜地出現了，一副剛從一場無聊的銷售會議中走出來的樣子。他跟幕僚針對幾個行程做了些討論，接受了一段三分鐘電話訪問，然後才把注意力轉移到就坐在他身旁的艾莉卡身上。

他說：「我先說我的提議。有人幫我搞政治，有人幫我寫政見，但沒有第一流的人才來讓這個組織運作。這就是我期望妳來做的事，當我競選活動的執行長，等我贏得大選後繼續在白宮裡做相同的事。」

如果艾莉卡不想接受他的提議，那麼她也不會出現在這裡。所以她當然就答應了。

「太好了，既然妳答應了，讓我來告訴你們，你們即將踏進什麼樣的世界。我特別是要告訴你，哈洛，因爲我讀過你的著作，我認爲你會發現自己身處一個奇怪的新境地。

「首先，在這個行業中，沒有任何人有權抱怨。我們選擇了它，它自有其樂趣與回報。但老實說，世上沒有任何戰場會對人格造成這麼大的挑戰。你贏不了，就沒得吃。但如果你想要贏，就要把自己轉化成一個商品，你必須做一些你從來不曾想過會去做的事。你要毫不保留地全力衝刺，並且去拜託人家給你錢和恩惠。你必須不斷說話，走進房間裡要說話，走進競選會場要說話，見到支持者也要說話。我管這叫做多語性痴呆症，也就是因爲說太多話而把自己搞瘋掉。

「你要說些什麼呢？你必須不斷地說一些關於自己的事。每場演說都是關於自己，每次會議都是關於自己，每篇從自己眼前閃過的文章都要是關於自己。然後，當他們開始寫些關於你的事時，你就算成功了。

「同時，這是一個團隊運動。你不能單獨去做任何事情，這表示你有時候必須壓抑個人想法，說出並且相信那些對黨以及團體有利的事。你必須跟那些你只要多花一分鐘思考就知道你不可能喜歡的人稱兄道弟。你不能衝在黨和你所服侍的人前面，你不應太有先見之明，也不可以對太多事有興趣。你必須支持一些事實上你是反對的手段，有時也得要反對一些你認爲有益的事。你必須假裝如果有一天你眞的當選了，你絕對可以控制並改變一切。你必須假裝所謂的團隊迷思是存在的。你必須假裝你的對手眞的是邪惡至極，是毀滅國家的禍端。若你不這麼說，你就會威脅到黨的團結。就這麼簡單。

「你活在一個蟲繭之中。我曾讀過一篇關於壁蝨的文章。壁蝨只對三種刺激有反應。它感覺得到皮膚，它感覺得到溫度，它也感覺得到毛髮。對壁蝨而言，這三件事就是整個環境的一切。當你進入這個行業，你的環境就會縮小，變得瘋狂。你必須注意那些每分鐘播放卻沒有任何意義的新聞快報，而且你很快就會將它們忘記。你會開始去看一些帶著網路攝影機，被派去報導大選活動的二十二歲小鬼頭的部落格。這些小鬼從來不曾參與選舉，對歷史完全沒有概念，而且專注力奇差無比。然而，因爲他們在場，你絕不可以吐露任何未經事先演練的想法，也不可以提出任何主張。

「這一切都會威脅到誠實面對自己的能力、看清楚世界的能力，以及人格的完整性。而我們之所以忍受這些荒誕不經的原因，是因爲世上沒有其他的生活方式會如此有意義。當你在白宮跟我一起工作時，你會比以前更加忙碌，而且每一個決策都很重要。一旦我們入主白宮，就不用那麼迎合這個國家。我們將可以領導並教育它。當我們眞的入主白宮後，你永遠都不會想要休息，事實上你也沒時間休息。

「一旦入主白宮，我們可不願每次都打一壘安打，我們要打的是全壘打。我拒絕當個怯懦的總統，我要當一個強勢的總統。我有這種天賦。我對於政策的理解比任何人都強，我也比其他政客更有政治勇氣。我的態度會是，『我贏定了，放馬過來！』」

不曾親身領受葛瑞斯魅力的人如果聽到這些話，恐怕會對這段私人演說感到五味雜陳。然而艾莉卡與哈洛深深被他的光環吸引。當下他們認定這是他們所聽過最令人印象深刻的演說。他們認爲這展現出葛瑞斯不可思議的自覺、令人訝異的智慧，以及他對奉獻服務的全心投入。只不過跟他相處幾分鐘，卻已經讓他們沉醉在追星族般的愛戀中，對艾莉卡而言更是如此。往後八年，她完全被吞噬其中。

政治心理學

在此之前，哈洛不曾好好關注過選舉。他也沒聽過所謂的內部民調以及內部策略備忘錄。幾天後，艾莉卡已經完全沉浸在組織中，哈洛卻仍然在邊陲地帶飄浮著，他除了觀察與思考之外，沒有太多事可做。他發現葛瑞斯的幕僚間有嚴重的歧見。有些人認爲，競選活動就是要把好康的帶給選民，也就是提供選民一些可以讓他們生活變得更好的政見，那麼他們就會以選票作爲服務的報酬。好的政見自然會有好的報酬。

有些人卻認爲，競選最重要的就是要撩撥選民情緒，打造與各團體及選民間的連結，透過未來願景來激起希望，並且將「我跟你一樣，我對事情的反應跟你一樣，我的未來也會跟你一樣」這個訊息傳達出去。政治主要的作爲不在於利益的界定，而是在情緒的主張。

就哈洛的背景與工作經驗而言，他傾向支持後者。在那場艱困的黨內初選，葛瑞斯的對手是一位叫湯瑪斯．加爾文的死硬派新英格蘭州長。基本上他們的政見是一樣的，也因此這場競賽成了一種社會象徵之戰。葛瑞斯是卡車司機之子，他競選的方式是以詩韻般的方式來打，所以他成了受過教育的理想主義階層的代表。在一次又一次的民調中，他在大學教育程度的選民中總會勝出超過二十五個百分點以上。在前幾次的選舉中，他都把競選活動辦在校園附近。他提出的不只是方案，也提供經驗。他提供的是希望而非恐懼，和諧而非衝突，智慧而非魯莽。他發出的訊息是：「生命美好，機會無限。只要拋開過去的枷鎖，就能邁向精彩的明天。」

加爾文家族在美國的歷史已經超過三百年以上，但他屬於逞勇鬥狠那類的人。他將自己定位成一個爲了利益而奮戰的鬥士。他的競選活動強調的是我族式的忠誠，要團結在一起，要一起作戰，而且要保護彼此，至死方休。加爾文常會在酒吧或工廠的樓板上拍照，有時是他將一杯威士忌一飲而盡，有時是穿著棉絨褲，扛著霰彈槍。他發出的訊息是：「外面是已然崩壞的世界。一般人都被愚弄了。他們需要有人把果斷與忠誠放在獨立與理想之上。」

這兩個候選人的訴求都很清楚，某種程度上也都發揮了作用。在一場又一場的各州初選中，加爾文在勞工階層的選票上有著大幅度的領先，葛瑞斯則在城市、富裕市郊，以及大學城等地方勝出。以全國來看，葛瑞斯在東西岸勝出，加爾文贏的是大範圍的務農區，以及過去曾是製造業中心的南部與中西部，特別是那些蘇格蘭與愛爾蘭人曾經屯墾過的地區。在康乃迪克州，葛瑞斯贏得了絕大多數英國人在十七世紀時居住過的區域，而加爾文贏的是兩個世紀之後的移民城鎮。其實這種人口分布已是持續百年的型態，卻依然左右著選舉結果。隨著日子過去，選舉本身似乎已不再重要，人口屬性決定了一切。有大量勞動人口的州，加爾文就是會贏；有大量高等教育階層的州，則由葛瑞斯勝出。

哈洛對於這樣的文化趨勢感到十分驚奇。他的理論是，政黨與許多機構相似，會區隔成許多次文化團體。而各個次文化之間對彼此並沒有什麼重大的敵意，一旦政黨提名人選確定後，他們又會團結在一起。此外，根據教育程度定義的社會階層，發展出不同的潛意識地圖。他們會針對好的領袖該具備什麼特質，或是他們該生活在什麼樣的世界，發展出各自的團體共識。他們也在不知不覺中對正義、公平、自由、安全以及機會等發展出不同的定義。

選民們會形成複雜的心智地圖，對此鮮少人能夠理解，甚至連他們自己也搞不清楚。他們會注意數百萬種來自候選人的細微訊號，從肢體語言、用字遣詞、臉部表情、政見優先順序，以及生物性的細節都有。某種程度上，選民就是以此爲基礎來形成情感認同。

理性主義者的政治模型是：選民會仔細衡量各種方案，挑選出政見最符合他們利益的候選人。但在眞正的競選活動中，根本不是這樣運作的。相反的，它符合所謂的社會認同（social-identity）模型。人們喜愛那些由他們所喜歡或景仰的人所組成的黨派。

就如同政治科學家唐納．葛林（Donald Green）、布萊德雷．龐奎斯特（Bradley Palmquist）與艾利克．施克勒（Eric Schickler）等人在著作《黨人的心情與意向》（*Partisan Hearts and Minds*）中所言，大多數人要不就是從父母身上承續了政黨取向，要不就是在自己成年後的初期發展出政黨取向。當人們進入中年之後，很少會更換黨派。[1] 即便是發生像世界大戰或水門案醜聞等歷史事件，也沒有造成大量的換黨人潮。

葛林、龐奎斯特與施克勒也表示，當人們選擇政黨時，他們並不是去比較黨綱，找出國家利益。根據大量資料顯示，政黨取向比較像是對宗教派別或是社會團體的好惡。人們在自己的腦海中有著對民主黨與共和黨的刻板印象，他們也會被跟自己相似的人所形成的政黨所吸引。[2]

一旦這種關係形成之後，人們會改變自己的觀點，以及對事實的認知，這樣他們就可以跟這個政治陣營的成員變得更加一心一德。明尼蘇達大學的保羅．哥倫（Paul Goren）曾長期追蹤同一群選民。在傳統的模型下，可以預期那些重視公平機會的人可能會成為民主黨人，而那些重視有限政府的人則會成為共和黨人。然而，事實上你會發現人們是先成為民主黨人後，才逐漸對公平機會有所重視；或者是先成為共和黨人，才漸漸支持有限政府的主張。政黨取向塑造價值，而不是價值塑造政黨取向。[3]

政黨取向甚至會塑造人們對事實的觀感。一九六〇年，安格斯．坎貝爾（Angus Campbell）等人所發表的經典著作《美國選民》（*The American Voter*）中提到，黨派偏見具有像是濾芯的效果。政黨人士會將一些與黨所認同的觀點牴觸的事實過濾掉，並且誇大與其相符的事實。[4]這幾年來，固然有許多政治學者對這個觀點提出批判，但許多研究人員還是回過頭來支持坎貝爾的結論：人們的觀感會受到黨派偏見嚴重的扭曲。

舉例而言，普林斯頓大學的政治學者拉瑞．巴特爾斯（Larry Bartels）曾提出那些在雷根與柯林頓政府主政後所搜集的研究資料。一九八八年，選民被問到是否認為在雷根主政時期通貨膨脹率下降。事實上確實如此，當時的通膨從百分之十三．一跌至四．一。然而，在民主黨員中，只有百分之八的人說通膨是下降的，超過百分之五十黨性堅強的民主黨人，相信在雷根時期通膨率是上升的。至於堅定的共和黨人對當時的經濟趨勢則有著較爲正面且正確的印象，其中百分之四十七的人認爲通膨是下降的。

再來看柯林頓主政的末期時，問及選民國家在過去八年間物價狀況如何？這一次反而是共和黨人變得失準又負面，而民主黨人則正面許多。巴特爾斯的結論是，政黨的忠誠度對人們如何看待世界有著廣泛的影響力。[5]他們會強化並放大共和黨與民主黨之間的歧異。

有些人相信這些認知缺陷可以透過更多的教育來將之拔除，但事實並非如此。根據紐約州立大學石溪分校的查爾斯・泰伯（Charles Taber）與彌爾頓・洛吉（Milton Lodge）的研究顯示，即便受過教育的選民多半會做出較正確的判斷，但他們誤判的比例仍然很高，而且這些人會比消息較不靈通的選民更不願意改變意見，因爲他們自認知道一切。[6]

這個研究的結論是，挑選候選人是一種美學的追尋，也就是要找到一個廣受歡迎的候選人。某些影響選民決策的事，很可能是突然且無足輕重的。普林斯頓的亞歷克斯・托德洛夫（Alex Todorov）等人進行研究，向受試者展示兩個敵對陣營候選人的黑白照片。然後他們問受試者，哪一位候選人看起來比較能幹（這些受試者對兩位候選人都不熟悉）。

當選戰眞的開打時，受試者所認同的候選人，在參議員選舉中勝出的比率高達百分之七十二，在眾議員選舉中勝出的比率則有百分之六十七。雖然這些研究對象只看過這些候選人的臉一秒鐘，但竟然可以準確地預測出眞正的贏家。這個研究在國際間不斷被重複印證。在一項「看起來像贏家」的研究中，契伯・羅森（Chappell Lawson）、加百列・蘭茲（Gabriel Lenz）等人讓美國與印度的選民很快看一眼墨西哥與巴西候選人的照片。即便有著種族與文化差異，針對哪位候選人看起來比較有魄力，美國人與印度人的看法相當一致，而且他們的偏好對墨西哥與巴西的選舉結果也有著令人驚訝的準確度。[7]

康乃爾大學的丹尼爾・班哲明（Daniel Benjamin）與芝加哥大學的潔西・夏皮洛（Jesse Shapiro）發現，只要讓研究對象觀看候選人十秒鐘的無聲談話影片，他們就可以正確地預測出州長選舉的結果。然而當聲音被打開時，正確性反而下降。[8] 史丹佛大學的喬那・伯格（Jonah Berger）等人則發現，投票所的地點也會影響選民的決策。若投票所設在學校，前往投票的選民比較可能支持以加稅來籌措教育資金。投票前看過學校照片的選民，也更有可能會支持加稅。[9]

這些實驗有一部分是在實驗室中進行。但在眞正的選舉活動中，競選腳步一刻不停。選民每分鐘、每小時、每天、每週、每月都在做判斷。他們的各種觀感會交織成一張緊密且複雜的評估網。

當我們說選民的決策是情緒性的，並不表示選民是愚蠢且不理性。正因潛意識的過程比意識過程更加快速與複雜，這種直覺性的追尋可能相當繁複。當選民關注一個競選活動時，他們的理性思考與本能反應會同時存在。這兩個認知模式會互通有無，彼此影響。

膚淺的辯論

葛瑞斯終究擊敗了加爾文。像葛瑞斯的人還是比像加爾文的人來得多。他贏得了黨的提名，然後幾個月內，過去的一切言語攻擊都會被原諒，對立的兩派人馬攜手對抗另一個政黨。他們團結在一個新的「我們與他們」的區分下。

選舉規模更大了，表面上看來卻是更加愚蠢。在初選時，彼此知之甚詳，畢竟那是家庭內的爭鬥。但大選則是一場對付不同黨派的戰爭，而且沒有人知道對手長什麼樣子。「另一邊的人」就像是從另一個星球來的生物，而且人們很容易就會相信那些人是很糟糕的。

葛瑞斯陣營的一般看法是，另一個陣營的人都非常邪惡，像魔鬼般狡詐。葛瑞斯陣營的人相信自己這邊的人受內部鬥爭所苦（因爲他們有著較高的智慧與獨立的心智），而對手陣營則是以極權主義式的一致性與精確性邁步前進（因爲他們就像複製人一樣凡事順從）。他們這邊充滿想法卻各自爲政，對手那邊雖然腦袋空空卻紀律嚴明。

時序進入秋天，整個競選活動就像是飛機跳島戰。葛瑞斯跑了一場又一場競選活動，爲的是大量的媒體曝光。大多數的內部爭論只是關於攝影機腳架的放置點和高度。

候選人之間互相辱罵對手的頻率跟黑莓機傳播的速度一樣快。媒體每週、每天與每小時都在追蹤，但沒有人知道這些對選民而言有什麼意義。葛瑞斯的支持者因此變得兩極化。某位參議員可能在某天來到競選專機上，因爲某個勝利而欣喜若狂，隔天卻又因爲失敗而垂頭喪氣。

所有幕僚都耳提面命，「絕對不可以只說『家庭』，要說『工作和家庭』。絕不可說『花費』，要說『投資』。」這些細微的詞彙替換會在選民心中挑起完全不同的聯想。

競選中最重要的部分，並不是發生在候選人身上，而是在那些規畫電視廣告的幕僚之間。他們把廣告推銷給那些平常對政治不太關心的選民，以及那些對候選人立場有所誤解的選民。

一些奇怪的議題會莫名其妙地出現，成爲兩個陣營交火的主題。葛瑞斯與對手花了一整個星期的時間，指責對方是造成兒童肥胖的推手，然而沒人有知道爲什麼。一件發生在黎巴嫩的小危機，突然變成兩方的大對決，雙方表現強硬與果決，指控對手叛國。有些小醜聞也會突然爆出來。當葛瑞斯陣營的人看到一張從對手那邊洩漏出來，上面寫著「如何幹掉他們」這種用語的備忘錄時，他們簡直氣壞了。然而他們對於自己也寫出相同字句卻覺得沒有關係。

整個過程愚蠢又膚淺。哈洛無法理解這些群眾。每一次的活動都充滿了眞實的熱情，成千上萬人懷著某種狂歡式的希望爲葛瑞斯吶喊。

哈洛的結論是，選戰中微不足道的一切，事實上都是某種觸發裝置。它們的功用就是觸發人類心智中的深層鏈結。葛瑞斯會花上一整個小時的時間，在旗幟製作工廠中拍照，這件事表面上看起來很蠢，然而他手持那些美國國旗的影像，卻能夠觸發一連串的潛意識聯想。有一天他們到約翰・韋恩（John Wayne）西部片的拍攝地紀念碑山谷（Monument Valley）舉辦競選活動，並且讓葛瑞斯站在一張板凳上。那張板凳眞的很上不了檯面，不過可以觸發選民的聯想。[10]

競選團隊也不知道他們自己在做些什麼。他們只能依靠大量毫無意義的資料。他們會嘗試各種花招，看看選民是否買單。他們會在政治演說中加入一些新的句子，然後看看葛瑞斯說出這句話時，群眾是否會無意識地點頭。如果他們點頭了，這句話就會被留下來。如果沒點頭，就刪掉。

選民似乎具有某種隱藏的G點，而那些競選團隊的人就像是試圖要去碰觸它的笨拙情人。雙方陣營固然會在稅賦計畫等細節上交手，然而眞正的爭點並不是稅賦規定，而是那些未被挑明的價值。候選人主張的是實體事物，因爲這些比較容易談論與理解。然而他們眞正辯論的在於精神面與情緒面：我們現在是什麼樣的人，而我們又該成爲什麼樣的人。

有一天在飛機上，哈洛想要向葛瑞斯與艾莉卡說明他的競選理論。舉例而言，能源政策的立場事實上是一種啓發對於自然、社群以及人類發展等相關價值的方法。立場只不過是各種功效的觸發裝置。葛瑞斯很累了，無法理解哈洛在說些什麼；在各場造勢大會之間，他會把自己關機，讓大腦暫停一下。艾莉卡則是坐在旁邊敲著她的黑莓機。一陣靜默之後，葛瑞斯用疲倦的語調說：「如果不是置身其中，這些有的沒的想法還眞有趣啊。」

哈洛繼續觀察著。如我們所知，他一直以來都是個觀察者。而他所看到在兩個陣營間的攻擊與回擊，不過都是一些膚淺的辯論，也就是說這些事情的論點都模糊不清。然而，這些爭點事實上深藏於這個國家的靈魂裡，並且深深地分隔選民。

其中一個膚淺的辯論，是關於領導的本質。葛瑞斯的對手吹捧自己可以快速地做出決定，因爲他相信自己的膽識，也會立即行動。他宣稱（很不誠實地）他不曾去讀那些專家學者的文章。

他把自己描繪成一個具備行動與信念，且直來直往的人，也珍視各種強健的美德：對朋友忠誠、對敵人不留情面，而且有著強勁快捷的決斷力。

葛瑞斯則完全相反，他顯然具有一種思考性的領導特質。他看起來就是會廣泛閱讀、完整討論，也能理解各種細微差異。他被視爲是謹慎、智慧、深思熟慮且冷靜的人。有時候，他甚至會在某些訪問中給人留下一種他懂的比他讀的還要多的印象。這兩種領導風格在競選狂熱中互相比拚著。

另一個膚淺的辯論，是關於國家的基本道德。要預測誰會投給葛瑞斯，最簡單的方式就是問上教會的次數。那些每週去一次或是更多次的人，很可能不會投票給他。從來不曾去的人，則非常可能會投給他。事實上，葛瑞斯是一個會固定上教會的虔誠信徒。

不知怎的，這場兩個人以及兩個黨之間的競賽，變成了某種道德分歧。支持其中一邊的人很可能會強調上帝的角色，而支持另一邊的人卻不太相信這些事。其中一方比較會談一些關於臣服於上帝的旨意以及天啓的道德規範，而另一方則不太願意談論這些事。

還有另一種膚淺的辯論，則是和地域性、生活型態以及社會群體有關。那些住在人口稠密區的人傾向支持葛瑞斯，而住在人口稀疏地區的人則會支持另一方。這兩群人對於個人空間、個人自由與公共責任，有著不同的見解。

葛瑞斯的民調專家每天都會提出新的選民切割方式。那些喜愛重機、快艇與雪橇車等相關運動的人，會反對葛瑞斯；然而那些喜愛像是健行、騎腳踏車與衝浪等遊憩活動的人，卻會支持他。桌面整潔的人反對葛瑞斯，桌面髒亂的人則會支持他。

有趣的是，所有事情又息息相關。生活型態的選擇與政治的選擇有關，而政治的選擇與人生觀的選擇相關，接著又連結到宗教與道德選擇。競選活動本身與人的神經連結並無直接關係，但它確實會送出一些觸動精神網路的信號。

有一天，葛瑞斯的對手去打獵。這類行為也會觸發選民的內在感受。因為打獵就表示會用槍，而槍意味著個人自由，而個人自由連結到傳統社區，傳統社區又代表著保守的社會價值，而保守社會價值也就意味著對家庭與上帝的崇敬。第二天，葛瑞斯到一個湯品廚房洗手作羹湯，這是一項慈善工作，慈善工作代表著同情心，同情心代表對社會正義的渴望，社會正義又隱含著對弱勢的理解，這種理解則代表著一個會多花些錢在促進社會公平的行動派政府。候選人只需發動這些意義網絡，選民就會自己完成整個過程，而且訊息也會被成功地傳達。

有些時候，哈洛會看著這些競選活動，想著它深具意義。撇開那些枝微末節與政治表演，即便有時它只不過是發生在潛意識面，卻彰顯出生命的一些基本抉擇。或許有時候哈洛會說，政治眞的是一個崇高的行業。不過有時候，他只想快快將它拋開。

團隊主義

眞正困擾哈洛的事情是：大多數選民抱持中立觀點和溫和的政治取向。然而，政治價值卻無法用如此簡約的方式來表述。政治價值存在於選舉脈絡下，而競選活動則決定了政治觀點會如何被表達。

競選的目的就是要掌控一個溫和的國家，並將之兩極化。黨派會被組成各種團隊。專家也會被組成團隊。然後會有兩個大型的意向空間出現。一個是民主黨的，另一個則是共和黨的。這場競賽就是要看哪一種心理模型可以在接下來的四年內掌控這個國家。這是一種二擇一的選擇，不認同這兩個意向空間的選民，還是得被迫做出抉擇。競選活動本身就是要掌控一個溫和的國家，並且把它轉變成痛苦分裂的國家。

哈洛看著葛瑞斯被他所屬政黨的意向空間給吞噬。他內心有些特有的觀點。但在最後衝刺階段，他被群眾、黨機器以及贊助者給淹沒。如果你在競賽的最後一週裡，透過葛瑞斯所說的話來評斷他這個人，你很可能會認為他根本不是一個人類。他只不過是一種從歷史中走出來，超越個人思想，活著且會呼吸的政黨立場化身。

經歷這一切後，葛瑞斯唯一能保持的特性就是穩健。他不曾失去冷靜，他不曾在幕僚面前失控，也不曾驚慌失措。不管進入任何場合，他永遠都是最酷的那一個，能夠吸引眾人注目。這一點不曾改變過。哈洛曾在一些處境艱困的情況下看著他，心想他真是「該有多棒就有多棒」。

即便在大選之日，葛瑞斯冷靜依舊。他反射出一種秩序與可預測性。他可以激起信任感。一些經濟和歷史議題將他推上高峰。哈洛看著葛瑞斯在勝選之夜微笑著，但他沒有意忘形，畢竟他早就知道自己一定會贏，他早在小學四年級時就知道了，而且他不曾對自己的命運有所懷疑。

真正讓哈洛驚訝的是艾莉卡。最後幾週，她被競選活動搞到筋疲力竭。當天夜深離開慶功派對，回到飯店房間後，她坐在躺椅上喘息啜泣。他坐到她身邊，將手放在她脖子後面。

此時，艾莉卡想起自己的一生。她想到祖父偷偷摸摸地闖過美墨邊界，而外祖父則從中國搭船來到美國。她想到那個門永遠關不起來的公寓。她想起母親曾有過的希望與夢想，以及她有時會感受到的那種渺小且無足輕重的感受。然後她又覺得有些驕傲，但更多是對於即將前往工作的白宮感到驚奇。接著她又想到不可思議的競選過程，以及她對於那些工作夥伴的敬意。她的背後有著數百年的歷史，有著好幾代的祖先、工人與父母，而這些人從來都沒有像她現在這麼靠近權力。

【第二十章】

社會思考

一個健全的社會應該是一個流動的社會，
每個人都有機會爭取好的生活……

華盛頓特區有個十字路口，四面都是智庫：一個外國政策智庫、一個國內政策智庫、一個國際經濟智庫，還有一個專精於法規事務的智庫。很多人都認爲這是地球上最無聊的地方。

咖啡廳裡擠滿了研究助理，想方設法要找美國有線衛星頻道的人來報導他們老闆明年春天要參加的「北大西洋公約組織何去何從」會議。資淺的研究員會一起搭計程車前往國會山莊，大方地同意出席彼此的專題研討會。至於那些多是由前政府各部門副部長所擔任的資深研究員們，則會進行一種被稱爲失勢者午餐的華盛頓習俗，通常就是兩位曾經非常有影響力的人一起吃飯，談一些完全不重要卻又好像有那麼一回事的話題。於此同時，他們都要面對所謂資金昇華的憤怒這種情緒問題，這是那些薪水雖然不錯，卻必須把六成的可支配所得花在私校學費的中上階層美國人，常常會感受到的怒氣。他們沒有錢可以用在自己身上，因此變得自怨自艾，但又不願意承認。

當艾莉卡以副幕僚長的身分進入白宮時，哈洛則加入了這群研究員的行列。他的職稱是羅勃特．柯曼公共政策研究資深研究員。柯曼是一個身高不到一六○的投資銀行家，娶了第五位身高一八○的老婆（那些老婆全部疊起來有好幾層樓高）。他總認爲如果他能更常被邀請到白宮去，那麼美國大部分的問題早就解決了。

哈洛身處從事政策研究的大男孩場域。他發現這些人大多很退縮，有些人在大學時代以拚命用功著稱，或是以分析嚴謹而出名，然後他們就像教堂裡的燕子一樣，聚集在一個性壓抑且毫無樂趣的地方。如果你去參加個四場社會福利改革會議，你可能會發現自己神奇地找回了童貞。哈洛的同事人都非常好，而且聰明得不得了，然而他們卻飽受中上階級特有的地位爭奪戰所苦。這跟法學院研究生討厭商學院的研究生一樣，也像是華盛頓人討厭紐約客，或者是鑽研政策的人多半討厭那些長得好看的人。他們家裡都有健身機，就塞在樓下小孩子的遊戲區裡。然而不管他們如何奮力地運動，還是會小心翼翼地不要讓自己變得太帥，因爲如果他們變帥了，那麼國會預算辦公室裡的人就不會認眞看待他們。

哈洛的隔壁辦公室，是一位因階級連結失衡而毀掉自己政治生涯的人。他的上半生都花在定義自己的職涯階級。他發展出能夠在滑不溜丟的權力槓桿向上爬的高明技術，包含了虛僞裝熟的能力、記憶名字的能力，以及如何吹捧他人的技巧。他被選爲參議員，熟悉那些全球胡扯的行話，他擁有慷慨激陳的能力，能夠胡扯說全球的事務正處於革命性的關鍵時刻，而他認爲這是導因於技術變遷、環境惡化及道德價值的淪喪之類的。後來他也眞的因此獲得名聲和參議院外交關係委員會主席的職位，甚至可能成爲總統候選人。

但後來老天開了他一些殘酷又荒唐的玩笑。人到中年，他開始覺得自己參議員的光環還不夠，而且他感到很孤單。大多數的參議員在進入國會之後，都會呼朋引伴。事實上，由凱瑟琳·法斯特（Katherine Faust）與約翰·史柯佛雷茲（John Skvoretz）進行的研究顯示，參議員的友誼網路與牛隻之間的社交性舔舐行爲很像。但這個可憐的傢伙不曾有過這種友誼。他一生都在建立與比他更上層的人之間的垂直關係，卻不曾花時間跟同儕或同伴建立水平的關係。他在公眾事務上的成就所帶來的喜悅，反而讓他對私生活的平淡乏味感到痛苦。

於是危機降臨。或許大猩猩的首領並不會因爲「沒有人了解眞正的我」而感到難過，並且在夜半時分突然驚醒過來。但哈洛這位鄰居可是劍及履及地，以他所知的方法爲自己療傷止痛。在多年的壓抑下，他的交友技巧大概等同六歲小孩。當他試圖要跟別人親近時，那種樣子簡直像是聖伯納犬想要來個法式接吻。他的動作總是令人覺得莽撞、煽情與猴急。端坐於晚宴中的年輕女士，可能會突然發現參議員的舌頭就這樣伸進她的耳朵裡。人到中年才發現自己確實有某種內在的靈魂，於是他決定去追尋幾段風流韻事，後來才驚覺，他爲自己買了一張搞死自己的特快車票。

丟臉的事開始浮現。應召女郎上了報，並且很願意多談一些趣聞。道德委員會召開會議，夜間節目嘲笑譏諷。後來他只好遞出辭呈，於是這位原本要角逐總統大位的人，現在坐在智庫中跟哈洛聊天打屁。

政策面

哈洛領悟到，寬廣的科學難以穿透到政策制定的世界。不管左派右派，這個領域的人都有一些共同的假定。他們都抱持個人主義的世界觀，也傾向假定社會是獨立自主的個人之間所建立的契約。人們都會支持那些設計來擴大個人選擇的政策，卻不太在意那些社會與公共的約束、地域性的關聯，或者是不可見的規範。

保守派的激進份子全心擁護市場的個人主義。若政府侵犯個人經濟選擇，他們會做出激烈的反應。他們會採用那些設計來極大化經濟自由的政策處方，像是降低稅賦好讓人民可以保有並支配自己的錢、私有化社會保險制度好讓人們可以對自己的退休金有更多的控制權，以及讓父母可以爲子女選擇學校的教育補助券計畫。

自由派所支持的是個人主義的道德。他們強烈反對政府對於婚姻、家庭結構、女人的角色、以及生育死亡等事務的干涉。他們支持那些可以極大化社會自由的政策。他們認爲個人對於墮胎、安樂死之類的事，應該有自由選擇的權利。激進團體也爲那些被指控爲犯罪的個人出頭爭取權利。以基督誕生塑像與猶太教燭台爲象徵的宗教信仰，都不得在公眾廣場出現，爲的是不侵犯個人的善惡觀念。

左派與右派的個人主義，造就了兩個成功的政治運動。一個發生在一九六〇年代，另一個則發生在一九八〇年代。就那個世代的人而言，不管是誰在位，當時盛行的風氣是獨立自主、個人主義與人身自由，而不是往社群、社會責任與公共約束的方向靠攏。[1]

哈洛的同事普遍都抱持唯物論的心態。不論自由派或保守派，在任何社會問題上都傾向採取經濟性的解釋方式，而且通常處理問題的方法都會牽涉到金錢。有些保守派支持以兒童免稅額度來挽救結婚意願，建立低稅賦企業特區來解決都市貧窮的問題，以及以學校補助券的方式來改善教育系統。自由派強調的則是支出計畫。他們會將更多錢投入破舊學校的維修上。他們會以擴大學生助學補助金來提升大學畢業率。兩方都假定改善物質條件與解決問題之間有著直接的關聯，但也都忽略了與個性、文化與道德相關的事項。

換句話說，他們等於是把亞當・斯密從中間剖成兩半。斯密曾寫過一本《國富論》（*The Wealth of Nation*），書中描述了經濟活動與那隻不可見的手。但他也寫了一本《道德情操論》，書中描述同情心與潛意識對自尊的渴望是如何塑造個人。斯密相信國富論中描述的經濟活動都是奠基於道德情操上。不過最近這幾十年來，前一本書變得名氣響亮，而後者固然有些人引用，卻不曾被實踐。目前風行的心態重視前者，卻不了解後者要強調的是什麼。

哈洛發現在華盛頓特區裡，地位最高的人都是研究關於槍炮與銀行的人。那些寫關於戰爭、預算、全球金融的人，走起路來就像巨人一樣昂首闊步。而那些寫作關於家庭政策、早期兒童教育與社區關係的人，所受到的對待就像是兄弟會中那些矮胖的雜耍演員那樣。你可以把參議員拉到一旁，對他說明母性連結對於未來人類發展的重要性，而參議員會慈祥地看著你，一副你是爲了要建立一個孤單小狗集體治療農場而來募款。然後他會離開，去談一些像是稅賦法案與國防協定之類比較嚴肅的主題。

政客本身就是非常社會性的動物。他們賴以維生的就是這些高明的情感天線，然而當他們在思考政策時，卻忽略了所有的官能。他們的思考變得十分機械化，只會認眞看待那些可以在法案裡嚴謹地被量化與加總的因素。

解離的社會

哈洛相信，這種心態造成了一系列災難性的政策。這些產生不良後果的政策，有個共同成因。他們固然是以正面的作法來重新安排物質條件，但他們在無意間危害了社會關係。

其中有些錯誤的作法是源自左派。在一九五〇與六〇年代間，一些立意良善的改革者看到了鄰里情誼的衰敗，以及腐朽中的租屋房舍。他們誓言要提出嶄新的住房政策，以解決這些問題。但那些鄰里固然老舊，卻包含著支持系統與社區的向心力。當這一切都被毀棄，並以新的專案來替代時，人們的生活在物質上確實變得更好，心靈卻變得更糟。這些改革計畫後來造成了一些支離破碎的荒地，根本不適合人們居住。

一九七〇年代的福利政策，則是對家庭造成了危害。政府開的支票提升了接受捐助者的物質條件，然而在那個文化斷層時期的氛圍中，也造成了許多孤單的女孩們在沒有婚姻的狀態下產子，於是原本那些可以建造堅實婚姻關係的習慣與儀式都被毀滅殆盡。

一些失敗的政策則來自右派。在自由化的年代裡，一些像是沃爾瑪（Walmart）之類的巨型連鎖市場大量摧毀了地方性的店家，破壞地方友誼網絡與他們所協助建立起的社區。全球金融市場取代了地方的小銀行，於是那些在地知識豐富的小鎮銀行員就被千里之外的一群瘋狂交易員所取代。

在國外，前蘇聯瓦解後，自由市場的專家像潮水一般湧入俄國。他們爲私有化提供了大量的建議，卻不曾提到要如何才能重建可以眞正促進繁榮的公共信任、法律與秩序。美國入侵伊拉克時相信，只要把這個國家的獨裁者與政治制度換掉，就可以輕易地重建一個國家。只是入侵者沒注意到的是，獨裁政權對伊拉克文化產生的影響，以及所遺留下的心理作用。恨意就在表面下蠢蠢欲動，這樣的環境很快造成了種族之間的流血衝突。

失敗的政策永遠列不完：金融自由化以爲那些全球金融的交易員無須提防情感交流的凍結；企業特區是建立在只要你削減稅賦，地方的經濟就可以繁榮的假定上；那些用來降低大學退學率的獎助計畫，假裝主要的問題都出在缺少錢的資助。然而，事實上，純粹因財務問題而無法完成大學學業的學生，只占百分之八。[2]更重要的問題在於情緒上無法專注於大學生活，以及學業上的準備不足。但這些非實質的因素，對主流心態的人而言是很難接受與理解的。

簡言之，政府試圖要強化物質條件的發展，反而動搖了最基礎的社會與情感的發展。政府絕對不是造成社會弱化的唯一因素。文化革新把舊有的習慣與家庭結構破壞殆盡，經濟的革新以獨棟式的大型連鎖賣場取代小店形成的社區網絡。資訊的革新用一些看起來都很像的專業社交網路，取代原本每週都要親自見面的社區組織。而政府的政策無意之間參與推動了這些變革。

最後的結果就會像羅伯特・普特南（Robert Putnam）在其《孤單保齡球》（*Bowling Alone*）以及其他著作中所描繪的社會資本的式微。人與人之間的關係漸形疏遠，原本具備自我節制、尊重他人與社會同情的關係網絡，已然失去影響力。這種效應對那些受過教育，而且擁有社會資本去探索新奇世界的人而言，或許是一種解放；但對沒有這一類人力資本的人來說，卻是一種大災難。特別是對那些教育程度較低的人而言，他們的家庭結構開始解體。未婚生子的比例一飛沖天，犯罪率高漲，對政府的信任崩潰。

國家應該要介入並試圖重建秩序。就如同英國哲學家菲利浦・布朗德（Phillip Blond）曾寫道，個人主義者的革命，最後不該變成一個鬆散無序的社會。他們創造出一些微型化的社會，而國家則爲了要塡補因社會解離所造成的缺口而壯大。在任何社會中，非正式的社會制約愈少，國家的力量就要愈強大。在英國就是因爲出現疾速升高的犯罪率，最後的結果是造成了四百萬支的監視攝影機。[3]鄰里的崩壞以及社會福利政策的介入，進一步吸收或取代了社會支持網路。就像一個搖搖欲墜的市場一樣，當它不再受到傳統或非正式的規範所約束時，就需要由具侵略性的監察官來監督管理。如同布朗德所示：「看看我們的社會成了什麼樣子：我們成了一個極化的國家，一個監管一群逐漸分裂、失能又孤立的公民的官僚極權國家。」[4]

如果社會的結構不健全，政治就會極化。若一個政黨代表國家，那麼另一個政黨就會代表市場。如果一個政黨試圖要將權利與金錢轉移到政府這一邊，那麼另一方就會想要把這一切轉到補助券或是其他的市場機制上。兩方都忽略且不理會公民生活中的那些中間機構。

在一個受到社會性剝奪的國家裡，許多人開始依著黨派來建構自己的身分認同，這是因爲他們無所依歸。政客與媒體名嘴充分利用這個心理眞空，把政黨搞得一副像是那種要求並且獎勵對部族絕對忠誠的邪教組織。

一旦政治變成各個團體之間相互抹黑的競賽，它就不再有任何折衷讓步的可能。每件事都是你死我活的戰爭，就算只是一點微小的讓步，都會被視爲道德上的投降。那些想要在跨黨派間建立友誼的人，會遭到鄙夷排斥。在政客之間，對黨的忠誠比對參議院或眾議院等機構的忠誠來得重要。政治不再是一種討價還價，反而成了榮譽與團隊優勢的競賽。在這種黨人的醜陋中，人們對政府與機關的信任感蕩然無存。

在一個緊密連結的社會，人們可以看到機關之間漸層式的鏈結：家庭連結到鄰里，鄰里到鄉鎮，鄉鎮到區域機構，區域機構到州級機構，然後州級機構到聯邦政府。然而，在一個解離的社會，這些鏈結早已斷裂，而那種連結感也會隨之煙消雲散。國家變得陌生又具侵略性。人們對政府大多能夠做對事的能力失去信心，對國家領袖的態度也變得尖酸刻薄。

人們不僅不再受到手足情分的約束，也不在乎那些希望大家共體時艱的呼籲，現在最夯的是一種「在別人偷走它之前，趕緊先握在自己手中」的憤世嫉俗心態。結果就是公共債務急遽升高，民眾也不願接受必須的增稅，或是預算刪減等犧牲。雙方都不相信彼此會對協商的結果信守承諾，任何黨派也都不相信對手會誠實地參與眞正需要分擔的犧牲。在沒有社會信任的條件下，政治系統變成了殘酷的大亂鬥。

帶入情感

哈洛相信認知的革新可以逆轉這些個人主義的政治哲學，以及由此發展出的政策方針。認知的革新揭櫫的是，人類是由關係中發展出來的，社會是否健全是由這些關係是否健全來決定，而不是由個人選擇被擴大到什麼程度來決定。

因此，自由不應該是政治最終極的目的，政治活動的重點是社會的特質。不論是政治的、宗教的與社會的機構，都會影響位於行爲底層的潛意識選擇架構。它們若非創造出可以滋養良善選擇的環境，就會創造出足以危害它們的條件。在理性主義的時代，追求效用最大化的個人被放在政治思考的中心，但哈洛認爲，接下來的時代，會以社會網絡的健全爲思考核心。原本的時代是以經濟爲中心，而下個時代將以社會爲中心。

他希望這種社會中心式的思想潮流，可以將品格與道德重新帶回政治生活裡。你大可以把鈔票撒向貧窮的區域，但若是欠缺能夠培養自我控制的文化，社會流動根本不會發生。你當然也可以提高或降低稅賦，但若是沒有信任與自信，沒有人會願意成立公司，也不會有人願意投資彼此。你可以建立選舉制度，然而如果沒有負責任的公民，民主就不會成長茁壯。犯罪學家詹姆士·威爾森窮其一生致力於設計與撰寫公共政策，最後他得到一個眞理：「就其根基而言，幾乎在每一種範疇的公眾議題中，我們所追求的都是試圖要引導人們做出合乎道德的事，不論他們的身分是學童、從事公眾事務的人、潛在的犯罪者、選民或是公僕。」[5]

哈洛的牆上掛著一段來自班傑明．迪斯雷利（Benjamin Disraeli）的話：「人類精神的本質比任何規條或憲法更加強韌。若不認同它爲基石，政府無法存續；若不以之爲依歸，任何法律都不能持久。」[6]

一切皆與人性有關，而這也表示關係是一切的基礎，因爲關係正是培養人類性格的溫床。生活與政治會如此困難，就是因爲關係雖然如此重要，卻也是最難以理解的事。

簡言之，哈洛進入了一種人們習慣用堅硬又機械性的詞彙來思考的公共政策世界。若是能夠把情感與社會觀點帶進其中，他認爲自己應該可以做出一些貢獻。

社會主義

當哈洛試著將他的基本假定應用到政治與政策世界時，他不禁感嘆「社會主義」這個詞被濫用了。十九與二十世紀裡，那些自稱爲社會主義者的思想家，事實上都不是眞的社會主義者。他們是國家論者（statist），因爲他們認爲國家的價值高於社會。

眞正的社會主義者，應該要把社會生活放在第一位。他想像著，認知革新可能會孕育出更多共產主義式的政治，而經濟社群可能成爲其中焦點。不同階級的人們是否感覺到他們被結合成一個共同企業？階級之間的差距是否太大了？另一個重點，是共同文化。社會的核心價值是否已被表述且被強化了？它們是否充分反映在國家制度中？新移民是否已成功地被同化？在哈洛的想像中，保守派在政治層面上可能會強調，對國家而言，改變文化與人的性格是很困難的。自由派則會強調，我們仍然應該以務實的方式來嘗試。雙方都會利用一些同胞友愛的語彙，並且以我們都在同一條船上的觀點來鼓舞大家。

哈洛不確定自己該被稱爲自由派或保守派。他的原則之一，是引用自丹尼爾·派翠克·莫迺翰（Daniel Patrick Moynihan）的一段名言：「保守派的核心眞理是，決定社會成功的，是文化，而不是政治。自由派的核心眞理則是，政治可以改變文化，並且防止它毀掉自己。」[7]

他深知自己在華盛頓的工作，就是要展現文化眞的會塑造人的行爲，而政府在某種程度上也會塑造文化與人的性格。國家的權力就像火一般，當受到控制時，會令人感到溫暖，然而當它變得太猛烈時，就會危害生命。在他的觀點，政府不應左右人民的生命，這樣做只會弱化人民的責任感與美德。但政府可以影響人民生活的環境。在某種程度上，政府也可以滋養那些促進同胞關係的環境，影響人民的精神。

國家要對人民生活產生影響，其中一部分只要做到國家基礎的任務，並建立起秩序與安全的基本架構，就可以達成：像是防止外部的攻擊、以管制經濟活動來懲罰掠奪者、保護財產權、懲罰罪犯、維繫法律規章，以及提供基本的社會保險與公民秩序等。

部分則可透過減少那些削弱社會文化的各種計畫來做到。社會的結構是奠基於努力才會有收穫的理念上。但是政府常會對那些未曾盡力的人提供獎賞。有的用意是良善的（那些不鼓勵人們工作的舊式福利計畫）；但有的則居心不良（一些遊說團體會爭取稅賦減免與補助，如此他們的公司就可以保住收入，無須在市場上賺取）。這一類的計畫會削弱社會信任與公共信心。他們把努力與收穫切分開來，這種作法簡直玷汙了整個社會。他們傳達的訊息是，他們可以操弄系統，也可以讓社會腐敗。

但哈洛認爲，只要有人能夠好好地領導政府，政府依然可以扮演具建設性的角色。就如同中央集權會造就出屈從的人民，分權化與社區性的自主管理，可以創造出主動且有合作精神的人民。一些創造出市區活動中心的基礎建設計畫，可以強化關係並且促進發展。特許學校會吸引家長前來參與，具有活動力的大學可以成爲公民與創業家的熱點。國民服務計畫能打破界線，把不同階層的人聚在一起。由公共出資、在地管理的社會創業基金，可以鼓舞公民行動主義以及社區服務計畫。簡明又公平的稅賦政策，可以激發能量、促進行動、提升精神、鼓勵創造。

亞里斯多德曾寫道，立法者會使人民習慣。不管他們是不是故意這麼做，立法者會鼓勵特定的生活方式。這就是所謂的權術即心術。

思考路徑

哈洛開始爲一些政治期刊撰寫一系列文章，論及他所謂的社會取向對真實世界的意義。他所有的文章都有一個基調：許多社會問題的根源是來自斷裂的潛意識連結，以及政府可以如何以行動來修補社會結構的裂痕。

他盡量從那些看來與情感與社會關係無關的領域下手。他的第一篇文章是關於全球恐怖主義。許多評論家都假設恐怖主義的源頭是貧窮與缺乏經濟機會，總之問題的根源就是物質條件。然而，根據一份針對恐怖份子的背景所建立的資料，百分之七十五的反西方恐怖份子，是來自中產階級的家庭，而且令人驚訝的是，百分之六十三的人曾讀過大學。[8] 所以問題不是物質問題，而是社會性的問題。如同奧利維亞．洛依（Olivier Roy）所指出的，恐怖份子與國家及文化之間的關係是完全斷裂的。[9] 他們常常被困在過去與現在之間的無人之境。他們設想出一種虛假的淨土，好讓自己的生命有些意義。而他們從事殘暴聖戰的原因，是爲了讓自己能歸屬於某種事物。一般來說，他們在加入恐怖組織之前，根本算不上什麼基進主義者，他們只不過是想要尋找某種更巨大的信念，好讓自己的存在有著更明確的樣態與目的。要避免這種選擇的唯一方法，就是讓他們能夠選擇獲得滿足的不同路徑。

接下來，哈洛開始寫軍事策略，也就是一些耍刀弄槍的大男人氣概。哈洛描述爲何在伊拉克與阿富汗的軍官們發現，他們無法單單透過盡可能地多殺壞人來擊退戰場上的暴民。他們唯一能獲勝的方式，是透過一種叫COIN的暴民反制策略，以贏得民眾的信任爲起點。軍隊們明白，單單占領一個村落是不夠的，他們必須固守它，才可以讓人們感到安心。他們必須建立學校、醫療設施、法庭、灌溉溝渠，並且重新召集市鎮議會，並賦予村落長老們權力。唯有當國家重建的活動順利推行時，地方的社群才會夠強韌，且有足夠的凝聚力，協助提供相關情資，並擊退敵人。哈洛指出，最剛性的政治活動，也就是戰爭，其決勝的關鍵在於最軟性的社會技巧，也就是傾聽、理解與建立信任感。這一類戰爭的勝利不是靠堆積屍體而來，它靠的是社群的建立。

他的下一篇文章是關於全球的愛滋病政策。西方國家已針對這個問題投入大量的技術性知識，也生產出可以幫助治療這種惡疾的藥物。不過若是人們持續進行造成這種疾病的行為，那麼藥物的效果有限。

哈洛指出，單靠技術性的知識無法改變行為。[10] 意識的提升是必要的，但並不足夠。研究顯示，深受此疾病所苦的國家中，絕大多數的人都了解人類免疫缺陷病毒（HIV）的危險性，然而他們依然故我地從事這種危險的性行為。提供保險套是必要的，但不夠。那些人並不缺保險套，就持續升高的感染率來看，他們不一定會使用它。經濟發展同樣是必要的，卻也不足。那些最積極散布這種疾病的人，多是一些礦工或是卡車司機，而他們通常是經濟狀況相對較好的人。提供醫療衛生設施也是必要的，但依然不足。哈洛提到了在納米比亞（Namibia）的一家醫院中接受治療的八百五十八位婦女。就算經過一整年的努力，他們竟然只能夠讓五位男性伴侶到醫院接受檢驗。在他們的文化中，男人是絕對不進醫院的。[11]

哈洛曾造訪一個納米比亞村落，村中所有中年人都無法倖免於愛滋病。孩童們得一路照料父母，直到他們死亡為止。然而，這些孩童卻完全違反生存的誘因，竟然重蹈造成父母死亡的相同行為。他指出，造成這種行為的理由，違反了所有邏輯，以及一般人所理解的理性自利原則。眞正能夠改變行爲的計畫，並不是透過理性與自利，那些最有效的計畫，要改變的是整個生活型態。他們不能只是單純改變性行爲，還要創造出具有道德感的人，這種人不會讓自己置身誘惑之中。這些計畫通常是由宗教領袖主持，他們所說的話關乎是非善惡。主持這些計畫的人，所用的詞彙是「必須這麼做」，他們談的是救贖與引自聖經的眞理，而安全性行爲只不過是伴隨人生展望改變而來的一種效應罷了。

這種語彙不曾在技術性的知識中被提及。這種話必須由長者、鄰居，以及彼此知道名字的人來說。哈洛指出，西方國家已在愛滋病的問題上投入大量的醫療與技術知識，但在道德與文化知識上的投入相當不足。而這才是能夠改變生命、觀點與道德感的知識，並且透過較大的模式來改變行爲的潛意識基礎。

接下來，哈洛談到一些跟國內較相關的事情。他描述了郊區住宅如何讓社區關係變得緊張。他指出，在一九九〇年代中，開發商建造了大量遠離城市的郊區開發案。當時如果你問想要買房的人，他們希望社區中有些什麼，他們會說高爾夫球場，因爲那是一種地位的象徵。然而，十年後，若是你問這群人想要些什麼，他們卻說要社區活動中心、咖啡廳、健行步道以及健康會館等等。這些人當時眞的搞得太過頭了。他們搬到遠得要命的郊區，希望可以一圓他們心中認定的那種大房大車的美國夢，然而後來又想念起人口較爲密集區域的那種社會連結。於是市場做出了部分的反應，他們在郊區置入了一些模擬的城市街景，人們像置身城中鬧區，可以散個步並在人行道旁的小咖啡廳吃點東西。[12]

社會流動

哈洛最大的研究計畫，是關於社會流動。過去數十年間，學者已花上太多時間在全球化，也就是把商品與想法跨過邊境，送到各地。他認爲，全球化並非驅動變遷的重要過程。舉例而言，根據美國勞工統計局的資料，在二十一世紀的前十年，雖然離境外包（offshore outsourcing）這個議題引來眾多討論，事實上它只造成百分之一點九的解雇。[13] 根據哈佛大學商學院的潘卡・葛馬瓦（Pankaj Ghemawat）的研究，全球有九成的固定性投資都是在國內。[14]

哈洛相信，變遷的眞正動力來自於認知負載的改變。過去幾十年間，技術與社會的革新愈來愈考驗著人類的認知。人們被迫要吸收並處理更多且更複雜的知識。他們也被迫要在更複雜的社會環境中穿梭。這種狀況同時發生在地域性與全球性的向度上，而且就算你把所有曾經簽訂的自由貿易協定全撕毀，它還是會繼續發生。

全球化強調資訊可以在一瞬間飛躍一萬五千英里。然而，認知負載強調的是，整段旅程最重要的部分就在最後幾英寸之間，也就是在人的眼睛、耳朵與大腦各區域之間。人會透過什麼樣的方式來感受這些資訊？這些人有能力理解資訊嗎？這些男男女女曾受過如何利用這些資訊的訓練嗎？這些資訊會觸發什麼樣的情感與想法？是否有什麼文化觀點，能夠扭曲或增強理解這些資訊的能力？

認知負載的改變，產生了廣泛的影響。它改變了女性的角色，現在她們可以在心智技巧的格鬥場上與男人公平競技。它改變了婚姻的本質，因爲男人與女人會去找尋在心智能力上相契合且互補的伴侶。它也導致門當戶對的婚配方式，也就是說，受高等教育的人找高等教育的人，教育程度較低的人也會找跟自己相似的人在一起。它也造成了不公平的逐步擴大，於是社會被切分成兩個國家，一邊的人具備在這個新世界存活的潛意識技巧，而另外一邊的人卻沒有機會取得這種技巧。

過去幾十年間，教育費用持續上漲，而經濟上的報酬大多進入受過較多教育者的口袋。有些人認爲，就經濟觀點而言，在一九七〇年代進大學讀書毫無用處可言。就收入的角度來看，當時有無大學文憑並沒有太大的差異。然而，從一九八〇年代起，學費一路上升。時至今日，錢是跟著想法走的。具有研究所學位的美國人，年收入中位數是落在九萬三千元，具有大學學位者，年收入中位數則是落在七萬五千元。具有高中學歷者，年收入中位數則是在四萬兩千元，而高中輟學者則落在兩萬八千元。[15]

此外，就算是在最上面的人，還有一種超級巨星的效應。那些有著獨特心智能力的人將備受禮遇，他們的薪資也會暴漲。然而那些有著還算不錯的教育程度，但所具備的心理特質是可被取代的人，則成爲一般角色，他們的薪資只會小幅增長，甚至停滯不前。

這些心智能力會在家族中代代相傳，也因此你會得到一種可繼承的英才教育。現在人倒不會像一九五〇年代時那樣，在意你的祖先是否搭五月花號到美國來的古老新教徒。但你的出身依然非常重要，甚至更勝以往。一個出生在年收入九萬美元家庭的小孩，有一半的機率能在二十四歲之前從大學畢業；一個出生在年收入七萬美元家庭的小孩，則有四分之一的機會能順利大學畢業；而一個出生在年收入爲四萬五千美元家庭的小孩，只有十分之一的機會；最後，出生在年收入三萬美元家庭的小孩，只有十七分之一的機會。[16]

精英大學變成了特權的堡壘。安東尼．卡內瓦（Anthony Carnevale）與史提芬．羅斯（Stephen Rose）針對全美頂尖的一百四十六所大學進行調查，發現來自經濟底層的學生只了占百分之三。[17]

一個健全的社會應該是一個流動的社會，每個人都有機會爭取好的生活，每個人都有理由去奮鬥，每個人的提升或沉淪都是由賞罰決定。但是在認知年代的社會，卻會產生特有的不公平。雖然相較於封建時代的階級差異，這種不平等算是比較不明顯了，卻一樣僵化且不公。

哈洛表示，大多數的國家都在與這個問題奮戰，並且在這些過程中砸下大量的金錢。美國已花費超過一兆美元在減少黑人與白人學生之間的成就差異。一九六〇年到二〇〇〇年之間，每個學童的公共教育支出的實質增長率高達百分之兩百四十。[18]主要的大學多提供豐厚的助學條件，而一些像是哈佛大學這類的有錢大學，甚至提供家庭收入不到六萬美元的學生學費全免的待遇。美國花費在反貧窮計畫的錢相當充足，每年都會交給貧窮人口一張一萬五千美元的支票。若將這個計畫轉換成一次性轉帳，那麼一位有兩個小孩的母親，每年都可以收到一張四萬五千美元的支票。[19]

但是錢解決不了不公平的問題，因爲錢並不是這個問題最大的根源。問題是出在意識與潛意識發展的範疇中。哈洛只要拿自己的成長過程與艾莉卡的成長過程做對比，就可以了解這一切。有些孩童是沉浸在鼓勵發展的氛圍中，包括了關於未來他們想要做些什麼的書籍、討論、閱讀、提問、交談。但有些孩童卻是處在一片分崩離析的氛圍裡。如果你將故事的一部分唸給那些身處富裕鄰里的幼稚園兒童聽，將近一半的小孩都可以猜出接下來的故事會如何發展。然而，如果你將同一小段故事唸給貧窮鄰里的孩童聽，大約只有一成的孩子可以猜出事情會如何發展。[20]想像未來的能力，對於一個人將來的成功至關重要。

一九六四年，在認知年代尚未成型之前，就人口學的觀點來說，有錢人的家庭與貧窮者的家庭是十分相似的，這表示不管孩童的家庭收入是高是低，當他們進入成年時，都有相似的展望與潛力。然而，當心智處理能力的要求與日俱增時，差距就開始拉大，而且受較多教育的孩童就會跟受教育較少的孩童有著不同的前景。受較多教育的兒童生活在良善回饋的迴圈之中。高度的技術與穩定的家庭引導出經濟上的成功，這使得穩定家庭的生活會較爲輕鬆些，技術的獲取及未來的經濟成功也會更加容易。受教育較少的兒童則活在不好的回饋迴圈中。低度的技術與家庭的破碎導致經濟危機，使得家庭更可能崩解，由此使得技術的取得及經濟的穩定更難以達成。

時至今日，大學畢業的人與非大學畢業的人，前景完全不同。超過三分之二以上的中產階級兒童是在完整的雙親家庭中長大的，相對之下只有三分之一的貧困家庭兒童是在同樣結構的家庭中長大。大約有半數就讀於社區大學的學生曾經懷孕或是造成別人懷孕。[21]依莎貝兒・邵希爾（Isabel Sawhill）曾經計算過，如果現今的家庭結構與一九七〇年代時相同，那麼貧窮率應該會比現在的狀況減少約四分之一。[22]

態度差異也開始顯現出來。就如羅勃特．普特南所指出的，大學畢業的人比較信任周遭的人。他們比較相信自己能夠掌握命運，並且會採取行動來達成目標。

分隔兩端的人想要的似乎沒有什麼不同。不管是受高等教育或是教育程度較低的人，都希望能待在穩定的雙親家庭中。他們都想要取得大學學位，也希望自己的子孫可以超越他們的成就。唯一的差別是受過高等教育的人有更多的情感性資源來執行這些展望。如果你結婚之後才有小孩，且高中畢業並有一份全職的工作，那麼你有百分之九十八的機會不會活在貧窮之中。[23]但是有很多人無法達成這些事。

正因爲哈洛研究的都是關於貧窮、家庭破裂，以及一些與社會流動相關的議題，他有時眞想把人抓過來搖一搖，要他們振作一些。去參加求職面試、去考大學、努力準備期末考好順利從大學畢業、不要因爲覺得無聊或是因爲家中有個小小麻煩就辭掉工作。他深知就某種程度上來說，個人的責任感是無可取代的，而且除非人們願意爲自己的決定負責，並且拚命工作來達成自己的目標，否則根本就沒有成功的希望。

另一方面來看，他了解單靠這種要人自立自強的說教，其實沒什麼用。繁榮興盛仰賴的是潛意識的技巧，這種技巧也是意識面成就的必要條件。那些並未具備潛意識技巧的人會覺得，要他們投入一天的例行工作，或是每天早上長途跋涉地去上工，十分困難。對這些人而言，有些事眞的會比較困難，像是要對那些快要把他們搞瘋的老闆客氣一些，或是遇到新人時開朗地微笑，甚至當他們經歷不同的心情以及個人危機時，依然以一致的態度來面對這個世界。他們也很難發展出自我勝任感，也就是一種認爲自己能夠掌握人生的信念。他們比較不相信眼前的犧牲可以成就美好未來這類因果論點。

不公平本身也有心理性的作用。在理察・威金森（Richard Wilkinson）與凱特・皮科特（Kate Pickett）的著作《精神水平》（*The Spirit Level*）中提到，單單是地位低落這個事實，就足以造成極大的壓力，加重精神成本。不公平以及排斥感會造成社會性的痛苦，然後造成更多肥胖、更糟的健康結果、更稀少的社會連結，以及更多的憂鬱與焦躁。舉例來說，威金森與皮科特提及一項針對英國公僕的研究。部分公僕從事高地位與高壓力的工作，有些則是低地位與低壓力的工作。你可能會認爲那些工作壓力高的人，比較容易罹患心臟疾病、胃腸疾病與一般病痛。然而，事實上卻是低壓力的人才會如此。地位低下就是一種成本。[24]

透過軟性取向的方法，哈洛相信這些計畫可以重塑內在的模型。如果你跟哈洛一樣，都認爲在某些低收入社區，成就性的價值並未能代代相傳，那麼你別無他法，只好試著慢慢地灌輸他們。這表示你必須溫和中帶有專制。如果父母未曾灌輸這些成就價值，那麼教會與慈善組織就應該試著去做。如果那些機構都不知所措，那麼政府就應該介入，並且協助人們達到進入中產階層必備的三件事：婚姻、高中學歷與工作。

「每個人都應該被提醒去做那些可以增進長久幸福的事，不管是吃對的食物，或是爲退休生活預做準備，就算是低收入戶也得要這麼做。」這是隆・哈斯金斯（Ron Haskins）與依莎貝兒・邵希爾在他們的著作《創造一個有機會的社會》（*Creating an Opportunity Society*）中所寫下的話。[25]任何單一的政策都無法建立起這種潛意識技術。人力資本政策就像是養分一樣，你必須持續地灌溉。不過哈洛倒是找出了可協助那些無法接近社會流動階梯的人一系列政策。

把焦點放在年輕人身上會產生最大的效果。如同詹姆斯・海克曼所說的，想學習的人就會去學，而且技術本身會招來更多的技術，因此對孩童的投資會比對年長者的投資收穫更大。[26]親職課程可以教導青少年母親如何照料小孩。輔導人員的家訪，可以協助重建破碎的家庭，並且對有現職的年輕母親進行指導。良好的學前教育計畫會對童年發展產生持續性的效果。當兒童從良好的幼稚園進入一般學校時，原本智力上的增長有時候會消失無蹤。不過社會性與情感性的技巧不會消退，且會產生持續性的助益，也就是較高的畢業率與較佳的職涯成果。[27]

像哈林兒童特區（Harlem Children's Zone）這種整合式鄰里方法，可以產生最佳的結果。這些計畫會帶來其他更多的計畫，而這一切都是設計要讓年輕人身處於高度成就的文化中。知識就是力量計畫（KIPP）學院以及其他認眞辦學的學校，顯著提升了學生的前景。這些學校就跟艾莉卡曾就讀的那所一樣，提供學生一個全新的生活方式，比他們之前所習慣的方式更嚴格也更有紀律。

教室裡最重要的事情，是教師與學生的關係。小班教學確實可能比較好，但大班級裡有一個好老師會比小班教學卻有一個爛老師要強得多。[28]教師的績效薪酬制對於將優秀的老師留在學校有所助益。學生從他們所愛戴的人身上學到東西的效果最佳。導師計畫可以創造出連結。如果學生能碰到一位生命中重要的貴人，每天引導並鼓舞他們，那麼他們就不太可能會從高中或大學輟學。紐約市立大學有一個計畫叫副修學習加速計畫（ASAP），其中包含了很完整的導師協助，對提高畢業率相當有幫助。[29]

第一代的人力資本政策讓人們能夠利用學校、大學，以及訓練設施。第二代的政策應該要協助他們發展出習慣、知識，以及成功所需的心智特質。單單給學生機會去上社區大學是不夠的。當他們來到學校，如果入學規定令人困惑、諮詢顧問粗魯無禮、註冊方式困難重重、重要的課程人數已滿，而且畢業規定模糊不清，重重阻撓會把一些缺乏社會資本的學生擊潰。因此第二代的人力資本政策對於生活相關問題要給予同等的重視。

磨練之邦

哈洛愈投入政策研究，便愈了解到個人發展與社會流動是偉大社會的核心理念。社會流動打開了人的眼界，讓他們看見更寬廣且蛻變的人生。社會流動可以減少階級衝突，因爲沒有任何人注定一生只能活在自己出身的地方。社會流動可以解放創意能量。它可以減少不公平的狀態，因爲沒有任何身分地位是永遠的。

哈洛身處一個有兩大政治運動的國家。自由派運動認爲，可以利用政府來增進平等；保守派則相信，有限的政府可以增進自由。然而，歷史上曾經存在另一種相信可以透過有限但積極的政府來增進社會流動的運動。這個運動的濫觴，是在幾百年前加勒比海的一個小島上。

十八世紀時，有一個叫漢彌爾頓的小男孩，住在加勒比海的聖克洛伊島上。父親在他十歲時棄他而去，母親在他十二歲時死於他身旁。他被一位表兄收養，但這位表兄沒多久就自殺身亡。他剩下來的親戚就只有一位姑媽、一位叔叔，以及一位祖母，但都在幾年內相繼過世。然後遺產審判法庭介入，把他唯一繼承自母親的一點點遺產沒收充公。他與弟弟兩個人變得孤苦無依。

十七歲時，漢彌爾頓負責管理一家貿易公司。到了二十四歲，他成了華盛頓（George Washington）的幕僚長，而且還是一位戰爭英雄。到了三十四歲，他寫就了五十一篇的《聯邦黨人文集》（*The Federalist Papers*），同時也是紐約最成功的律師。四十歲時，他以美國史上最成功的財政部長之名功成身退。

漢彌爾頓創造了一種政治傳統，設計用來協助像他一樣力爭上游的年輕人。他希望自己創造出的國家中，有抱負的年輕人可以充分發揮天分，而他們的努力可以用來建立一個偉大的國家。「開展在人們願意奮起發揚的天性之前的每個新景緻，對總體努力的累積都是一股新的能量。」[30]

「奮起」……「發揚」……「能量」。這些都是漢彌爾頓用的字。他提倡的政策都具備這種動力的本質。在那個大多數人對製造業有所疑慮，相信只有農耕才能創造出美德與財富的年代，漢彌爾頓率先提倡工業與科技的改革；在交易員與金融市場被那些大農莊主鄙視唾棄的年代，漢彌爾頓鼓吹各式的資本市場來活化國家；當所有的經濟活動皆由少數大地主所運作的企業控制時，漢彌爾頓想辦法打破地方的壟斷專賣，並且打開機會給其他人。他把革命戰爭債券

（Revolutionary War debt）國有化，創造出資本市場，將國家的經濟與更具競爭力的交易作更進一步的結合。他相信透過競爭的扶植，人們可以利用政府來增進市場的動能。[31]

漢彌爾頓的傳統在十九世紀初由亨利・克雷（Henry Clay）與輝格黨（Whig Party）所傳承，他們擁護建造運河與鐵路，以及其他可以用來釋放機會，並且把國家團結在一起的內部改善計畫。後來又有一位年輕的輝格黨員承接了這條道路，他就是亞伯拉罕・林肯（Abraham Lincoln）。跟漢彌爾頓一樣，林肯出身貧寒，但也受雄心壯志的驅使而不斷前進。林肯針對勞工與經濟所發表的演說數量遠超過奴隸制度，而且他試圖打造一個鼓勵自我轉化並且擁抱工作信念的國家。

他在一八六一年時對一群聽眾說：「我終生服膺的價值是改善人們的環境。」[32]在他的領導下，內戰時期的政府統一了貨幣、通過公地放領法案、授地大學法案（Land Grant College Act）與鐵道法規等。這些政策被設計用來提供國人一個開放的場域與公平的機會，將企業精神廣爲流傳，增進社會流動，並以之建立國家。

這個傳統的下一個偉大傳人，就是羅斯福（Theodore Roosevelt）。他同樣也相信競爭是建構人格的力量，它能夠創造出具備他在一九〇五年就職演說中所提到的能量、自力更生與主動出擊這三種強而有力的美德的人民。

羅斯福也相信，政府有時候也要扮演積極的角色，鼓勵人們奮發向上，給每個人公平競賽的機會。他曾寫道：「正如同國家會介入社會生活一樣，它眞正的功能應該是要讓競爭能夠變得更公平，而不是去禁絕它們。」[33]

這種漢彌爾頓式的傳統，在美國政壇獨領風騷數十年。不過到了二十世紀，它褪色了。二十世紀的辯論重點在於政府的大小，漢彌爾頓式的傳統只好坐到一邊納涼去。

然而，哈洛認爲該是讓這種有限卻充滿能量的政府傳統起死回生的時候了，但有兩件事要更新。過去的漢彌爾頓門徒是活在認知啓蒙之前，當時年輕力爭上游者，心智負擔相對上比較低。但情況已經改變，因此，尋求增進社會流動的行動將要面對更形複雜的社會與資訊。再者，漢彌爾頓、林肯、羅斯福等人當時可以擁有某種程度的社會與道德資本。對他們而言，這是理所當然的，那是因爲人民都生活在由清楚理解的規範、道德共識，以及習俗所定義的嚴謹社區中。今日的領袖不能做這樣的假定。當年存在的那些道德與社會資本早已毀壞，需要重新建立。

哈洛花了幾年的時間，在華盛頓倡議能提供第二代人力資本政策的漢彌爾頓方法。他不曾發展出你們可能稱之爲意識型態的東西，也就是可以對良好的政府做出完整解釋的系統。對這種方式而言，這個世界是一個太過複雜的有機體，充斥著隱晦不清的政府功能，以致無法依據一些預想的計畫來重新塑造它。

而且他也沒有政治領袖那種英雄式的願景。哈洛對於政府能做與該做的事，看法較爲有限。英國哲學家邁可．歐克夏（Michael Oakeshott）曾對政治傲慢提出一個有用的警告，他寫道：「就政治活動而言，人們像是航行在一個無邊無際又無底的大海中；不僅沒有港口可靠岸棲身，也沒有海床可以下錨；沒有所謂的起點，也沒有目的地。若企業要像船一樣保持在水面上，它就要有平整的龍骨；大海可以是敵人，也可以是朋友；而所謂的航海技術，要點在於能夠以傳統方式來運用資源，如此才能履險如夷。」[34]

當他思考關於政府的問題時，他提醒自己，我們所知與可知是非常少的。而我們想要擁有權力以及想要做好事的欲望，又會如何地讓我們對自己的有限視而不見。

然而，他跟大多數的美國人一樣相信進步。所以，即便他直覺上排斥變革將會帶來的社會改變，他卻對能夠修復社會的改革有某種好感。

他花了好些年寫出那些文章，並且把他的政策提案拋向全世界。似乎沒有多少人同意他的觀點。《紐約時報》的一位專欄作家有著與他相似的觀點，當然還有其他零星幾個人也是如此。他依然努力不懈，他覺得自己的觀點大致上是正確的，總有一天人們會得到跟他一樣的結論。馬克思曾說，彌爾頓寫就《失樂園》（*Paradise Lost*）的方式就像是桑蠶吐絲，其實也就是他自己本性的一種展現。[35]哈洛在智庫這幾年感到很充實。他對艾莉卡偶爾會消失幾個星期這件事不太高興。但他覺得自己對世界確實有所貢獻。他對自己的「社會主義者」的方法很有自信，不論是用什麼方式，總有一天它會對這個世界產生重大的影響。

【第二十一章】

生命教育

快樂的生命就是一連串溫柔的、令人振奮的，
以及旋律優美的無常……

每年冬天，那些重量級人士都會至瑞士的達沃斯出席世界經濟論壇。那一整個星期的晚上，達沃斯的派對多如繁星。參加外環派對的人嫉妒那些可以參加中環派對的人，而中環裡的人則非常希望自己可以受邀進入內環派對。賓客地位一環比一環高，經濟學者與滿腹經綸的人在最外層，愈往內層走，權力、名望愈高，但專業能力愈低。

在這些如點點繁星的派對中，最核心是一場社交高峰會，前總統、內閣部長、央行官員、世界大亨，以及安潔莉娜裘莉都聚在此交流。但這個派對絕對是所有派對中最無趣的一個。達沃斯社交宇宙跟世界各地的社會場合沒有什麼不同，充滿很多風趣卻滿肚子不安的人，他們熱切地想要擠進那讓人自滿的領域。

經過數十年的商場成就和八年卓越的公職服務（在葛瑞斯第一個任期時擔任副幕僚長，第二任時擔任商務部長），艾莉卡早已贏得進入達沃斯中心的門票。她被邀請到那些最特別，卻也最無聊的派對。

即將退休之際，她還是隸屬於專門處理棘手問題的重要

委員會，他們要負責財政赤字、核子擴散、泛大西洋聯盟，以及全球貿易的未來等問題。她不是那種喜歡參加全院會議的人，但她已經身經百戰，能夠承受冗長的疲勞轟炸。她是世界級領袖的朋友，這些人也都會參與很多委員會，在達沃斯、傑克森洞、東京等世界各地飛來飛去。他們會對各種迫近的危機表達嚴重的關切，畢竟在位者常因短視而不去解決這些問題。

起初，艾莉卡與這些前任總統和世界名人交談時，總會覺得焦慮又不自在。但是這種敬畏感很快就消失了，現在她覺得不過就是與老朋友聚會罷了。其中有位前任首相因醜聞而下台，有位總統在任內把國家搞得一團糟，還有一位前國務卿被逐出權力核心。但他們不會踩著別人的痛處，畢竟在經歷了崎嶇顛簸的世道之後，一切早已被原諒了。

至於他們之間的對話……那可眞是出乎陰謀論者的想像。當這些大權在握的人聚在一起，聊的是高爾夫球、如何應付時差，以及膽結石的問題。白天大家都籠罩在一片對於保護主義的極度憂慮中，晚上則多是關於攝護腺的精彩故事。白天的會議都得遵循查頓院會議規則（Chatham House Rule），任何人都不准提到任何有趣的事；晚上談話的高潮則是一則則不能公開的蠢事。

這些世界領袖總有一堆在晚宴中用來娛樂佳賓的密室故事。某位前總統說他曾在俄國總理普亭（Vladimir Putin）面前吹噓自己的狗，後來他參加在莫斯科舉辦的高峰會時，普亭在大家午餐時帶了四隻洛威拿進來，驕傲地說：「比你的狗更大、更快，也更強壯吧！」一位前國家安全顧問說了一段普亭偷了他戒指的故事。他在一場會議中戴著西點軍校的畢業戒指，普亭要求看看那只戒指，並且把它套在自己的手指上，然後在他們聊天時，巧妙地將戒指滑進自己的口袋。國務院大張旗鼓地要把戒指討回來，普亭就是不給。另外有位首相則說，有一次他從白金漢宮的雞尾酒派對中偷溜出去，想一窺私人房間長什麼樣子，沒想到被女王逮到，而且對著他大聲叫罵。這類的故事總是令人覺得十分有趣，讓人以爲世界大事都掌握在一群國小三年級生手中。

不過艾莉卡相當享受這一切。她認爲委員會雖然無聊，還是可以做出一些貢獻。她更愛可以持續窺見世界大事的運作內幕。她常靜坐在某些冗長的會議中，好奇爲何這些男男女女會成爲世界精英。他們並不是大家以爲的天才，他們沒有突出的知識與創新的見解。若要說他們擁有什麼了不得的特質，那就是簡化事情的天分。他們能夠理解複雜的狀況，並且以簡單幾個字就掌握要旨。當他們找出問題的癥結時，大家會覺得這個癥結點其實再明顯不過，但於此之前就是沒有人能夠用那些詞語來簡化表達。這些大人物理解問題，並且把問題簡化成大忙人也可以處理的事。

至於艾莉卡，她已經位居高職，也有相當卓越的成就。不管她到哪裡，總是被視爲重要人士。很多人會過來對她說，能見到她是一種榮幸。這件事本身不會讓她覺得快樂，但確實表示她不再受到那種煎熬身心，不斷驅趕著她向前的成就焦慮所苦。她已然了解，成就與財富無法創造快樂，但它們可以解救那些想要卻得不到的人們。

艾莉卡依然認爲自己是一個衝勁十足的年輕女孩。不過倒是有些驚嚇的時刻，當她不經意瞥見鏡中的自己，驚訝地發現那不是二十二歲的女人，而是一張老女人的臉。

現在，她聽不清楚尖聲細語，在嘈雜的派對中也聽不見別人說些什麼。有時要從低矮的椅子站起來時，她還得用手臂撐一下。她的牙齒比以前暗沉，而且因爲牙齦萎縮，齒根暴露出來。她也改吃較軟的食物（隨著年紀增長，嘴巴周圍的肌肉有百分之四十會逐漸萎縮）。[1]

此外，現在她下樓梯時開始要抓著扶手了。她聽過很多年紀更長的朋友因爲跌倒而造成髖關節骨折（那些骨折的人，有四成最後被送進安養院，有兩成的人永遠無法再走路）。[2]她每天固定要吃許多藥丸，搞到最後不得不買了一台配藥助理（pill organizer）。

就文化層面而言，艾莉卡覺得自己有點脫節了。有好多年輕女演員她完全分不清誰是誰，流行音樂來來去去她也根本不曾注意過。

另一方面，艾莉卡覺得後來這幾年，她對自己的理解變得比較眞實。感覺上好像是因爲她已經達到此等安全程度，所以現在她可以用實際的眼光來審視自己。成就爲她帶來不曾感受過的謙遜。

她讀過不少關於年歲增長與日漸衰老的書籍與劇作。在莎士比亞的《皆大歡喜》（*As You Like It*）中，那位壞脾氣的傑克稱老人爲「二度幼稚以及單純的遺忘」。二十世紀中期的發展心理學者，只要面對老年人，常常就認定他們處於一種退縮期。這些老人家慢慢地將自己與世隔絕，有人認爲這是在爲死亡做準備。沒有人期待他們有任何改變。佛洛伊德寫道：「五十歲左右的人缺乏治療所依仗的心理彈性，這可以說是一種定律。老人無法再接受教育。」

但艾莉卡沒有任何一絲這樣的感受。新近的研究顯示，年長者絕對有能力學習及成長。大腦時時都能夠創造出新的連結，甚至是新的神經元。雖然某些心理過程，像是工作記憶、專注力，以及快速解答數學問題的能力，都會明顯地變差，但其他的不會。雖然很多神經元會死亡，而且不同區域間的連結會萎縮，但老人的大腦會重新組織以補償衰老所造成的影響。[3]老化的大腦或許得多花一點時間才能得到相同的結果，但大致上還是可以解決問題。有一項針對空中交通管制員所做的研究顯示，三十歲的人有著比年長的同事更好的記憶力，但在出現緊急狀況時，六十歲的人表現得毫不遜色。[4]

一系列從數十年前就開始進行的縱貫式研究，描繪出退休後的美好生活。退休並不是棄械投降，更別說是死氣沉沉。他們將之描寫成一個發展期。他們也不曾將老人家說得像是視死如歸。

大多數人隨著年紀增長，都說自己變得更快樂一些。這可能是因爲當人們年紀大了，會比較不在意那些負面的情緒刺激。史丹佛大學的蘿拉・卡爾史坦森（Laura Carstensen）發現，年紀大的人較能夠保持情緒平衡，較能夠從負面的事件恢復過來。[5]麻省理工學院的約翰・加布瑞里（John Gabrieli）發現，老人家大腦中的杏仁體，在他們觀看正面的圖像時會保持活躍，但當觀看負面的圖像時，則沒有反應。他們已經潛意識地學會正面感知的能力。[6]

性別角色在老化的過程中會漸趨融合。許多女性會變得更武斷，而男性則會變得較通情達理。通常老人的個性會變得更加鮮明。柏克萊大學的諾馬・哈恩（Norma Haan）進行一項五十年追蹤的研究，他得到的結論是，這些實驗對象都隨著年紀變大而更加外向、自信與溫和。[7]

沒有證據顯示人會在變老時變得更聰明。這一類試圖評量「智慧」（一種社會、情感與資訊性的知識總和）的試驗顯示，智慧呈現出一種高原狀態。人們會在中年時達到某個水平的能力，然後就一直保持這樣，直到大約七十五歲。[8]

不過，智慧是一種無法透過紙筆測出的能力。艾莉卡自認在半退休期間所具備的這些技能，在過去年輕時根本不存在。她覺得自己現在有較好的能力，可以從不同的觀點來看問題；她覺得自己對情勢有較好的觀察，不致驟下結論；她也覺得自己可以辨別出暫時的主張與明確的結論。也就是說，她可以更準確地看清自己的心海波瀾。

然而，有一件事她卻沒什麼經驗：鮮明的存在感受。在早年的職涯中，她可能會搭機到洛杉磯，住進客戶提供的高級飯店，然後在房內走來走去，爲其豪華而沾沾自喜。當時她造訪每個城市時幾乎都會多待一天，順道參觀一些博物館和歷史遺跡。她仍然記得孤單地走在蓋蒂博物館或富立克美術館時，被那些藝術品深深感動的時光。她也記得那些令她興高采烈的特殊精力，像是有一天晚上手臂下夾著小說在威尼斯迷了路，或是在查爾斯頓的老舊宅邸間穿梭。不知怎的，這一切都已離她遠去，現在旅程結束之後，她不會再多安排一天去觀光，因爲她沒時間了。

當工作愈來愈吃力，文化活動的參與也相形式微。她在詩詞、藝術與劇作方面的品味也從高水準掉到水準以下。賓州大學神經科學家安德魯．紐伯格（Andrew B. Newburg）曾寫道：「當我們五十歲時，就不太可能出現年輕時常會發生的極樂或超越的經驗。相反的，我們會傾向一些平淡的精神體驗，以及對於信仰的精進。」[9]

此外，艾莉卡覺得工作愈來愈乏味。她在組織與執行上有很高的天分，這種能力引領她成爲執行長與政府官員，也把她拉進一個充滿流程的世界。

這幾年下來，她認識的人愈來愈多，朋友卻愈來愈少。葛蘭特縱貫式研究（The Grant

Longitudinal Study）發現，童年時受到忽略的人，年老時比較可能會沒有朋友（這種模型會先沉潛，然後又浮現）。[10]艾莉卡並不孤獨，但她有時會覺得自己活在擁擠的孤獨中。身邊朋友來來去去，卻沒有一個親密的小圈圈。

換句話說，這幾年來她變得虛有其表。她曾經很活躍，私底下卻無人關注。在整個職業生涯中，她一直以專業所需的方式來組織自己的大腦，但當她達到頂尖的成就後，這些專業反而無法再滿足她了。

她退休了，卻覺得麻木。有種她過去不曾察覺的衝突發生，一種外在與內在的戰爭。而在過去，一直是外在的力量獲勝。

當然，冥河終究還是會出現，死亡也會逼近。艾莉卡不認爲死亡很快就會發生在她與哈洛身上。（當然不會。他們兩個都很健康。他們隨便就可以指出一堆超過九十歲的親戚。然而，這些令人安慰的事實的，其實一點意義也沒有。）

不僅如此，她那些年紀稍長的親朋好友開始以一定的速率凋零。如果她願意，可以上網找出自己發病的機率——與她同年齡的女性，罹患癌症的機率爲五分之一；心臟病的機率是六分之一；糖尿病的機率則是七分之一。感覺有點像是活在戰爭時期，每隔幾週就有一位社交部隊裡的成員過世。

這種情況產生了雙重的影響：令人恐懼，卻也激勵人心。（她似乎一直活在矛盾的情緒中。）死亡快速逼近，使她對於時間的感受有了變化。艾莉卡在心中設下一個挑戰。退休可以讓她從那些外部桎梏中解放出來。她可以設計專屬於自己的精神食糧和引導力量。她可以轉而注意深層的事物。她現在終於可以從事她覺得愉悅且在意的事。

她要爲自己的老年生涯寫一篇工作計畫。在她生命的最終章，她想要過得鮮明快活。她抓起筆記本，列出各種生活層面：思考、創意、社區、親密關係，以及服務。然後在每個分類之下，寫出一些她認爲可以去追求的活動。

她想要寫一本簡短的回憶錄。她想要精通一些新的藝術，想要嘗試一些困難的事，得到一些成就。她想要擁有女性朋友圈，每年聚在一起暢飲、歡笑和分享。她想要找個方式來教導年輕人。她也想要了解樹木，如此當她走進森林時，才會知道自己看到了什麼。她也想要把那些狗屁倒灶的事都拋掉，試試親近上帝。

正念

退休之後的頭幾個月，她很想要重新連繫一些老朋友。她已經和高等教育高中的同學失聯，而大學時代的朋友也早已疏遠。但臉書是改變的開始，才沒幾個星期，她就已經跟那些幾十年不見的朋友們展開郵件往來。

與這些朋友重新聯絡上，帶給她超乎預期的快樂。這些連結將她沉睡多年的部分本性喚醒。她發現一位來自南方，名叫密西的大學時期老室友，就住在離她不到二十五英里的地方，於是她們安排了一天共進午餐。艾莉卡與蜜西大學時一直住在一起。雖然她們住在同一個房間，卻沒有特別親近。當時艾莉卡忙得天昏地暗，而蜜西是醫學院預科生，天天都泡在圖書館。

蜜西依然又瘦又小，頭髮已然蒼白，但皮膚光滑。她成爲一位眼科醫師，已經結婚，接受過雙重乳房切除術並已康復，並且比艾莉卡早幾年退休。

午餐期間，蜜西興奮地描述過去這幾年改變她生命的一種熱情：正念冥想（mindfulness meditation）。艾莉卡覺得有些反感，她猜那不外乎是瑜伽、在印度教聚會所中靈修閉關，以及與自己內在相遇等這一類新世紀的鬼話連篇。蜜西在學校時是堅定不移的科學家，顯然現在的她不再那麼堅信科學了。但蜜西談到這些冥想時，態度跟以前討論作業一樣冷靜嚴謹。

蜜西說：「我盤腿而坐。起初我專注於自己的呼吸，數著每一次的呼氣與吸氣，感受我的身體正在滿足我的期待。我可以感覺到鼻孔的開闔，以及胸膛的起伏。然後我讓自己的意念集中在一個字或詞上。我並不會一再重複它，只不過將它保持在心中。如果我發現自己的意念開始游移，便把它拉回來。有些人會選擇『基督』、『上帝』、『菩薩』、『天主』等詞，而我選擇的是『潛心』（Diving within）。

「然後我仔細體會有哪些感受、知覺與圖像流入腦海，並讓這些經驗自然開展。這種感覺就像是安靜地坐著，讓不同的想法浮現到意識層面。通常一開始很難專心，總是會想著一些家庭雜務，還有哪些電子郵件尚未回覆。這時候我就複誦我的詞。過了一會兒，外部世界就會漸漸退去，我也無須重複提詞。我不知道該如何描述，總之我感受到了某種覺醒。

「我的身分，也就是我的『本我』（I-ness）消散於無形，我進入一種逐漸浮現的知覺與感受。此時要迎接它們，不要去解讀它們。就當朋友一樣地迎接它們，面帶笑容地迎接它們。一位老師將這個過程比喻爲觀看雲朵飄入山谷，一陣陣的覺醒在我眼前飄過，然後它們會被其他的覺醒與其他的心理狀態所取代。[11]這就像是接觸到一些一直都存在的東西，只是人們常常看不見它們。

「很難用文字來表達，因爲所有重點都藏在字義之下。當我試圖要描述它，感覺上就變得陳腐又抽象。然而，當我處在那種狀態中，不會有解說員，也不會有翻譯，完全沒有任何語言文字。我完全感受不到時間，不再對自己訴說故事，那種一幕又一幕的畫面不見了。剩下的就是開始浮現的知覺。這樣說，妳懂嗎？」

顯然蜜西已經找到直接感應第一層認知的方法。

「當我離開這種狀態時，我變了。我能以不同的方式看待這個世界。丹尼爾．席格（Daniel Siegel）曾說，那就像妳在深夜中走進森林時，持著手電筒照亮前路。突然間明亮的光束不見了。不過妳的眼睛會逐漸適應黑暗，然後妳就可以看到整個景象了。[12]

「我曾經以爲情緒所代表的就是眞正的我。不過現在我有點像是看著它們在我眼前浮沉。妳會領悟到，那些妳原本認爲就是妳自己的一切，事實上不過是一些經驗，它們都是過眼雲煙。看待事物的方法有很多種，妳會了解自己平常感受事物的方式並沒有多特別。妳會發展出佛家所稱的『初心』（beginner's mind）。妳會以嬰兒看待世界的方式來看待它，即刻感受到所有的事物，卻不會做出任何意識性的選擇或是解譯。」

蜜西興高采烈地說出這些想法。她認爲只要透過正確的訓練，就可以一窺意識底下的神隱王國。一般心智或許只能看到電磁光譜中的一小部分，但如果人們把眼界打開，整個眞實世界或許就會突然展現在眼前。

事實上，神經科學家都是死腦筋的傢伙，但他們對此類的冥想行爲相當尊重。他們會邀請達賴喇嘛與會，有些人還遠赴西藏的喇嘛寺，原因正是因爲科學上的發現和僧侶的作爲之間有著重疊之處。

現在我們知道，那些宗教狂熱者所描述的現象與超驗經驗並不只是幻想。它們不是癲癇發作造成的後果。相反的，人類似乎本來就具備體驗神聖感受的能力，而且當他們超越了平常的感知範圍，就會感受到那種聖潔的時刻。安德魯・紐伯格研究發現，當喇嘛與天主教修女進入深度的冥想或禱告時，腦中負責定義我們身體範圍的頂葉區（parietal lobes）會變得較不活躍。[13]他們會體驗到一種無垠的感受。後續的研究也發現，當聖靈降臨教派（Pentecostal）的信眾在進行禮拜時，會經歷一種特別的腦部變化。他們並不會覺得自己迷失在宇宙，他們的頂葉也沒有變得沉靜，然而他們會感受到一種記憶衰退，以及情緒與感官的增強。如同紐伯格所述：「在聖靈降臨教派的傳統中，其目的就是透過體驗來進行轉變。相較於強化舊信念，人們反而會打開心房，讓新的體驗更加眞實。」[14]不同的宗教行爲會產生不同的大腦狀態，兩者皆符合不同的理論。

腦部掃描無法告訴我們上帝是否存在，因爲他們無法解釋是誰設計了這個架構。他們解不開意識的祕密，也就是情緒會如何重塑腦中的物質，以及這些物質又如何創造出精神與情緒。但他們確實顯示，那些成爲冥想與祈禱專家的人，能夠重新連結他們的大腦。透過將注意力轉而向內，確實有可能讓人一窺潛意識深處的交流，也有可能將意識與潛意識整合，這就是人們所謂的智慧。

蜜西邊吃邊說，還一邊注意艾莉卡，確定對方沒有把自己當瘋子看。她是一個實事求是的人，然而她也知道這些經驗對她來說有多重要。她很抱歉自己無法好好描述清楚，也無法用文字來形容什麼是感知事物全貌，什麼又是覺醒擴張的感受。她並不是一邊啜飲著有機胡蘿蔔汁，一邊談論冥想之道。她是一個醫生，開著號稱吃油怪獸的休旅車，而且午餐時會搭配白酒。她只不過是找到一個科學上可信的方式，用以接觸自己深層的認知。

就在午餐即將結束時，她問艾莉卡是否有興趣參加她的下一堂課，試試所謂的正念冥想。艾莉卡脫口說：「不了，謝謝。我不是很適合這種東西。」她不知道自己爲何會如此回答，她對一窺自我內在的這個想法充滿了深深的厭惡。她終其一生都是向外看，觀察整個世界。她的人生充滿著動作，而不是平靜。事實上，她是害怕向內看。那是一池她不想跳進去的黑水，如果想要活得更鮮明快樂，她恐怕得尋求別的方法。

二度教育

接下來的幾個月，艾莉卡變得像是一隻文化禿鷹，因爲貪婪的渴望與本身個性使然，她一頭栽進藝術世界。她閱讀一些關於西方繪畫的書，也買了一些詩集文選當作睡前讀物。她買了一套談論古典音樂的光碟，在開車時聆聽。她也與友人重新踏進博物館。

就跟大多數人一樣，生命給艾莉卡帶來各種教育。她曾經在學校讀書，她也修習過各種管理課程，並且應用在不同的職務上，當然她也習得了種種技能。最終她擁有某種專業上的知識與技能。

然而，她現在即將展開二度教育。這是一個關於情感的教育，以如何感受與感受些什麼的教育。在第一次的教育中，我們所要學習的資訊會直接從大門向我們走進來，也會有老師跟我們說要介紹的素材有哪些，然後所有人就照表操課地學習。

在二度教育中，並沒有一套課程或一套技能。艾莉卡不過就是隨處尋找她喜愛的東西。學習是她追尋快樂的過程中，隨之而來的副產品。這些資訊不會直接來到她眼前，而是從玻璃窗滲透進來、從地板下方飄進來，或是從心靈的通氣孔溜進來。

艾莉卡閱讀《理性與感性》（*Sense and Sensibility*）、《好兵》（*The Good Soldier*）及《安娜卡列尼娜》（*Anna Karenina*）等書，她深受故事角色感動，也試著模擬角色們的心理，從中找到一些興味。這些小說、詩詞、繪畫與交響樂不會被直接應用到她的工作中，沒有人會特別爲退休的執行長寫詩。然而，眞正重要的是，這些作品所描繪出的情感。

哲學家羅傑·史克魯頓（Roger Scruton）在其著作《文化的重要性》（*Culture Counts*）中寫道：「讀者可以從華茲華斯（Wordsworth）的《序曲》（*Prelude*）中，學到如何單純用自己的想望就能讓自然界生動活潑；觀賞林布蘭《夜巡》（*Night Watch*）的人，則可以感受到團隊的驕傲與庶民生活的良性哀傷；聆聽莫札特《木星交響曲》，可以感受到人性歡愉與創意如潮水湧至；至於閱讀普魯斯特，則會引領我們前往年幼時的奇幻世界，並且讓我們理解到未來歡樂的日子中必定存在悲傷。」[15]

就算到了這把年紀，艾莉卡依然學著用新的方式來感受事物。如果你住在紐約、中國或非洲，你就能夠從這些地方的角度來觀察世界。同樣的，沉浸在小說家的世界中，你也能夠體會他們的觀感。

經歷嘗試與錯誤，艾莉卡找到自己的愛好。過去她喜歡印象派，奇怪的是現在她一點都不會被他們感動，或許是因爲她對他們的作品太熟悉了。另一方面，她對佛羅倫斯文藝復興與林布蘭那些樸實無華又熟悉的色調感到歡喜。每一幅畫作都能撥動她那有著千百萬根弦的心靈。她有時眞的會感受到純粹的喜悅，此時她的心跳加速，胃部抽緊，特別是當她站在畫作前面，或是發現一個新的裝置藝術或詩詞。曾經有一次，她閱讀老少咸宜的安東尼·特洛普（Anthony Trollope）時，感受到故事的情感充滿全身，一種活生生的感受。詩人惠特曼（Walt Whitman）曾說「我的身體毫無厚甲硬皮」，艾莉卡總算可以領會他的意思了。[16]

跳舞的偵察兵

我們可以透過艾莉卡的藝術經驗，看見各種不同知覺的小宇宙。觀看與聽聞都是密集且具創意的過程，不單只是被動的吸收。

舉例而言，當你聆聽音樂時，聲波會以每秒一千一百英尺的速度，穿過空氣到達你的耳鼓，透過耳中的各種細小骨骼，啓動一連串對耳蝸薄膜的震盪，然後產生一些微弱的電極往大腦傳遞。或許你對音樂沒有任何概念，但從母親哼著旋律餵養你的那一刻起，你就已經在潛意識中建構了音樂的模型。你一直都在學習如何找出節奏，以及預測接下來會有些什麼。

聆聽音樂牽涉到一系列精密的計算。如果最後幾個音符出現Y型式，那麼接下來的幾個音符就可能是Z型式。如同約拿．雷勒在《普魯斯特是位精神科學家》（*Proust Was a Neuroscientist*）中寫道：「雖然我們聆聽**音符**的方式絕大多數是由天性所決定，然而我們是透過教養而聽到**音樂**。從三分鐘長的流行歌曲，到五個小時的華格納歌劇，這些文化產物教導我們預期某種音樂型式，而這一切在經年累月之下會深烙在我們的腦中。」[17]

當音樂與我們的預期相符時，我們就會感受到一絲令人快慰的歡愉。有些科學家相信，愈能夠流暢處理資訊的人，就愈能夠從中產生出樂趣。[18]當一首歌、一個故事，或是一個論點，與大腦的內部模型契合時，這種協調感就會產生溫暖滿溢的幸福感受。

不過，心智也會徘徊在熟悉感與新奇感之間。大腦經過演化，可以偵測持續性的變動，同時會因爲理解了意料之外的事而感到愉悅。因此，眞正能吸引我們的，是那些可以撩撥我們的期待，然後加以賞玩的音樂。就如丹尼爾·列維亭（Daniel Levitin）在《大腦中的音樂》（*This Is Your Brain on Music*）中提到，《彩虹曲》（*Over the Rainbow*）這首曲子的前兩個音符，以撼動人心的八度音差來引起我們的注意，然後接下來整首曲子則是以傳統與撫慰人心的調子，讓我們融入其中。[19]而在雷納·梅爾（Leonard Meyer）的著作《音樂的情感與意義》（*Emotion and Meaning in Music*）中，可以看出貝多芬會先建立起一種有明顯節奏感與和諧感的型式，接著他會加以改造，而且幾乎不會重複曲調。生命本無常，快樂的生命就是一連串溫柔的、令人振奮的，以及旋律優美的無常。[20]

欣賞畫作也是類似的過程。首先，心智會創造出一幅畫。也就是說，每隻眼睛都會對景象進行一系列快速又複雜的掃描，然後將這一切混合，並且在大腦皮質層中重生，進而產生單一影像。每次觀察都有一部分是心智無法看到的，那是因爲每隻眼睛都有盲點，就在視神經連結到視網膜的地方。大腦會根據自己的預測來塡補這些盲點。同時，心智會把它對這幅畫的概念附加在上面。舉例而言，心智會將顏色附加上去。儘管光線與其他因素會反射出不同的顏色波長，但心智的內部模型會讓我們以爲顏色是一樣的。[21]如果心智無法將顏色對應給事物，那麼世界將會變得一團混亂，我們也很難從環境中推演出任何有用的資訊。

至今我們仍然無法充分理解這種固定顏色的幻象是如何被創造出來的，但它似乎與比例有關係。試想一個被黃色、藍色與紫色包圍的綠色平面。大腦知道綠色的反射波長與黃色的反射波長之間有著固定比例。就算出現了變化，它仍然可以將固定的特質指定給每一種顏色。倫敦大學學院的克里斯·傅瑞斯（Chris Frith）曾寫道：「我們對世界的感知，是一種幻想與現實的巧合。」[22]

心智創造畫作的同時，也在評估它。很多研究顯示，人們有某些共同的品味。丹尼斯·達頓（Denis Dutton）在著作《藝術的本能》（*The Art Instinct*）中提到，世界各地的人們都受到某些相似的畫作所吸引：那些有著寬廣的空間、水、道路、動物，以及少數幾個人的景觀。現在已經有很多人在研究這種傾向。演化心理學家認爲，多數人喜愛與人類起源地非洲大草原有關的畫作。一般而言，人們不喜歡濃密的植被，因爲那令人望而生畏；也不喜愛貧瘠的沙漠，因爲那表示沒有食物。他們喜愛有著高矮參差的樹叢，有水源，有花卉與果樹等多樣化的植被，以及蒼翠繁茂的寬廣草原。[23]有些批評者指出，較之於本地的景觀，肯亞人更喜愛哈德遜河的畫作，而他們認爲那是因爲紐約州哈德遜河附近的景觀，更能逼眞地模擬出更新世的非洲大草原。現在的肯亞太乾燥了。

更廣義而言，人們喜愛碎形（fractal），也就是在更高放大倍數時會一再重現的型態。[24]大自然中充滿了碎形：山巒層峰交疊，樹葉與枝幹交錯，山楊樹林，河流與支流等。人們喜愛慢慢變化的碎形，而不愛太過複雜的。科學家甚至能夠測量出碎形的密度。麥可·葛詹尼加（Michael Gazzaniga）以下面這個例子來說明：想像你被要求在一張紙上畫出一棵樹。如果你讓整張紙完全空白，那麼碎形密度等於一。若是你畫了一棵有非常多枝幹的樹，整張紙都被黑色填滿，那麼碎形密度等於二。一般而言，人類傾向碎形密度相當於一．三的形態，有點複雜性，卻不會太過頭。[25]

艾莉卡根本無須思考什麼碎形，因為她正觀賞著維梅爾（Vermeer）、范艾克（van Eyck），以及波蒂切利（Botticelli）等人的畫作。這就是重點。她的行動是潛意識的，她不過就是站在那裡品嘗其中的興味。

創造力

經過一陣子，艾莉卡決定要創造自己的藝術品。她試過攝影和水彩畫，卻覺得意興闌珊，也自覺沒什麼天分。有一天她發現了一塊美麗的木材，於是將它作成一小塊砧板。她每天使用它，這給了她很大的滿足感。接下來幾年，只要能力許可，她就會用木材做一些簡單的家庭用品。

她早上會去游泳並散散步，下午她會回到那間她一手建造的小小工坊。國家心理衛生研究院（National Institute of Mental Health）老化研究中心（Center on Aging）的創辦負責人金．柯恩（Gene Cohen）曾說，活動持續的時間比活動本身更重要：「換句話說，一個幾個月或幾年固定聚會一次的讀書俱樂部，對個人身心健全的貢獻，遠比電影、演說與外出遊玩等一次性活動多得多。」[26]

透過雕刻，艾莉卡正在建立一套知識與技術。她必須先觀察眼前這塊木頭，一塊明確存在的東西。她必須憑直覺從這塊木材中找出潛藏的可能，也許是手帕架、書架，甚或是一張桌子。

起初她覺得很困難，但她會去逛一些小店和工藝展，從中觀察那些工匠如何操作。她不是很喜歡工藝運動那種「原創」的氛圍，但她喜歡那些東西本身，也很愛它們組合起來的方式。她一邊觀察，一邊試著做，技藝日漸精進。她發展出一種可以引領她前行的直覺，一套感受與表達方式。當她發現自己獨特的風格時，感到十分訝異。她並不知道這些技藝是怎麼來的，她也不過就是把東西胡搞一通，直到它們看起來順眼爲止。

艾莉卡總是想要做太多事。就算一把年紀了，她仍然低估了一個計畫可能會占用她多久時間。不過她發現自己對創作的東西常會感到不滿意，可是這種不滿意卻令人覺得愉悅。她對自己想要創作的東西會先有一些概念，然後她就會開始忙東忙西地做了起來，卻一直沒辦法消除現實與理想之間的拉扯。她繼續追求。她了解普魯斯特臨終時依然喃喃唸著小說新段落的感受——他想要改寫一段有個角色即將死亡的章節，因爲他終於知道死亡的眞實感受是什麼。[27]

靈感來了又去。工作了幾個小時後，她覺得思緒開始枯竭，感覺上就像是腦中那些小小的氧氣泡泡都用光了，什麼都沒了。她會變得笨手笨腳、無精打采。然而，有時候她又會突然在半夜醒過來，完全清楚自己該做些什麼來解決問題。數學家龐加萊（Henri Poincaré）在踏上巴士時，解出了他一生中最困難的問題。答案就這麼出現在他眼前。他後來寫道：「我繼續原本就在進行的談話，但我心中感到篤定。」[28] 艾莉卡偶爾也會靈光乍現，通常是在她停車或泡茶時。

跟所有的藝術家與工匠一樣，她也被靈感玩弄於股掌間。創意似乎是發生在一些她無力控制的神祕世界。艾美．羅威爾（Amy Lowell）在詩中寫道：「想法會在莫名的狀況下進入我的腦海。就以〈青銅馬群〉為例，我寫下馬是詩作的好主題；我把它寫下來，意識上沒再多想些什麼。但是我真正做的是，將主題投入潛意識中，就像把信件投入信箱一樣。六個月之後，文字就開始進入我的腦袋，至於那首詩，套句我私下常說的話，它一直都在『那裡』。」[29]

艾莉卡學到了為那摸不著的爐灶添加柴火的一個小技巧。如同華茲華斯所說的，藝術是平靜中憶起的情緒。艾莉卡必須讓自己進入一種能展現情緒的狀態。她去看一部驚悚片，或是爬爬山，也或許是看一本悲劇小說。然後，她的心就會開始感到刺痛，她必須要夠放鬆，才能表達出內心的情感。

隨著年歲衰老，她發現自己需要長時間不受打擾的獨處，才能夠讓清醒的心慢慢放鬆，融入內在脈動。只要一個騷動，就會將她整備好的心完全打亂。

這種滿載創意的心，最容易出現在早晨與傍晚時分。她會戴著耳機，放著柔和的古典音樂讓自己放鬆。她必須站在看得到遙遠地平線的窗戶旁。不知為何，她覺得在面向南方的餐廳裡效果最好，而不是在工作室。

她也學到，當她嘗試新的事物時，最好的方式就是快速下手並且犯錯，然後再重頭做一遍。在某些稀少且珍貴的時刻，她甚至會體驗到一些運動員與藝術家所說的福至心靈。那些在腦海中絮叨的聲音沉寂無聲，她失去了時間感，工具導引著她，她與創意合而為一。

她從中得到什麼好處？她的大腦有什麼增長嗎？有些證據顯示，參與藝術教育的兒童會有少量的智商提升，就如同一些證據顯示，參與音樂及戲劇似乎可以增進社交技巧。不過這些研究結果都太過粗略，更何況單單聽個莫札特或是去博物館，根本不可能讓你變得更聰明。

那麼艾莉卡的創意是否能讓她活得更久？會有一點幫助。相當多的證據顯示，心理刺激可以促進長壽。擁有大學學位的人活得比沒有大學學位的人久，就算控制其他變數，還是會得到一樣的結果。[30]有大學學位的修女活得較久，即使她們成年後的生活型態與那些沒有大學學位的人是相同的。在青少年時期習得較多字彙的人，老年後比較不會得老人痴呆。[31]根據一項加州的研究，參與藝術活動的長者比較少需要去看醫生，用藥量比較少，也有較佳的健康狀態。[32]

不過，眞正的獎賞其實是精神面的。有人說，需要心理治療的人，要不是因爲他們需要上緊發條（他們的行爲太不規律），要不就是他們需要好好放鬆（他們受到太多壓抑）。艾莉卡需要的是放鬆。閱讀詩詞、造訪博物館與親手雕刻，似乎都對她有所助益。

而當放鬆時，她變得更有耐心，更像個漫遊的探險家。麥坎．葛拉威爾曾寫道，年輕時就大放異彩的藝術家，較能夠把事物概念化。[33]像畢卡索，他會以一個他想要達成的概念爲始點，然後去執行它。而那些在生命終點前飛黃騰達的人，則比較屬於探索性的。像塞尚，他們的起點並非一個明確的概念，然而在透過一連串的嘗試錯誤後，終究還是會到達目的地。

這並不一定是被動且溫和的過程。一九七二年，偉大的藝術史學家肯尼斯．克拉克（Kenneth Clark）寫了一篇關於他稱之爲「老年型態」的論文。綜觀所有藝術，特別是針對米開朗基羅、提香、林布蘭、多那太羅（Donatello）、透那（Turner）與塞尚等人，他相信自己可以找出許多偉大的老年畫家的共同特質：「孤立的感覺、劇烈的憤怒感受，發展出我所說的先驗性悲觀、對理性的懷疑，以及對直覺的信念……如果我們用較爲狹隘的觀點來考量這些老年藝術，會發現一種對現實的退縮，一種對現有技術的不耐，以及對完備性的渴望。感覺上就像這張畫是一種有機體，其中的成員都共享著這個整體的生命。」[34]

顯然艾莉卡並沒有這些大師的天資，也沒有他們內心的那種波濤洶湧。不過她確實有著想要在最後的日子裡奮力向前的渴望，並且爲自己創造驚喜。艾莉卡發現藝術品可以讓她接觸到自己的內心深處。藝術家會擷取埋藏在許多人心中最初始的情感，把它們帶到人們面前，讓它們被看見。他們展現的是這個種族的集體情感智慧。它們會一直存在，而且會將這種心境一代又一代地傳承下去。就如羅傑．史克魯頓所寫的：「因此我們會像傳承科學與技藝一樣地傳承文化：透過知識的形式來保存這些不這麼做就會從世上消失的知識，並不是要圖利個人，而是爲了要讓全人類都受惠。」[35]

身歷其境

退休後的某個夏天，哈洛與艾莉卡度過了一個此生最棒的假期。他們到法國各地欣賞教堂。爲了這次旅遊，哈洛準備了好幾個月，彷彿回到還在學校時那樣，他看了很多關於教堂的建築結構以及中世紀的歷史。爲了便於攜帶，他將書中段落鍵入電腦的記事簿，此外他也擬了一個旅行計畫，並將整個旅程做了概略說明。他做的與以前從事文物展演的工作差不多，只不過這次他要談的是建築結構與騎士，而且當他一邊說時，他們會一邊漫步在城鎮與教堂間。

哈洛並沒有花很多時間在記憶那些國王的名字與所有戰役。他假定每個時代與每個團體都會在不經意間，產生自己的象徵體系，像是建築物、組織、教誨、慣例與故事，然後人們就不知不覺地活在這些道德與智慧的架構下。當哈洛談到中世紀的生活時，他想要捕捉的是活在當時的那些人心裡有些什麼感受。用他的話來說：他不想要描述魚，他想描述的是那些魚優游其中的水。

哈洛很喜歡這類具有教育意含的旅行。他可以接觸並且感受到過去的時光，不論是古老的黑暗建築、城堡要塞上的霉斑，以及從城堡瞭望台的隙縫望出去的一片森林。當這一切滿溢心中，他似乎進入了另外一個想像時空。

他們的旅程經過了康城、漢斯、莎特等城鎮。他們並肩而行。哈洛小聲地唸著他所準備的資訊，爲了自己與妻子的樂趣，盡可能地多說一些。他會在某個地方突然說：「以前的生活眞的比較極端。夏天很熱而冬天很冷，也沒什麼便利舒適的設施。此外，還有光明黑暗以及健康疾病等極端。政治疆界變幻無常，隨著王侯之死而改變。政府一團混亂，各種習俗以及羅馬與教廷的法律混合交雜。某一年可能豐收，隔年卻是饑荒，也可能某個城鎮物庶民豐，下個城鎮卻民不聊生。三分之一的人口低於十四歲，平均餘命是四十歲，也就是說當時並沒有很多四十歲、五十歲與六十歲的人能夠出面要大家冷靜點。

「因此，他們在情緒上會比現代人更激越。在一些節慶時，他們慶祝的方式是我們難以理解的喝到爛醉如泥。另一方面，他們有時也會感受到某些我們只有在小時候才會感受到的揪心恐懼。他們上一刻才沉醉在溫柔的愛情故事中，下一刻就立即爲肢解一個乞丐而大聲歡呼。他們對於眼淚、痛楚與顏色的感受似乎更爲鮮明。有一些我們認爲理所當的想法，不曾出現在他們的心中。他們心中並沒有所謂能力減損這回事，也就是有心理障礙的人或許無法爲其行爲負起完全責任。他們也沒有司法可誤性的概念，而且認爲所有罪犯都應該予以懲罰折磨，沒有矯治這回事。對他們而言，一切都只有極端，有罪或無辜，救贖或詛咒。」

當哈洛說著這些話時，他與艾莉卡正步行過莎特村落，前往當地教堂。他們穿過一個有著許多咖啡屋的廣場時，哈洛形容十二世紀時的法國人是如何生活在鄙陋骯髒的環境中，卻仍然渴望著一個理想的世界。他們針對騎士精神與典雅的愛建構了一套複雜的禮教規範。他描述著那些掌管宮廷生活的繁複禮儀規則、大量的儀式、要求儀式與神聖誓言的各種組織，以及各種尊貴職業中的人都有其社會階層與被認可的服飾、用色與場所。

哈洛繼續說道：「感覺上就好像他們親自演出一齣戲，也像是將自己短促又卑微的生命轉化成一場夢。」他說，騎馬比武原本應該是一種別具格調的活動，事實上卻常變成一場場胡鬧的亂鬥。愛情理應是很有格調的事，然而它常常只是殘暴的強姦行爲。在想像中，所有的事都轉化成神祕的理想版本，然而現實卻處處充斥著墮落與惡臭。

哈洛指著莎特大教堂說：「他們對美有強烈的渴望，對上帝與理想世界也有著強烈的信心。這強烈的信心成就了這一切。」他描述貴族與農民如何自願奉獻勞力來建設這座偉大的教堂，以及村民們是如何搬到教堂所在村落附近，以便協助打造這個遠高於一般房舍的宏偉大廈。

他解說著一再重複的花飾窗格，像旋律般反覆的斗拱，以及層層疊疊數不盡的石砌。他們花了一小時在西側找尋那些雕刻在中央大門上三位一體的符號，以及基督的身體是如何連結到黃道帶的符號與升天門上的星座。哈洛盡其所能地描述那些極其龐雜的符號與意義，而這些東西足以激起他們一連串的想像以及敬畏。

走進教堂內，他開始描述那些革命性的壯麗設計。一直到十二世紀之前，人類的建築物都是沉重又令人望之生畏的。然而在這裡，他們的建築卻是十分輕盈。他們用石材創造出神聖的感受。阿巴特·蘇傑（Abbot Suger）寫道：「透過這種感受，人或許會開始有神聖的默想。」[36]

哈洛喜歡教書。他對於當導遊的喜愛程度遠高於其他事物。談論到這些歷史場景，他總會深受感動。他開始相信，那些過去幾百年前的人們，在神聖事物上投注的能量比現代人多得多。他們會花更多時間在建築神聖的空間，並且進行神聖的儀式。他們建造了許多通往純淨心靈的通道。相較於現代的各種場所或城市，哈洛覺得廢墟、教堂、宮殿、聖域等這些遠古場域更有吸引力。特別是對歐洲，哈洛將城市區分爲像是法蘭克福之類活著的城市，以及像布魯日與威尼斯之類死去的城市。而他特別愛那些死去的城市。

在教堂內待了約莫一個小時後，哈洛與艾莉卡往回走，準備去用晚餐。當他們穿過西大門時，看到一整群的雕像列隊排在走道兩旁。哈洛不知道這些是什麼，應該是教會的長老之類的人物，也或許是捐獻者、學究，以及遠古時代的一些英雄人物。艾莉卡突然停下腳步看著他們。這些雕像的身體呈圓柱狀，穿著線條優雅的褶襉長袍。他們的姿態都很相似，一隻手垂放腰間，另一隻手則是在頸邊握著些什麼的樣子。但眞正引起哈洛注意的，是他們的臉。

他們之前見到的雕像比較一般且表情冷淡。藝術家只是想要雕塑出一個臉龐，而不是要表現出某個特定的人。但這些雕像卻是描摹眞人，有著獨特的氣質，也被賦予了靈魂。他們展現出無私、超然、耐心與默許等不同的表情。他們反映出個人經歷，以及獨特的希望與理想。儘管已經累了，當哈洛看著那些雕像的臉，卻不由得起了雞皮疙瘩。他有一種他們正在看著他的感覺；他們可以理解他，而且當他看著他們時，他們也回看著他。歷史學家有時會提到所謂歷史出神的瞬間，有一種感受會神奇地出現在眼前，好幾世紀的距離在一瞬間消失無蹤，而且他們會有一種能與過去直接連結的驚人感受。現在哈洛感受到的，就是這樣的出神瞬間，艾莉卡在他的臉上看到了一道紅光。

那眞是神奇又疲憊的一天。夜幕低垂時，他們進到一家餐廳，享用一頓又長又快樂的晚餐。關於中世紀的人對這個世界充滿著困惑這件事，艾莉卡深感驚訝。對我們而言，夜空裡有遙遠的火球與廣闊的空間。但對他們而言，夜空卻存在著各種生物與魔法。教堂中的石頭與森林中的樹木都會和幽靈、鬼魂與神靈相呼應。教堂不只是建築物，它們就像是神靈的發電廠，也是天堂與人間相遇的地方。[37]根據她的觀察，那個時候的人對於神祕主義似乎照單全收。他們會將希臘、羅馬、基督教以及異教徒的迷信混在一起，完全不管所爲何來。甚至連聖徒的骨頭都被說成有魔法。感覺上就像是所有存在的東西都可以被當成神靈現身；而一切美的東西也都是神聖的東西。

相較之下，我們的世界反而不那麼令人神往。她邊想邊嘆氣。

哈洛提及自己覺得這趟旅程多麼有趣。不知爲何，他覺得似乎只有在教導別人時，知識才會變得生動，最後他打趣地說，或許他眞的該去當導遊。艾莉卡挑釁問道：「可能嗎？」

當晚他們弄出了計畫。哈洛可以先帶一些層次比較高的小團體。或許一年辦個三團。他可以先研究幾個月，就像他這次研究中世紀的方式，然後帶領一個團前往法國、土耳其或聖地。他們可以跟旅行社簽約，那麼他們就不必花太多心思在旅遊事務的安排上。艾莉卡可以執行其他營運事物，這將是他們退休之後的小生意。艾莉卡想到他們應該可以跟那些也是做這一類旅遊行程的團體競爭，他們的特色將是小而美。他們的客源主要是朋友，因此旅客彼此本來就有某種程度的認識。

這差不多就是接下來八年間發生的事情。他們創立了一間身歷其境旅行社，它就像是一堂人類文明的旅遊課程，只不過加了很棒的葡萄酒與飯店而已。他們會在家中待好幾個月，哈洛埋首於準備工作。然後他們帶團出去度兩個星期的假，在希臘或是其他人類成就軌跡上的某個點，享受一個全包式的教育性假期。哈洛很喜歡這項任務。對哈洛而言，旅程的準備過程事實上比旅行本身更有趣。艾莉卡一年中會有三次機會去體驗密集的學習。當她踏上旅程時，時間似乎變慢了。她注意到千百種神奇的事物，彷彿皮膚上的毛細孔全張開了一樣。

艾莉卡終其一生都不曾眞正放鬆過。她總是持續移動，持續工作，持續成就。但這算得上是某種甜美的奮鬥。對一個一生都在奮力向上爬的人來說，這些旅程是純粹的愉悅。

【第二十二章】

生命意義

生命是一場靈魂之間永不止息的相互貫通……

沒有人知道那些老不死的從什麼時候開始出現在這些山頭。當你在科羅拉多州亞斯平附近健行、騎腳踏車，或是玩越野滑雪時，你會突然聽到後方出現一種像是F－18戰鬥機的呼嘯聲。一回頭就可以看到某個穿著彈性纖維，短小精悍的傢伙。他們是一群決定在退休後繼續進行健康聖戰，身體超級強健的老人家。由於年過七十歲，身形有點萎縮，身高一五〇、體重不到五十公斤的一把老骨頭，就這麼包裹在名牌運動衣裡。他會以驚人的速度向你衝過來，手腕和腳踝上都綁著負重，瘦小乾皺的臉上掛著強烈決心。當你在山邊喘得上氣不接下氣，這位穿著緊身衣的超級老人會像一顆鐵製巧克力葡萄乾那樣，吹著口哨從你旁走過去。

這些老人們曾經戰勝所有挑戰，因此他們決定對抗死亡。年輕時他們是野心勃勃的開創者。他們早在六歲就開始當送報童，二十二歲賺得人生第一桶金，也因爲娶過一堆美女而造就了基因上的奇異現象。明明祖母長得跟葛楚德·史坦（Gertrude Stein）一個樣，孫女兒卻長得像烏瑪·舒曼（Uma Thurman）。

在追求青春不老的過程中，他們會雇用一些從健康訓練營結業的個人訓練師，爲他們規畫一些健康策略，像是能量雪克飲品、素食概念料理，以及骨髓保存等。你可以預期他們在七十歲時仍然可以玩衝浪板、七十五歲時登上聖母峰，九十歲時把壯陽藥當口氣清新錠那樣吞，而且做體能訓練時的拚命程度讓想要跟上他們的訓練師幾乎要心臟病發作。

他們有時間、方法和專注力來做這些事，因爲他們正值老年青春期（Pluto-adolescence）。當那些野心勃勃的人賺了大錢，退休後住進高級社區，他們的生命就開始進入這種狀態。他們有錢有閒，心態上也適合將一些十八歲時喜愛的幼稚東西當作正經事業來搞。事實上，他們的體力已大不如前，不過還是可以靠美國運通白金卡來短暫放縱一下。他們往來的都是一些大明星，像是影星凱文・柯斯納、股神巴菲特之類的。與年輕服務生調情失敗後，他們只好回家找自己的活動規畫師，也就是幾十年前娶回家，現在已年近五十，變身成爲美國怪物的戰利品嬌妻。美容手術似乎對愈糟的狀況愈有效果，所以這些老女人有著像網球女將小威廉斯（Serena Williams）般緊實的大腿，卻也有因重力拉扯的下垂臉頰，以及塡充枕頭般的嘴唇。

由於投資教育蔚爲風潮，所以這些傢伙除了有三棟房子、六輛車、四位姨太太外，還有五所特許學校。他們也花了很多時間一起廝混。如果去那些像是布里吉漢普頓、亞斯平、馬里布之類的度假社區，你可以看到一整群這類身材過於良好的老人，在傍晚時分時聚集在人行道旁，準備前往西班牙餐廳吃飯。

其實他們之中根本沒有人眞的想去西班牙餐廳，看著一大堆小碟子裝著他們看不懂的東西。

然而，他們都逃不出某種新都會主義者的力量，因著複雜的時尚潮流，他們注定得接受無盡的小碟菜磨難。他們被迫要忍受九十分鐘的時間，跟一些傳統油炸麵餅、烏賊佐蒜味美乃滋、番紅花飯佐花枝，以及從加納利群島直送的烤椒搏鬥，但事實上他們對這些根本不期待也沒什麼食慾。這就是他們必須要承受的一種文明迷思。

走在通往悲慘的小碟菜餐廳那條長長的灰色道路上，這群人散發出某種男性的輕浮，氣氛變得有些奇妙。這是一種人類本性的定律，只要你將愈多的男人聚集在一個快樂的群體，團體中的每個人就會愈來愈像地產大亨川普。首先，他們擁有一種男性的光合作用，能夠將陽光轉化成自戀。根據團體自負的定律，他們會創造出一種自我強化、自視不凡的漩渦，把個性中最自我陶醉的面向全吸引出來。

在其他的場合中，他們全都是充滿愛心的祖父，會熱切地想要談談他們在史丹佛大學就讀而目前正前往柬埔寨進行爲期一年海外課程的孫兒。然而，當他們進入這種只穿運動拖鞋不穿襪子的資產階級男孩幫派時，他們就全變成了不成熟的男孩。他們大口呼吸，大聲談笑。他們暫時變成了一群老惡棍，在高漲的男性歇斯底里下盡情地吹牛。他們彷彿患了大富豪式的阿茲海默症；他們唯一還在意的，是如何勃起這檔事。

冥想的生活

退休後，艾莉卡與哈洛在亞斯平買了第二棟房子，他們會在夏天以及聖誕節期間，過來住個幾週。他們到鎮上時，總會看到那些老人呼嘯而過，但他們選擇的是另一種不同的路。他們也達成了所謂的成功，但他們的成功是另一種形式的成功。在不經意間，他們創造出一種反文化。他們並未刻意去排斥主流的生活型態，他們不過是忽略它罷了。他們生活與思考的方式與一般人不同，他們的生命也有著與眾不同且更加深入的樣貌。他們對人類心靈的泉源有更多的感知。當你見到他們時，會對他們的內在與深度印象深刻。

夏日午後，他們會坐在門廊的籐椅上遠眺咆哮山谷河，對那些偶然經過的木筏旅者揮手打招呼。哈洛會閱讀一些正經書籍，而艾莉卡則讀一些小說並打個盹兒。哈洛端詳睡著的妻子。她的華人特徵在年紀漸長時更加明顯，她也瘦了些。哈洛記得曾讀過馬克．索茲曼（Mark Saltzman）所寫的故事，內容是關於一個學習英文的中國人。有一天，老師問他此生經歷過最快樂的事情是什麼，這個華人想了好一段時間，靦腆地笑著說，有一次她的妻子去北京吃烤鴨，而她常常對他提起那鴨子有多麼美味。這個故事的結論是，「他應該要說，他這一生最快樂的時候就是她的旅程，以及吃鴨子這件事。」[1]

哈洛回想起自己的生活，試圖套入這樣的故事框架。他記得艾莉卡在高中時曾因爲上了榮譽榜而得到一件藍色襯衫，這件事讓她驕傲萬分，後來只要是歡迎新進員工的場合，或是受邀到企業與大學畢業典禮上演說，她總會提起這件事。這個故事他已經聽了上百遍。一開始是在他們剛展開自己的人生時，她會在晚餐時說到這個故事；接下來是在自信的中年，當她接受訪問或是款待時會提到；然後就是現在，當她變得蒼老瘦小又滿臉皺紋時。他想想，若說他此生最快樂的時候，是艾莉卡認識自己之前登上榮譽榜，並且獲得那件襯衫的時候，這樣的說法未必全然不正確。

他們有時會一邊喝紅酒，一邊談天說地。傍晚時分，艾莉卡會起身拿件外套給哈洛，然後去爲兩人準備晚餐。哈洛則坐在那裡看著夕陽西沉。

他們的旅遊公司持續了八年，最終不得不放棄。哈洛的膝蓋開始退化，接著是髖關節與踝關節。他現在幾乎不太能動，要用上兩根枴杖才能勉強慢慢行走。他無法再打網球，高爾夫球也不行，也無法輕鬆地在屋內走動。

他的身體正逐漸崩壞。過去幾年，他幾乎每年都要爲了某些原因而住院。有的人會隨著年紀漸老而變得瘦弱，他卻是因爲不良於行而變得肥胖。老態龍鐘的他愈來愈需要幫助，就算只是下床或站起來這樣的小動作，他也難以做到。艾莉卡會抓住他的手臂然後往後仰，就像水手往後傾拉住船帆一樣。

當狀況更形惡化，就得要有人時時看顧他。哈洛被困在椅子上。當他了解自己已經不是生活的參與者時，他陷入憂鬱症。有好幾個月的時間，夜裡他會因爲心思狂亂而無法入睡。他想像著即將要發生的恐怖事情：外科醫師打開他的胸腔，他的喉嚨滿是血水，阻礙了空氣的進出；他無法說話，逐漸失去意識，然後失去四肢、視力與聽力。

他無法再參加任何派對或社交場合。他只能扶著牆壁站立。他的妻子與護士以超乎期待的關心、耐心與專心服侍他。她們的付出對他而言珍貴萬分，因爲他很清楚這輩子自己已不可能回報了。他必須放棄男性的驕傲、自負，以及自我掌控的意念，完全仰仗她們的照料與愛。起初真的很難就這麼全然地依賴她們的愛，她們的關注讓他抓狂。然而她們充滿耐心的愛安撫了他，最後他的身體狀況穩定下來，情緒也有所振作。

他會坐在門廊上觀看各種自然：天空、山巒、樹木、河流、太陽。研究人員發現，陽光與自然景觀對心靈與情緒有顯著影響，但這樣的結論並不令人驚訝。[2] 相較於低緯度的人，那些住在陽光較少的高緯度地區的人們，憂鬱症發生率較高。同樣的情形也發生在時區偏西的人們，因爲這些地方的太陽較晚升起。相較於大多在白天工作的人，那些花較多時間在晚間時段工作的人，乳癌發生率較高。研究人員也發現，相較於沒有景觀的病房，住在看得到自然視野的病房，病人會恢復得更快一些。一項在米蘭進行的研究發現，相較於住在面向西方的病房，住在面向東方的病房的抑鬱症病患，出院時程可以提早三天半。[3]

哈洛會跟自己玩個小遊戲。他坐在門廊上看著草地上的一朵小花。他專注於花瓣的美。接著他抬起頭看著幾英里外冰封的山頂。突然間，全然不同的感受襲來，一種敬畏、景仰、偉大的感受。單單就這樣坐著，他可以從簡單的美直達莊嚴神聖，然後再回到原來的地方。

他很愛這些壯麗的景觀。這一切給他一種莊嚴的感受，一種與神聖秩序的連結，以及歸屬於整體的感受。生活在大自然中的人，在日常記憶與注意力的測試上，表現得比住在都市的人們好，情緒也會比較好。如同哲學家查爾斯．泰勒（Charles Taylor）所寫：「自然之所以吸引我們，就是因爲它某種程度上能與我們的感受和諧共鳴，因此它可以反映並強化那些我們已然感知到的，並且喚醒那些蟄伏於心中的。自然是一種能盡展我們最高情感的鍵盤，就像我們會想聽音樂一樣，我們會追尋自然，以之啓發並強化我們內在美好的一切。」[4]

山巒與樹木讓哈洛放鬆，覺得生氣蓬勃，但無法眞的滿足他。曾經有人說，自然是宗教必要的調配劑，但它畢竟不是宗教。

大多數的時間，哈洛仍然覺得痛苦萬分。在那種恐怖的時刻，痛苦就像瓦斯充滿整個氣瓶一樣，塡滿了他的心。他幾乎忘了不痛是什麼感覺。然而當痛苦消失的時候，他也記不得痛苦到底是什麼樣子。

在大多數的時間裡，哈洛想到的都是人。他的腦海裡會閃過一些影像：兒時玩伴與他的玩具車；他的父母帶著他去看一棟新房子；一位很不順利的同事，在廁所搓洗他那張紅通通的臉。不過他的記憶裡有一些神祕的裂痕。他想不起自己曾與父母一起坐在餐桌前，但那確確實實經常發生。

哈洛發現自己的記憶是一串串連結的。他記得在四年級玩躲避球時曾接到球，而這讓他想起那一年的老師是誰，而且他曾經暗戀過那位老師。他感受到她的存在，卻怎麼也想不起她長什麼樣子。她有一頭深色長髮，身高好像很高。除了美麗與溫柔，以及他對她當時的感受外，別無其他特別之處。

哈洛請艾莉卡將一箱雜物拿過來，其中有過去數十年來他們亂七八糟搜集的相片、文章和文件。他翻找箱子裡的東西。即便是在較年輕的時候，他一向只保留快樂的記憶，不愉快的時光很快就離他遠去。

當他在這一堆老東西中翻找時，變得有些狂亂。或許是喝醉了吧，他又回復白天喝酒的習慣。情緒與情感在他體內奔騰。他發現自己可以完整地記得那些古老詩句、奧運會、大選，以及全國重大事件，影像在他腦海中不斷浮現。他甚至可以重溫過去某個年代的氛圍，像是人們的髮型，或是他們所說的笑話。

他坐在那裡胡思亂想打發時間。心理學家對於那些無法掌控自己思緒、言語毫無章法的老人家有一個用詞。他們稱之爲「離題贅言」（off-topic verbosity）。哈洛也有這樣的毛病，不同的是他的離題贅言發生在心裡。有時候，他會想起自己還是個小男孩時在浪頭上衝浪，下一刻卻轉到他上週搭車的記憶。

有個古老的寓言說，一個和尚到森林散步時，停下腳步聆聽小鳥可愛的囀鳴聲。當他回到寺院時，放眼望去都是陌生人，因爲他已經離開五十年了。某天下午，哈洛覺得他的人生計時器似乎也壞掉了。

透過回憶，哈洛覺得年輕了起來。一九七九年，心理學家愛倫·蘭格（Ellen Langer）進行了一項研究。她將一些一九五〇年代的道具裝設在新罕布夏州彼得勃勒（Peterborough）的一個寺院中。[5]接著她邀請一些七、八十歲的男性到此待上一週。他們觀看《蘇利文劇場》（*Ed Sullivan shows*），聽納金高（Nat King Cole）的廣播節目，討論一九五九年巴爾的摩公馬隊跟紐約巨人隊之間的冠軍戰。一星期過後，這些人平均都胖了三磅，看起來也更年輕。聽力與記憶力的測驗都表得得更好。他們的關節變得更有彈性，有百分之六十三的人在智力測驗上獲得更好的成績。這一類的實驗比較是建議性而非科學性的，但是當哈洛活在過去的記憶中時，他真的覺得比較舒服。痛苦逐漸消失，快樂加倍。

尋找意義

哈洛花了很多時間回憶他青少年的時光，大約是十六歲左右的生活。這段時期被研究人員稱爲「回憶爆衝」（reminiscence bump），因爲來自青少年末期到成人初期之間的這段回憶，比生命中任何時期都要鮮明。[6]不過他懷疑自己的記憶是否準確。

當葛蘭特縱貫式研究的喬治．威廉特（George Vaillant）將一位年長實驗對象的早年生活報告寄去給他本人查驗時，這位老先生將報告寄回並堅稱：「你們一定是送錯人了。」他已經不記得當時記錄下的這些事。[7]另一個研究對象曾經歷飽受父母虐待的悲傷童年，而且當時也有完整的紀錄。然而，到了七十歲，他記憶中的父親是一個「愛家的好男人」，母親則是「世界上最和善的女性」。[8]

哈洛也體驗到某種消極的享受。過去他一直都在努力準備和發展，現在終於能夠把這些負擔全部放掉。威廉．詹姆斯曾說：「當我們不再汲汲營營地追求年輕或苗條時，日子會有多快活。」[9]雖然都已經一隻腳跨進棺材了，哈洛依然覺得學有未足。跟多數人一樣，他甚至連想都沒想，就認定生命不僅是一連串等待我們去體驗的事件，也是一個等待我們去回答的問題。這一切所爲何來？當他坐在門廊上，將柺杖擱在椅子旁，在這生命最後的階段，他開始理解自身存在的意義。

維克多．法蘭可在他著名的大作《活出意義來》（*Man's Search for Meaning*）中曾寫道：「一個人對意義的追尋，是生命中最主要的動機。」[10]他引用尼采的話：「人只要有**為何**而活的理由，那麼不管**如何**艱難他都會願意承擔。」[11]接著法蘭可說出一個重要且很有幫助的重點：想要以簡化抽象的方式來思考生命的意義只是徒勞。生命的意義只有在特定的生命中，特定的情境下，才得以彰顯。在集中營裡，他寫道：「我們不僅要領悟，也要教導那些絕望的人們，期待從生命中得到什麼根本無關緊要，眞正該在乎的是生命對我們的期待是什麼。我們應該停止質問生命的意義是什麼，而是把自己當作那些時時刻刻都在承受生命質問的人。我們的答案必須一致，不是言語或想像的一致，而是在正確的行動與正確的行爲上達成一致。」[12]

哈洛回想自己的生命，他扮演過兒子、丈夫、企業顧問，以及歷史學家等角色，他很好奇生命到底想要問他什麼問題。他試圖定義生命的意義。他原本以爲這個工作並不困難，不過當他努力追尋生命之鑰，卻發現它難以尋得。他誠實推敲，發覺自己的生命是一連串片段事件的組合。

有時他會以賺錢爲中心，有時他又會把錢財拋在腦後。有時他野心勃勃，有時候卻非如此。某幾年間他一直戴著學者的面具，其他時刻又戴上生意人的面具，到底哪一個才是眞正的他？爾文．高夫曼（Erving Goffman）在《日常生活中的自我表演》（*The Presentation of Self in Everyday Life*）中說，就算在內心最深處，依然都是面具。[13]

科學家與作家都想要提出某種框架來描述生命的演進。亞伯拉罕．馬斯洛（Abraham Maslow）定義出著名的需求階層，從生理而安全、愛、尊重與自我實現。不過晚近的研究卻對人類的生命是否眞符合這種簡單框架提出質疑，他們認爲馬斯洛所描述的那種簡單階層根本不存在。[14]就拿買車這種最單純的事爲例。人們選擇車子的因素到底是什麼？是外型、《消費者報告》、品牌印象、試駕感受、車子所象徵的身分地位，或是經銷商給的折扣？這一切在決策上都有其角色，但影響不一。這些因素與最後的決策之間，存在一個模糊地帶。

康德曾寫道：「就算透過最嚴格的檢驗，我們仍然無法看透行爲的神祕源頭。」[15]如果這對買車而言是眞的，對於生命目標的追求應該更加眞切吧。如果哈洛眞的理解自己，他應該可以預料接下來一年間，他想得到些什麼，但他根本無法預料，連一個月內的他都辦不到。如果哈洛眞的理解自己，那麼他應該可以描述出某些他具備的特質，然而他沒有自信能夠辦到。人們很容易高估和誤解自己的能力。大量研究顯示，人對自身個性的評估與周遭人對他的評估，兩者之間的相關度非常低。[16]

哈洛原本想要坐下來想想自己，但沒幾秒鐘他就轉而想起一些他認識的人，以及他歷過的事。有時他會想到職場上的一些計畫，或是他與同僚曾發生過的爭執。他覺得自己與這些悲喜劇有一種緊密的連結。要他就想著自己一個人，也就是他到底是什麼樣的人，以及他生存的目標是什麼，他卻怎麼都想不出一個明確的概念。感覺上他就像是一種光學幻象，當你沒有直視著它，它會顯現出來，但當你全神貫注地看它，它卻消失不見了。

他的一些朋友們對自己都有一套說法。其中一位是從身無分文的窮小子，搖身一變成爲大富豪。另一位是突然被上帝拯救的罪人。還有一位則是在人生的旅途中，對所有事物都改變了想法；他的起點是在一片迷霧森林，最後卻能從眞相的光芒中探出頭來。

在丹．麥克亞當斯（Dan McAdams）的著作《被贖回的自我》（*The Redemptive Self*）中曾提到，美國人特別容易將自己的生命組織成一連串救贖的故事。[17]曾經，他們走在一條崎嶇的路上，後來他們遇見一位心靈導師或是找到了一個妻子，也或許是去某個基金會工作，或是做了些什麼事，然後他們就此得到救贖。他們從錯誤中被拯救出來，並且被放在一條康莊大道上，而他們的生命也從此有了意義。

回顧自己的一生，哈洛發現自己的生命與這些敘事模式根本無法吻合。而且在這種自我分析的過程中，哈洛變得極度哀傷，因爲他總覺得眼前有一個他永遠趕不及的期限。有些心理學家會要求病人坐在椅子上探索自己的內心。然而，許多證據顯示，這一類的反思通常是有害的。當人們感到沮喪時，他們會挑出生命中負面的情緒或事件，將焦點擺在上面，然後變得更不開心。維吉尼亞大學的提摩西．威爾森在《佛洛伊德的近視眼》一書中提到，反思會讓沮喪的人更沮喪，分散注意力則可讓他們不再那麼沮喪。[18]喜歡沉思默想的人，容易陷入自我挫敗和負向思考，他們在問題解決上表現較差，對未來的預測也比較悲觀。

有時候，這種自我檢驗對哈洛而言似乎沒有什麼用。卡夫卡曾說：「較之於對自己房間的理解，我對自己的理解少得可憐。根本就沒有觀察內在世界這回事，它不像外部世界那樣可以觀察。」[19]

最後一天

夏末，某天下午哈洛來到亞斯平房子外的門廊上，看著遠處河水流過。他聽得見艾莉卡在樓上書房敲著鍵盤。他的腿上擺著一個刮痕累累的鐵盒，他翻閱著其中的文件與照片。

他無意間看到一張很久以前的照片，照片中的他大約六歲。他當時穿著一件海軍藍的短大衣，正從溜滑梯上滑下來，表情專注看著下方的滑道。

哈洛自問：「我跟這個小朋友還有什麼共同點？」其實什麼都沒有了，除了那個人確實是自己。不管是知識、環境、經驗與外表，都不一樣了，但是那個男孩心裡的某些東西，至今依然活在他心中。有某些本質會隨著他的老化而改變，然而並不會變成完全不同的東西。這些本質，哈洛稱之爲靈魂。

他認爲這些本質會出現在神經與突觸之處。他一生下來就有某些連結，而因爲大腦是感受的記錄器，新的神經連結也開始在腦中慢慢增生。哈洛忍不住心想，這是多麼引人入勝的事啊！這些連結是由情感所構成。大腦是實存的肉體，而這數十億個能量脈動竟能產生出精神與靈魂。他認爲，一定有什麼至高的創造力量存在，才能將愛轉化成突觸，並且將一整群的突觸再轉化成爲愛。所謂上帝之手，應該就在那裡。

哈洛看著小男孩抓著溜滑梯扶手的手臂和臉上的表情。他無須想像那個小男孩的心情與恐懼，因爲某種程度上，他仍然可以感受到那一切。他也無須重建那個小男孩觀看世界的方式，畢竟那就是他自己的方式。那個小男孩有懼高症；那個小男孩看到血會暈眩；那個小男孩一直都沉浸在愛中，卻感到孤單。那個小男孩早已擁有一座隱形的王國，一個由他的性格與反應所投射出的王國，它會在他不同的人生階段中成長，也會堅持與退讓，甚至還會倒退。而那個王國就是過去與現在的他。

那個王國的一部分，是由他與父母的關係所建構起來。他們並不是什麼特別有深度的人。他們花了很多時間工作，他們注重外表又自負。他們其實無從回應他最深的需求，但他們眞的都是好人，也都很愛他。或許他們其中一位曾經帶他到遊樂場，替他拍下了這張照片，並將之存在某處，所以哈洛現在才看得到這張照片。拍攝這張照片時有種情緒，收藏照片時也有情緒，而當哈洛現在看著它並想像自己的父母時，也有情緒。這些迴圈在數十年間仍然持續運轉著，也會一代代繼續下去。

靈魂就是從這些情感的迴圈中產生的。雖然這些迴圈短暫又脆弱，卻也是永恆與持久的。就算到今天，哈洛心中仍然有些蟄伏的細胞，也就是很久之前就深植心中的情感與恐懼，它們可以冬眠數十年，然後在某個適合的環境下，突然甦醒過來。這包含了他父母對他的一些小小成就的反應，那種甜美的感受終其一生都是推動他的力量。他的祖父母是勞工階層，自覺不曾被中產階級所接納，好像他們的存在根本是一種意外，這樣的不安也一直跟隨著哈洛。同學們並肩作戰的那種感受，那種同袍情誼，即便至死也會讓他勇敢堅強。生命早期的連結可以預測一個人是否會長壽與健康。

哈洛曾想了解在潛意識之內，各種關係的交互作用，但沒有成功。面對這個領域，唯一適合抱持的態度，就是驚嘆、感激、敬畏，以及謙遜。有些人認爲他們是自己生命的主宰，有人則相信所謂的自我不過是一艘由船老大掌舵的木船。然而，哈洛所理解到的是，他的意識自我，也就是腦袋裡的那個聲音，比較像是個僕役而非主人。它從那隱藏的王國浮現，存在並且用來滋養、修改、抑制、照料、琢磨、深化內在的靈魂。

在此之前，他一直在想到底生命最後會是什麼樣子。現在故事終於完滿，他也知道自己的命運，並且把未來的重擔放下了。對於死亡的冰冷恐懼確實存在他心中，但他也清楚自己算是非常幸運的人了。

他退一步，自問幾個問題，算是對自己的一生做考核。每個問題都會產生感受，因此他根本無須把答案形諸文字。他是否讓自己的生命更有意義？在講究即時通訊的文化裡，在一個非常容易活得膚淺的世界中，他是否花時間在重要的事情上，發展出能引以爲傲的才能？問這個問題的感覺還不錯，因爲即便他不是先知或聖賢，他閱讀了相當多嚴謹的書籍，面對許多嚴肅的課題，也盡力去耕耘豐饒的內心世界。

他是否對知識的大河有所貢獻，爲將來的世代留下一些遺產？這個問題就讓他不是很舒服了。他曾經做過一些新研究，他寫過不少論文，講授過不少課。但大多時候，他都是觀察者而不是演員。有多年時間，他一直在遊移，在一個又一個興趣間擺盪。有的時候是因爲他有所保留，不願承擔風險，也不想承受必然的打擊。其實他並未把自己有能力傳承的一切留予後世。

他是否超越了這個紅塵俗世？沒有。他一直都認爲在科學所理解的生命之外，必然另有一片天。不知爲何，他一直都相信上帝的存在是超越時間與空間的，但他不曾信教。雖然他已嚐盡生活一切，可惜的是，他未曾體會神性的超脫。

他愛過嗎？確定有。他成年生活中不變的一件事，就是對妻子的仰慕與愛意。他知道她無法以同等的力量與投入來回應他的愛。他也知道她讓他相形見絀，而且他們的生命軌跡是隨著她的成就向前走的。他知道有時她會對他失去興趣，而且在婚姻中期曾經出現一段孤獨的歲月。然而，這一切對他已不再重要。終究來說，他能夠跟她在一起，爲她而犧牲自己，就是一種恩賜。在他最脆弱的晚年，她已將他曾付出的一切都還給了他。就算他們是這個月才結婚，像他這樣完全動彈不得，而她對他萬般呵護，這樣的生命依然值得好好活下去。就算時日不多了，他對她的愛仍然不斷滋長。

這時候，艾莉卡走出來問他要不要拿晚餐到外頭來吃。他問道：「喔，又到了晚餐時間啦？」

她說對啊，冰箱中有些雞肉可以吃，還可以搭配薯條。她回到屋裡，哈洛則又回到自己的白日夢中。當他看著生命中不同的場景，生命的問題開始消散，此時的他只剩下感覺。那就像是在一場音樂會或是電影中，自我的感覺開始消失。就好像他還是個小男孩時，在自己的房間裡推著玩具卡車到處跑，迷失在某種大冒險裡。

艾莉卡再度走到外面時，餐盤從她手中滑落，她大叫著衝向哈洛並抓住他的手。他的身體癱軟，頭往下垂，口水從嘴角流出。她看著他的眼睛，一雙她這幾十年來習慣看著的眼睛，這會兒卻看不出任何反應，即便他仍然有呼吸。她起身想要衝去打電話，但哈洛的手臂緊緊圈著她。她只好坐了下來低聲啜泣。

哈洛已經失去意識，但尚未死亡。各種影像流入他腦中，像是要睡著那樣。這些影像一團混亂。他覺得這跟之前的方式並不相同，是文字無法形容的。我們或許會說，他在瞬間感受到這一切。我們也可以說，他是以印象派的方式來感受它們，而不是用分析的方式。他感受到了存在。

當我寫下這一頁時，我必須逐字逐句地寫，但這並不是哈洛感受它們的方式。出現在他眼前的影像，有他還是個小男孩時常騎著腳踏車經過的小徑，也有前幾天他遠眺過的山岳，有他與母親一起作家庭作業的影像，也有他在高中時打球的畫面。有他進行的演說，他受到的褒揚，他有過的性愛，他讀過的書，以及當新的想法如潮水般湧來的那些瞬間。

在幾個短暫的瞬間，他的意識幾乎要回復過來。他看見艾莉卡在啜泣，憐憫地撫著他。在他內心深處，心智的漩渦依然對她眷戀不已。這些是從她的意識跳躍到他潛意識裡的共同漩渦。沒有界限，只有無盡的溫柔。他無法專注，但他解讀他人靈魂的能力增長了。在這一瞬間，他與她的關係是直接的。無關分析，毫無保留，沒有野心，更遑論未來與過去。就只有彼此，生命的合體。也是一種更高的智慧，靈魂的交融。在此時，他已不再追問生命意義的問題，因爲一切都已得到答案了。

哈洛完全進入了那個隱藏的王國，永遠失去了意識。在他最後的時刻裡，沒有界限，也沒有形體。雖然他無法再運用意識的力量，卻也擺脫了它的枷鎖。他很幸運能夠以意識來引導自己的生活，滋養內在的生命，但意識的代價就是他對自己的死亡將會有所知覺。而現在他失去了意識，他不再關注任何事物，進入了不可言諭的領域。

這是否代表他已進入了天國？艾莉卡並未接收到這種訊息。他的心臟繼續跳了幾分鐘，他的肺時而充滿空氣，時而空虛，而他腦中的電子化學反應依然洶湧。他最後做了幾個動作與抽搐，醫生稱之爲非自主動作，但此時這些動作比任何動作更令人感動。其中一個是久久地緊握著手，艾莉卡認定這是對她的道別。

開始時有什麼，結束時依然會在。以最簡單的方式來說，知覺、感受、欲望、需求等的交互作用，就是我們所謂的潛意識。這種交互作用並非較低階的部分，也不是等著被超越的某種次級特色。這就是人的核心，看不見也無法理解，但是至高無上。哈洛在他的生命中達成了一件重要的事。他建構了一個觀點。人們視生命爲一場由具備思考能力的機器所下的棋局；哈洛則視生命爲一場靈魂之間永不止息的相互貫通。

後記

我們連自己都無法了解了，更別説是對其他人……

本書描述的研究證實了一個論點：我們的經驗常會誤導自己。我們總認爲大腦有個地方是用來處理資訊、考量各種選項，然後做出決策。我們的腦袋裡似乎有一種聲音，掌管我們的所作所爲。我們以爲當我們看著世界，就眞的能理解一切。

然而，這些主張並不正確。沒有所謂腦中的精靈，當然也沒有內在自我來爲我們決策。腦袋中的聲音或許自認爲是它在掌控一切，但事實上它只不過是支援性的角色，而且完全不知道它下方有個主要角色存在。我們對於周遭事物大都懵懵懂懂，甚至對自己如何反應也所知甚少。

我們並非像自己所想像的那樣。

當觀念史學家回顧這些對我們自己的新發現時，我猜他們可能會更重視丹尼爾・卡尼曼與阿默・特佛斯基的研究。在十九世紀與二十世紀的多數時間裡，系統化的思潮大行其道，認定人們是理性的、追求效用最大化、自覺、一致，以及可預測的。然而，打從一九七○年代起，卡尼曼與特佛斯基開始在這些想法上戳出了一些洞。他們找出各種關於人們感知以及面對這個世界的一些隱藏性過程。

在某個實驗中，卡尼曼將攝影機對準人們的眼睛，然後要求他們解一些數學題。當人們專注於問題時，瞳孔會擴張。卡尼曼與其同僚們就可以依瞳孔的大小來追蹤人們專心的程度。當他們的瞳孔開始收縮時，卡尼曼就會問：「怎麼不做了呢？」實驗對象則會喊道：「你是怎麼知道的？」而卡尼曼會這樣回答：「我們有個直視你靈魂的窗口。」

卡尼曼與特佛斯基著手統整人們的潛意識偏差。其中最具影響力的，就是對損失的拒斥。我們在避免損失上所費的心思，遠高於對獲取好處所做的努力。經濟學家戴文．波普（Devin Pope）與莫里斯．史偉哲（Maurice Schweitzer）對此提供了一個簡單的實例。他們檢視了兩百五十萬次專業高爾夫球選手所做的推桿。他們發現，不管是在多遠的距離之下，這些高爾夫球選手以平標準桿推桿進球的機會，比低於標準桿一桿時進球的機會要來得高。而且因爲他們對博忌（bogey）的恐懼遠勝於對博蒂（birdie）的渴望，所以他們此時推桿進洞的動機就會比較強一些。

接下來幾年，卡尼曼、特佛斯基等人展示了數百種潛意識過程如何影響我們思考的方式。有些令人相當擔憂。舉例而言，研究人員曾經研究一個以色列的假釋委員會，那裡的法官通常會花六分鐘來決定是否准許某個人的假釋。委員會的平均假釋機率大約是百分之三十五，然而那些在早餐或午餐後很短時間內就上呈的案子，所獲待遇可就不只如此。剛用完餐時，委員會准予交保的機率高達百分之六十五。人們會因爲滿足感不同，而產生不一樣的想法。

卡尼曼與特佛斯基以及其他堆積如山的後續研究，都得到一個相同的結論：潛意識心智渴望故事。當我們看到兩個現象，我們會馬上編造出故事，藉以連結與解釋它們。編造故事，或許你會稱它爲建立模型，其實就是心智最主要的工作。卡尼曼曾指出，我們從假期中得到的樂趣，絕大部分是來自它尚未發生之前的期待，以及結束之後的回味。如果我們知道在假期之後會吃一些失憶藥丸並將一切都忘光，那麼我們在享受假期的當下就不會覺得那麼快樂。我們有著一種經驗性的自我，也有一種回憶性的自我。而後者比前者更有影響力。

麥可．葛詹尼加是一位能夠在現代知識史上留名的人。他發現對裂腦患者做出某件事的潛意識提示後，像是穿過房間去拿瓶汽水之類的，他們就不會對自己奇怪的行爲感到困擾。他們會捏造出一個虛假的故事來解釋自己的行爲。也就是說，在某些案例中，你的意識心智並不會告訴你該去做些什麼，它會觀察你的作爲，然後虛構出一個故事來描述它。

這是因爲大腦是一個極端複雜，有著無可計數的平行與分散思考的系統，隨時劇烈地攪動。一般來說，意識心智不可能跟得上所有正在發生的事情，因此它只看最後的結果，並且產生一種解讀方式。也就是捏造出一個故事。（有些研究人員認爲，這一切都是意識心智做的。我們沒有任何自由意志，不過就是一堆事後的合理化。）

過去數十年間，我們對這種隱藏的過程有了相當的了解。不過，想要理解眞相依然十分困難，因爲我們的意識心智會不斷提供讓我們愈來愈困惑的證據。

其實，要不斷提醒自己你並不是表面上看到的你，並不容易。而我們究竟該多相信潛意識，對於這個問題也沒有公平且完整的看法。許多早期的研究指出，潛意識過程引導我們偏離所謂完美理性人的經濟模型。如果我們被告知某個手術的成功率高達八成五，那麼我們就會同意動刀。然而如果我們被告知有一成五的失敗率時，我們就會拒絕這麼做。早期的研究所強調的，多是這一類的潛意識缺陷，因爲它們跟完美理性的社會科學模型相互牴觸。

另一方面來說，如果你有機會跟一些經驗老道的運動員、藝術家、打火兄弟或軍人談談，你會發現他們所做出的那些英勇事蹟，其實都是出於直覺。經驗能夠提供他們優異的辨認技巧以及創意能力。如果你觀察兩個戀人，肯定會對他們爲彼此做出大量精彩的潛意識評價感到驚奇。

有些研究人員對潛意識持懷疑的看法，有些人卻很樂觀。難以釐清爲何不同的專家會做出如此不同的歸納，倒是其中有些人天生就比較傾向於信任情緒與直覺，而有些人則天生就比較不信這一套。

若想要描述到底發生了些什麼事，那就更困難了。就目前而言，我們只能依賴那些老舊又容易誤導的詞彙，像是「情感」與「理智」，然後試圖去描寫這些過程。只是這些詞彙所造成的混淆，恐怕會比它們能解釋的要多更多。

我們被一些老舊的隱喻給困住了。舉例而言，感性與理性會互相拉扯這個想法，便把我們給綁死了。似乎只要情緒高漲，理性就一定要低盪，然而事實並不一定如此。如果你能改善情緒敏感度，那麼也會改善你的理性推論能力，因爲你有能力做出一些更細膩的評估。

我們常會將情緒與激動混爲一談。我們想像中的情緒化就是持續不斷的鬼叫，但根本不是如此。我們都說艾蜜莉・狄金生（Emily Dickinson）在情緒上十分敏銳，然而這不表示她會一直暴跳如雷。

簡言之，若想要了解這些研究並加以應用，就得持續努力。想要看清我們自己到底是什麼，依然是困難重重。

目前我們知道的是，必須讓意識與潛意識，理性與情感這兩個系統都能成長茁壯。當學習時，我們要有意識地努力掌握事實。我們要常透過寫作或是進行分析性的思考，來組織與精進我們的知識。不過，我們也要攪動並喚起潛意識的網絡，讓它們能展現神奇的力量，也就是創造「靈光乍現」，或是將各種相近的思想系統以全新且有創意的方式組合起來。

當我們在決策時，要善用潛意識的繪圖能力來審視全局，找出情境中所有細微的變化。另一方面，我們也要用資料來檢視不可靠的直覺。

本書一個不變的想法是，我們一定要對已知或是能夠知道的事保持謙遜。我們連自己都無法了解了，更別說是對其他人。就算我們的大腦知道了那麼多，事實上我們仍然什麼都不了解。我們對於自己懂得多少應該保持懷疑，因爲我們有過度自信的傾向。

所有產業都奠基於過度自信之上。有很多基金經理人相信自己在選擇股票上可以打敗大盤，然而絕大多數的人都錯了。每隔幾個月就會有一本像是《基業長青》這一類的書出版，吹捧著某些公司持續的優異表現。然而這些被頌揚的公司中，有令人吃驚的數量會在這些書出版之後的幾年內不穩，甚或是破產。菲利浦・泰洛克（Philip E. Tetlock）發表了許多研究，揭發這些專家的狂妄自大。就許多層面而言，專家對於未來的預測，只不過比一般百姓稍好一些。有項研究分析醫生對於慢性病患者所做的「完全確定」的診斷。在病患過世後的驗屍報告中，我們發現這些臨床醫生口中所謂的「完全確定」，其實有四成是錯誤的。

幸運的是，這些新的研究讓我們對於可能犯錯的方式有些概念，而且讓我們能夠預測出最常犯的錯誤，並且有所防備。好比說，有一種叫「路徑依賴」（path dependence）的方法。一些在現今看似尋常的事，始於在某個特定時間裡的一個對的抉擇，然後就算它早已不合時宜，依然會一路存活下來。

再來就是所謂的聚焦幻覺（focusing illusion）。如同卡尼曼所說的：「當你想著某件事時，它在你心中就是全世界最重要的事。」舉例來說，教育是收入最重要的決定因素之一。然而，若每個人都擁有相同的教育程度，所減少的收入不均現象卻不到一成。影響收入的因素何止千百萬種，這些因素累積起來的影響力遠大於任何力量。

還有就是帕雷托法則（Pareto principle）。我們總認爲大多數的分配都會呈現鐘型曲線（大多數的人落在中間）。可是這並非這個世界組成的方式。推特（Twitter）用戶中，最前面百分之二的人所送出的訊息，占了所有訊息量的六成。任何公司裡，生產力排行前百分之二十的員工所貢獻的，占了整個公司實際生產力的絕大部分。

像這一類的認知工具，可以幫助我們克服心智的偏誤，不過最重要的，是要發展出一種知識論的謙遜（epistemological humility），也就是一種自覺：你所能夠理解的其實非常少，而你知道的其實是十分有限。不論你承認與否，人生絕大部分是關於失敗，而你的命運基本上端看你是否能有效地從錯誤中學習，並且去適應。

新聞記者提姆．哈佛德（Tim Harford）指出，在汽車濫觴的年代，有兩千多家公司投身其中，卻只有不到百分之一存活下來。就算你眞的成功了，也不太可能一直保持在巔峰。那些在一九一二年時的美國前十大公司，到了一九九〇年，竟然沒有任何一家排得進美國百大。

就算失敗也要敗得有成效。首先，就如同哈佛德所言，你要努力追求新的想法與新的計畫，然後小規模地嘗試新的事物，這樣你才能承受得了失敗。你要確保你的計畫彼此之間不會相互牽扯，萬一某個計畫失敗時，才不會拖垮其他計畫。接著，你要找出一個回饋機制，如此你才能夠知道哪些新事物失敗或成功。要戰勝自己天性上厭惡損失的傾向，並且砍掉那些失敗的計畫。

本書最令人感到鼓舞的，是我們內心深處有著這些令人驚嘆的潛意識力量。而令人沮喪的，是我們對它們所知甚微，而且它們通常都伴隨著某些缺點，也就是引導我們迷途的各種偏見與扭曲。

有個古老的猶太故事是這樣說的：一隻兔子兩個口袋中各放一張紙片，來到了猶太教堂。其中一個口袋裡的紙片寫著：「你只不過是塵與灰。」而另一個口袋裡的紙片則寫道：「世界爲你而創造。」

總的來說，美好的研究顯示，這些說法都是眞切的。

原文注釋

前言

1 **The most generous estimate** Timothy D. White, *Strangers to Ourselves: Discovering the Adaptive Unconscious* (Cambridge, MA: Belknap Press, 2002), 24.
2 **"Some researchers"** White, 5.
3 **"removed the earth"** John A. Bargh, "The Automaticity of Everyday Life," in *The Automaticity of Everyday Life*, ed. Robert S. Wyer (Mahwah, NJ: Lawrence Erlbaum Associates, Inc., 1997), 52.
4 **"I looked at her face"** Douglas R. Hofstadter, *I Am a Strange Loop* (New York: Basic Books, 2007), 228.

第一章：如何決策

1 ***Playboy* bunnies tend** David M. Buss, *The Evolution of Desire: Strategies of Human Mating* (New York: Basic Books, 2003), 47–58.
2 **Even the famously thin** Daniel Akst, "Looks *Do* Matter," *The Wilson Quarterly*, Summer 2005, http://www.wilsonquarterly.com/article.cfm?AID=648&AT=0.
3 **The orbicularis oculi muscle** Steven Johnson, *Mind Wide Open: Your Brain and the Neuroscience of Everyday Life* (New York: Scribner, 2004), 25–26.
4 **Men consistently rate** Ayala Malakh Pines, *Falling In Love: Why We Choose the Lovers We Choose* (New York: Routledge, 2005), 33.
5 **Women are sexually attracted** Peter G. Caryl et al., "Women's Preference for Male Pupil-Size: Effects of Conception Risk, Sociosexuality and Relationship Status," *Personality and Individual Differences* 46, no. 4 (March 2009): 503–508, http://www.sciencedirect.com/science?_ob=ArticleURL&_udi=B6V9F-4VC73V2-2&_user=10&_coverDate=03/31/2009&_rdoc=1&_fmt=high&_orig=search&_origin=search&_sort=d&_docanchor=&view=c&_acct=C000050221&_version=1&_urlVersion=0&_userid=10&md5=3f12f3106 6917cee6e3fbfdc27ba9386&searchtype=a.
6 **Zero percent say yes** David M. Buss, "Strategies of Human Mating," *Psychological Topics* 15 (2006): 250.
7 **Marion Eals and Irwin Silverman** Matt Ridley, *The Red Queen: Sex and the Evolution of Human Nature* (New York: Penguin Books, 1995), 251.
8 **People rarely revise** Janine Willis and Alexander Todorov, "First Impressions," *Psychological Science* 17, no. 7 (2006): 592.
9 **His research subjects could predict** Charles C. Ballew II and Alexander Todorov, "Predicting Political Elections from Rapid and Unreflective Face Judgments," *Proceedings of*

the National Academy of Sciences of the United States of America 104, no. 46 (November 13, 2007): 17948–53.

10 **He was tall** Ridley, 298.

11 **A woman may be partner** John Tierney, "The Big City: Picky, Picky, Picky," *New York Times*, February 12, 1995, http://www.nytimes.com/1995/02/12/magazine/the-big-city-picky-picky-picky.html.

12 **They imagine there is** Martie G. Haselton and David M. Buss, "Error Management Theory: A New Perspective on Biases in Cross-Sex Mind Reading," *Journal of Personality and Social Psychology* 78, no. 1 (2000): 81–91.

13 **As Helen Fisher wrote** Helen Fisher, "The Drive to Love: The Neural Mechanism for Mate Selection," in *The New Psychology of Love*, eds. Robert J. Sternberg and Karin Weis (Binghampton, NY: Yale University Press, 2006), 102.

14 **There's even some evidence** Judith Rich Harris, *The Nurture Assumption: Why Children Turn Out the Way They Do* (New York: Touchstone, 1999), 140.

15 **In college, people are** Malakh Pines, 5.

16 **As Geoffrey Miller notes** Geoffrey Miller, *The Mating Mind: How Sexual Choice Shaped Human Nature* (New York: Anchor Books, 2000), 373–74.

17 **Ninety percent of emotional** Iain McGilchrist, *The Master and His Emissary: The Divided Brain and the Making of the Western World* (New Haven, CT: Yale University Press, 2009), 257.

18 **He calculates that** Miller, 369–75.

19 **there's plenty of evidence** Helen Fisher, *Why We Love: The Nature and Chemistry of Romantic Love* (New York: Owl Books, 2004), 110–12.

20 **Though men normally spend** Michael S. Gazzaniga, *Human: The Science Behind What Makes Us Human* (New York: Harper Perennial, 2008), 95.

21 **David Buss's surveys suggest** Buss, 44–45.

22 **A woman's attractiveness** Buss, 63–64.

23 **Women resist dating outside** Guenter J. Hitsch, Ali Hortacsu, and Dan Ariely, "What Makes You Click?—Mate Preferences and Matching Outcomes in Online Dating," MIT Sloan Research Paper No. 4603-06, http://papers.ssrn.com/sol3/Papers.cfm?abstract_id=895442.

24 **"The greatest happiness love"** Stendhal, *Love*, trans. Gilbert Sale and Suzanne Sale (New York: Penguin Books, 2004), 104.

25 **People who lose their sense** Rachel Herz, *The Scent of Desire: Discovering Our Enigmatic Sense of Smell* (New York: HarperCollins, 2008), 4–5.

26 **They could somehow tell** Esther M. Sternberg, *Healing Spaces: The Science of Place and Well-Being* (Cambridge, MA: Belknap Press, 2009), 83–84.

27 **According to famous research by Claus Wedekind** Claus Wedekind et al., "MHC-Dependent Mate Preferences in Humans," *Proceedings: Biological Sciences* 260, no. 1359 (June 22, 1995): 245–49, http://links.jstor.org/sici?sici=0962-8452%2819950622%29260%3A1359%3C245%3AMMPIH%3E2.0.CO%3B2-Y.

28 **As Damasio put it** Antonio R. Damasio, *Descartes' Error: Emotion, Reason, and the Human Brain* (New York: Penguin Books, 2005), 51.

29 **Another of Damasio's research subjects** Damasio, 193–94.

30 **"This behavior is a good example"** Damasio, 194.

31 **"Somatic markers do not deliberate"** Damasio, 174.

32 **As LeDoux writes** Joseph E. LeDoux, *The Emotional Brain: The Mysterious Underpinnings of Emotional Life* (New York: Simon & Schuster, 1996), 302.

33 **Nobel Laureate Gerald Edelman** Gerald Edelman, *Bright Air, Brilliant Fire: On the Matter of the Mind* (New York: Basic Books, 1992), 69.

34 **"All information processing"** Kenneth A. Dodge, "Emotion and Social Information

Processing," in *The Development of Emotion Regulation and Dysregulation*, eds. Judy Garber and Kenneth A. Dodge (Cambridge: University of Cambridge Press, 1991), 159.

第二章：融合的人生

1 **Marital satisfaction generally follows** Daniel Gilbert, *Stumbling on Happiness* (New York: Alfred A. Knopf, 2006), 221.
2 **People used to argue** Roy F. Baumeister, *The Cultural Animal: Human Nature, Meaning, and Social Life* (Oxford: Oxford University Press, 2005), 116.
3 **Studies in strip clubs** Joseph T. Hallinan, *Why We Make Mistakes: How We Look Without Seeing, Forget Things in Seconds, and Are All Pretty Sure We Are Way Above Average* (New York: Broadway Books, 2009), 47.
4 **she got lubricated even** Natalie Angier, "Birds Do It. Bees Do It. People Seek the Keys to It," *New York Times*, April 10, 2007, http://www.nytimes.com/2007/04/10/science/10desi.html?pagewanted=1&_r=1&adxnnl=1&adxnnlx=1277571934-Wb1eIWRnCZrsHvyLoHJExg.
5 **Julia's sexual tastes** Baumeister, 115–16.
6 **An orgasm is not** Barry R. Komisaruk, Carlos Beyer-Flores, and Beverly Whipple, *The Science of the Orgasm* (Baltimore, MD: Johns Hopkins University Press, 2006), 72.
7 **Touches and sensations release** Regina Nuzzo, "Science of the Orgasm," *Los Angeles Times*, February 11, 2008, http://www.latimes.com/features/health/la-he-orgasm11feb11,0,7227478.story.
8 **A woman in Taiwan** Mary Roach, *Bonk: The Curious Coupling of Science and Sex* (New York: W.W. Norton & Co., 2008), 237.
9 **A man studied by V. S. Ramachandran** Regina Nuzzo, "Science of the Orgasm."
10 **Julia had the mental traits** Melvin Konner, *The Tangled Wing: Biological Constraints on the Human Spirit* (New York: Henry Holt & Co., 2002), 291.

第三章：為他人設想

1 **Harold grew 250,000** Joseph LeDoux, *The Synaptic Self: How Our Brains Become Who We Are* (New York: Viking, 2002), 67.
2 **he had well over 20 billion** Jeffrey M. Schwartz and Sharon Begley, *The Mind and the Brain: Neuroplasticity and the Power of Mental Force* (New York: HarperCollins, 2002), 111.
3 **Fetuses swallow more** Kim Y. Masibay, "Secrets of the Womb: Life's Most Mind-Blowing Journey: From Single Cell to Baby in Just 266 Days," *Science World*, September 13, 2002.
4 **He began touching his umbilical** Betsy Bates, "Grimaces, Grins, Yawns, Cries: 3D/4D Ultrasound Captures Fetal Behavior," *Ob.Gyn. News*, April 15, 2004, http://www.obgynnews.com/article/S0029-7437(04)70032-4/fulltext.
5 **By the third trimester** Janet L. Hopson, "Fetal Psychology," *Psychology Today*, September 1, 1998, http://www.psychologytoday.com/articles/199809/fetal-psychology.
6 **After birth, babies will suck** Bruce E. Wexler, *Brain and Culture: Neurobiology, Ideology, and Social Change* (Cambridge, MA: MIT Press, 2006), 97.
7 **French babies cry differently** Bruce Bower, "Newborn Babies May Cry in Their Mother Tongues," *Science News*, December 5, 2009, http://www.sciencenews.org/view/generic/id/49195/title/Newborn_babies_may_cry_in_their_mother_tongues.
8 **Anthony J. DeCasper** Janet L. Hopson, "Fetal Psychology."
9 **In 1981 Andrew Meltzoff** Otto Friedrich, Melissa Ludtke, and Ruth Mehrtens Galvin, "What Do Babies Know?" *Time*, August 15, 1983, http://www.time.com/time/magazine/article/0,9171,949745-1,00.html.

10 **At an amazingly early age** Frederick Wirth, *Prenatal Parenting: The Complete Psychological and Spiritual Guide to Loving Your Unborn Child* (New York: HarperCollins, 2001), 14.
11 **He could tell the difference** Alison Gopnik, *The Philosophical Baby: What Children's Minds Tell Us About Truth, Love, and the Meaning of Life* (New York: Farrar, Straus, & Giroux, 2009), 205.
12 **six-month-old babies can spot** Hillary Mayell, "Babies Recognize Faces Better Than Adults, Study Says," *National Geographic*, May 22, 2005, http://news.nationalgeographic.com/news/2005/03/0321_050321_babies.html.
13 **It's a form of body-to-body communication** Louis Cozolino, *The Neuroscience of Human Relationships: Attachment and the Developing Social Brain* (New York: W.W. Norton & Co., Inc., 2006), 103.
14 **Soon, he could copy hand gestures** Edward O. Wilson, *Consilience: The Unity of Knowledge* (New York: Alfred A. Knopf, 1998), 145.
15 **The average baby demands** John Medina, *Brain Rules: 12 Principles for Surviving and Thriving at Work, Home, and School* (Seattle, WA: Pear Press, 2008), 197.
16 **New mothers lose** Katherine Ellison, *The Mommy Brain: How Motherhood Makes You Smarter* (New York: Basic Books, 2005), 21.
17 **Marital satisfaction plummets** Medina, 197.
18 **as Jill Lepore once noted** Jill Lepore, "Baby Talk," *The New Yorker*, June 29, 2009, http://www.newyorker.com/arts/critics/books/2009/06/29/090629crbo_books_lepore.
19 **testosterone can compromise** David Biello, "The Trouble with Men," *Scientific American*, September 16, 2007, http://www.scientificamerican.com/article.cfm?id-the-trouble-with-men.
20 **Kenneth Kaye has suggested** Wexler, 111.
21 **"still-face" research** Alva Noë, *Out of Our Heads: Why You Are Not Your Brain and Other Lessons from the Biology of Consciousness* (New York: Hill & Wang, 2009), 30–31.
22 **Rat pups who are licked** Wexler, 90.
23 **Rats raised in interesting environments** Robin Karr-Morse and Meredith S. Wiley, *Ghosts from the Nursery: Tracing the Roots of Violence* (New York: Atlantic Monthly Press, 1997), 27.
24 **Back in the 1930s** H. M. Skeels and H. B. Dye, "A Study of the Effects of Different Stimulation on Mentally Retarded Children," *Proceedings and Addresses of the American Association of Mental Deficiency*, 44 (1939), 114–36.
25 **As Marco Iacoboni has observed** Gordy Slack, "I Feel Your Pain," *Salon*, November 5, 2007, http://www.salon.com/news/feature/2007/11/05/mirror_neurons.
26 **The monkey's brains would not fire** Marco Iacoboni, *Mirroring People: The New Science of How We Connect with Others* (New York: Farrar, Straus & Giroux, 2008), 26.
27 **Their neurons fired** Iacoboni, 35–36.
28 **They share the same** Richard Restak, *The Naked Brain: How the Emerging Neurosociety Is Changing How We Live, Work, and Love* (New York: Three Rivers Press, 2006), 58.
29 **Human mirror neurons** Michael S. Gazzaniga, *Human: The Science Behind What Makes Us Human* (New York: Harper Perennial, 2008), 178.
30 **Carol Eckerman** Iacoboni, 50.
31 **Tanya Chartrand and John Bargh** Iacoboni, 112–14.
32 **Robert Provine of the University of Maryland** Steven Johnson, *Mind Wide Open: Your Brain and the Neuroscience of Everyday Life* (New York: Scribner, 2004), 120.
33 **Only 15 percent** Johnson, 119.
34 **As Steven Johnson has written** Johnson, 120–21.
35 **Coleridge described how** Raymond Martin and John Barresi, *The Rise and Fall of Soul and Self: An Intellectual History of Personal Identity* (New York: Columbia University Press, 2006), 184.

第四章：發展心智

1 **"explanatory drive"** Alison Gopnik, Andrew N. Meltzoff, and Patricia K. Kuhl, *The Scientist in the Crib: What Early Learning Tells Us About the Mind* (New York: Harper Perennial, 1999), 85.
2 **Young children don't seem** Alison Gopnik, *The Philosophical Baby: What Children's Minds Tell Us About Truth, Love, and the Meaning of Life* (New York: Farrar, Straus, & Giroux, 2009), 17.
3 **He couldn't remember earlier thoughts** Gopnik, Meltzoff, and Kuhl, 46.
4 **If you put a sticker** Gopnik, 145.
5 **When you ask preschoolers** Gopnik, 124.
6 **As Alison Gopnik writes** Gopnik, 152.
7 **"lantern consciousness"** Gopnik, 129.
8 **As John Bowlby wrote** John Bowlby, *Loss: Sadness and Depression* (New York: Basic Books, 1980), 229.
9 **Elizabeth Spelke believes** Margaret Talbot, "The Baby Lab," *The New Yorker*, September 5, 2006, http://www.newyorker.com/archive/2006/09/04/060904fa_fact_talbot.
10 **Meltzoff and Kuhl showed** Gopnik, Meltzoff, and Kuhl, 69.
11 **But young children are able** Gopnik, 82–83.
12 **Some scientists calculate** Jeffrey M. Schwartz and Sharon Begley, *The Mind and the Brain: Neuroplasticity and the Power of Mental Force* (New York: HarperCollins, 2002), 117.
13 **Harold could end up** Schwartz and Begley, 111.
14 **A mere 60 neurons** Thomas Carlyle Dalton and Victor W. Bergenn, *Early Experience, the Brain, and Consciousness: An Historical and Interdisciplinary Synthesis* (New York: Lawrence Erlbaum Associates, 2007), 91.
15 **Imagine a football stadium** Jeff Hawkins and Sandra Blakeslee, *On Intelligence* (New York: Times Books, 2004), 34.
16 **"It's as if"** Gopnik, Meltzoff, and Kuhl, 185.
17 **a cat was taught** Bruce E. Wexler, *Brain and Culture: Neurobiology, Ideology, and Social Change* (Cambridge, MA: MIT Press, 2006), 23.
18 **In another experiment** James Le Fanu, *Why Us?: How Science Rediscovered the Mystery of Ourselves* (New York: Pantheon Books, 2009), 54.
19 **Violinists have dense connections** Schwartz and Begley, 214–15.
20 **We store in our heads** Gilles Fauconnier and Mark Turner, *The Way We Think: Conceptual Blending and the Mind's Hidden Complexities* (New York: Basic Books, 2002), 12.
21 **"Building an integration network"** Fauconnier and Turner, 44.
22 **But the game Harold** Jerome Bruner, *Actual Minds, Possible Worlds* (Cambridge, MA: Harvard University Press, 1986).
23 **Dan P. McAdams argues** Dan P. McAdams, *The Stories We Live By: Personal Myths and the Making of the Self* (New York: Guilford Press, 1993), 48.

第五章：依附關係

1 **Julia dimly suspected** Claudia Wells, "The Myth About Homework," *Time*, August 29, 2006, http://www.time.com/time/magazine/article/0,9171,1376208,00.html.
2 **"She left because I'm no good"** Ann B. Barnet and Richard J. Barnet, *The Youngest Minds: Parenting and Genetic Inheritance in the Development of Intellect and Emotion* (New York: Touchstone, 1998), 197.
3 **"All of us, from cradle"** Louis Cozolino, *The Neuroscience of Human Relationships: Attachment and the Developing Social Brain* (New York: W.W. Norton & Co., Inc., 2006), 139.

4 **Over the subsequent decades** L. Alan Sroufe, Byron Egeland, Elizabeth A. Carlson, and W. Andrew Collins, *The Development of the Person: The Minnesota Study of Risk and Adaptation from Birth to Adulthood* (New York: Guilford Press, 2005), 59–60.
5 **Insecurely attached children** Barnet and Barnet, 130.
6 **Neither do they hold** Sroufe et al., 133–34.
7 **They also tend to be** Sroufe et al., 154.
8 **In the Strange Situation Tests** Sroufe et al., 60.
9 **"He walked in a series"** Sroufe et al., 138.
10 **Adults who are avoidantly** Daniel J. Siegel, *The Developing Mind: How Relationships and the Brain Interact to Shape Who We Are* (New York: Guilford Press, 1999), 94.
11 **Pascal Vrticka of the University of Geneva** Kayt Sukel, "Brain Responds Quickly to Faces," *BrainWork*, Dana Foundation Newsletter, November 1, 2008, http://www.dana.org/news/brainwork/detail.aspx?id=13664.
12 **They are three times** George Vaillant, *Aging Well: Surprising Guideposts to a Happier Life from the Landmark Harvard Study of Adult Development* (New York: Little, Brown & Co., 2002), 99.
13 **Children with ambivalent** Ayala Malakh Pines, *Falling in Love: Why We Choose the Lovers We Choose* (New York: Routledge, 2005), 110.
14 **They feel a simultaneous urge** Cozolino, 230.
15 **They look away from** Alison Gopnik, *The Philosophical Baby: What Children's Minds Tell Us About Truth, Love, and the Meaning of Life* (New York: Farrar, Straus, & Giroux, 2009), 184.
16 **more fearful than other children** Susan D. Calkins, "Early Attachment Processes and the Development of Emotional Self-Regulation," in *Handbook of Self-Regulation: Research, Theory, and Applications*, eds. Roy F. Baumeister and Kathleen D. Vohs (New York: Guilford Press, 2004), 332.
17 **more promiscuous in adolescence** David M. Buss, *The Evolution of Desire: Strategies of Human Mating* (New York: Basic Books, 2003), 93.
18 **higher rates of psychopathology** Mary Main, Erik Hesse, and Nancy Kaplan, "Predictability of Attachment Behavior and Representational Processes at 1, 6, and 19 Years of Age: The Berkeley Longitudinal Study" in *Attachment from Infancy to Adulthood: The Major Longitudinal Studies*, eds. Klaus E. Grossmann, Karin Grossmann, and Everett Waters (New York: Guilford Press, 2005), 280.
19 **retarded synaptic development** Thomas Lewis, Fari Amini, and Richard Lannon, *A General Theory of Love* (New York: Vintage, 2001), 199.
20 **That's in part because** Kathleen Kendall-Tackett, Linda Meyer Williams, and David Finkelhor, "Impact of Sexual Abuse on Children: A Review and Synthesis of Recent Empirical Studies," *Psychological Bulletin* 113, no. 1 (1993): 173, http://www.unh.edu/ccrc/pdf/VS69.pdf.
21 **They've found, for example** Gopnik, 182.
22 **"predictive power of childhood experience"** Sroufe et al., 268.
23 **Attachment-security and caregiver-sensitivity** Sroufe et al., 164.
24 **Kids who had dominating, intrusive** Sroufe et al., 167.
25 **By observing quality of care** Sroufe et al., 210.
26 **Most reported having no** Sroufe et al., 211.
27 **Forty percent of the parents** Sroufe et al., 95.
28 **"When Ellis seeks help"** Sroufe et al., 287.

第六章：學習

1 **In 1954 Muzafer Sherif conducted** Muzafer Sherif et al., *The Robbers Cave Experiment: Intergroup Conflict and Cooperation* (Middletown, CT: Wesleyan University Press, 1988).

2 **Gossip is the way** Roy F. Baumeister, *The Cultural Animal: Human Nature, Meaning, and Social Life* (Cambridge: Oxford University Press, 2005), 286–87.
3 **big eyes and puffy cheeks** Gordon B. Moskowitz, *Social Cognition: Understanding Self and Others* (New York: Guilford Press, 2005), 78.
4 **Most people automatically assume** Ayala Malach Pines, *Falling in Love: Why We Choose the Lovers We Choose* (New York: Routledge, 2005), 93.
5 **As the novelist Frank Portman** Frank Portman, *King Dork* (New York: Delacorte Press, 2006), 123.
6 **And in fact** Steven W. Anderson et al., "Impairment of Social and Moral Behavior Related to Early Damage in Human Prefrontal Cortex," in *Social Neuroscience: Key Readings in Social Psychology*, eds. John T. Cacioppo and Gary G. Berntson (New York: Psychology Press, 2005), 29.
7 **Work by David Van Rooy** Anderson et al., 34.
8 **In some studies, fourteen-year-olds** John D. Bransford, Ann L. Brown, and Rodney R. Cocking, eds., *How People Learn: Brain, Mind, Experience, and School* (Washington, DC: National Academies Press), 119.
9 **The pituitary glands** Louann Brizendine, *The Female Brain* (New York: Broadway Books, 2006), 33.
10 **In the first two weeks** Brizendine, 45.
11 **As a result of hormonal surges** Brizendine, 34.
12 **As John Medina writes** John Medina, *Brain Rules: 12 Principles for Surviving and Thriving at Work, Home, and School* (Seattle, WA: Pear Press, 2008), 110.
13 ***Fish Is Fish*** Bransford, Brown, and Cocking, eds., 11.
14 **She didn't so much teach** Peter Carruthers, "An Architecture for Dual Reasoning," in *In Two Minds: Dual Processes and Beyond*, eds. Jonathan Evans and Keith Frankish (Cambridge: Oxford University Press, 2009), 121.
15 **Edith Hamilton's book** Edith Hamilton, *The Greek Way* (New York: W.W. Norton & Co., Inc., 1993), 156.
16 **Benjamin Bloom has found** Daniel Coyle, *The Talent Code: Greatness Isn't Born. It's Grown. Here's How.* (New York: Bantam Books, 2009), 175.
17 **Again, the younger** Bransford, Brown, and Cocking, eds., 97.
18 **Researcher Carol Dweck has found** Carol S. Dweck "The Secret to Raising Smart Kids," *Scientific American Mind*, December 2007, http://www.scientificamerican.com/article.cfm?id-the-secret-to-raising-smart-kids.
19 **Alfred North Whitehead saw** David G. Myers, *Intuition: Its Powers and Perils* (New Haven, CT: Yale University Press, 2004), 17.
20 **reach and reciprocity** Richard Ogle, *Smart World: Breakthrough Creativity and the New Science of Ideas* (Boston, MA: Harvard Business School Press, 2007).
21 **The grandmasters could remember** Geoff Colvin, *Talent Is Overrated: What Really Separates World-Class Performers from Everybody Else* (New York: Portfolio, 2008), 46–47.
22 **IQ is, surprisingly** Colvin, 44.
23 **When the same exercise** Colvin, 46–47.
24 **A telephone transmits only** Robert E. Ornstein, *Multimind: A New Way of Looking at Human Behavior* (New York: Houghton Mifflin, 1986), 105.
25 **"You know more than you know"** Jonah Lehrer, *How We Decide* (New York: Houghton Mifflin Co., 2009), 248.
26 **"Life for him was an adventure"** Hamilton, 147.
27 **"All arrogance will reap"** Hamilton, 108.
28 **"The mind wheels"** Ornstein, 23.
29 **A person who is interrupted** Medina, 92.
30 **researchers showed Shereshevskii** Medina, 147.

31 **"We cultivate refinement"** Thucydides, *The History of the Peloponnesian War* (Middlesex: Echo Library, 2006), 77–80.

32 **German scientist Jan Born** Nell Boyce and Susan Brink, "The Secrets of Sleep," *U.S. News & World Report*, May 17, 2004, http://health.usnews.com/usnews/health/articles/040517/17sleep.htm.

33 **Research by Robert Stickgold** Emma Young, "Sleep Tight: You spend around a third of your life doing it, so surely there must be a vital reason for sleep, or is there?" *New Scientist*, March 15, 2008, 30–34.

34 **In these sorts of early-morning** Jonah Lehrer, "The Eureka Hunt," *The New Yorker*, July 28, 2008, http://www.newyorker.com/reporting/2008/07/28/080728fa_fact_lehrer.

35 **A second before an insight** Lehrer, "The Eureka Hunt."

36 **It was a sensation** Robert Burton, *On Being Certain: Believing You Are Right Even When You're Not* (New York: St. Martin's Press, 2008), 23.

37 **As Robert Burton wrote** Burton, 218.

38 **"an unsuspected kinship"** Diane Ackerman, *An Alchemy of Mind: The Marvel and Mystery of the Brain* (New York: Scribner, 2004), 168.

第七章：規範

1 **According to the Fragile Families** "The Retreat From Marriage by Low-Income Families," Fragile Families Research Brief No. 17, June 2003, http://www.fragilefamilies.princeton.edu/briefs/ResearchBrief17.pdf.

2 **"Whining, which was pervasive"** Annette Lareau, *Unequal Childhoods: Class, Race, and Family Life* (Berkeley, CA: University of California Press, 2003), 107.

3 **Language, as Alva Noë** Alva Noë, *Out of Our Heads: Why You Are Not Your Brain, and Other Lessons from the Biology of Consciousness* (New York: Hill & Wang, 2009), 52.

4 **"The amount of talking"** Lareau, 146.

5 **Betty Hart and Todd Risley** David L. Kirp, "After the Bell Curve," *New York Times Magazine*, July 23, 2006, http://www.nytimes.com/2006/07/23/magazine/23wwln_idealab.html.

6 **On an hourly basis** Paul Tough, "What It Takes to Make a Student," *New York Times Magazine*, November 26, 2006, http://www.nytimes.com/2006/11/26/magazine/26tough.html?pagewanted=all.

7 **This affects a variety** Martha Farah et al., "Childhood Poverty: Specific Associations with Neurocognitive Development," *Brain Research* 1110, no. 1 (September 19, 2006): 166–174, http://cogpsy.skku.ac.kr/cwb-bin/CrazyWWWBoard.exe?db-newarticle&mode=download&num=3139&file=farah_2006.pdf.

8 **Research with small mammals** Shirley S. Wang, "This Is Your Brain Without Dad," *Wall Street Journal*, October 27, 2009, http://online.wsj.com/article/SB10001424052748704754804574491811861197926.html.

9 **Students from the poorest** David Brooks, "The Education Gap," *New York Times*, September 25, 2005, http://select.nytimes.com/2005/09/25/opinion/25brooks.html?ref=davidbrooks.

10 **economist James J. Heckman** Flavio Cunha and James J. Heckman, "The Economics and Psychology of Inequality and Human Development," *Journal of the European Economic Association*, 7, nos. 2–3 (April 2009): 320–64, http://www.mitpressjournals.org/doi/abs/10.1162/JEEA.2009.7.2-3.320?journalCode=jeea.

11 **As Albert-László Barabási wrote** Albert-László Barabási, *Linked: How Everything Is Connected to Everything Else and What It Means* (New York: Plume, 2003), 6.

12 **"Local information can lead"** Steven Johnson, *Emergence: The Connected Lives of Ants, Brains, Cities, and Software* (New York: Touchstone, 2001), 79.

13 **As Deborah Gordon of Stanford** Johnson, 32–33.

14 **"The honest answer to"** Turkheimer, "Mobiles: A Gloomy View of Research into Complex Human Traits," in *Wrestling with Behavioral Genetics: Science, Ethics, and Public Conversation*, eds. Erik Parens, Audrey R. Chapman, Nancy Press (Baltimore, MD: Johns Hopkins University Press, 2006), 100–101.
15 **"No complex behaviors"** Turkheimer, 104.

第八章：自制力

1 **Another big shock** Daniel Coyle, *The Talent Code: Greatness Isn't Born. It's Grown. Here's How.* (New York: Bantam Books, 2009), 148.
2 **Walter Lippmann once wrote** Walter Lippman, "Men and Citizens," in *The Essential Lippmann: A Political Philosophy for Liberal Democracy*, eds. Clinton Rossiter and James Lare (Cambridge, MA: Harvard University Press, 1963), 168.
3 **Some newborns startle more** Daniel J. Siegel, *The Developing Mind: How Relationships and the Brain Interact to Shape Who We Are* (New York: Guilford Press, 1999), 20.
4 **psychologist Jerome Kagan** John T. Cacioppo and William Patrick, *Loneliness: Human Nature and the Need for Social Connection* (New York: W.W. Norton & Co., Inc., 2008), 133.
5 **dandelion children and orchid children** David Dobbs, "The Science of Success," *The Atlantic*, December 2009, http://www.theatlantic.com/magazine/archive/2009/12/the-science-of-success/7761/.
6 **A study of engineers** Blair Justice, "The Will to Stay Well," *New York Times*, April 17, 1988, http://www.nytimes.com/1988/04/17/magazine/the-will-to-stay-well.html.
7 **Angela Duckworth and Martin Seligman** Angela L. Duckworth and Martin E. P. Seligman, "Self-Discipline Outdoes IQ in Predicting Academic Performance of Adolescents," *Psychological Science* 16, no. 12 (2005): 939–44, http://www.citeulike.org/user/kericson/article/408060.
8 **The marshmallow test turned** Jonah Lehrer, *How We Decide* (New York: Houghton Mifflin Co., 2009), 112.
9 **The kids who possessed** Jonah Lehrer, "Don't! The Secret of Self-Control," *The New Yorker*, May 18, 2009, http://www.newyorker.com/reporting/2009/05/18/090518fa_fact_lehrer?currentPage=all.
10 **These children could wait** Walter Mischel and Ozlem Ayduk, "Willpower in a Cognitive-Affective Processing System: The Dynamics of Delay of Gratification," in *Handbook of Self-Regulation: Research, Theory, and Applications*, eds. Roy F. Baumeister and Kathleen D. Vohs (New York: Guilford Press, 2004), 113.
11 **a 2001 survey** Douglas Kirby, "Understanding What Works and What Doesn't in Reducing Adolescent Sexual Risk-Taking," *Family Planning Perspectives* 33, no. 6 (November/December 2001): http://www.guttmacher.org/pubs/journals/3327601.html.
12 **It's very hard to build** Clive Thompson, "Are Your Friends Making You Fat?" *New York Times*, September 13, 2009, http://www.nytimes.com/2009/09/13/magazine/13contagion-t.html?pagewanted=all.
13 **"One of the most enduring"** Timothy D. Wilson, *Strangers to Ourselves: Discovering the Adaptive Unconscious* (Cambridge, MA: Belknap Press, 2002), 212.
14 **expert players experience sports** Carl Zimmer, "Why Athletes Are Geniuses," *Discover Magazine*, April 16, 2010, http://discovermagazine.com/2010/apr/16-the-brain-athletes-are-geniuses.
15 **Daniel J. Siegel calls "mindsight"** Daniel J. Siegel, *Mindsight: The New Science of Personal Transformation* (New York: Bantam Books, 2010).
16 **"[T]he whole drama of voluntary life"** Jeffrey M. Schwartz and Sharon Begley, *The Mind and the Brain: Neuroplasticity and the Power of Mental Force* (New York: HarperCollins, 2002), 262–64.

第九章：文化

1 **Geoff Cohen and Greg Walton** Daniel Coyle, *The Talent Code: Greatness Isn't Born. It's Grown. Here's How.* (New York: Bantam Books, 2009), 110–11.

2 **The sense of identity** Coyle, 102–104.

3 **top performers devote five** David Dobbs, "How to Be a Genius," *New Scientist*, September 15, 2008, http://www.newscientist.com/article/mg19125691.300-how-to-be-a-genius.html.

4 **John Hayes of Carnegie Mellon** Geoff Colvin, *Talent Is Overrated: What Really Separates World-Class Performers from Everybody Else* (New York: Portfolio, 2008), 152.

5 **If somebody nearby can hear** Coyle, 85.

6 **At the Spartak Tennis Club** Coyle, 82.

7 **Benjamin Franklin taught himself** Colvin, 106.

8 **"Which CEO Characteristics"** Steven N. Kaplan, Mark M. Klebanov, and Morten Sorensen, "Which CEO Characteristics and Abilities Matter?" Swedish Institute for Financial Research Conference on the Economics of the Private Equity Market, July 2008, faculty.chicagobooth.edu/steven.kaplan/research/kks.pdf.

9 ***Good to Great*** Jim Collins, *Good to Great: Why Some Companies Make the Leap . . . and Others Don't* (New York: HarperCollins, 2001).

10 **Murray Barrick, Michael Mount, and Timothy Judge** Murray R. Barrick, Michael K. Mount, and Timothy A. Judge, "Personality and Performance at the Beginning of the New Millennium: What Do We Know and Where Do We Go Next?" *International Journal of Selection and Assessment* 9, nos. 1–2 (March/June 2001): 9–30, http://www.uni-graz.at/psy5www/lehre/kaernbach/doko/artikel/bergner_Barrick_Mount_Judge_2001.pdf.

11 **Ulrike Malmendier and Geoffrey Tate** Ulrike Malmendier and Geoffrey Tate, "Superstar CEOs," *Quarterly Journal of Economics*, 124, no. 4 (November 2009): 1593–1638, http://citeseerx.ist.psu.edu/viewdoc/download?doi=10.1.1.146.1059&rep=rep1&type=pdf.

12 **When people around the world** Tyler Cowen, "In which countries do kids respect their parents the most?" *Marginal Revolution*, December 5, 2007, http://www.marginalrevolution.com/marginalrevolution/2007/12/in-which-countr.html.

13 **"A man has as many social"** Judith Rich Harris, *The Nurture Assumption: Why Children Turn Out the Way They Do* (New York: Touchstone, 1998), 56.

14 **By the third generation** David Brooks, "The Americano Dream," *New York Times*, February 24, 2004, http://www.nytimes.com/2004/02/24/opinion/the-americano-dream.html?ref=davidbrooks.

15 **The core lesson** Richard Nisbett, *The Geography of Thought: How Asians and Westerners Think Differently . . . and Why* (New York: Free Press, 2003), 90.

16 **"Thus, to the Asian"** Nisbett, 100.

17 **Korean parents emphasize** Alison Gopnik, Andrew N. Meltzoff, and Patricia Kuhl, *The Scientist in the Crib: What Early Learning Tells Us About the Mind* (New York: Perennial, 2001), 89.

18 **Asked to describe video** Nisbett, 95.

19 **Chinese students are more** Nisbett, 140.

20 **American six-year-olds make** Nisbett, 87–88.

21 **Chinese subjects were more** Bruce E. Wexler, *Brain and Culture: Neurobiology, Ideology, and Social Change* (Cambridge, MA: MIT Press, 2006), 149.

22 **Americans tend to exaggerate** Timothy D. Wilson, *Strangers to Ourselves: Discovering the Adaptive Unconscious* (Cambridge, MA: Belknap Press, 2002), 38.

23 **choose between three computers** Nisbett, 185.

24 **The Chinese eyes perform** John Roach, "Chinese, Americans, Truly See Differently,

Study Says," *National Geographic News*, August 22, 2005, http://news.nationalgeographic.com/news/2005/08/0822_050822_chinese.html.

25 **East Asians have a tougher time** Rachel E. Jack et al., "Cultural Confusions Show that Facial Expressions Are Not Universal," *Current Biology* 19, no. 18 (August 13, 2009), 1543–48, http://www.cell.com/current-biology/retrieve/pii/S0960982209014778.

26 **"The country of my childhood"** Wexler, 175.

27 **As Michael Tomasello** Roy F. Baumeister, *The Cultural Animal: Human Nature, Meaing, and Social Life* (Oxford: Oxford University Press, 2005), 31.

28 **You can teach a chimpanzee** Baumeister, 131.

29 **"What sets him off most graphically"** Clifford Geertz, *The Interpretation of Cultures* (New York: Basic Books, 1973), 46.

30 **"We build 'designer environments' "** Andy Clark, *Being There: Putting Brain, Body, and World Together Again* (Cambridge, MA: MIT Press, 1998), 191.

31 **Human brains, Clark believes** Clark, 180.

32 **If the culture adds** Baumeister, 53.

33 **Children born without sight** Wexler, 33.

34 **Donald E. Brown lists traits** Donald E. Brown, *Human Universals* (New York: McGraw-Hill, 1991).

35 **Plays written and produced** Wexler,187–88.

36 **Half of all people in India** David P. Schmitt, "Evolutionary and Cross-Cultural Perspectives on Love: The Influence of Gender, Personality, and Local Ecology on Emotional Investment in Romantic Relationships," in *The New Psychology of Love*, eds. Robert J. Sternberg and Karin Sternberg (New Haven, CT: Yale University Press, 2006), 252.

37 **Nearly a quarter of Americans** Helen Fisher, *Why We Love: The Nature and Chemistry of Romantic Love* (New York: Henry Holt & Co., 2004), 5.

38 **Craig MacAndrew and Robert B. Edgerton** Craig MacAndrew and Robert B. Edgerton, *Drunken Comportment: A Social Explanation* (Clinton Corners, NY: Percheron Press, 2003).

39 **couples having coffee** Dacher Keltner, *Born to Be Good: The Science of a Meaningful Life* (New York: W.W. Norton & Co., Inc., 2009), 195.

40 **But if you bump** Steven Pinker, *The Blank Slate: The Modern Denial of Human Nature* (New York: Penguin Books, 2002), 328.

41 **Cities in the South** Marc D. Hauser, *Moral Minds: The Nature of Right and Wrong* (New York: Harper Perennial, 2006), 134.

42 **A cultural construct** Guy Deutscher, "You Are What You Speak," *The New York Times Magazine*, August 26, 2010, 44.

43 **Her head was filled** Douglas Hofstadter, *I Am a Strange Loop* (New York: Basic Books, 2007), 177.

44 **They seem to be growing** David Halpern, *The Hidden Wealth of Nations* (Cambridge: Polity Press, 2010), 76.

45 **"Cultures do not exist"** Thomas Sowell, *Migrations and Cultures: A World View* (New York: Basic Books, 1996), 378.

46 **Haitians and Dominicans share** Lawrence E. Harrison, *The Central Liberal Truth: How Politics Can Change a Culture and Save It from Itself* (Cambridge: Oxford University Press, 2006), 26.

47 **In Ceylon in 1969** Thomas Sowell, *Race and Culture: A World View* (New York: Basic Books, 1994), 67.

48 **In Chile, three-quarters** Sowell, *Race and Culture*, 25.

49 **By the time they enter kindergarten** Margaret Bridges, Bruce Fuller, Russell Rumberger, and Loan Tran, "Preschool for California's Children: Unequal Access, Promising Benefits," PACE Child Development Projects, University of California Linguistic Minority Research Institute (September 2004): 7, http://gse.berkeley.edu/research/pace/reports/PB.04-3.pdf.

50 **Roughly 54 percent of Asian Americans** Abigail Thernstrom and Stephan Thernstrom, *No Excuses: Closing the Racial Gap in Learning* (New York: Simon & Schuster, 2003), 85.

51 **The average Asian American in New Jersey** David Brooks, "The Limits of Policy," *New York Times*, May 3, 2010, http://www.nytimes.com/2010/05/04/opinion/04brooks.html.

52 **"Cultures of Corruption"** Fisman, Raymond, and Edward Miguel, "Corruption, Norms and Legal Enforcement: Evidence from Diplomatic Parking Tickets," *Journal of Political Economy* 115, no. 6 (2007): 1020–48, http://www2.gsb.columbia.edu/faculty/rfisman/parking_20july06_RF.pdf.

53 **People in progress-prone** Harrison, 53.

54 **People in trusting cultures** Francis Fukuyama, *Trust: The Social Virtues and the Creation of Prosperity* (New York: Free Press, 1996), 338.

55 **Germany and Japan have high** Edward Banfield, *The Moral Basis of a Backward Society* (New York: Free Press, 1967).

56 **The merging of these two idea spaces** Richard Ogle, *Smart World: Breakthrough Creativity and the New Science of Ideas* (Boston, MA: Harvard Business School Press, 2007), 8–10.

57 **Ronald Burt** Ronald Burt, *Structural Holes: The Social Structure of Competition* (Cambridge, MA: Harvard University Press, 1992).

第十章：智力

1 **"The Dunsinane Reforestation"** Christopher Hitchens, *Hitch 22* (New York: Twelve, 2010), 266. This exchange is based on a conversation the author witnessed between Hitchens and Salman Rushdie, two masters of these kinds of games.

2 **Male babies make less** Matt Ridley, *The Agile Gene: How Nature Turns on Nurture* (New York: Perennial, 2004), 59.

3 **a person's emotional state** Daniel Goleman, *Social Intelligence: The New Science of Human Relationships* (New York: Bantam Dell, 2006) 139.

4 **verbal memory and verbal fluency** John Medina, *Brain Rules: 12 Principles for Surviving and Thriving at Work, Home, and School* (Seattle, WA: Pear Press, 2008), 262.

5 **They don't necessarily talk more** Michael S. Gazzaniga, *Human: The Science Behind What Makes Us Human* (New York: Harper Perennial, 2008), 96.

6 ***Varieties of Capitalism*** Peter A. Hall and David W. Soskice, "An Introduction to the Varieties of Capitalism," in *Varieties of Capitalism: The Institutional Foundations of Comparative Advantage*, eds. Peter A. Hall and David W. Soskice (Oxford: Oxford University Press, 2004), 1–70.

7 **People who are really good** Arthur Robert Jensen, *The G Factor: The Science of Mental Ability* (Westport, CT: Praeger Publishers, 1998), 34–35.

8 **The single strongest predictor** Robin Karr-Morse and Meredith S. Wiley, *Ghosts from the Nursery: Tracing the Roots of Violence* (New York: Atlantic Monthly Press, 1997), 28.

9 **Dean Hamer and Peter Copeland** Dean H. Hamer and Peter Copeland, *Living with Our Genes: Why They Matter More Than You Think* (New York: Anchor Books, 1999), 217.

10 **black children in Prince Edward County** Richard W. Nisbett, *Intelligence and How to Get It: Why Schools and Cultures Count* (New York: W.W. Norton & Co., Inc., 2009), 41.

11 **They have to divide their** Bruce E. Wexler, *Brain and Culture: Neurobiology, Ideology, and Social Change* (Cambridge, MA: MIT Press, 2006), 68.

12 **Between 1947 and 2002** Nisbett, 44.

13 **"Today's children"** James R. Flynn, *What Is Intelligence?: Beyond the Flynn Effect* (Cambridge: Cambridge University Press, 2007), 19.

14 **They are not better** David G. Myers, *Intuition: Its Powers and Perils* (New Haven, CT: Yale University Press, 2002), 35.

15 **"IQ predicts only about 4 percent"** Richard K. Wagner, "Practical Intelligence," in *Handbook of Intelligence*, ed. Robert J. Sternberg (Cambridge: Cambridge University Press, 2000), 382.
16 **There is great uncertainty** John D. Mayer, Peter Salovey and David Caruso, "Models of Emotional Intelligence," in *Handbook of Intelligence*, ed. Robert J. Sternberg (Cambridge: Cambridge University Press, 2000), 403.
17 **"What nature hath joined together"** Nisbett, 18.
18 **They were the ones who** Daniel Goleman, "75 Years Later, Study Still Tracking Geniuses," *New York Times*, March 7, 1995, http://www.nytimes.com/1995/03/07/science/75-years-later-study-still-tracking-geniuses.html?pagewanted=all and Richard C. Paddock, "The Secret IQ Diaries," *Los Angeles Times*, July 30, 1995, http://articles.latimes.com/1995-07-30/magazine/tm-29325_1_lewis-terman.
19 **As Malcolm Gladwell demonstrated** Malcolm Gladwell, *Outliers: The Story of Success* (New York: Little, Brown & Co., 2008) 81–83.
20 **National Longitudinal Survey of Youth** John Tierney, "Smart Doesn't Equal Rich," *New York Times*, April 25, 2007, http://tierneylab.blogs.nytimes.com/2007/04/25/smart-doesnt-equal-rich/.
21 **"The tendency to collect information"** Keith E. Stanovich, *What Intelligence Tests Miss: The Psychology of Rational Thought* (New Haven, CT: Yale University Press, 2009), 31–32.
22 **distinctions between clocks and clouds** Jonah Lehrer, "Breaking Things Down to Particles Blinds Scientists to Big Picture," *Wired*, April 19, 2010, http://www.wired.com/magazine/2010/04/st_essay_particles/.
23 **"Many different studies involving"** Stanovich, 34–35.
24 **Firsthand Technology Value mutual fund** Stanovich, 60.
25 **GED recipients are much** James J. Heckman and Yona Rubinstein, "The Importance of Noncognitive Skills: Lessons from the GED Testing Program," *American Economic Review* 91, no. 2 (May 2001): 145–49, http://www.econ-pol.unisi.it/bowles/Institutions%20of%20capitalism/heckman%20on%20ged.pdf.
26 **"The words of the language"** Robert Scott Root-Bernstein and Michèle Root-Bernstein, *Sparks of Genius: The Thirteen Thinking Tools of the World's Most Creative People* (New York: First Mariner Books, 2001), 3.
27 **Others proceed acoustically** Root-Bernstein and Root-Bernstein, 53–54.
28 **Others do so emotionally** Root-Bernstein and Root-Bernstein, 196.

第十一章：做選擇

1 **Grocers know that shoppers** "6 Ways Supermarkets Trick You to Spend More Money," *Shine*, March 1, 2010, http://shine.yahoo.com/event/financiallyfit/6-ways-supermarkets-trick-you-to-spend-more-money-974209/?pg=2.
2 **the smell of baked goods** Martin Lindstrom and Paco Underhill, *Buyology: Truth and Lies About Why We Buy* (New York: Doubleday, 2008), 148–49.
3 **Researchers in Britain found** Joseph T. Hallinan, *Why We Make Mistakes: How We Look Without Seeing, Forget Things in Seconds, and Are All Pretty Sure We Are Way Above Average* (New York: Broadway Books, 2009), 92–93.
4 **In department stores** Paco Underhill, *Call of the Mall: The Geography of Shopping by the Author of Why We Buy* (New York: Simon & Schuster, 2004), 49–50.
5 **pairs of panty hose** Timothy D. Wilson, *Strangers to Ourselves* (Cambridge, MA: Belknap Press, 2002), 103.
6 **At restaurants, people eat more** Richard H. Thaler and Cass R. Sunstein, *Nudge: Improving Decisions About Health, Wealth, and Happiness* (Ann Arbor, MI: Caravan Books, 2008), 64.

7 **Marketing people also realize** Hallinan, 99.
8 **Capital Pacific Homes** David Brooks, "Castle in a Box," *The New Yorker,* March 26, 2001, http://www.newyorker.com/archive/2001/03/26/010326fa_fact_brooks.
9 **For all of human history** Steven E. Landsburg, "The Theory of the Leisure Class," *Slate*, March 9, 2007, http://www.slate.com/id/2161309.
10 **the owls** John Medina, *Brain Rules: 12 Principles for Surviving and Thriving at Work, Home, and School* (Seattle, WA: Pear Press, 2008), 163.
11 **As Angela Duckworth** Jonah Lehrer, "The Truth about Grit," *Boston Globe*, August 2, 2009, http://www.boston.com/bostonglobe/ideas/articles/2009/08/02/the_truth_about_grit/.
12 **M. Mitchell Waldrop** Richard Bronk, *The Romantic Economist: Imagination in Economics* (Cambridge: Cambridge University Press, 2009), 17.
13 **"If I were to distill one"** Dan Ariely, *Predictably Irrational: The Hidden Forces That Shape Our Decisions* (New York: HarperCollins, 2008) 243.
14 **Health officials in New York** Anemona Hartocollis, "Calorie Postings Don't Change Habits, Study Finds," *New York Times*, October 6, 2009, http://www.nytimes.com/2009/10/06/nyregion/06calories.html.
15 **a series of words** Ariely, 170–71.
16 **If you merely use the words** John A. Bargh, "Bypassing the Will: Toward Demystifying the Nonconcious Control of Social Behavior," in *The New Unconscious*, eds. Ran R. Hassin, James S. Uleman, and John A. Bargh (Oxford: Oxford University Press), 40.
17 **If you remind African American students** Claude M. Steele, "Thin Ice: Stereotype Threat and Black College Students," *The Atlantic*, August 1999, http://www.theatlantic.com/magazine/archive/1999/08/thin-ice-stereotype-threat-and-black-college-students/4663/1/.
18 **Asian American women** Margaret Shih, Todd L. Pittinsky, and Nalini Ambady, "Stereotype Susceptibility: Identity Salience and Shifts in Quantitative Performance," *Psychological Science* 10, no. 1 (January 1999): 80–83.
19 **Genghis Khan's death** Hallinan, 102.
20 **The manager of a Brunswick pool-table** Robert E. Ornstein, *Multimind: A New Way of Looking at Human Behavior* (New York: Houghton Mifflin, 1996), 86.
21 **high Social Security numbers** Dan Ariely, "The Fallacy of Supply and Demand," *Huffington Post*, March 20, 2008, http://www.huffingtonpost.com/dan-ariely/the-fallacy-of-supply-and_b_92590.html.
22 **People who are given** Hallinan, 50.
23 **"Their predictions became"** Jonah Lehrer, *How We Decide* (New York: Houghton Mifflin Co., 2009), 146.
24 **They just stick with** Thaler and Sunstein, 34.
25 **The picture of the smiling** Hallinan, 101.
26 **In the aroused state** Ariely, 96 and 106.
27 **Daniel Kahneman and Amos Tversky** Jonah Lehrer, "Loss Aversion," *The Frontal Cortex*, February 10, 2010, http://scienceblogs.com/cortex/2010/02/loss_aversion.php.

第十二章：自由與承擔

1 **In Guess culture** Oliver Burkerman, "This Column Will Change Your Life," *The Guardian*, May 8, 2010, http://www.guardian.co.uk/lifeandstyle/2010/may/08/change-life-asker-guesser.
2 **Thirty-eight percent of young Americans** "Pew Report on Community Satisfaction," Pew Research Center (January 29, 2009): 10, http://pewsocialtrends.org/assets/pdf/Community-Satisfaction.pdf.
3 **In Western Europe** William A. Galston, "The Odyssey Years: The Changing 20s,"

Brookings Institution, November 7, 2007, http://www.brookings.edu/interviews/2007/1107_childrenandfamilies_galston.aspx.

4 **postponing marriage** William Galston, "The Changing 20s," Brookings Institution, October 4, 2007, http://www.brookings.edu/speeches/2007/1004useconomics_galston.aspx.

5 **finish their education** Galston, "The Changing 20s."

6 **In 1970 only 26 percent** Robert Wuthnow, *After the Baby Boomers: How Twenty- and Thirty-Somethings Are Shaping the Future of American Religion* (Princeton, NJ: Princeton University Press, 2007), 29.

7 **"I am certain that someday"** Jeffrey Jensen Arnett, *Emerging Adulthood: The Winding Road from the Late Teens through the Twenties* (Oxford: Oxford University Press, 2004), 16.

8 **In 1950 a personality test** Jean Twenge, *Generation Me: Why Today's Young Americans Are More Confident, Assertive, Entitled—and More Miserable Than Ever Before* (New York: Free Press, 2006), 69.

9 **young people today** Wuthnow, 62.

10 **subsidies from Mom and Dad** Wuthnow, 32.

11 **Michael Barone argues** Michael Barone, "A Tale of Two Nations," *US News & World Report*, May 4, 2003, http://www.usnews.com/usnews/opinion/articles/030512/12pol.htm.

12 **This inequality doesn't seem** Elizabeth Kolbert, "Everybody Have Fun," *The New Yorker*, March 22, 2010, http://www.newyorker.com/arts/critics/books/2010/03/22/100322crbo_books_kolbert.

13 **Winning the lottery produces** Elizabeth Kolbert, "Everybody Have Fun."

14 **"fulfill all their dreams"** Derek Bok, *The Politics of Happiness: What Government Can Learn from the New Research on Well-Being* (Princeton, NJ: Princeton University Press, 2010), 13.

15 **People in long-term marriages** Bok, 17–18.

16 **being married produces** David Blanchflower and Andrew Oswald, "Well-Being Over Time in Britain and the USA," *Journal of Public Economics* 88 (July 2004): 1359–86, http://www2.warwick.ac.uk/fac/soc/economics/staff/faculty/oswald/wellbeingnew.pdf.

17 **joining a group** Robert D. Putnam, *Bowling Alone: The Collapse and Revival of American Community* (New York: Simon & Schuster, 2000), 333.

18 **People who have one recurrent** David Halpern, *The Hidden Wealth of Nations* (Cambridge: Polity Press, 2010), 26.

19 **People who have more friends** Tara Parker-Pope, "What Are Friends For? A Longer Life," *New York Times*, April 21, 2009, http://www.nytimes.com/2009/04/21/health/21well.html.

20 **the daily activities** Bok, 28.

21 **professions that correlate** Halpern, 28–29.

22 **"Whether someone has"** Roy F. Baumeister, *The Cultural Animal: Human Nature, Meaning, and Social Life* (Oxford: Oxford University Press, 2005), 109.

第十三章：墜入情網

1 **Adrian Furnham of University College, London** Joan Raymond, "He's Not as Smart as He Thinks," *Newsweek*, January 23, 2008, http://www.newsweek.com/2008/01/22/he-s-not-as-smart-as-he-thinks.html.

2 **Women underestimate their IQ** Joan Raymond, "He's Not as Smart as He Thinks."

3 **"Below the surface-stream"** Lionel Trilling, *Sincerity and Authenticity* (Cambridge, MA: University of Harvard Press, 1972), 5.

4 **"Fires run through my body"** Helen Fisher, *Why We Love: The Nature and Chemistry of Romantic Love* (New York: Henry Holt & Co., 2004), 1.

5 **Faby Gagné and John Lydon** Kaja Perina, "Love's Loopy Logic," *Psychology Today*, January 1, 2007, http://www.psychologytoday.com/articles/200612/loves-loopy-logic.
6 **"What I have called crystalization"** Stendhal, *Love*, trans. Gilbert Sale and Suzanne Sale (New York: Penguin Books, 2004), 45.
7 **Norepinephrine** Fisher, 53.
8 **Phenylethylamine** Ayala Malakh Pines, *Falling in Love: Why We Choose the Lovers We Choose* (New York: Routledge, 2005), 154.
9 **"The caudate is also"** Fisher, 69.
10 **Arthur Aron** Sadie F. Dingfelder, "More Than a Feeling," *Monitor on Psychology* 38, no. 2 (February 2007): 40, http://www.apa.org/monitor/feb07/morethan.aspx.
11 **Neuroscientist Jaak Panksepp** Daniel Goleman, *Social Intelligence: The New Science of Human Relationships* (New York: Bantam Dell, 2006) 192.
12 **A person in love** Helen Fisher, "The Drive to Love: The Neural Mechanism for Mate Selection," in *The New Psychology of Love*, eds. Robert J. Sternberg and Karin Weis (New Haven, CT: Yale University Press, 2006), 92–93.
13 **A crucial answer came** P. Read Montague, Peter Dayan, and Terrence J. Sejnowski, "A Framework for Mesencephalic Domanine Systems Based on Predictive Hebbian Learning," *Journal of Neuroscience* 16, no. 5 (March 1, 1996): 1936–47, http://www.jneurosci.org/cgi/reprint/16/5/1936.pdf.
14 **The main business** Read Montague, *Your Brain Is (Almost) Perfect: How We Make Decisions* (New York: Plume, 2007), 117.
15 **Dennis and Denise** Brett W. Pelham, Matthew C. Mirenberg, and John T. Jones, "Why Susie Sells Seashells by the Seashore: Implicit Egotism and Major Life Decisions," *Journal of Personality and Social Psychology* 82, no. 4 (2002): 469–87, http://futurama.tistory.com/attachment/ck10.pdf.
16 **As Bruce Wexler argues** Bruce E. Wexler, *Brain and Culture: Neurobiology, Ideology, and Social Change* (Cambridge, MA: MIT Press, 2006), 143.
17 **"The child will love a crusty"** C. S. Lewis, *The Four Loves* (Orlando, FL: Harcourt Brace & Co., 1988), 33.
18 **Within two weeks** James Q. Wilson, *The Moral Sense* (New York: Free Press, 1997), 124.
19 **Austrian physician René Spitz** Bruce D. Perry, *Born For Love: Why Empathy Is Essential—and Endangered* (New York: HarperCollins, 2010), 51.
20 **It takes the average college student** Elaine Hatfield, Richard L. Rapson, and Yen-Chi L. Le, "Emotional Contagion and Empathy," in *The Social Neuroscience of Empathy*, eds. Jean Decety and William John Ickes (Cambridge, MA: MIT Press, 2009), 21.
21 **neuroscientist Marco Iacoboni notes** Marco Iacoboni, *Mirroring People: The New Science of How We Connect with Others* (New York: Farrar, Straus & Giroux, 2008), 4.
22 **"When your friend has become"** Lewis, 34.
23 **"free from all duties"** Lewis, 77.
24 **Solomon Asch conducted** Andrew Newburg and Mark Robert Waldman, *Why We Believe What We Believe: Uncovering Our Biological Need for Meaning, Spirituality, and Truth* (New York: Free Press, 2006), 143–44.
25 **Dean Ornish surveyed** Thomas Lewis, Fari Amini, and Richard Lannon, *A General Theory of Love* (New York: Vintage, 2001), 80.
26 **"Words are inadequate"** Jonathan Haidt, *The Happiness Hypothesis: Finding Modern Truth in Ancient Wisdom* (New York: Basic Books, 2006), 237.
27 **"Animals have sex"** Allan Bloom, *Love and Friendship* (New York: Simon & Schuster, 1993), 19.
28 **"Love you? I *am* you."** Lewis, 95.
29 **"We are one"** John Milton, *Paradise Lost*, book 9, lines 958–59.

第十四章：偉大的敘事

1 **"There is no craving"** David Hume, "Of Interest," in *Selected Essays*, eds. Stephen Copley and Andrew Edgar (Oxford: Oxford University Press, 2008), 182.
2 **Long-term unemployment** Don Peck, "How a New Jobless Era Will Transform America," *The Atlantic*, March 2010, http://www.theatlantic.com/magazine/archive/2010/03/how-a-new-jobless-era-will-transform-america/7919/.
3 **Ninety percent of drivers** Robert H. Frank, *The Economic Naturalist: In Search of Explanations for Everyday Enigmas* (New York: Basic Books, 2007), 129.
4 **Ninety-four percent of college professors** Andrew Newburg and Mark Robert Waldman, *Why We Believe What We Believe: Uncovering Our Biological Need for Meaning, Spirituality, and Truth* (New York: Free Press, 2006), 73.
5 **Ninety percent of entrepreneurs** Richard H. Thaler and Cass R. Sunstein, *Nudge: Improving Decisions About Health, Wealth, and Happiness* (Ann Arbor, MI: Caravan Books, 2008), 32.
6 **Ninety-eight percent of students** Keith E. Stanovich, *What Intelligence Tests Miss: The Psychology of Rational Thought* (New Haven, CT: Yale University Press, 2009), 109.
7 **College students vastly overestimate** Daniel Gilbert, *Stumbling on Happiness* (New York: Vintage, 2007), 18.
8 **Golfers on the PGA tour** Joseph T. Hallinan, *Why We Make Mistakes: How We Look Without Seeing, Forget Things in Seconds, and Are All Pretty Sure We Are Way Above Average* (New York: Broadway Books, 2009), 170.
9 **Half of all students** David G. Myers, *Intuition: Its Powers and Perils* (New Haven, CT: Yale University Press, 2004), 83.
10 **Russo and Schoemaker** Hallinan, 167.
11 **Brad Barber and Terrance Odean** Myers, 159.
12 **Andrew Lo of MIT** Stephen J. Dubner, "This Is Your Brain on Prosperity," *New York Times*, January 9, 2009, http://freakonomics.blogs.nytimes.com/2009/01/09/this-is-your-brain-on-prosperity-andrew-lo-on-fear-greed-and-crisis-management/.
13 **Daniel Gilbert of Harvard** Gilbert, 180.
14 **incompetent people exaggerate** Erica Goode, "Among the Inept, Researchers Discover, Ignorance Is Bliss," *New York Times*, January 18, 2000, http://www.nytimes.com/2000/01/18/health/among-the-inept-researchers-discover-ignorance-is-bliss.html.
15 **the more sectors they entered** Jerry Z. Muller, "Our Epistemological Depression," *The American*, February 29, 2009, http://www.american.com/archive/2009/february-2009/our-epistemological-depression.
16 **BPR "escalates the efforts"** "Business Processing Reengineering," *Wikipedia*, http://en.wikipedia.org/wiki/Business_process_reengineering.
17 **John Maynard Keynes** John Maynard Keyes, *The General Theory of Employment, Interest and Money* (New York: Classic Books America, 2009), 331.
18 **"If the better elements"** Plato, *Phaedrus*, trans. Alexander Nehamas and Paul Woodruff (New York: Hackett, 1995), 44.
19 **In this scientific age** Francis Bacon, "Preface to the *Novum Organum*," in *Prefaces and Prologues*, vol. 34, ed. Charles William Eliot (New York: P.F. Collier & Son, 1909–14; Bartleby.com, 2001), http://www.bartleby.com/39/22.html.
20 **"Reason is to the philosopher"** Cesar Chesneau Dumarsais, "Philosophe," in *Encyclopédie*, vol. 22, ed. Denis Diderot.
21 **This mode, as Guy Claxton** Guy Claxton, *The Wayward Mind: An Intimate History of the Unconscious* (New York: Little, Brown Book Group, 2006).
22 **Lionel Trilling diagnosed** Lionel Trilling, *The Liberal Imagination: Essays on Literature and Society* (New York: New York Review of Books, 2008), ix–xx.
23 **"deals with introspection"** Robert Skidelsky, *Keynes: The Return of the Master* (New York: PublicAffairs, 2009), 81.

24 **Paul Samuelson applied** Clive Cookson, Gillian Tett, and Chris Cook, "Organic Mechanics," *Financial Times*, November 26, 2009, http://www.ft.com/cms/s/o/doe6abde-dacb-11de-933d-00144feabdco.html.

25 **George A. Akerlof and Robert Shiller** George A. Akerlof and Robert J. Shiller, *Animal Spirits: How Human Psychology Drives the Economy, and Why It Matters* (Princeton, NJ: Princeton University Press, 2010), 1.

26 **Jim Collins argues** Jim Collins, "How the Mighty Fall: A Primer on the Warning Signs," *Businessweek*, May 14, 2009, http://www.businessweek.com/magazine/content/09_21/b4132026786379.htm.

第十五章：見機行事

1 **historian Johan Huizinga** John Lukacs, *Confessions of an Original Sinner* (South Bend, IN: St. Augustine's Press, 2000), 39.

2 **"Reason is and ought only"** David Hume, *A Treatise of Human Nature*, bk. 2, sect. 3 (Ithaca, NY: Cornell University Press, 2009), 286.

3 **"We are generally"** Edmund Burke, *Reflections on the Revolution in France* (Oxford: Oxford University Press, 1999), 87.

4 **"senses and imagination captivate"** Gertrude Himmelfarb, *The Roads to Modernity: The British, French, and American Enlightenments* (New York: Vintage, 2005), 76.

5 **Level 2 is like Mr. Spock** Richard H. Thaler and Cass R. Sunstein, *Nudge: Improving Decisions About Health, Wealth, and Happiness* (Ann Arbor, MI: Caravan Books, 2008), 22.

6 **The recall process** James Le Fanu, *Why Us?: How Science Rediscovered the Mystery of Ourselves* (New York: Vintage, 2010), 213.

7 **Half had significant errors** Robert A. Burton, *On Being Certain: Believing You Are Right Even When You're Not* (New York: St. Martin's Press, 2008), 10.

8 **201 prisoners in the United States** Joseph T. Hallinan, *Why We Make Mistakes: How We Look Without Seeing, Forget Things in Seconds, and Are All Pretty Sure We Are Way Above Average* (New York: Broadway Books, 2009), 41

9 **Research by Taylor Schmitz** Taylor W. Schmitz, Eve De Rosa, and Adam K. Anderson, "Opposing Influences of Affective State Valence on Visual Cortical Encoding," *Journal of Neuroscience* 29, no. 22 (June 3, 2009): 7199–7207, http://www.jneurosci.org/cgi/content/short/29/22/7199.

10 **doctors who got the candy** Hallinan, 219.

11 **sunny days** Norbert Schwarz and Gerald L. Clore, "Mood, Misattribution, and Judgments of Well-Being: Informative and Directive Functions of Affective States," *Journal of Personality and Social Psychology* 45, no. 3 (1983): 513–23, http://sitemaker.umich.edu/norbert.schwarz/files/83_jpsp_schwarz___clore_mood.pdf.

12 **The bridge guys** Timothy D. Wilson, *Strangers to Ourselves: Discovering the Adaptive Unconscious* (Cambridge, MA: Belknap Press, 2002), 101–102.

13 **"We hear and apprehend"** Henry David Thoreau, *I To Myself: An Annotated Selection from the Journal of Henry D. Thoreau*, ed. Jeffrey S. Kramer (New Haven, CT: Yale University Press, 2007), 420.

14 **A shooter who has made** John Huizinga and Sandy Weil, "Hot Hand or Hot Head: The Truth About Heat Checks in the NBA," MIT Sloan Sports Analytics Conference, March 7, 2009, http://web.me.com/sandy1729/sportsmetricians_consulting/Hot_Hand_files/HotHandMITConf03.pdf.

15 **When told he was a dancer** Robert E. Christiaansen, James D. Sweeney, and Kathy Ochalek, "Influencing Eyewitness Descriptions," *Law and Human Behavior* 7, no. 1 (March 1983), 59–65, http://www.springerlink.com/content/xm1lm15u08w1q10h/.

16 **This project's work** "Roots of Unconscious Prejudice Affect 90 to 95 percent of Peo-

ple," *ScienceDaily*, September 30, 1998, http://www.sciencedaily.com/releases/1998/09/980930082237.htm.

17 **The prejudices against the elderly** Carey Goldberg, "Even Elders Reflect Broad Bias Against the Old, Study Finds," *Boston Globe*, October 28, 2002, http://pqasb.pqarchiver.com/boston/access/225621771.html?FMT=ABS&date=Oct%2028,%202002.

18 **They fear chain saws** David G. Myers, *Intuition: Its Powers and Perils* (New Haven, CT: Yale University Press, 2004), 205.

19 **Measured at its highest** Ap Dijksterhuis, Henk Aarts, and Pamela K. Smith, "The Power of the Subliminal: On Subliminal Persuasion and Other Potential Applications," in *The New Unconscious*, eds. Ran R. Hassim, James S. Uleman, and John A. Bargh (Oxford: Oxford University Press, 2005), 82.

20 **Ian Waterman** Wilson, 19.

21 **"choking on thought"** Jonah Lehrer, *How We Decide* (New York: Houghton Mifflin Co., 2009), 136.

22 **Beatrice de Gelder** Benedict Carey, "Blind, Yet Seeing: The Brain's Subconscious Visual Sense," *New York Times*, December 23, 2008, http://www.nytimes.com/2008/12/23/health/23blin.html.

23 **When scientists flash cards** Jonah Lehrer, *Proust Was a Neuroscientist* (New York: Houghton Mifflin Co., 2007), 184.

24 **professional chicken sexers** Myers, 55.

25 **movement of the *X*** Wilson, 26–27.

26 **"My body suddenly got cooler"** Benedict Carey, "In Battle, Hunches Prove to Be Valuable," *New York Times*, July 28, 2009, http://www.nytimes.com/2009/07/28/health/research/28brain.html.

27 **Antonio and Hanna Damasio** Antoine Bechara, Hanna Damasio, Daniel Tranel, and Antonio R. Damasio, "Deciding Advantageously Before Knowing the Advantageous Strategy," *Science* 28, no. 5304 (February 1997): 1293–95, http://www.sciencemag.org/cgi/content/short/275/5304/1293.

28 **Swiss doctor Édouard Claparède** Wilson, 25.

29 **That one implicit rule** Gerd Gigerenzer, *Gut Feelings: The Intelligence of the Unconscious* (New York: Penguin Books, 2007), 9–11.

30 **fuzzy-trace theory** Paul A. Klaczynski, "Cognitive and Social Cognitive Development: Dual-Process Research and Theory," in *In Two Minds: Dual Processes and Beyond*, eds. Jonathan Evans and Keith Frankish (Oxford: Oxford University Press, 2009), 270.

31 **The immediate choosers** Ap Dijksterhuis and Loran F. Nordgren, "A Theory of Unconscious Thought," *Perspectives on Psychological Science* 1, no. 2 (June 2006): 95–109, http://www.unconsciouslab.nl/publications/Dijksterhuis%20Nordgren%20-%20A%20Theory%20of%20Unconscious%20Thought.pdf.

32 **five different art posters** Dijksterhuis and Nordgren, 100.

33 **a study set in IKEA** Dijksterhuis and Nordgren, 104.

34 **"dark and dusty nooks"** Dijksterhuis and Nordgren, 102.

35 **"It is worth noting"** John A. Bargh, "Bypassing the Will: Toward Demystifying the Nonconscious Control of Social Behavior," in *The New Unconscious*, eds. Ran R. Hassim, James S. Uleman, and John A. Bargh (Oxford: Oxford University Press, 2005), 53.

36 **You would have no chance** George Eliot, *Felix Holt, the Radical* (New York: Penguin Books, 1995), 279.

37 **Folk wisdom in North America** James C. Scott, *Seeing Like a State: How Certain Schemes to Improve the Human Condition Have Failed* (New Haven, CT: Yale University Press, 1998), 311.

38 **gobiid fish** Guy Claxton, *Hare Brain, Tortoise Mind: How Intelligence Increases When You Think Less* (New York: Harper Perennial, 2000), 18.

39 **Research by Colin Camerer** Colin Camerer et al., "Neural Systems Responding to Degrees of Uncertainty in Human Decision-Making," *Science* 310, no. 5754 (December 9, 2005): 1680–83, http://www.sciencemag.org/cgi/content/abstract/310/5754/1680.

40 **During his discussion of Tolstoy** Isaiah Berlin, "The Hedgehog and the Fox," in *Russian Thinkers*, eds. Henry Hardy and Aileen Kelly (New York: Penguin Books, 1978), 71–72.

第十六章：職場風雲

1 **Raymond led the group** David Rock, *Your Brain at Work: Strategies for Overcoming Distraction, Regaining Focus, and Working Smarter All Day Long* (New York: HarperCollins, 2009), 49.

2 **Michael Falkenstein** Gerald Traufetter, "Have Scientists Discovered Intuition?" *Der Spiegel*, September 21, 2007, http://www.spiegel.de/international/world/0,1518,507176,00.html.

3 **Patrick Rabbitt** Patrick Rabbitt, "Detection of Errors by Skilled Typists," *Ergonomics* 21, no. 11 (November 1978): 945–58, http://www.informaworld.com/smpp/content~db=all~content=a777698565.

4 **change doubtful answers** Joseph T. Hallinan, *Why We Make Mistakes: How We Look Without Seeing, Forget Things in Seconds, and Are All Pretty Sure We Are Way Above Average* (New York: Broadway Books, 2009), 53.

5 **"Peter Drucker said"** Peter F. Drucker, *The Essential Drucker: In One Volume the Best of Sixty Years of Peter Drucker's Essential Writings on Management* (New York: HarperCollins, 2001), 127.

6 **"Koch was not one"** Drucker, 218.

7 **Wason selection task** David Moshman and Molly Geil, "Collaborative Reasoning, Evidence for Collective Rationality," *Thinking and Reasoning* 4, no. 3 (July 1998): 231–48, http://digitalcommons.unl.edu/cgi/viewcontent.cgi?article=1053&context=edpsychpapers.

第十七章：年歲增長

1 **UN data drawn** Helen Fisher, "The Drive to Love: The Neural Mechanism for Mate Selection," in *The New Psychology of Love*, eds. Robert J. Sternberg and Karin Sternberg (New Haven, CT: Yale University Press, 2006), 105.

2 **Louann Brizendine** Louann Brizendine, *The Female Brain* (New York: Broadway Books, 2006), 136–37.

3 **"the art of being wise"** William James, *The Principles of Psychology*, vol. 2, Chap. 22.

4 **Marriage expert John Gottman** John Gottman, *Why Marriages Succeed or Fail: And How You Can Make Yours Last* (New York: Fireside, 1995), 57.

5 **loneliness loop** John Cacioppo and William Patrick, *Loneliness: Human Nature and the Need for Social Connection* (New York: W.W. Norton & Company, 2008), 170.

6 **more than 65 percent** Brizendine, 147.

7 **Alcoholics Anonymous doesn't work** Brendan L. Koerner, "Secret of AA: After 75 Years, We Don't Know How It Works," *Wired*, June 23, 2010, http://www.wired.com/magazine/2010/06/ff_alcoholics_anonymous/.

第十八章：道德

1 **Jonathan Haidt** Jonathan Haidt, "What Makes People Vote Republican," *Edge*, September 9, 2008, http://www.edge.org/3rd_culture/haidt08/haidt08_index.html.

2 **As Haidt has shown** Jonathan Haidt, *The Happiness Hypothesis: Finding Modern Truth in Ancient Wisdom* (New York: Basic Books, 2006), 20–21.

3 **"It has been hard to find"** Michael S. Gazzaniga, *Human: The Science Behind What Makes Us Unique* (New York: Harper Perennial, 2008), 148.

4 **Psychopaths do not seem** Jonah Lehrer, *How We Decide* (New York: Houghton Mifflin Co., 2009), 15.

5 **Research on wife batterers** Lehrer, 170.

6 **Behavior does not exhibit** Kwame Anthony Appiah, *Experiments in Ethics* (Cambridge, MA: Harvard University Press, 2008), 40–41.

7 **"I finished him off"** Jean Hatzfield, *Machete Season: The Killers in Rwanda Speak*, trans. Linda Coverdale (New York: Farrar, Straus & Giroux, 2003), 24.

8 **rats were trained to press** Paul Bloom, *Descartes' Baby: How the Science of Child Development Explains What Makes Us Human* (New York: Basic Books, 2004), 114.

9 **Chimps console each other** Bloom, 122.

10 **People yawn when they see** Liz Seward, "Contagious Yawn 'Sign of Empathy,' " BBC, September 10, 2007, http://news.bbc.co.uk/2/hi/science/nature/6988155.stm.

11 **"When we see a stroke"** Adam Smith, *The Theory of Moral Sentiments* (New York: Cosimo, 2007), 2.

12 **"Nature, when she formed"** Smith, 118.

13 **rudimentary sense of justice** J. Kiley Hamlin, Karen Wynn, and Paul Bloom, "Social Evaluation by Preverbal Infants," *Nature* 450 (November 22, 2007): 557–59, http://www.nature.com/nature/journal/v450/n7169/abs/nature06288.html.

14 **James Q. Wilson argued** James Q. Wilson, *The Moral Sense* (New York: Free Press, 1997), 142.

15 **Max Planck Institute for Psycholinguistics** J. J. A. Van Berkum et al., "Right or Wrong? The Brain's Fast Response to Morally Objectional Statements," *Psychological Science* 20 (2009): 1092–99, http://coreservice.mpdl.mpg.de/ir/item/escidoc:57437/components/component/escidoc:95157/content.

16 **"He who made us"** Marc D. Hauser, *Moral Minds: The Nature of Right and Wrong* (New York: Harper Perennial, 2006), 60–61.

17 **Just as different cultures** Jonathan Haidt and Craig Joseph, "The Moral Mind: How 5 Sets of Innate Moral Intuitions Guide the Development of Many Culture-Specific Virtues, and Perhaps Even Modules," in *The Innate Mind*, eds. P. Carruthers, S. Laurence, and S. Stich (New York: Oxford, 2007), 367–91, and Jonathan Haidt and Jesse Graham, "When Morality Opposes Justice: Conservatives Have Moral Intuitions That Liberals May Not Recognize," *Social Science Research* 20, no. 1 (March 2007): 98–116.

18 **Human societies have their** Jesse Graham, Jonathan Haidt, and Brian Nosek, "Liberals and Conservatives Use Different Sets of Moral Foundations," *Journal of Personality and Social Psychology* 96, no. 5 (May 2009): 1029–46, http://www.ncbi.nlm.nih.gov/pubmed/19379034.

19 **Hitler's sweater** Hauser, 199.

20 **People can distinguish between** Kyle G. Ratner and David M. Amodio, "N170 Responses to Faces Predict Implicit In-Group Favoritism: Evidence from a Minimal Group Study," Social & Affective Neuroscience Society Annual Meeting, October 10, 2009, http://www.wjh.harvard.edu/~scanlab/SANS/docs/SANS_program_2009.pdf.

21 **The anterior cingulated cortices** Xiaojing Xu, Xiangyu Zuo, Xiaoying Wang, and Shihui Han, "Do You Feel My Pain? Racial Group Membership Modulates Empathic Neural Responses," *Journal of Neuroscience* 29, no. 26 (July 1, 2009): 8525–29, http://www.jneurosci.org/cgi/content/short/29/26/8525.

22 **"In taking delivery"** Hugh Helco, *On Thinking Institutionally* (Boulder, CO: Paradigm Publishers, 2008), 98.

23 **"I was in awe every time"** Ryne Sandberg, Induction Speech, National Baseball Hall of Fame and Museum, July 31, 2005, http://baseballhall.org/node/11299.

24 **But in crucial moments** Joshua D. Greene, "Does Moral Action Depend on Reason-

ing?" *Big Questions Essay Series*, John Templeton Foundation, April 2010, http://www.templeton.org/reason/Essays/greene.pdf.

25 **"She's not a dog"** Appiah, 160.

26 **"I am grateful that fate"** Viktor Emil Frankl, *Man's Search for Meaning* (Boston, MA: Beacon Press, 1992), 78.

27 **philosopher Jean Bethke Elshtain** Jean B. Elshtain, "Neither Victims Nor Heroes: Reflections from a Polio Person," in *Philosophical Reflections on Disability*, eds. Christopher D. Ralston and Justin Ho (New York: Springer, 2009), 241–50.

第十九章：政治領袖

1 **Few people switch parties** Donald Green, Bradley Palmquist, and Eric Schickler, *Partisan Hearts and Minds: Political Parties and the Social Identity of Voters* (New Haven, CT: Yale University Press, 2002), 12.

2 **People have stereotypes** Green, Palmquist, and Schickler, 4.

3 **Party affiliation often shapes** Paul Goren, Christopher M. Federico, and Miki Caul Kittilson, "Source Cues, Partisan Identities, and Political Value Expression," *American Journal of Political Science* 53, no. 4 (2009): 805–820, http://www3.interscience.wiley.com/journal/122602945/abstract?CRETRY=1&SRETRY=0.

4 **A partisan filters out** Angus Campbell, Philip E. Converse, Warren E. Miller, and Donald E. Stokes, *The American Voter* (Chicago, IL: University of Chicago Press, 1980).

5 **Bartels concludes that** Larry M. Bartels, "Beyond the Running Tally: Partisan Bias in Political Perceptions," *Political Behavior* 24, no. 2 (June 2002): 117–150, http://www.uvm.edu/~dguber/POLS234/articles/bartels.pdf.

6 **Charles Taber and Milton Lodge** Joseph T. Hallinan, *Why We Make Mistakes: How We Look Without Seeing, Forget Things in Seconds, and Are All Pretty Sure We Are Way Above Average* (New York: Broadway Books, 2009), 44–45.

7 **The candidate who was perceived** Joe Keohane, "How Facts Backfire," *Boston Globe*, July 11, 2010, http://www.boston.com/bostonglobe/ideas/articles/2010/07/11/how_facts_backfire/.

8 **ten-second silent video clips** Daniel Benjamin and Jesse Shapiro, "Thin-Slice Forecasts of Gubernatorial Elections, *Review of Economics and Statistics* 91, no. 3 (2009): 523–26, http://www.arts.cornell.edu/econ/dbenjamin/thinslice022908.pdf.

9 **location of a voting booth** Jonah Berger, Marc Meredith, and S. Christian Wheeler, "Contextual Priming: Where People Vote Affects How They Vote," *Proceedings of the National Academy of Sciences* 105, no. 26 (July 1, 2008): 8846–49, http://www.sas.upenn.edu/~marcmere/workingpapers/ContextualPriming.pdf.

10 **The event was stupid** Ran R. Hassin, Melissa J. Ferguson, Daniella Shidlovski, and Tamar Gross, "Subliminal Exposure to National Flags Affects Political Thought and Behavior," *Proceedings of the National Academy of the Sciences* 104, no. 50 (December 2007): 19757–61, http://www.pnas.org/content/104/50/19757.abstract.

第二十章：社會思考

1 **The individualism of the left** Mark Lilla, "A Tale of Two Reactions," *New York Review of Books*, May 1998, http://www.nybooks.com/articles/archives/1998/may/14/a-tale-of-two-reactions/.

2 **8 percent of students** William G. Bowen, Martin Kurzweil, and Eugene Tobin, *Equity and Excellence in American Higher Education* (Charlottesville, VA: University of Virginia Press, 2005), 91.

3 **In Britain you wound up** "Britain is 'surveillance society,' " BBC, November 2, 2006, http://news.bbc.co.uk/2/hi/uk_news/6108496.stm.

4 **"Look at the society"** Phillip Blond, "Rise of the Red Tories," *Prospect*, February 28, 2009, http://www.prospectmagazine.co.uk/2009/02/riseoftheredtories/.

5 **"At root, in almost every"** James Q. Wilson, "The Rediscovery of Character: Private Virtue and Public Policy," *The Public Interest* 81 (Fall 1985): 3–16, http://www.nationalaffairs.com/public_interest/detail/the-rediscovery-of-character-private-virtue-and-public-policy.

6 **"The spiritual nature of man"** Clinton Rossiter, *Conservatism in America* (Cambridge, MA: Harvard University Press, 1982), 43.

7 **"The central conservative truth"** Lawrence E. Harrison, *The Central Liberal Truth: How Politics Can Change a Culture and Save It from Itself* (Cambridge: Oxford University Press, 2006), xvi.

8 **75 percent of the anti-Western** Marc Sageman, *Understanding Terror Networks* (Philadelphia, PA: University of Pennsylvania Press, 2004), 73–75.

9 **Olivier Roy argues** Olivier Roy, *Globalized Islam: The Search for a New Ummah* (New York: Columbia University Press, 2004).

10 **Harold pointed out** David Brooks, "The Wisdom We Need to Fight AIDS," *New York Times*, June 12, 2005, http://www.nytimes.com/2005/06/12/opinion/12brooks.html.

11 **a hospital in Namibia** David Brooks, "In Africa, Life After AIDS," *New York Times*, June 9, 2005, http://www.nytimes.com/2005/06/09/opinion/09brooks.html.

12 **So the market had partially** David Brooks, "This Old House," *New York Times*, December 9, 2008, http://www.nytimes.com/2008/12/09/opinion/09brooks.html.

13 **U.S. Bureau of Labor Statistics** Daniel Drezner, "The BLS Weighs in on Outsourcing," DanielDrezner.com, June 10, 2004, http://www.danieldrezner.com/archives/001365.html and "Extended Mass Layoffs Associated with Domestic and Overseas Relocations, First Quarter 2004 Summary," Bureau of Labor Statistics Press Release, June 10, 2004, http://www.bls.gov/news.release/reloc.nr0.htm.

14 **Pankaj Ghemawat** Pankaj Ghemawat, "Why the World Isn't Flat," *Foreign Policy*, February 14, 2007, http://www.foreignpolicy.com/articles/2007/02/14/why_the_world_isnt_flat?page=full.

15 **The median person** Ron Haskins and Isabel Sawhill, *Creating an Opportunity Society* (Washington, DC: Brookings Institution Press, 2009), 127.

16 **A child born into** Ross Douthat, "Does Meritocracy Work?" *The Atlantic*, November 2005, http://www.theatlantic.com/magazine/archive/2005/11/does-meritocracy-work/4305/.

17 **Anthony Carnevale and Stephen Rose** Douthat, "Does Meritocracy Work?"

18 **Public-education spending** Eric Hanushek, "Milton Friedman's Unfinished Business," *Hoover Digest*, Winter 2007, http://edpro.stanford.edu/hanushek/admin/pages/files/uploads/friedmanhoover_digest.pdf.

19 **A mother with two kids** Haskins and Sawhill, 46.

20 **If you read part** Margaret Bridges, Bruce Fuller, Russell Rumberger, and Loan Tran, "Preschool for California's Children: Unequal Access, Promising Benefits," PACE Child Development Projects, University of California Linguistic Minority Research Institute (September 2004): 9, http://gse.berkeley.edu/research/pace/reports/PB.04-3.pdf.

21 **About half the students** Haskins and Sawhill, 223.

22 **Isabel Sawhill has calculated** Haskins and Sawhill, 42.

23 **If you get married before** Haskins and Sawhill, 70.

24 **Wilkinson and Pickett point** Richard Wilkinson and Kate Pickett, *The Spirit Level: Why Greater Equality Makes Societies Stronger* (London: Bloomsbury Press, 2009), 75

25 **"Low-income families"** Haskins and Sawhill, 101.

26 **As James Heckman argues** James Heckman and Dimitriy V. Masterov, "The Productivity Argument for Investing in Young Children," Invest in Kids Working Group, Com-

mittee for Economic Development, Working Paper 5 (October 4, 2004): 3, http://jenni.uchicago.edu/Invest/FILES/dugger_2004-12-02_dvm.pdf.
27 **But social and emotional skills** Heckman and Masterov, 28–35.
28 **Small classes may be better** Malcolm Gladwell, "Most Likely to Succeed," *The New Yorker*, December 15, 2008, http://www.newyorker.com/reporting/2008/12/15/081215fa_fact_gladwell.
29 **The City University of New York** Marc Santora, "CUNY Plans New Approach to Community College," *New York Times*, January 26, 2009, http://www.nytimes.com/2009/01/26/education/26college.html?fta=y.
30 **"Every new scene"** Alexander Hamilton, "Report on Manufactures," December 5, 1791, University of Chicago Press, *The Founders' Constitution*, http://press-pubs.uchicago.edu/founders/documents/v1ch4s31.html.
31 **He believed in using government** Ron Chernow, *Alexander Hamilton* (New York: Penguin Press, 2004).
32 **"I hold the value of life"** Abraham Lincoln, Speech to Germans in Cincinnati, Ohio, February 12, 1861, *Collected Works of Abraham Lincoln*, vol. 4 (Piscataway, NJ: Rutgers University Press, 1990), 203.
33 **"The true function of the state"** Theodore Roosevelt, "Social Evolution," in *American Ideals, and Other Essays, Social and Political*, vol. 2 (New York: G.P. Putnam's Sons, 1907), 154.
34 **"In political activity"** Michael Oakeshott, "Political Education," in *Rationalism in Politics and Other Essays* (London: Methuen, 1977), 127.
35 **Milton wrote *Paradise Lost*** Thomas Sowell, *Marxism: Philosophy and Economics* (London: George Allen & Unwin, Ltd., 1985), 14.

第二十一章：生命教育

1 **the muscles around the jaw** Atul Gawande, "The Way We Age Now," *The New Yorker*, April 30, 2007, http://www.newyorker.com/reporting/2007/04/30/070430fa_fact_gawande.
2 **40 percent end up** Gawande, "The Way We Age Now."
3 **While many neurons die** Patricia A. Reuter-Lorenz and Cindy Lustig, "Brain Aging: Reorganizing Discoveries About the Aging Mind," *Current Opinion in Neurobiology* 15 (2005): 245–51, http://www.bus.umich.edu/neuroacrp/Yoon/ReuterLorenzLustig2005.pdf.
4 **air traffic controllers** Louis Cozolino, *The Healthy Aging Brain: Sustaining Attachment, Attaining Wisdom* (New York: W.W. Norton & Co., 2008), 172.
5 **Laura Carstensen** Stephen S. Hall, "The Older-and-Wiser Hypothesis," *New York Times*, May 6, 2007, http://www.nytimes.com/2007/05/06/magazine/06Wisdom-t.html.
6 **John Gabrieli of MIT** Hall, "The Older-and-Wiser Hypothesis."
7 **Norma Haan of Berkeley** Norma Haan, Elizabeth Hartka, and Roger Millsap, "As Time Goes By: Change and Stability in Personality Over Fifty Years," *Psychology and Aging* 1, no. 3 (1986): 220–32, http://www.psych.illinois.edu/~broberts/Haan%20et%20al,%201986.pdf.
8 **People achieve a level** George Vaillant, *Aging Well: Surprising Guideposts to a Happier Life from the Landmark Harvard Study of Adult Development* (New York: Little, Brown & Co., 2002), 254.
9 **"By the time we reach"** Andrew Newberg and Mark Robert Waldman, *Why We Believe What We Believe: Uncovering Our Biological Need for Meaning, Spirituality, and Truth* (New York: Free Press, 2006), 211–212.
10 **The Grant Longitudinal Study** Vaillant, 99–100.

11 **"One of my teachers compares"** Daniel J. Siegel, *The Mindful Brain: Reflection and Attunement in the Cultivation of Well-Being* (New York: W.W. Norton & Co., Inc., 2007), 62.
12 **"But gradually your eyes"** Siegel, 159.
13 **Tibetan monks or Catholic nuns** Andrew Newberg and Mark Robert Waldman, *Born to Believe: God, Science, and the Origin of Ordinary and Extraordinary Beliefs* (New York: Free Press, 2006), 175.
14 **"In the Pentecostal tradition"** Newberg and Waldman, *Why We Believe What We Believe*, 203–205.
15 **philosopher Roger Scruton** Roger Scruton, *Culture Counts: Faith and Feeling in a Besieged World* (New York: Encounter Books, 2007), 41.
16 **"Mine is no callous shell"** Walt Whitman, *Leaves of Grass* (New York: Penguin Books, 1986), 53.
17 **"While human nature largely"** Jonah Lehrer, *Proust Was a Neuroscientist* (New York: Houghton Mifflin Co., 2007), 140.
18 **Some scientists believe that** Michael S. Gazzaniga, *Human: The Science Behind What Makes Us Unique* (New York: Harper Perennial, 2008), 210.
19 **As Daniel Levitin observes** Daniel J. Levitin, *This Is Your Brain on Music: The Science of a Human Obsession* (New York: Dutton, 2006), 116.
20 **Leonard Meyer showed** Leonard Meyer, *Emotion and Meaning in Music* (Chicago, IL: University of Chicago Press, 1961).
21 **Depending on lighting** Semir Zeki, *Splendors and Miseries of the Brain: Love, Creativity, and the Quest for Human Happiness* (Malden, MA: Wiley-Blackwell, 2009), 29.
22 **"Our perception of the world"** Chris Frith, *Making Up the Mind: How the Brain Creates Our Mental World* (Malden, MA: Blackwell Publishing, 2007), 111.
23 **They like lush open grasses** Denis Dutton, *The Art Instinct: Beauty, Pleasure, and Human Evolution* (New York: Bloomsbury Press, 2009), 17–19.
24 **people like fractals** Gazzaniga, 229.
25 **Humans generally prefer patterns** Gazzaniga, 230.
26 **"a book club that meets"** Gene D. Cohen, *The Mature Mind: The Positive Power of the Aging Brain* (New York: Basic Books, 2005), 148.
27 **He wanted to change** Lehrer, 87.
28 **"I went on with the conversation"** Nancy C. Andreasen, *The Creative Brain: The Science of Genius* (New York: Plume, 2006), 44.
29 **"An idea will come"** Guy Claxton, *Hare Brain, Tortoise Mind: How Intelligence Increases When You Think Less* (New York: Harper Perennial, 2000), 60.
30 **People with college degrees** Cozolino, 28.
31 **People with larger vocabularies** Cozolino, 29–30.
32 **seniors who participate in arts** Cohen, 178.
33 **Malcolm Gladwell wrote** Malcolm Gladwell, "Late Bloomers," *The New Yorker*, October 20, 2008, http://www.newyorker.com/reporting/2008/10/20/081020fa_fact_gladwell.
34 **"A sense of isolation"** Kenneth Clark, "The Artist Grows Old," *Daedalus* 135, no. 1 (Winter 2006): 87, http://mitpress.mit.edu/journals/pdf/Clark_77_90.pdf.
35 **"We pass on culture"** Scruton, 44.
36 **"Man may rise"** Kenneth S. Clark, *Civilization: A Personal View* (New York: Harper & Row, 1969), 60.
37 **The cathedrals were not** Michael Ward, "C. S. Lewis and the Star of Bethlehem," *Books & Culture*, January–February 2008, http://www.booksandculture.com/articles/2008/janfeb/15.30.html.

第二十二章：生命意義

1 **"He would have to say"** Lydia Davis, "Happiest Moment," in *Samuel Johnson Is Indignant* (New York: Picador, 2002), 50.
2 **sunlight and natural scenes** Esther M. Sternberg, *Healing Spaces: The Science of Place and Well-Being* (Cambridge, MA: Belknap Press, 2009), 49.
3 **a study done in Milan** Sternberg, 50.
4 **"Nature draws us because"** Charles Taylor, *Sources of the Self: The Making of the Modern Identity* (Cambridge: University of Cambridge Press, 2006), 297.
5 **psychologist Ellen Langer** Jennifer Ruark, "The Art of Living Mindfully," *The Chronicle of Higher Education*, January 3, 2010, http://chronicle.com/article/The-Art-of-Living-Mindfully/63292/.
6 **"reminiscence bump"** Daniel L. Schacter, *Searching For Memory: The Brain, The Mind, and the Past* (New York: Basic Books, 1996), 298.
7 **He simply could not remember** George E. Vaillant, *Aging Well: Surprising Guideposts to a Happier Life from the Landmark Harvard Study of Adult Development* (New York: Little, Brown & Co., 2002), 31.
8 **But at age seventy** Vaillant, 10–11.
9 **"How pleasant is the day"** Louis Cozolino, *The Healthy Aging Brain: Sustaining Attachment, Attaining Wisdom* (New York: W.W. Norton & Co., 2008), 188.
10 **"Man's search for meaning"** Viktor Emil Frankl, *Man's Search for Meaning* (Boston, MA: Beacon Press, 1992), 105.
11 **"He who has a *why*"** Frankl, 84.
12 **"We had to learn ourselves"** Frankl, 85.
13 **Erving Goffman argues** Erving Goffman, *The Presentation of Self in Everyday Life* (New York: Anchor Books, 1962).
14 **there are no simple progressions** Roy F. Baumeister, *The Cultural Animal: Human Nature, Meaning, and Social Life* (Oxford: Oxford University Press, 2005), 167.
15 **"We can never"** Immanuel Kant, "Fundamental Principles of the Metaphysics of Morals," *Basic Writings of Kant*, ed. Allan Wood (New York: Random House, 2001), 165.
16 **Numerous studies have shown** Timothy D. Wilson, *Strangers to Ourselves* (Cambridge, MA: Belknap Press, 2002), 84.
17 **Dan McAdams writes** Dan P. McAdams, *The Redemptive Self: Stories Americans Live By* (Oxford: Oxford University Press, 2006).
18 **rumination made depressed people** Wilson, 175–76.
19 **"How pathetically scanty"** Steven Johnson, *Mind Wide Open: Your Brain and the Neuroscience of Everyday Life* (New York: Simon & Schuster, 2004), 1.

國家圖書館出版品預行編目資料

社會性動物：愛、性格與成就的來源
大衛・布魯克斯 David Brooks 著；陳筱宛 譯
一初版一 台北市：商周出版；家庭傳媒城邦分公司發行；
2012.04 面： 公分 .

譯自：The Social Animal

ISBN 978-986-272-122-3(平裝)

1. 兩性關係 2. 人類行為 3. 社會流動 4. 社會心理學 5. 美國

541.76 101001989

社會性動物：愛、性格與成就的來源

原 著 書 名／The Social Animal
作　　　者／大衛・布魯克斯 David Brooks
譯　　　者／陳筱宛
責 任 編 輯／陳玳妮

版　　　權／林心紅
行 銷 業 務／李衍逸、黃崇華
總　編　輯／楊如玉
總　經　理／彭之琬
發　行　人／何飛鵬
法 律 顧 問／元禾法律事務所 王子文律師
出　　　版／商周出版
台北市 104 民生東路二段 141 號 9 樓
電話：(02) 25007008 傳真：(02)25007759
E-mail：bwp.service@cite.com.tw
Blog：http://bwp25007008.pixnet.net/blog
發　　　行／英屬蓋曼群島商家庭傳媒股份有限公司城邦分公司
台北市中山區民生東路二段 141 號 2 樓
書虫客服服務專線：(02)25007718；(02)25007719
服務時間：週一至週五上午 09:30-12:00；下午 13:30-17:00
24 小時傳真專線：(02)25001990；(02)25001991
劃撥帳號：19863813；戶名：書虫股份有限公司
讀者服務信箱：service@readingclub.com.tw
城邦讀書花園：www.cite.com.tw
香港發行所／城邦（香港）出版集團有限公司
香港灣仔駱克道 193 號東超商業中心 1 樓
E-mail：hkcite@biznetvigator.com
電話：(852) 25086231 傳真：(852) 25789337
馬新發行所／城邦（馬新）出版集團【Cite (M) Sdn. Bhd.】
41, Jalan Radin Anum, Bandar Baru Sri Petaling,
57000 Kuala Lumpur, Malaysia.
Tel: (603) 90578822 Fax: (603) 90576622
Email: cite@cite.com.my

封 面 設 計／李東記
排　　　版／新鑫電腦排版工作室
印　　　刷／韋懋實業有限公司
經　銷　商／聯合發行股份有限公司
電話：(02) 2917-8022 Fax: (02) 2911-0053
地址：新北市 231 新店區寶橋路 235 巷 6 弄 6 號 2 樓

2012 年 4 月 3 日初版
2023 年 5 月 23 日二版 3 刷
定價 380 元

Printed in Taiwan

城邦讀書花園
www.cite.com.tw